9787514226102

U0562276

[古希腊]
狄奥多罗斯 著
席代岳 译

第二卷

希腊史纲

文化发展出版社
Cultural Development Press

目　录

第二卷

第五章
西方和小亚细亚

1 史家在撰写著作的时候,特别关心的要点就
是注意所有情节都要发挥最大效用,尤其是
对不同材料的运用所做的安排更煞费苦心。主要的
着眼可以举例说明,如果他们想要保存和增加财产,
不仅对于处理私人事务有很大的帮助,就是对人们要
写出历史著作,也可以提供不少的好处。虽然有些史
家对于他们记载的事件,无论获得的心得来自叙述的
体裁还是经验的广度①,有关事物的安排所运用的方
法都不会出任何差错,结局是他付出的成效和努力会
获得读者的认同和嘉许,然而他们运用材料在记述方

---

① 参阅本书第一章第1节及后续各节,历史的价值在于为读者提供和蓄备如同身受
的"经验"。

面的先后次序,就会成为指责的目标。例如,泰密乌斯对于他的年代记,最注意的地方就是它的正确性,有关知识的广度是通过经验获得的,完全是他那不合时宜和过于冗长的谩骂,使得他有很好的理由受到批评,特别是有些人用伊庇蒂米乌斯(Epitimaeus)①或非难者的名字,对他进行没完没了的攻讦。

从另一方面来看,埃弗鲁斯写出一部《世界通史》②获得很大的成功,不仅是他著述的优雅风格,还有内容的安排方式,都得到大家的肯定;这本书的每一章就体裁来说,所有记述的事件都自成一个单元③。因此只要可能的话,我们可以参考这种方法用来掌握所有收集到的材料,坚持将这本书的名字定为《论岛屿》(On the Islands)④就能吻合包含的内容,亦即我们谈到第一个岛屿西西里,就富裕的程度来看,没有任何岛屿可以与西西里相提并论,就是在提到的神话认为的伟大的时代也已经拥有首屈一指的地位。

2 这个岛屿在古代因为具备的形状被称为垂纳克里亚(Trinacria)⑤,西堪尼人(Sicani)来此定居所以将称呼改为西堪尼亚(Sicania),等到西西利人(Siceli)从意大利集体迁来,获得现在的名字西西里。岛屿的周长大约是四千三百六十斯塔德,三个边分别从庇洛瑞阿斯(Pelorias)延伸到利列宾姆(Lilybaeum)是一千七百斯塔德,接着从利列宾姆到叙拉

---

① 泰密乌斯(前356—前260年)是出生在西西里陶罗米尼姆(Tauromenium)的历史学家,受到放逐在雅典生活达50年之久,他享有96岁的高寿,因为对同行的攻讦不遗余力,所以获得epitimaeus即fault finder"找错者"的绰号。

② 埃弗鲁斯是公元前4世纪来自小亚细亚赛麦(Cyme)的历史学家,曾经师事伊索克拉底(Isocrates)研习修辞学,著有29卷《世界通史》(Universal History),全书由他的儿子笛摩菲卢斯(Demophilus)编成,补增第30卷叙述"神圣战争",从赫拉克勒斯家族的兴起到菲利浦在公元前340年攻下佩林苏斯为止,涵盖的期间长达700年。

③ 狄奥多罗斯在本书第十六章第76节,提到每一章在开始都有一段简介的文字。

④ 手抄本当中没有出现这样的书名。

⑤ Trinacria意为"三个海岬";参阅斯特拉波《地理学》第6卷第2节。

古地区的佩契努斯(Pachynus)是一千五百斯塔德,剩下一边的长度是一千一百四十斯塔德①。住在岛内的西西里土著接受祖先遗留的传统,从最早的时代开始就将这个岛屿奉献给德米特和科里,这方面的记载已经一代一代交付下来;虽然某些诗人根据神话说是普禄托和帕西丰尼结婚,宙斯将这个岛屿当成嫁妆②送给新娘。

历史学家当中最权威人士曾经提过,古代的西西里居民西堪尼人是当地的土著,我们提过的两位女神最早出现在这个岛屿上面,由于此地的土壤非常肥沃,所以她们让民众得到谷物的收成,可以拿最有名的诗人所写的诗句作为证明③:

> 所有的作物无须耕种就能生长,
>
> 小麦和大麦只要宙斯供给雨水,
>
> 可以制酒的葡萄已经结实累累。

据说在李昂蒂尼(Leontini)平原甚至西西里很多地区,人们到今天都将小麦叫作"野生野长"的东西。

一般来说,要是在谷物发现之前④就有人提出这样的问题,说是可以用来果腹的植物,早就出现在这片有人居住的区域,那么合理的认定全要归功于土地的肥沃,至于跟土地的运用方式又能有什么关系?我们始终坚持原来的说法,明显得知只有发现农耕的女神,才会在希裔西西里人(Sice-

---

① 三个边加起来的长度是 4340 斯塔德,要比提及的总长度 4360 斯塔德少了 20 斯塔德。

② "嫁妆"这个希腊字的原意是"取下面纱的庆典",新娘除去表示处女的面纱以后接受的礼物。

③ 荷马《奥德赛》第 9 卷第 109—111 行,用来描绘赛克洛庇斯这片土地。

④ 小麦在成为农耕的作物之前就已经变得众所周知,然后耕种的方法从一个民族传到另一个民族。

liotae）当中获得最高的尊荣。

3 再者，人们经常提起这样的事实，科里的劫持发生在西西里就是最有力的证据，女神把这个岛屿当成观赏和憩息的胜地，没有人比她感到更为珍贵，所以经常来此才让歹徒有可乘之机。科里的不幸遭遇发生在英纳（Enna）地区的一块草原上面，这个地方靠近城市，到处都是女神喜爱的紫罗兰和其他各种花卉，看起来真是美不胜收。故事里面提到花朵的香气是这样的浓烈，就是训练良好的猎犬，嗅觉也会受到影响而无法追踪猎物留下的气味。我们提到的草原非常得平坦，到处都有丰富的水源，外围四周都是升起很高而又垂直下降的悬崖绝壁。位置正好在岛屿的中央，有些作者会称之为西西里的肚脐眼。附近有一处神圣的丛林，环绕遍布沼泽的平原，巨大的岩穴里面有一条裂罅向下通到低洼的地面，开口朝向北方。神话提到普禄托乘坐他的战车来到这里，才会发生科里的劫持。听说紫罗兰和其他的花卉不断散发甜美的气味，最让人感到不可思议之处，就是全年都能维持开放的盛期，整个景观就是一个水木清华的花园。

神话继续叙述下去，阿西娜和阿特米斯少女时期与科里在一起接受抚养，她们的生活有共同的可选项目，两个人会跟着科里外出采集花草，或者坐下来为她们的父亲宙斯缝制长袍。她们之间非常亲密，愿意把很多时间都消磨在这里，所以大家都爱这个岛屿，每个人都从科里那里得到属于自己所有的区域，阿西娜分到的地方在希米拉境内，该地的宁芙为了讨好阿西娜，趁着赫拉克勒斯游历这个岛屿的机会，为他准备温泉①用来沐浴消除旅途的疲劳，土著将一座城市和一大片土地奉献给她，直到现在大家还称之为阿西娜之城。

阿特米斯从诸神那里接受一个位于叙拉古的岛屿，无论是出自神谶的

————————

① 本书第四章第 23 节提到此事。

指示还是人们的习俗，从她那里得到的名字是奥特吉亚（Ortygia）①。岛上的宁芙为了取悦阿特米斯，使得地面涌出一个水量巨大的泉源，得到阿里苏萨（Arethusa）②这个称呼。古代有很多巨大的鱼类在流泉当中游动，直到现在我们发现它们仍旧留在那里，拥有神圣的身份不会受到人类的侵犯；很多次那些吃了它的人会在战争当中丧失性命，神明表示出非常明显的态度，胆敢拿它当食物的人就会遭受灾难临头的报应。我们在适当的时候对有关这方面的项目还要做更详尽的叙述③。

4 就像我们提到的两位女神一样，科里接受的领地是围绕英纳四周的草原，还有位于叙拉古境内一个巨大的泉源，获得的名字是赛阿尼（Cyane）或"碧蓝之泉"（Azure Fount）。神话提到这个地方靠近叙拉古，普禄托在这里抢走科里，把她带上自己的战车，接着他劈开地面进入哈迪斯的阴曹地府，身边还有劫持来的新娘作陪，这样一来使得名为赛阿尼的泉水喷出大量水流，附近的叙拉古人每年举行盛大的庆典；个人的许愿奉献的牺牲数量不多，大家为了维护小区的利益，要将几头公牛淹毙在水池里面，祭祀的方式遵照赫拉克勒斯在西西里奔走所定的规定，那时他正在驱赶杰罗尼斯的牛群④。

神话继续叙述，科里被普禄托带到地府以后，德米特找不到女儿的下落，就在阿特纳山的喷火口点燃火炬，开始游历有人居住的世界的大部分地区，她用小麦的种子当成酬庸的礼物，莫大的恩典赐给接待她极其殷勤的城市。

---

① Ortygia 意为"鹌鹑之岛"（Quail-island）。希腊世界有 7 个岛屿使用这个名字，阿特米斯在其中之一杀死奥里昂（Orion），参阅荷马《奥德赛》第 5 卷第 123 行；从而阿特米斯接受"奥特吉亚"的称号。

② 阿里苏萨是山林水泽的仙女，这里用来泛指水木清华之地。

③ 任何人只要对德米特和科里的神庙犯下亵渎神圣的罪行，本书第十四章第 63 节和 70—71 节都提到给予惩罚的案例。

④ 参阅本书第四章第 23 节。

雅典人比其他民族对女神的欢迎表达得更为热烈,他们是跟在希裔西西里人之后,第一个将小麦当成作物拿来栽种的地区,那里的市民为了回报所赐予的礼物,召集会议推崇女神远超过其他的神明,就是向她奉献更多的牺牲,以及在伊琉西斯举行神秘祭典,由于这样的缘故它的起源非常古老,具备神圣的意味更为浓厚,在全人类当中变得名望极其卓越。很多民族从雅典人手里接受像谷物那样深表感激的礼品,他们转过来让邻居分享到手的种子,就用这种方法使得有人居住的世界能够供应极其丰富的粮食。

西西里的居民由于与德米特和科里建立了亲密的关系,可以最早享受发现谷物带来的好处,他们为每位女神制定献祭和聚会的规定,这些项目都冠上她们的名字,时间的选择与授予礼物的情况有很大的关系,例如就以科里来说,谷物快要成熟时举行盛大的典礼庆祝她的归来,他们办理相关的事项要严格遵守规定,大家抱着极其热诚的态度,我们认为他们为了表示由衷的感谢,能从全人类当中第一个被选中赐予这样贵重的礼物。只是他们对于德米特的献祭是在第一次播种的时候,这段时间大约有十天,他们用女神的名义举办节庆聚会,为了展现盛大的排场起见,列举光明正大的理由让大家从事准备的工作,可以看出他们在模仿古老的生活方式。他们的习俗是在这十几天之内,大家在一起的时候要尽量讲一些粗鲁不文明的话,理由是女神听到不雅的言辞就会面露笑容,暂时忘怀女儿的不幸给她带来的悲伤。

5 我们叙述科里的劫持发生的来龙去脉,这些都为古代的史家和诗人所证实,诸如悲剧家卡辛努斯(Carcinus)①经常访问叙拉古,见证居民对于德米特和科里的献祭与聚会的那种狂热,写出下面的诗句②:

---

① 我们知道有两位悲剧家使用这个名字,都住在西西里的阿克拉加斯,年长的卡辛努斯在伯罗奔尼撒战争期间,公开参加雅典的戏剧竞赛,另外一位则是他的孙子。

② 瑙克(Nauck)《希腊悲剧残本》之《卡辛努斯篇》No.5。

德米特的女儿我们不能提她的名字，
据说普禄托早有预谋暗中将她劫走，
已经进入不见天日的地狱深渊之中；
身为母亲思念无故消失无踪的女郎，
寻找她的下落走遍世界的茫茫人海。
西西里的伊特纳火山悬崖高与天齐，
喷出阵阵熔浆没有人胆敢擅自接近，
她来到这里毫无办法只有空自叹息；
赢得宙斯欢心的恶徒不会毁损谷物，
伤心的少女要成为受到膜拜的女神。

德米特对于人类有这样大的恩惠我们不能略而不提；她除了发现谷物以外，还教导人类如何准备食物以及遵从法律的规范习惯于做公正的事，据说基于这种缘故，她才获得帖斯摩弗鲁斯(Thesmophorus)即"法律制定者"①的称号。实在说，比起她的发现能够给予人类更多好处的东西，迄今尚未见到；因为这里面包含值得尊敬的生命。不过，古老的神话流传在希裔西西里人当中，我们必须满意他们的说法。

6 我们对于西堪尼人是西西里最早居民一事，现在只能简略给予说明，由于史家对于这个民族有不同的意见。菲利斯都斯(Philistus)②曾经说过，他们从伊比里亚迁来定居本岛，名称的来源是伊比里亚叫作西堪努斯(Sicanus)的河流，泰密乌斯拿出证据证明这位史家的错误，正确的说

① 参阅本书第一章第 14 节。
② 叙拉古的菲利斯都斯过世是在公元前 365 年，撰写了 13 卷《西西里史》，涵盖的期间是从远古到他在世的时代。

法是他们就是当地的土著;鉴于他对古代的民族提出太多自以为是的说辞,我们认为这对撰写本书的工作没有用处。西堪尼人的住处最早所以会聚集成为村落,是因为要防御海盗进犯,屋舍建筑在地势险要而且守备森严的小山顶部,那个时候他们还没有在一位国王的单独统治之下,只能说是每一个部落就有一位领主。开始时他们在岛上每个地方都建立家园,靠着耕种土地站稳脚跟。后来伊特纳引起一连串大规模的火山爆发,熔浆到处溢流遍布地面,使得整个国度的广大区域陷入毁灭的处境。特别是大火一直在各地蔓延,很多年过去仍旧没有熄灭的迹象。他们在惊惧之余从西西里的东部搬迁到西部。

最后又过了很多世代,被称为西西利人的民族集体从意大利渡海来到西西里,就在西堪尼人放弃的土地上面兴建家园。西西利人稳定后变得更加贪婪,不断入侵相邻的地区夺取财物,他们和西堪尼人经常发生战争,直到最后他们缔结盟约,依据他们统治的疆域划定双方同意的边界。我们要在适当的时期对于有关西堪尼人的问题进行更详尽的叙述①。希腊的殖民地当中,最有名也是最晚的是在西西里建立的一个,以及那些沿着海岸兴建的城市。所有的居民全都彼此混杂生活在一起,由于希腊人来到这个岛屿的数量极其庞大,土著都会学习他们的语言,然后接受希腊人的生活方式,后来蛮族的腔调甚至他们的名字全都丧失,大家得到 Siceliotae 即"希裔西西里人"②这样的称呼。

7 我们用适当的篇幅说明要写的事项,现在讨论的对象是伊奥利德(Aeolides)群岛③,共有七个岛屿分别是斯特朗捷勒(Strongyle)、优

---

① 在后续的章节当中没有发现狄奥多罗斯对这方面有任何记载。
② 这个称呼不仅包括来自意大利的西西利人,就连采用希腊语言和生活方式的西西里土著,也全都涵盖在内。
③ 现在被称为利帕里(Lipari)群岛。

奥尼穆斯(Euonymus)、迪第玛(Didyma)、腓尼科德(Phoenicodes)、伊瑞科德(Ericodes)、赫拉·赫菲斯都(Hiera Hephaestu)①和黎帕拉(Lipara)②,最后这个岛屿上面有名字相同的城市。群岛位于西西里和意大利之间,从海峡开始呈一直线从东向西延伸。离开西西里约为一百五十斯塔德,群岛的长度大致是这样的里程,其中最大岛屿的周长也是一百五十斯塔德。

这些岛屿都曾经验巨大的火山爆发,结果是火山口和熔岩的流向直到今日全都清晰可见。现在的斯特朗捷勒岛和赫拉·赫菲斯都岛,许多开口喷出大量水蒸气带着巨大的轰鸣声,爆发的时候夹杂着砂土和无数炽热的石块,与在伊特纳(Aetna)见到的情况没有什么差别。据说从这些岛屿到伊特纳存在地下的通道,彼此之间的开口都能联结起来,所以这些岛屿的火山口与伊特纳的火山口,通常会交替出现火山活动。

据说伊奥卢斯(Aeolus)群岛③在古代没有人烟,后来名叫奥森(Auson)的国王有一个儿子黎珀鲁斯(Liparus),他的兄弟叛变将他击败以后,在一些战船和士兵的保护之下从意大利逃来此地,所以这个岛因他得名为黎帕拉,他兴建的城市也用他的名字,同时将耕种带到其他的岛屿,它们的名字前面都已提过。等到黎珀鲁斯已到老迈之年,希波底(Hippotes)之子伊奥卢斯带着同伴来到黎帕拉,娶了黎珀鲁斯的女儿赛阿尼(Cyane)为妻,后来他组成一个政府自己成为岛屿的国王,使得他的追随者和当地土著享有同等的权利。

黎珀鲁斯始终渴望返回意大利,伊奥卢斯给予协助使他拥有苏伦屯(Surrentum)周边区域,成为该地的国王获得巨额的财富,等到他寿终正寝

① Hiera Hephaestu 意为"奉献给赫菲斯托斯的圣地"。

② 现在这 7 个岛屿用的名字是斯通波利(Stromboli)、帕纳里亚(Panaria)、沙利纳(Salina)、非利库里(Filicuri)、阿利库里(Alicuri)、弗卡诺(Vulcano)和利帕里(Lipari)。

③ 应该用前面的称呼伊奥利德群岛。

以后，据说为他举行了极其隆重的葬礼，土著将他视为英雄人物给予最大的尊荣。神话提到奥德修斯在四海漂流的途中曾经见过伊奥卢斯①。他们说他对待外乡人公正又仁慈，流露出虔诚的善意，再者，他训练水手操作船帆乘风航行，知道预测当地的风向，这是长期观察火光②获得的经验。因为这个神话里面才会说他是"风的掌管者"③，特别是因崇高的德行被人们称为诸神的朋友。

8 据说伊奥卢斯有六个儿子，分别是阿斯提奥克斯（Astyochus）、祖苏斯（Xuthus）、安德罗克利（Androcles）、菲里蒙（Pheraemon）、约卡斯都斯（Jocastus）和阿加色努斯（Agathyrnus），由于他们的父亲有很高的名望，加上自己都能建立莫大的功勋，所以每个人都能赢得异口同声的赞扬。这群兄弟当中约卡斯都斯把意大利牢牢掌握在手里，成为海岸地区的国王，拥有的疆域最远到达雷朱姆（Rhegium），菲里蒙和安德罗克利是控制西西里的领主，统治的地区从海峡直到列利宾姆。

西西里这个岛屿上面，西西利人住在东部而西堪尼人立足西部，两个民族彼此争执不断，只是他们对于伊奥卢斯的儿子倒是心甘情愿地听命，这些我们在前面已经提过，那是因为伊奥卢斯本人的虔诚为众人所知，再者是他的儿子对人都很公正。祖苏斯是统治李昂蒂尼邻近广大地区的国王，现在它的称呼是祖昔亚（Xuthia）。阿加色努斯成为国王拥有的区域，现在被称为阿加色奈蒂斯（Agathyrnitis），建立的城市用他的名字称为阿加色努斯；阿斯提奥克斯确保领主的地位统治黎帕拉。这些兄弟都拿自己的父亲作为效法的榜样，为人处世虔诚且又公正，获得众人一致的嘉许。他

---

① 参阅荷马《奥德赛》第 10 卷第 1 行及后续各行。
② 火山喷出的火和烟雾，随着风在天空飘动，从而可以看出风向。
③ 荷马《奥德赛》第 10 卷第 21 行："宙斯任命伊奥卢斯为群风的总管。"

们的后裔子孙继承王位有很多世代,最后伊奥卢斯家族的国王在西西里还是无法逃脱全都遭到推翻的命运。

9 从此以后,西西利人在各种情况下都会将领导权交到有能力的人手里,只是西堪尼人在很长一段时间之内,总是为领主的宝座发生争执甚至兵戎相见。等到这些事件以后又过了很多年,群岛①的情势再度稳定下来,居民的数量变得更加稀少,尼多斯(Cnidus)②和罗得岛的民众在亚洲国王统治之下受到粗暴的待遇,决定迁走建立一个殖民地。他们选出尼多斯的平塔什卢斯(Pentathlus)担任领袖,他的祖先可以追溯到赫拉克勒斯的后裔希波底,就在奥林匹亚50会期③,那次竞赛当中斯巴达的伊庇提利达斯(Epitelidas)赢得赛跑④的优胜,然后这些移民随着平塔什卢斯航向西西里,来到列利宾姆附近地区,发现伊吉斯塔(Egesta)和塞利努斯(Selinus)的居民之间发生战事。外来者被塞利努斯当局说服参加他们的阵营,然而在会战当中遭到惨重的损失,平塔什努斯本人阵亡在沙场。塞利努斯这一边吃了败仗,幸存者决定返回原来的家园。

他们选出的领导者是平塔什努斯的亲戚戈尔古斯(Gorgus)、帖斯托(Thestor)和伊庇则西德(Epithersides),他们的航程要经过第勒尼安海。等到要在黎帕拉靠岸受到友善的款待,受到游说要与黎帕拉的居民建立团结合作的小区,这时伊奥卢斯的殖民地只剩下五百人。到了后来,第勒尼安人成为海盗,给他们带来骚扰和进犯,因此他们编组了一个舰队,将所有的人分为两个团体,一个是负责岛上的农耕生产,使得小区有足够的粮食,另

---

① 指伊奥利德群岛。
② 尼多斯是小亚细亚的一座城市,位于卡里亚西南端一个狭长的海岬上面,濒临爱琴海,形势极其险要。
③ 奥林匹亚50会期的四年是前580—前576年。
④ 奥林匹亚运动会的赛跑项目距离是606又3/4英尺。

外一部分人要与海盗作战；他们的财产变成大家共享和共有，大家一起过着共餐和共食的日子，生存在共产制度之下有相当的岁月，就在较近这段时间，他们将黎帕拉岛的土地重新公平分配，就连城市都一并加以处理，同时其他的岛屿进行开垦的作业。最后阶段是将所有岛屿的土地分配给大家，期限以二十年为准，到期以后再用抽签的方式决定摊派的对象。① 靠着完善的体系发挥的成效，他们在多次海战中击败第勒尼安人，就从战利品当中选出最精美的十分之一，作为还愿祭品送到德尔斐的阿波罗神庙。

10 黎帕拉这座城市为何在较短的时期之内，成长到繁荣而又举世闻名的程度，我们应该就有关方面加以解释。得知的理由如下。城市具备卓越的自然条件，在于优良的港口和丰富的温泉，已经变得远近知名；它的沐浴对于治疗疾病有很大的帮助，温泉使这个地方成为最赚钱的旅游胜地，提供更多的休闲和娱乐。西西里有很多民族因为特殊的体质感受到疾病带来的痛苦，来到可以沐浴的城市用这种神奇的方式恢复健康的身体。

有几个岛屿发现非常出名的矾土矿②，黎帕拉人和罗马人都获得巨大的税收，矾土的用途广泛，在有人居住的世界很少出产，出于这个原因可以实施专卖提高售价，获得多得难以计数的钱财；除此以外只有米洛斯（Melos）岛发现矾土然而储存量不大，无法满足很多城市的需求。黎帕拉人的岛屿幅员很小但是物产非常丰富，不仅可以供应生活的需要，而且甚至提高到奢侈的程度；居民获得形形色色的海产和鱼类，还有各种水果能

---

① 古代有很多的民族提供类似的行政组织和耕种方式，像是日耳曼的苏威比部族就有相同的传统和习性，参阅尤利乌斯·恺撒《高卢战记》第4卷第1节。

② 就是普里尼《自然史》第35卷第52节提到的明矾，可能是一种硫酸铁，用于漂染和医药。

让人大快朵颐。对于黎帕拉岛和伊奥利德群岛其他地方，我们的介绍应该能让大家感到满意。

11 黎帕拉岛西方的茫茫大海之中有一个名叫奥斯提欧德（Osteodes）①的岛屿，面积很小而且无人居住，却发生令人啧啧称奇的怪事。就在迦太基人对叙拉古人发起多次战争的时期，他们无论在海上还是在陆地上都能运用实力强大的军队，其中有次与现在叙述的情况有关，就是他们从各个民族当中招募很多佣兵；这些部队经常制造很多麻烦，还引起很多次严重的叛变，特别是没有尽快支付他们应得的报酬，须知他们的勒索钱财和厚颜无耻已经成了习惯。这次他们有六千人没有得到薪饷，开始的时候大家聚集起来对着将领谩骂，由于后者的手里没有可以动用的款项，只有一次又一次拖延支付的日期，他们威胁要拿起武器对迦太基人进行报复，甚至敢用暴力的行动对付指挥官。

虽然元老院②提出告诫，闹事变得越来越激烈，元老院暗中命令将领除去所有冥顽不灵的分子，于是将领下令要佣兵登上船只，扬帆出海的借口是执行作战任务，他们停在前面提到的岛屿旁边，让所有的佣兵下船以后立即发航离开，留下这些人员在岛上让他们自生自灭。众多的佣兵非常悔恨落到这种处境，以致无法向迦太基人报仇就全部活活饿死。一个蕞尔小岛上面铺满白骨，出于这个原因才得到那个名字。虽然不遵法纪的佣兵犯下重大的罪行，但最后的下场极其悲惨在于他们毫无见识。

12 我们在叙述伊奥利德群岛有关的事项以后，接着应该谈一谈西西里南方海面三个列成一串的岛屿，每个岛上都有城市，以

---

① Osteodes 意为"骨骼"。
② 是指迦太基的元老院。

及在恶劣的天候当中让船只获得安全的港口。最近的一个岛名叫密利提（Melite）①，离开叙拉古约是八百斯塔德，岛上有很多优良的海港能够提供更为方便的好处，居民蒙受上天的保佑可以拥有更多财富；这里的工匠对各种手艺都有精湛的技术，最重要的项目是亚麻布的纺织和量产，所有的成品极其轻盈而且柔软，特别是岛上的住宅值得注意，光耀夺目的建筑物使用泥灰作为涂料，高挑的飞檐使得整个结构极具魅力。腓尼基人在岛上建立殖民地，他们的贸易延伸到西部海域，因为此地可以供应海港以及方便进出海洋，就把这里当成安全的庇护所；这也是岛上的居民经由从事海上贸易的商人，可以获得各方面的支持和援助，很快变换他们的生活方式，使得信用卓越的声誉能够蒸蒸日上。

接下来的高拉斯（Gaulus）岛②四周是一片大海，岛上拥有形势险要的海港，成为腓尼基人建立的殖民地。最后是面对利比亚的色西纳（Cercina）岛③，上面有一座规模不大的城市和非常适用的港口，可以容纳各种型号的商船和战舰。

我们对于西西里南方的群岛已经交代清楚，黎帕拉之后是坐落在第勒尼安海的诸多岛屿。

13 第勒尼亚有一座名叫波普洛尼姆（Poplonium）的城市，外海孤悬被称为伊萨利亚（Aethaleia）④的岛屿，离开海岸大约一百斯塔德，得名来自笼罩全岛的浓雾（aithalos）。岛上蕴藏着大量铁矿，他们从事的工作是压碎岩层获得矿砂，放在设计精巧的熔炉当中，煅烧大的块状

---

① 就是现在的马耳他（Malta）岛。
② 就是现在的哥卓（Gozo）岛。
③ 就是现在的克肯纳（Kerkenna）岛，位于小叙蒂斯（Lesser Syrtis）群岛的西端。
④ 就是现在的厄尔巴（Elba）岛。

物使其变得有如粉末那样细小,再用烈火精炼成为大小适度像是海绵的粗铁,商人用金钱购买或以物易物的方式获得这些半成品,然后运到狄西阿契亚(Dicaearcheia)①或其他贸易站,这些货物脱手以后由雇用的工匠,加工制造成各式各样的铁器,像是有些人用来生产高价的铠甲,还有人运用灵巧的手艺铸造双尖叉、镰刀或其他工具;商贾将这些用品运到有人居住世界的各地区,可以分享它们带来的用途以及从而产生的好处。

离伊萨利亚岛约三百斯塔德有另外一个岛屿,住在上面的希腊人将它叫作色努斯(Cyrnus)而罗马人认为它是科西嘉(Corsica)。岛上有一个极其优良的港口叙拉科西姆(Syracosium),所以很容易登上陆地;还有两座出名的城市卡拉瑞斯(Calaris)②和尼西亚(Nicaea)③。卡拉瑞斯是腓尼基人建立的,居留相当时日以后被第勒尼安人赶走;第勒尼安人兴建尼西亚正是他们控制整个海域的时代,拥有第勒尼亚地区所有的岛屿。他们成为色努斯岛上这些城市的领主,征收松脂、蜂蜡和蜂蜜作为居民应缴的贡金,这个地方盛产此类物品。就人类在日常生活当中所需要的各种服务而论,据说来自色努斯的奴隶表现最为优异,从其他任何地方得到的仆役都无法相比,这与当地土著的性格和习俗有很大的关系④。整个岛屿的幅员非常辽阔,山区占有很大的面积,上面覆盖茂密的森林,小河与溪流遍布各地。

14 色努斯的居民常用的食物是牛奶、蜂蜜和肉类,这片土地有丰富的出产;他们的生活方式非常重视荣誉和公正,可以说已到

---

① 就是罗马时代的普提奥利(Puteoli)。

② 希罗多德《历史》第1卷第165节将这个地方称为阿拉利亚(Alalia),就是罗马时代的阿勒里亚(Aleria),可能误用卡拉瑞斯这个名字。

③ 无论是欧洲还是亚洲有好几座名叫尼西亚的城市,本节提到的这个尼西亚位于热那亚湾(Genova Gulf)西端,现在就是法国最有名的旅游胜地尼斯(Nice)。

④ 斯特拉波《地理学》第5卷第2节有完全相反的说法,拥有科西嘉奴隶的主人都非常懊恼,认为花钱买到一无是处的废物。

超越所有蛮族的程度。例如,山岭旁边树上的蜂巢属于最早发现者所有,任何人不会因而引起争执;他们的牛被烙上标记作为识别之用,即使没有人看管照料,主人还是感到安全,不怕有人偷窃;他们认为诚实远胜一切,正直的行为受到尊敬,就这方面来说令人感到难以置信。他们有一种关于婴儿出生的风俗真是绝无仅有,妻子即将分娩却抱着毫不在意的态度,反倒是她的丈夫像生了病躺在床上数天时间,装出他的身体正在感到阵痛的模样①。

　　岛上的黄杨树生长迅速遍布各处,木质的纹理非常细密,因为有这种树木,所以蜂蜜会带有苦味。居住在岛上的蛮族用的语言与其他民族迥然不同,很难听得懂所要表达的意义,他们的总数大约有三万人。

15 一个与色努斯相邻的岛屿是萨丁尼亚(Sardinia),面积相当于西西里一样大小,居住在岛上的蛮族得到的称呼是爱奥利斯人(Iolaes),让人认为他们来自爱奥劳斯(Iolaus)一脉,也是帖司庇乌斯家族(Thespiadae)②迁移来此的后裔。就在赫拉克勒斯完成伟大的功业以后,帖司庇乌斯(Thespius)为数甚众的女儿为他生下许多儿子,赫拉克勒斯遵奉神谶的指示将他们派到萨丁尼亚,还有一支由希腊人和蛮族组成的军队随行,以建立一个殖民地。赫拉克勒斯的侄儿爱奥劳斯负责远征的行动,等到完全拥有整个岛屿以后,就在上面建立了几座颇具规模的城市,将土地按照定额分配给所有人员,他用自己的名字将殖民地的成员称为爱奥利斯;他还兴建体育馆、神庙以及使人民能过幸福生活的所有事项,直到今

---

　　①　斯特拉波《地理学》第 3 卷第 4 节,认为这是巴斯克人(Basques)的习俗,阿波罗纽斯·罗狄斯(Apollonius Rhodius)《阿尔戈英雄号历险记》(*Argonautica*)说是提贝里尼人(Tibareni);那些原始民族仍旧如此。

　　②　参阅本书第四章第 29 节。

日还对他的成就怀念不已;他们拥有风景美丽的平原从他那得到爱奥利亚 (Iolaeia)的称呼,整个民族到现在还使用爱奥劳斯这个名字。

那份与殖民地有关的神谶,承诺所有参与者无论在任何时代都能保有他们的自由,实在说现况与有些人的期望相反,神谶的应许完全兑现,为土著保留的自治权,直到今日还是屹立不摇。虽然迦太基人扩张他们的霸权到达遥远的地方,对于这个岛屿达成征服的目标,但还是没有办法奴役原来的拥有者,被称为爱奥勒斯的成员为了安全逃进岛内的山区,建筑深藏地底的住所,他们在那里豢养成群的家禽和牛羊,供应丰富的食物诸如牛奶、奶酪和肉类;因为他们撤离平原地区,要靠勤劳的工作来避免物质的匮乏,岛上绵亘不断的山地使得他们备受各方面的煎熬,他们还继续使用上面所提的饮食方式。

虽然迦太基人多次派遣大军对他们发起战争,但由于山区的地形险要而且道路崎岖,他们深挖在地下的住处很难对付,这个民族能够免予落到奴役的下场。最后,罗马人征服这个岛屿经常用发生讨伐的战事,他们基于前面提到的缘故,对于敌人的部队始终进行不屈不挠的抗争。不过,早在那个时候,获得爱奥劳斯大力鼎助,从事殖民地的各项建树,等到功成身退他们又返回希腊,帖司庇乌斯家族很多世代都是岛上的领导人物,直到后来他们遭到驱逐,迁移到意大利的赛麦(Cyme)[1]地区定居下来;大量留下来的移民变成未开化的蛮族,从土著当中选出能力最强的人担任首领,还能维持自由之身直到我们这个时代。

16 我们用足够的篇幅介绍萨丁尼亚,现在要根据它们的位置按照次序讨论其他的岛屿。首先就是彼图萨(Pityussa)岛[2],它

---

① 就是罗马时代的库米(Cumae)。
② 事实上是伊比札(Ibiza)和福门特拉(Formentera)两个岛屿。

的得名来自遍布全岛为数众多的松树(pityes)。这个岛屿位于大海之中，离赫拉克勒斯之柱有三天三夜的航程，到利比亚只要整一天的时间，前往伊比里亚仅仅一个白昼即可抵达；它的面积大小有如科孚(Corcyra)①，土壤的肥沃不过中等程度，只有小部分田地能够种植葡萄，所有的橄榄树都来自野生品种的接枝。据说在所有的产品当中柔软的羊毛居于首位。

这个岛屿的地形因为间断出现的平原和高地显得支离破碎，还有一个名叫伊里苏斯(Eresus)的城市是迦太基人的殖民地。它拥有优良的港口、巨大的城墙和众多结构坚固的房舍。居民包括不同国籍的蛮族，腓尼基人的数量居有优势。殖民地兴建以后过了一百六十年才陷落在迦太基人手里，接着是他们向这里移民②才能真正据有。

17 还有一些岛屿的位置正对着伊比里亚，希腊人将它们称为捷尼西伊(Gymnesiae)，由于居民在夏季不穿衣服全身赤裸(gymnoi)，罗马人将它称为巴利阿瑞德(Baliarides)群岛，因为土著有精湛的技巧使用投石器，可以投出很重的石块将敌人或猎物击毙。群岛当中最大的岛屿的面积仅次于地中海七个大岛，亦即西西里、萨丁尼亚、塞浦路斯、克里特、优卑亚、色努斯和列士波斯③，距离伊比里亚只有一天的航程，群岛当中较小的一个岛屿位置更要偏西一点，上面生长着各种牲口和鸟类，特别是骡子长得高大而且极其强壮。两个地方都有很好的田地盛产谷物，众多的居民人数超过三万人，虽然各种食物都很丰富却不出产葡萄酒，

---

① 科孚是希腊西部的岛屿，坐落在爱奥尼亚海，与伊庇鲁斯仅有窄狭的海峡相隔，是控制进出亚得里亚海的门户，主要的城市与岛屿同名，位于岛的西岸。

② 泰密乌斯提过迦太基建立的时间，狄奥多罗斯加以引用是在公元前814年。

③ 斯特拉波《地理学》第14卷第2节也有同样的认定，还是依据泰密乌斯的权威之言，只是泰密乌斯仍然犯了错误。地中海7个最大的岛屿，按照面积的大小排列应该是西西里、撒丁尼亚、塞浦路斯、科西嘉(色努斯)、克里特、优卑亚和马略卡；列士波斯不算在内。

但居民因为物以稀为贵更是纵情于贪杯痛饮,他们缺乏橄榄油就从乳香黄连树的种子榨出油来,再与猪的脂肪混合成为涂在身体上面的油膏。

巴利阿里斯人(Baliares)的男子最为爱好女色,认为女性较之任何物品具备更高的价值,他们家中只要有妇人被前来进犯的海盗抢走,那么对于一个妇女愿意付出相当于三或四个男子的赎金。他们的住所安置在岩层的凹部,或者在绝壁的岩面挖出洞窟,一般而言会将大部分的空间放在地面之下,他们在其中度过闲暇的时光,着眼于这种住宅可以提供栖身之所以及家庭的安全。他们完全不使用金或银的通货,通常连输入都禁止,所持理由是古老时代的赫拉克勒斯发起远征行动用来对付杰罗尼斯,在于他是克里索尔(Chrysaor)的儿子拥有富甲天下的金银财宝,引起希腊人的觊觎之心①。因此,为了不愿让外人对他们的家产有所图谋,所以他们拒绝累积金银带来的财富。他们始终保持自古以来做出的决定,很久以前他们在迦太基的军队服务的时候,不会将得到的报酬带回家乡,而是全部用来购买妇女和葡萄酒。

18 巴利阿里斯有一个极其奇特的风俗与他们的婚姻有关,结婚的喜宴当中,所有的亲人和朋友都要轮流与新娘同床共枕,年龄最大者居首,接着按照次序类推直到最后一位可以享有新郎的特权②。还有他们对死者举行的葬礼更是让人感到不可思议,土著用木刀肢解遗体,切成一块一块装在一个陶瓮里面,再用石块将它堆集起来。他们用来打仗的装备就是三根投石器,一根绕在额头,一根围绕腰部,还有一根拿在手上,他们在作战的时候投出的石块要较其他投石兵更为巨大,力道之强

---

① 参阅本书第四章第 17 节。
② 希罗多德《历史》第 4 卷第 172 节,提到利比亚的纳萨摩尼斯人(Nasamones)有同样的习俗。

如同从弩炮发射出来;因此他们攻打有城墙保护的城市,就会击中位于城垛和雉堞后面的守军,让他们丧失抗拒的能力,要是进行决定性的会战,他们会把盾牌、头盔或任何保护身体的铠甲打得粉碎。他们投射的准头非常精确,很少击不中面前的目标。他们从童年开始不断地练习,在母亲的催促之下,还是一个小孩时就将投石器用得无比纯熟,他们将一块面包绑在木椿上面当成目标,练习的新手直到击中这块面包,他的母亲才让他把它当成可以充饥的食物。

19 前面提到的岛屿都位于内海,没有超越赫拉克勒斯之柱标示的范围,现在我们要叙述那些位于大洋的岛屿。有一个面积很大的岛屿①位于大洋之中,离开利比亚有很长一段航程,向着西方前进要行驶数天之久。它的土地肥沃,有丰富的收成,大部分地区是山地,平原的面积仍旧相当辽阔,而且风景极其美丽。当地有可以通航的河川能够用来灌溉,岛上有很多公园种植着各种树木,以及无数的园林里面有清澈的溪流,这些私人的别墅是花费昂贵的建筑,花园里面栽培着各种艳丽的花卉,兴建有主人举办饮宴的厅堂,居民在这里度过闲暇的夏季时光,这片土地的风调雨顺和物产丰富,可以供应享乐和奢华的生活。

岛屿的山地区域覆盖有相当浓密的灌木林,生长着各种果树,有令人心动的峡谷和泉源,招致很多人生活在山区里面。总之,这里的水质非常甜美,对于身体的健康大有裨益。岛上盛产各种野生动物,适合狩猎的活动,宴会当中供应各种美味的猎物,只有无所匮乏才适合奢侈和浪费的生活;事实上岛屿附近的海面有丰富的渔获,大洋的特性就是各式各样的鱼

---

① 作者对位于大西洋当中的岛屿,绘出一片田园色彩的图画,真是令人不胜向往,然而就很多学者的看法,马迪拉(Madeira)岛虽然是加纳利(Canary)群岛的主岛,面积还是不够大到能有可以通航的河流。

类到了难以置信的程度。一般而论,岛上的气候非常温和,除了各种果树有丰硕的收成,一年之中大部分时间都能生产季节性的作物,由于岛上的生活是如此幸福美满,显然是神明而非人类居住的地方。

20 古老的年代中这个岛屿由于远离整个有人居住的世界,始终没有被人发现,它的开发和兴起基于下面的理由还是近期的事。腓尼基人从古代开始,为了从事贸易不断向外航行,遍及利比亚地区建立很多殖民地,甚至远至欧洲西部都不在少数。他们的冒险已经达成预期的结果,就在聚集大量财富以后还能轻易越过赫拉克勒斯之柱,远航进入众人称为"大洋"的海面。首先在两柱之间的海峡,在欧洲的海岸建立一座城市,由于那里的陆地形成一个半岛,所以将那个城市命名为盖迪拉(Gadeira)①;还在该城完成很多适合地区特性的工程项目,其中还有一座富丽堂皇的赫拉克勒斯神庙②,按照腓尼基人的方式奉献大量的祭品和牺牲。这座神庙拥有的声誉远超过一般标准,一方面在于它的年代古老,另一方面在于当前甚至我们这个时代的建筑物相互比较之下确有不如。很多罗马人包括那些建立丰功伟业的知名之士,都来此地向神明许愿寻求保佑,只要他们飞黄腾达就会履行所立的誓言,即使再多的花费也心悦诚服③。

腓尼基人向赫拉克勒斯之柱以外的海岸进行探险,原因何在前面已经

---

① 就是现在的卡地兹(Cadiz)。Gadeira 这个希腊名字来自腓尼基人的 Gadir 或 Agadir,古代作者知道这个字意为"城堡"或"堡垒"。

② 这个庙宇供奉泰尔人的神明墨尔克特(Melkart),希腊人认为他就是赫拉克勒斯。

③ 狄奥多罗斯心目中的"知名之士"就是与他同一时代的尤利乌斯·恺撒,后者曾经在政治生涯的初期,前去游历这座神庙,看到亚历山大大帝的雕像,所以苏脱纽斯(Suetonius)在《十二恺撒传:盖尤斯·尤利乌斯·恺撒》第7节,说是恺撒这时心中感慨万分,自己到目前还是一事无成,亚历山大在他这个年龄已经征服世界。后来恺撒将罗马市民权授予这座城市。

提过,他们沿着利比亚海岸航行的时候,会被一阵强风带到大洋之中很远的距离。等到受到暴风雨的吹袭,数天以后将他们带到上面所提那个岛屿的海岸,他们看到当地的幸福生活和自然现象,非常好奇地想要知道全人类的景况①。因此就在第勒尼安人称霸海洋的时代,他们派人到那里去建立殖民地;但是迦太基人加以阻止,不让他们达成扩张势力范围的企图,部分出于某种考虑,为了避免很多迦太基的居民搬到世外桃源的岛屿,部分原因在于他们准备把这个地方当成避难所,用来应付难以预期的气运转变,像是迦太基遭到天灾人祸的打击。他们认为只要自己能够成为海洋的主人,对于一个不为他们的征服者所察知的岛屿,就可以迁移过去在上面找到栖身之地②。

21 我们对于濒临利比亚的大洋以及它的岛屿,已经就具体的事项加以叙述,现在接着要对欧洲进行相关的讨论。根据传说大洋当中有很多岛屿,其中最大一个岛的名字叫作不列颠③,它面对高卢的一部分,可以从欧洲最大的赫西尼亚(Hercynian)森林④直接渡海跨越过去。古代没有外国的军队来到这个岛上,无论是狄俄尼索斯、赫拉克勒斯还是其他的英雄或领导者,都没有前来攻打这个地方,不过,我们从记录得知当代已经封神的盖尤斯·恺撒,成为第一位前去讨伐这个岛屿的将领,

---

① 我们没有理由怀疑这样的说法,腓尼基的海员在这个时候已经遍布大西洋的岛屿,诸如马迪拉岛或加纳利群岛。

② 如同我们在前一个注释所说那样,腓尼基人已经使得"大家都知道"这个岛屿。

③ 恺撒在岛上遇到的部族原来的名字叫作普里提尼人(Preteni),早先他在高卢知道的不列颠人(Britani),是用 B 取代 P 在拼音上发生的错误,可以参阅科林伍德(R.G.Collingwood)《罗马的不列颠和在英格兰的殖民区》(*Roman Britain and the English Settlement*)第 31 页。

④ 这个面积广大的森林一直向着日耳曼延伸达数千千米,用来定出不列颠岛的位置没有任何帮助。最早对于赫西尼亚森林的叙述,可以参阅尤利乌斯·恺撒《高卢战记》第 6 卷第 25—28 节。

等到他征服不列颠以后,强迫当地土著要缴纳定额的贡金。有关这一次的讨伐会在适当的章节提出详尽的记载①,现在我们要讨论这个岛屿以及岛上所发现的锡矿。

不列颠的形状像一个三角形,看起来与西西里非常相似,只是两者的边长并不相等。这个岛屿沿着欧洲的海岸线斜着向外延伸出去,据说与大陆相距最近的地方约有一百斯塔德②,有一个名叫康提姆(Cantium)③的海岬,大海在这里有它的出口④,第二个海岬是贝勒里姆(Belerium)⑤,据说从大陆来到这里是四天的航程,作者还告诉我们,说它最后越过一个名叫奥卡(Orca)⑥的地方向着大海延伸过去。不列颠的三个边当中,最短的边与欧洲的海岸平行⑦,它的距离大约是七千五百斯塔德,从海峡到(北方)的顶点是一万五千斯塔德,最后这个边是两万斯塔德,所以绕这个岛屿的一周是四万二千斯塔德⑧。

据说居住在不列颠的部族都是原来的土著,始终保持古代的生活方式。例如他们在作战的时候使用战车,这与我们从传说中得知希腊的英雄,用于特洛伊战争并没有什么差别。他们的房舍都很简陋,大部分都是用芦苇或者圆木建造而成的。他们收成谷物使用的方法只是将麦穗割下

---

① 恺撒入侵不列颠是在公元前 55 年和公元前 54 年,狄奥多罗斯记载的史实还没有到达那个年代,本书的截止期限是公元前 60 年。

② 100 斯塔德大约是 11 英里,实际上最狭的多佛海峡宽度有 34 千米(21 英里)。

③ 就是现在位于肯特(Kent)的北弗尔兰(North Forelands)。

④ 北海从这里通往大西洋。

⑤ Belerium 的尖端就是现在的"陆地尽头"(Land's End)。

⑥ 苏格兰最北的尖端是邓肯斯必角(Duncansby Head)和丹内角(Dunnet Head);现在作家会用音译的方式将这两个岬角称为 Orcas 和 Orcan。

⑦ 从最东端的北弗尔兰到最西端的陆地尽头。

⑧ 这三个边的长度分别是 861 英里、1723 英里和 2258 英里,总长度是 4842 英里,比起实际的周长多了一倍都不止。这个数字来自马西利亚(Massilia)一位名叫皮瑟阿斯(Pytheas)的船长,他在公元前 300 年的时候曾经绕着不列颠航行一周,所以不够精确,是因为古代没有计算海上距离的仪器。

来，储存在有屋顶的农庄，每天将完全成熟的麦粒捡拾出来，磨成粉当成用以维生的食物。从他们的习俗可以得知他们的天性单纯，不像现在那里的人是如此精明而且邪恶。他们过着朴素和谦卑的生活，完全免予财富带来的奢华。这个岛屿的天气非常寒冷，几乎就在大熊星座的下方，所以它的人烟稀少也是可以意料的事。整个地区在很多国王和首领的统治之下，彼此之间都能和平相处。

22 我们必须对不列颠的习俗以及其他特点，给予更为详尽的叙述，特别是恺撒对它发动战争的情况，同时还要讨论这个岛屿所生产的锡。不列颠那些家住在贝勒里姆岬①的居民对于外乡人都非常友善，因为他们与其他民族的商人有来往，能够接受更为文明的生活方式。他们的工作与锡的生产有关，用一种具有创见的作业程序，来处理含有这种金属的矿床。特别是这种矿床看起来就像岩石，只是中间含有较薄的土层，工人运用采石的方式将矿砂②挖出来，放在炉中熔化以后清除浮起的杂质。然后再将整块的锡分割成指骨一样的小块，运到不列颠外海一个名叫埃克蒂斯（Ictis）③的小岛，退潮的时候小岛和大陆之间会露出地面，再用车辆将大量的锡块运出去。（邻近有些岛屿位于欧洲大陆和不列颠之间，上面会发生很特别的情况，涨潮的时候它们与大陆的通路被海水淹没，这时看起来就是一些岛屿，等到退潮原来的海面消失不见，留下很大一片干

---

① 这个地区就是现在的康瓦尔（Cornwall）。

② 这种矿砂其实就是"大理石"或"石灰石"。所有的手抄本当中，有一本读成"这是税收的资源"；可以与本书第三章第12节的记载做个比较，努比亚的金矿会将含金的石英石叫成"大理石"。

③ 几乎可以确定这就是一个名叫圣迈可山（St.Michael's Mount）的小岛，位于康瓦尔的蒙特湾（Mount's Bay）；有一条堤道与大陆相连，只能在低潮时通行；参阅福尔摩斯（T.R. Holmes）《古代的不列颠以及尤利乌斯·恺撒的入侵行动》（*Ancient Britain and the Invasions of Julius Caesar*）第499—514页。

燥的陆地,这时候就像是一个伸出去的半岛①。)商人在埃克蒂斯岛向土著购买锡,然后越过海峡将它们运到盖拉夏或高卢;最后将它们装在马背上面,在陆上走三十天通过高卢来到隆河河口。

23 有关不列颠的锡,我们对这种说法应当感到满意;现在要讨论他们所说的 electron 亦即琥珀。面对锡西厄而又位于盖拉夏(Galatia)的上方,有一个名叫巴西利亚(Basileia)②的岛屿,海浪的冲刷将大量的琥珀带到海岸地区,这种物质在人类居住世界的其他地区很少见到;有些古代作家对于琥珀杜撰荒谬不经的传闻根本不可信,受到而后真实情况的驳斥。很多诗人和史家提到这个故事,赫留斯(Helius)之子菲松(Phaethon)还是一个年轻人,说服他的父亲休息一天,让他有幸能够替代例行的工作,赫留斯听从菲松的请求,同意他驾驭四匹马拖曳的日车,由于他缺乏控制缰绳的经验,加上马匹对年轻人抱着藐视之心,所以行驶的路线偏离每日正常的轨道;等到他开始转换方向横越苍穹,引起大火燃烧造成我们所说的"银河",炽热的光线照射有人居住世界的大部分区域,不少陆地因而起火燃烧。宙斯为发生的事件大为震怒,用一道闪电将菲松击毙,然后将日车带上正常的运行路线。

菲松从天空摔落掉到现在的佩杜斯(Padus)河即现在的波河河口,古代这条河名叫伊瑞达努斯(Eridanus),他的姐妹为他的逝世彼此竞争看谁哀悼最为凄恻,过分的悲痛产生一种变形使她们全都成为白杨树,会在每年同样的季节流出眼泪③,硬化成型就是大家所说的琥珀,同样性质的物

---

① 法兰西的西北角外海有一些岛屿,会出现这种情况。

② 已经证实这个岛屿就是现在的海姑兰(Hilgoland),参阅卡里(H.F.Cary)《古代的探险家》(*The Ancient Explorers*)第 38 节。

③ 这个希腊字用单数表示的意义是"树液"。

品当中它的色泽最为灿烂,特别是琥珀的使用关系到年轻人的死亡所带来的哀伤。虚构故事的始作俑者总是会犯错或者误入歧途,而后的时代就会真相大白,难逃大家给予的斥责。我们必须接受正确无误的记载,事实上琥珀出产在我们提到的岛屿上面,当地的土著将珍贵的物品带到对面的大陆,再经过那里转运到我们知道的区域,有关的情况我们都已经交代得非常清楚。

24 我们叙述与事实有关的岛屿位于西部地区,现在简单讨论一下欧洲那些与它相邻的部族,看来没有离题太远,特别是我们在上一章并没有提及这些部族。我们曾经说过塞尔特卡(Celtica)在古代受到一个知名之士的统治,他有一位极其卓越的女儿,美丽的容貌和强健的体魄为所有少女所不及,以高傲的态度拒绝所有前来求婚的人,认为他们之中没有任何人够资格娶她为妻。赫拉克勒斯率领军队讨伐杰罗尼斯的作战期间,前来访问塞尔特卡并且在那里建立名叫阿勒西亚(Alesia)的城市①;这位少女见到赫拉克勒斯有强健的体魄和无畏的勇气大为倾心,带着高昂的激情接受他的拥抱和爱抚,同时也能获得父母的同意。双方的结合使得她生下一个儿子盖拉底(Galates),在各方面都优于部族其他的年轻人。等到成年以后继承祖先留传下来的王位,征服大部分的邻近地区,战争期间有伟大的建树。由于他的英勇无敌受到最大的赞誉,所以他用自己的名字称呼属下的臣民为盖拉夏人或高卢人②,后来这些地区也被叫作盖拉夏或高卢。

---

① 参阅本书第四章第 17 节。
② 古代的学者都将日耳曼人看成高卢人(凯尔特人),所以狄奥多罗斯在讨论欧洲西部的时候,从来没有提过日耳曼人。

25 我们对高卢人的得名已有解释,现在要谈一谈他们的地理位置和情况。高卢有很多大小不等的部族在该地居住,其中最大者人口多达二十万,最小的部族有五万人,前者当中有一个知名的部族①与罗马人建立亲属和友谊的关系,从古代开始一直保持到现在。这块土地的大部分区域都在大熊星座的覆盖之下,冬天的气候特别的寒冷。冬季经常阴云密布降下大雪,晴天会有遍地的积冰和出现浓雾,甚至于河流冻结使得水面成为桥梁,不仅有一段时间使得旅客获得在冰上渡河的方便,而且即使一万人马的大军,连带所属的驮兽和负载沉重的大车,都可以从此岸安全抵达彼岸。

很多大河巨川流经高卢,通过平原带来最便利的通道,有些河川从深不见底的湖泊流了出来,有些河川的源头和支流都来自山地,有些注入大洋还有一些流进地中海。至于流进我们的海域要以隆河为最大的河川,发源于阿尔卑斯山有五个出海口,注入大洋的河川以多瑙河②和莱茵河居于首位,就后面这条河川来说,封神的恺撒在我们这个时代,曾经用不可思议的技术在它的两岸之间架起一座桥梁③,率领军队走了过去,征服居住在对岸的高卢部族。塞尔特卡还有很多可以航行的河流,要想一一叙述实在太过烦琐。几乎所有的溪流、河川和湖泊,寒冷的冬季都会冻结起来,形成天然的桥梁,有非常光滑的桥面,行走的时候不小心很容易摔倒,将糠或麦粒的外壳撒在冰上能让通行更为安全。

---

① 就是爱杜依人(Aedui)。

② 狄奥多罗斯那个时代的罗马人将多瑙河这个名字用于现在这条多瑙河的上游河道,作者在本书第四章第56节提到的伊斯特河,只知道它向东流注入黑海,从而让狄奥多罗斯误以为这是两条不同的河流,因为那个时代对于整个多瑙河的流域不得而知。

③ 公元前55年春末,恺撒在德国现在的安德纳赫(Andernach)和科布伦茨(Koblenz)之间,架起一座长度约400米、深度约8米的桥梁,率领军队渡过莱茵河,《高卢战记》第4卷第17—18节有详尽的说明,描述兴建的方式和施工的过程,只花了十天时间完成整个工程。

26 高卢大部分地区有一种特别的情况常会在意料之外发生,我们不应略而不提。来自太阳沉没①的方向,经常会刮起强劲有力的北风,飞沙走石,声势极其惊人,可以让士兵拿不住手上的武器,骑士也坐不稳胯下的马匹。酷寒的气候带来毁灭性的力量,使得这片土地不能生产葡萄酒和橄榄油,高卢人的自酿的酒来自大麦,他们将它称为 zythos 或啤酒,还会将蜂蜜掺进水里饮用。高卢人对葡萄酒极其嗜爱,商人大量购入以满足他们的需要,他们饮用不掺水的纯酒加上不知节制,经常烂醉如泥或是发起酒疯。那些爱钱如命的意大利商贾,竟把为数众多的酒徒视为上天赐给他们的财源②。葡萄酒的运输在可以通航的河流用船只,通过广大平原用车辆,价格之高让人感到不可思议,贵到要用一个奴隶交换一坛葡萄酒,甚至为了饮酒倾家荡产自己成为仆从。

27 整个高卢不生产白银,黄金的质和量都很丰富,自然女神不让居民去开矿或是做很多辛苦的工作。因为通过国土的河流,行进的途中河道会形成非常尖锐的弯曲部,从山岭冲刷下来的泥土沉积在河岸,成为饱含金屑的岩层,发现以后很容易将它挖出来,大块的岩石或土块被打碎以后加以研磨,再用水将较轻的土质成分冲走,再让留下的金屑放在熔炉里面熔化。他们用这种方式收集大量黄金,可以用来为妇女和男士制作各种饰物。他们的手腕或臂部戴着手镯或臂环,或者是颈部的沉重项圈,全部是十足的赤金,身上还挂起巨大的金环,甚至连胸甲都是黄金制作的。就在上塞尔特地区发现他们有惊人之举,那里与供奉神明的圣地有关;他们极为尊敬建筑在土地上面的庙宇和圣地,视为神圣不可侵犯,会用

---

① 指的是西北方。
② 原意为"赫尔墨斯的礼物",来自神明的赐予或者自己的运道。

大量黄金当成奉献给神明的祭品,虽然凯尔特人是极为贪财的民族,出于宗教的顾忌没有一个当地的土著,对这些财富存有染指之心。

28 高卢人有高大的身材,全身肌肉发达,白色的皮肤和金色的头发,不仅天生如此,还用人为的方式使得这种颜色更为突出。他们经常用石灰水清洗头发,将前额的头发向后梳到头顶,或是在颈脖的背后束起来;使得他们看起来就像萨特和牧神,这样一来他们的头发变得又厚又重又粗糙,看起来与马的鬃毛没有什么不同。有些人将胡须用剃刀全部刮除,还有人让它长出一点点;贵族的面颊和下巴刮得干干净净,只在嘴部四周留下修剪整齐的短髭。他们在用餐的时候,胡须会与食物纠缠不清,要是饮酒像是过滤器会让酒液通过,留下一圈泡沫。

他们进食时席地而坐,没有椅子,使用狼皮或狗皮的垫子。家中由最小的儿女侍候三餐,只要年纪适当不分男女;四周堆满煤块的火炉就在旁边,上面挂着铜锅还有烧烤的铁叉,用来处理大块的兽肉。他们让勇士获得礼遇,就是可以挑选最好的部位,埃杰克斯与赫克特单打独斗获胜归营,所有的首领用这种方式推崇他的功勋,诗人写出这样的诗句①:

埃杰克斯可以享用长条的里脊肉。

他们邀请外乡人参加宴会,用餐完毕之前不会查问他的身份,像是他来自何处或者到此地有什么打算。

他们的习惯是在用餐的过程当中,经常拿微不足道的琐事当成充分的理由,产生激烈的争执甚至提出挑战要进行决斗,对于生命没有一点珍惜

---

① 荷马《伊利亚特》第7卷第321行。

之意；因为他们相信毕达哥拉斯的教导，人的灵魂具备永生不灭的性质，经过命中注定的岁数，他们要开始新的生活，灵魂就会进入另外一个身体之中①。因此，我们听说在葬礼当中有人将书信丢到死者的火葬堆，好像逝世的亲人还有阅读的能力。

29 高卢人的旅行和进入战场都使用两匹马拖曳的战车，上面载有驭手和战士各一名；当他们在进击当中遭遇对方的骑兵，首先是向着敌人投掷标枪，接着从战车上下来拔出佩剑加入战斗。他们之中很多人对于死亡抱着藐视的神情，进入充满危险的战地不穿保护身体的铠甲，除了一根腰带没有别的披挂。他们加入战争会让一些自由人负起侍候的责任，全都选自贫穷的人家，作战的时候让随从担任驭手或负甲者。

等到他们编成会战队形，习惯上双方的战线在接触之前先停下来，向对手当中最强壮的战士挑战，进行一对一的单打独斗，挥动武器用来恐吓当面的敌人，只要对方愿意接受搦战，他们就会唱赞扬祖先英勇行为的颂歌，吹嘘自己建立的丰功伟业，还用辱骂的口气贬损敌手，总之，他想用这番言辞在战斗之前打击对方的士气。接战以后敌人毙命沙场就将他的头颅砍下来，挂在马匹的颈下，将掳获的兵器交给随从，上面沾满鲜血，成为带走的战利品，这时大家为他唱出赞美曲，四周响起胜利的歌声，他会把战斗的成果带回家，用钉子钉在特定的位置，如同一个人参加狩猎就会搜集野兽的头颅，对于那些地位尊贵的敌人，得到他们的首级会用杉树的油进行防腐处理，然后小心保存在一个木柜里面，用来展示给来访的外乡人。

有些言之凿凿的传闻说是有人愿意支付巨额的金钱，换回自己的祖先

① 灵魂的轮回和再生是德鲁伊教徒（Druids）的基本信条之一，参阅尤利乌斯·恺撒《高卢战记》第6卷第14节以及斯特拉波《地理学》第4卷第4节。

或者父亲的遗骸,一般来说都会遭到拒绝;据称其中有人大肆吹嘘,即使用与头颅等重的黄金还是不愿接受,显示崇高的灵魂具有野蛮的习气;拒不出售是一种高贵的行为,用来确保所拥有的目击证人,可以证实一个战士的英勇无敌,他们非要与族人一起作战直到死亡为止,只是贬低自己的身份到野兽的水平。

30 高卢人的穿着会引起大家的注目,衬衫经过漂染还要绣出各种花色,马裤用他们的话被称为 bracae,一件带有条纹的外衣用纽扣固定在肩部,冬天用的料子非常厚重,夏天就会很薄而且轻便,制作非常合身而且有很多色泽可以选择。① 作战用的防护装具是有一个人那样高的长盾,有些会用青铜材质的野兽图案加以修饰,精工制作的着眼不仅美观还要提供保护的作用。他们戴着青铜头盔,巨大的浮雕图案矗立在它的上方,看起来让人感到更加雄壮威武;有些还在头盔两边装上一体成型的两只角,还有一些的外观是鸟类或四足兽的模型。

常见的号角带有蛮族使用的特性,吹奏起来发出刺耳的声音,完全配合战争的嘈杂的骚乱。他们之中有人装备铁质的胸甲或锁子甲,还有人全身赤裸进入战场,对于自然女神赐给他们的披挂感到满足。携带剑身较宽的长剑而非短剑,用铁或青铜的链子系在身体的右侧,有些人用镀金或镀银的腰带将衬衫紧紧绑牢。使用被称为 lanciae 的长矛,铁质的矛头长约一肘尺或更长一些,宽度要少于两掌幅;他们用的剑不会短于其他民族用的标枪,至于标枪就枪尖看来要比其他民族用的剑还要宽一些。有些标枪的枪身很直,还有一些整个长度都扭曲成螺旋状,目的是刺进身体以后很难拔出来,而且撕裂伤口让伤势更加严重。

---

① 狄奥多罗斯在描述苏格兰的格子呢服装。

31 高卢人的外观让人产生恐怖的感觉,他们的声音低沉而且刺耳;他们聚在一起开会的时候,所有的交谈都会含糊其词,令人费解,讨论的事务到最重要的部分,就会加些不知所云的暗示或者顾左右而言他,语气过分夸张而且虚浮不实,目的在于炫耀自己还要贬损他人。他们是吹牛的人,经常把威胁挂在嘴上,喜欢使用狂妄无知的措辞,表示自己有口若悬河的本事,只会卖弄小聪明,并没有真才实学。抒情诗人或者俗称的游吟诗人在他们当中最受宠爱。这些文士用七弦琴之类的乐器伴奏唱起赞誉或辱骂的歌曲。哲学家或是精通宗教事务的人士,一般被称为德鲁伊信徒(Druids),深受大家的尊敬。高卢人同样需要占卜者,认为他们值得给予最高的赞誉,这些人观察鸟类的飞行或鸣叫,以及宰杀神圣的动物,可以预知未来的事务,使得大众对他们恭维备至。

他们遵守一种习俗让人感到不可思议而又难以置信,如果他们认为某些事情非常重要,那么在这种情况下他们拿活人来祭神,手执一把短剑插进受害者横膈膜①上方的位置,等到被刺的牺牲慢慢死去,可以从身体的挣扎和四肢的抽搐,还有血液喷涌的情况得知未来的气数,大家从古代开始对这样的做法深信不疑,对于这种情况的观察已经持续很长的时间。他们的习俗是没有"哲学家"的认可就不能奉献牺牲,还愿祭品是要供奉给神明的,应该透过有经验者所做的安排,他们能说神明使用的语言,经由这些人的媒介和磋商才能获得应有的福分。不仅是平时发生紧急事件,特别是处于战争之中,他们对于这些人以及吟唱的诗歌,比起其他所有人士更为服从,这种听命的程度不仅是他们朋友还包括敌人在内;例如,很多次当两军已经弓上弦剑出鞘开始接战,这些人只要站在他们之间就可以让双方停止战斗,如同将魔咒投进野兽当中,它们受到迷惑就会听命行事。看来即使是最狂野的蛮族,

---

① 斯特拉波《地理学》第4卷第4节,仅说他们用短剑刺进被害者的身体从背后穿透出来。

激情还是不敌智慧的力量,阿瑞斯对缪斯总是抱着敬畏之心。

32 要是对于很多大家并不知晓的事物加以区分清楚,这样做应该大有裨益:举凡居住在马萨利亚(Massalia)的内陆地区,或者阿尔卑斯山的斜坡上面,以及庇里牛斯(Pyrenees)山这一边的民族,我们都将他们称为凯尔特人;鉴于家园建立在塞尔特卡这块土地上面,一直延伸到北边的部分,无论是沿着大洋还是赫西尼亚山脉,所有来自这里甚至远到邻近锡西厄的民族,他们的称呼是高卢人;事实上,罗马人将整个地区所有的民族包含在内,全部用一个名字,那就是高卢人。

高卢妇女的身材如同男子一样的高大,就连勇气也配得上她们的夫婿。他们的子女在刚出生的时候长着淡灰色的头发,随着年龄的增长变得如同双亲那样带有耀眼的光泽。他们就是最野蛮的民族,建立的家园位于大熊星座的下方,邻接锡西厄的边境,据说其中某些部族会以人为食物,好像居住在伊里斯(Iris)①的不列颠人也有类似的习俗。这些民族靠着作战的英勇和野蛮的习性,建立的名声变得远近皆知,还有人认为古老年代他们征服整个亚洲,被大家叫作辛米里亚人(Cimmerians),因为时间的关系以讹传讹变成廷布里人(Cimbrians),一直到现在仍保持这个名字②。

他们从古代开始就怀着掠夺的野心,目标是侵略别人的土地,对所有的外人投以轻视的眼光。这个民族曾经占领罗马③,抢劫德尔斐的圣地④,在大部分的欧洲和亚洲地区征收贡金,那些在战争中被他们征服的民族,

---

① Iris 就是现在的爱尔兰(Ireland);可以参考古代的称呼 Erin 和爱尔兰共和国选择的名字 Eire,这两个字都是指爱尔兰这块土地。

② 很多学者有这样的表示:日耳曼的部族廷布里人,对意大利带来的威胁大约在前 100 年左右,比起公元前 7 世纪进入小亚细亚的辛米里亚人,可以说已经晚了很长一段岁月。

③ 要是按照波利比乌斯和狄奥多罗斯的记载,这件大事发生在公元前 387—前 386 年;罗马的编年史认为是公元前 390 年。

④ 发生在公元前 279 年。

让他们在占领的土地上面定居,过了相当时期被称为希裔高卢人,这是他们与希腊人的血统混杂产生的结果,最后获得的成就是罗马有很多支大军被他们歼灭。他们为了遵循野蛮的生活方式,奉献牺牲明显有奇异的邪恶手法;举凡罪犯在监狱关五年再以神明的名义施以刺刑,或是构建巨大火葬堆,将罪犯以及年度首次收成放在上面,当成祭品奉献给神明,然后举火将这一切烧成灰烬。他们对于战俘同样作为牺牲用来供奉神明。他们之中某些人爱好屠杀从战争中获得的动物,不分青红皂白连带人类一起受害,或是将它们烧死或是使用更令人发指的残酷方式。

虽然他们的妻子都很漂亮,但配偶很少相聚在一起,狂暴的欲念和奇异的方式使得他们要从男色获得满足。他们在地上铺着兽皮然后睡在上面,要与心爱的娈童缠绵一番。① 其中最让人感到惊奇的事,莫过于他们根本没有道德的观念和高尚的情操,就是与青春的肉体发生苟合也不会受到良心的谴责;他们对于做出寡廉鲜耻的事毫不在意,如果有人前来见他要求给予好处遭到拒绝,他们认为这才是不光彩的行为。

33 我们对凯尔特人说得已经够多了,现在将历史的对象转向他们的邻居塞尔特布里亚人(Celtiberains)。古代的两个民族伊比里亚人和凯尔特人,为了据有土地一直兵戎不断,等到后来调整彼此的差异在一起开垦土地,进一步发展通婚的关系,由于两个民族的混杂接受上面提到的名字。强大的国家联合起来加上他们的土地非常肥沃,接着是塞尔特布里亚人变得非常有名,虽然最后被罗马人征服,后者还是付出很大的代价,克服很多的困难和艰辛,彼此在战场上面经历很长时期的斗争。

---

① 希腊人的意思是他们的"侍妾有女性也有男性";阿昔尼乌斯《知识的盛宴》第13卷603A,提到凯尔特人的习惯是与两个男孩睡在一起。

强悍的民族在战时提供优秀的骑兵以及身强力壮吃苦耐劳的步卒,他们身穿质地粗糙的黑色披风,是用山羊的毛编织而成的。拿他们配备的武器来说,有些塞尔特布里亚人像高卢人一样携带轻盾,有些人使用圆形的用柳枝编成的盾牌,大小如同一面 aspis[①],胫部和小腿用动物皮毛制作的胫甲紧紧包住,头上戴着青铜头盔,装饰着紫色的冠状羽毛。他们佩带双面开刃的长剑,精钢炼制极其锋利,还有长度约为一 span[②] 的匕首用于近身的肉搏战斗。特别要在下面提到他们运用防御[③]武器的模式;他们将铁板埋在土中一段时间,使得铁质当中不纯的杂质受到锈蚀,只有最坚硬的成分遗留下来,可以制成最锋利的刀剑和其他战争使用的装备。[④] 运用精炼的方式制造出来的武器,没有任何盾牌、头盔或者坚硬的骨头能够抗拒它的用力一击,完全在于拥有最为优异的铁质。

他们有能力从事两种方式的战斗,开始是在马背上的勇猛进击,等到打败对方的骑兵,便下马担任步卒的角色,在战场上面冲锋陷阵。他们始终保持一种奇特的习性:他们的养身之道是照顾身体和保持干净,即使如此却让人有不洁的感觉,坚持要用尿液洗浴身体以及洁净牙齿,认为这样做有益健康和防止疾病[⑤]。

34

塞尔特布里亚人的习性是对罪犯和敌人极其残酷,对于外乡人彬彬有礼,态度非常殷勤,例如异国人士来到他们中间,大

---

① aspis 是希腊重装步兵使用的盾牌。
② 一 span 的宽度即手掌伸开,从拇指尖到小指尖的长度,为 9 英寸或 23 厘米。
③ 要是询问李德·哈特(Liddell Hart)和斯科特将军(Gen.Scott)的意见,这个字应该改成"攻击"才对。
④ 这是过于天真的解释。参阅戴维斯(O.Davies)《欧洲的罗马矿场》(*Roman Mines in Europe*)第 59 页:"由于钢铁的性质不稳定,塞尔特布里亚人将他们的铁埋在地下,柔软的部分很快锈蚀,经过再冶炼的过程可以获得质地更为精纯的成品。"
⑤ 斯特拉波《地理学》第 3 卷第 4 节,证明确有其事。

家抢着要来客停留在自己家中,他们相互竞争看谁的款待最为殷勤,只要有外乡人陪伴在身边,总要说些蒙受神明保佑让彼此都能认同的话。他们的食物是各种肉类,可以大量地供应,饮料是葡萄酒掺着蜂蜜,当地的蜂蜜产量非常丰富,酒从商人那里购买,大批经由海上用船只运过来。与塞尔特布里亚人隔邻而居的部族当中,据说以瓦凯伊人(Vaccaei)最为先进,他们对于耕种的田地每年要重新分配,获得的粮食每个人都有同等的分量,任何耕种者要是将收成据为己有,犯下的罪行可以判处死刑。

伊比里亚人当中最为英勇善战的部族是露西塔尼亚人(Lusitanians),作战的时候只携带一面很小的盾牌,是用动物的筋当成弦线编织而成,由于他们是如此倔强而又刚愎,对于身体的保护是否周全并不在意;战斗之际很容易挥舞手中的盾牌,用非常有技巧的手法挡住所有的攻击。他们使用全部铁质的带有倒钩的长矛,戴的头盔和手中的长剑式样与塞尔特布里亚人非常类似;投掷标枪有很远的距离而且不失准头,总而言之,他们的打击真是所向披靡。由于他们的动作机敏而且披挂非常轻巧,无论是逃走还是追击都很快速,要是忍受艰辛的考验进行顽强的战斗,这时他们比起塞尔特布里亚人稍有不如。承平的时候他们经常演练精灵的战舞,需要有灵活的四肢,战时他们踏着稳定的步伐进入战场,发出呐喊冲向敌人。

无论是伊比里亚人还是露西塔尼亚人,最特殊的地方是他们正在年轻力壮的时候,除了强健的身体和无畏的胆识可以说是穷无立锥之地,能够装备自己的东西只有英勇和武器,使得他们聚集在山区的要塞里面,组成颇具实力的帮派,然后下山用抢劫的方式,在整个伊比里亚地区夺取财富。成帮的土匪始终带着视死如归的精神不停地到处为非作歹,虽然只有轻型的武器配备,但靠着他们的团结一致和彪悍快捷,成为一个最难为外人征服的民族。一般而论,要是考虑到这一片拥有众多要塞和悬崖绝壁的山地,是他们的国土和地盘,带着沉重装备的大军很难穿越,这里会成为他们逋逃的庇护所。因此，罗马人很多次对露西塔尼亚人进行征讨，想要除去他们藐视权威的传统，虽然尽了最大的努力，但还是无法终结他们劫掠的习性。

35 我们已经叙述了与伊比里亚人有关的诸多事项，不应该对这块土地上面的银矿略而不提；我们敢说此处拥有最为丰富的白银藏量，何况质量最为优良，从事银矿的工作者可以获得最为丰硕的报酬。上一章我们谈起赫拉克勒斯的丰功伟业，曾经提到伊比里亚的庇里牛斯山脉①，无论就高度还是范围而论都是首屈一指，从南边的海面延伸到北边的大洋②，距离超过三千斯塔德，将高卢分为伊比里亚和塞尔特布里亚两个区域。这里覆盖着很多面积广大遮天盖日的森林，据说古代某些牧人留下的火种，将整个山区烧成一片焦土；惨遭蹂躏的情况一日接着一日延续下去，地表腾起的火焰使得山脉由于异常的现象，得到庇里牛斯这个名字③。

烧焦土地的表面发现白银，元素因为高温而熔解，形成很多纯银的溪流。那时的土著对于这种金属的用途根本是一无所知，腓尼基人从事贸易得知此事，用其他并不值钱的货物以交换的方式获得银两。腓尼基人将大量白银运到希腊和亚洲以及其他的民族，因而获得惊人的利润和财富。商贾因为贪婪的动机来到此处倒是一点都不假，他们要让船只尽量装载更多的白银，就连锚上的铅块全都打掉，然后用银块取代原来的功能。结果使得腓尼基人在很长一段时间内，始终保持着极其兴旺繁荣的局面，对于这

---

① 前面两章很多地方论及赫拉克勒斯，却没有提到庇里牛斯山脉。

② 分别指地中海和大西洋。

③ 希腊语的 pyr 是"火"，而塞尔特语的"山"是 Byrin，两者的发音相似，所以才有这种说法。

种方式的贸易抱着感激的心理,所以会建立很多殖民地,有些在西西里和邻近的岛屿,还有一些在利比亚、萨丁尼亚和伊比里亚。

36 伊比里亚人一直要到较近的年代,才知道白银具有极其特殊的价值,结果是极其优异的工作方式,使得知名的矿区陷入没落的处境,我们还可以说那是他们发现蕴藏量极其丰富的白银,可以获得额度惊人的岁入。然而这种方式就伊比里亚的矿区和工作而言,白银只是其中一部分而已,须知广大的矿区让人感到不可思议之处,在于矿石之中存有铜、金和银的成分,铜矿的工人发现他们从地下挖出的成果,纯铜只占总产量的四分之一,那些并不熟练的银矿工人,三天时间获得的数量是一个优卑亚泰伦①;所有的矿石饱含固体的银质砂尘在那里闪闪发光。

外来者对于这个地区有众多的天然资源,以及工作人员的勤奋会有深刻的印象。开始的时候那些并不熟练的工人无论来自何处,只要进入矿区工作就会带走大笔财富,产银的地面适合用手挖掘而且藏量丰富,等到后来罗马人统治伊比里亚,成群结队的意大利人聚集在矿区,弥漫贪婪的风气把所有的利润据为己有。他们出资购买大量奴隶,交给在矿区工作的监工负起管理之责;众多的工人在适当的位置打出竖坑,向着地下的深处挖掘,寻找金和银含量丰富的地层;不仅遍及整个地区到相当距离以外,还要将他们的挖掘推进到几个斯塔德的深度,在不同的角度开出通道,能够将地层深部的矿石运送出来,从而可以获得最大的利润。

---

① 大约是57磅常衡单位,或25.86千克常衡单位。梭伦制定银币的币值用重量来区分:1奥波(obol,价值12衡量单位的大麦,重0.72克);1德拉克马(drachma,等于6奥波,重4.31克);1迈纳(mina,等于100德拉克马克,重431克);1泰伦(talent,等于60迈纳,重25.86千克)。

37 要想知道此地的矿区拥有何等巨大的规模,可以拿来与阿提卡①的现况做一比较。那些在阿提卡矿区工作的人,虽然他们为这个企业花费了大量的资金,然而"经常出现的结果,是他们想得到却无法得到,他们即使得到却又失去"②,看来他们遭遇不幸成为不解之谜;西班牙的开矿者始终满怀希望,能从他们的事业当中累积巨大的财富。他们早期的辛劳非常合算在于有利可图,这要感谢大地带来如此巨额的蕴藏,加上非常明显的露头富于金和银的含量;那个区域所有的地表都是纠缠成网状的矿脉,向着各方形成曲折迂回的走势。偶尔他们进入更深的部位,就会遭遇到地下的伏流,为了制服所能带来的损害,就用开挖暗沟的方式,引导水流从另外的角度排放出去。

还要特别加以强调,他们想要保证能够十拿九稳,不愿受到任何误导,即使是单一的事件都要获得最有利的结果,最令人感到惊讶的事情,就是他们遭遇不意出现的溪流,用一种大家将它称为埃及螺旋的机具,将这些泛滥的水抽了出去;叙拉古人阿基米德(Archimedes)游历埃及期间有了这项发明③;运用螺旋的转动可以携带水头不断上升直到放流口,只要用这种方式排干区域的积水,他们就可做进一步的挖掘,使得而后的操作更为方便。这种机具是非常奥妙的装置,让人觉得奇怪的地方,是只用很少的

---

① 就是劳里姆(Laurium)的银矿。

② 这个谜语出现在《荷马风格的伪典》(*Homeric Apocrypha*)第35节,有几个运气不好的渔民坐在沙滩上面,他们的身上爬满虱子,于是说道:"那些想要的东西我们抓不到,不想要的东西却让我们无法摆脱。"费勒隆的德米特流斯对阿提卡的财主用到这个谜语,意思是他们可以投资阿提卡的银矿,却不保证可以收到应有的利润。波赛多纽斯记下德米特流斯的逸事,斯特拉波《地理学》第3卷第2节,阿昔尼乌斯《知识的盛宴》第6卷233E以及狄奥多罗斯,全都加以运用,只是有不同的表达方式。

③ 本书第一章第34节提过这种机具,埃及人用来灌溉三角洲的农田,至于用在西班牙的矿区论及有关的证据和操作的方式,可以参阅理卡德(T.A.Reckard)《西班牙的罗马矿业》(*The Mining of the Romans in Spain*)第129—143页。

劳力使得大量的水排放出来,可以让地下深处河流的水,很容易被打上来注入地面。人们对于工匠①的创意无不感到惊讶,有关的事物不仅是这一件发明,还有很多更为重要的项目,远播的名声已经传遍整个有人居住的世界,只要叙述的历史来到阿基米德的时代,我们对他会有更详尽的介绍②。

38 继续讨论有关矿场的事,奴隶从事的工作为他们的主人带来的收益,可以说是令人难以置信,他们日夜不停地在地底挖掘,身体会感到极度的劳累和疲惫,等到他们无法忍受过于艰困的工作,就会带来大量的死亡。因为他们负担沉重的劳动,却得不到应有的休息或暂时的停顿,在监工的鞭打之下要忍受过于严苛的困苦,处于极端恶劣的环境有时只能放弃存活的念头。虽然他们之中还有某些人可以忍受这种工作环境,以及长时期的辛劳,完全在于他们有强健的身体和坚持的心灵;但他们的不幸没完没了地持续下去,看来死亡的解脱比起存活更能满足他们的欲望。

很多令人惊奇的事物与刚刚提到的开矿有关,一个人多少会感到奇怪,何以这些矿区没有一个起源于当前的时代,须知大量的开采在于迦太基人的贪财如命,发生的时间是在伊比里亚成为他们的属地时。他们从这些矿产获得的利润使得城邦获得不断的成长,雇佣很多本领高强的佣兵,得到的协助可以发起以及赢得很多次重大的战争。迦太基人的战争从来不会让从市民中征召的士兵产生信心,即使是联盟的军队也没有多大的贡献,看来这些都是实情;他们靠着金钱让罗马人、西西里人和利比亚的居民

---

① 阿基米德不仅是工匠而已,他是那个时代最伟大的科学家和军事工程学家。

② 这段时期处于公元前 3 世纪末叶,与阿基米德有关的内容都在逸失的各章(第二十四至二十六章)之中。

陷入最大的危险当中,感谢矿区获得丰富的收益,让他们能在任何场合都能向着征服的目标迈进。腓尼基人从古代开始就是一个非常精明的民族,他们从各式各样的发明获得进步,意大利人同样的精明在于他们不让别人有进步的机会。

伊比里亚有很多地方出产锡,地表找不到,要从地底挖掘出来,然而有些作者在他们的史书中,再三显示出不同的记载,至于熔化和精炼的过程,与获得金和银的方式完全相似。位于露西塔尼亚上方的区域有很多锡矿,还有就是伊比里亚的外海位于大洋之中的岛屿,因为这个事实所以获得的称呼是卡西提瑞德(Cassiterides)①。还有大量的锡被从不列颠这个岛屿带到对面的高卢②,商人再将它装在马背上面,运到马萨利亚人的手里或者被称为纳尔波(Narbo)的城市。这个城市是罗马人的殖民地,所处的位置交通非常方便,能够拥有这个地区最好的贸易市场。

39 我们已经讨论了高卢人、塞尔特布里亚人和伊比里亚人,接着叙述的对象是黎古里亚人(Ligurians)。他们居住的区域多为石质的土地而且极其贫瘠,终生忍受劳累和艰辛的命运,过着苦难和不幸的生活。土地上面长满浓密的树林,有些人整天做着伐木的工作,使用的工具是锋利而沉重的大斧;其他人的任务是要准备适合农耕的田地,事实上这个区域属于石质的地层,岩石露头和砾石土壤遍布各处;他们的农具要是挖起一块泥土,不可能里面没有石块。他们的劳动必然伴同如此的艰困,即使靠着坚毅克服自然女神设置的阻碍,经历许多苦恼的打击,也仅能

---

① Kassiteros 这个字就是"锡"。矿场位于康瓦尔尖端的夕利(Scilly)群岛;古代的人士认为它们位于西班牙的外海,因为从西班牙海岸和比斯开湾(Bay of Biscay)前往这些岛屿更加方便。

② 参阅本章前面第 22 节。

获得很少的收成甚至连糊口都嫌不足。

黎古里亚人由于不断地激烈运动虽只能获得维持生命的养分,但他们有瘦削的身体以及充沛的活力。妇女也要帮助他们从事辛苦的工作,习惯于在平等的基础上面能与男子分庭抗礼。他们经常狩猎获得丰富的猎物,用来补偿农耕的不足和粮食的缺乏。因此,他们花很多时间生活在冰雪覆盖的山岭,经常越过极其崎岖的地形,锻炼出吃苦耐劳和肌肉发达的身体。有些黎古里亚人基于田地的收成有限,只能饮水①和食用豢养的牲口和野生的动物,所以他们的土地上面遍布树木变得一片绿意盎然。然而两位最仁慈的神明德米特和狄俄尼索斯,却从未踏上他们的疆域。

黎古里亚人的夜晚都逗留在旷野,很少进入简陋的木屋或茅舍,经常在山崖的凹处或者天然的洞窟,可以获得适当的保护。为了落实固有的习性,他们还要进行其他的工作,可以用来保存生活方式,由于缺乏所需的工具,所以处于落后和原始的状态。一般而言,这个地区的妇女拥有男子的干劲与活力,至于男子则与野兽没有多大差别。他们经常提到瘦而有力的黎古里亚人,进入战场向最强壮的高卢武士挑战,在一对一的决斗当中将对方杀死。

黎古里亚人使用的武器较之罗马人更为轻巧,高卢形式的长盾用来保护身体,穿着一件衬衣用皮带束住,外面围着野生动物的皮毛,携带一支普通尺寸的长剑;其中有些人为了能与罗马人的军队合作无间,改用他们的武器和装备,等于承认罗马人具有统治者的身份。他们充满冒险犯难的高贵精神,不仅在战争当中,就是日常的生活,对于危险和艰苦也一无所惧。例如他们如同从事贸易的商人,渡过萨丁尼亚和利比亚的海面,投身无法获得援军前来救助的困境;他们使用的船只花费最为低廉,比起临时凑合

---

① 因为没有酒可喝,谁知现在是意大利最大的葡萄酒产地。

的载具更为简陋,上面的装置尽量减少,就是一般人都感到畏惧的暴风雨,在他们看来还是不值得一提。

40 现在我们要谈一谈第勒尼亚人。这个民族以顶天立地的气势著称于世,古老的时代他们拥有广大的疆域,建立了很多知名的城市。他们设立一支战力强大的水师,很长一段时间内成为控制海洋的霸主,意大利西边的海域使用他们的名字被称为第勒尼安海;他们曾经组成编装非常健全的地面部队,据说他们是 salpinx 即"圆号"的发明者,这种乐器对于战争有很大的用处,所以称之为"第勒尼亚式号角"。他们对统治者提供扈从校尉、象牙交椅①和镶有紫边的长袍,成为提升在上位者尊荣和权势的始作俑者;还在府邸的四周建起外围柱列②,特殊的装置用来防止聚集大量群众发生暴动;有关项目大部分都为罗马人采用,还要踵事增华并且将它们列入自己的政治架构之中。后来,经由自然女神给予的教导,第勒尼亚人的表现还要更加完美,像是他们比其他任何民族更精通与雷电有关的占卜术;出于这个原因他们真正统治整个有人居住世界的民族③,甚至到今天还要对第勒尼亚人表示礼遇,特别是他们把雷鸣和闪电看成宙斯的朕兆,可以明显得知只有他们才是解释者。

第勒尼亚人的土地适合各种作物的生长,靠着密集的农耕使得他们的粮食不致匮乏,非但足够维持整个族群生存的基本要求,还可以让他们过着富裕而奢侈的生活。可以举例加以说明,每隔一天举行的宴会准备所费不赀的饮食,很多地方已经超过奢华的标准,设置彩色缤纷的卧榻,还有各

---

① 罗马人称为 sella curulis。这里所称的统治者就是每年选出的执政官,象牙交椅是拥有最高权力和地位的象征。

② 通常在外围柱列的后面是大型的会客厅或者是毗连的房间,有时形成一个内庭,对着所有房间的开口,有时用柱廊的形式将花园围在里面。

③ 指罗马人。

式各样银质的酒杯拿在手里,为数不少的仆人在旁边侍候;众多随从当中有些人的容貌非常英俊,还有一些穿着华丽的衣服,虽然他们的身份不过是奴隶而已。他们的居处有不同的式样而且是独门独院,不仅官员就是大多数自由人全都如此。一般而言,他们抛弃从古代以来祖先飞扬跋扈的精神,靠着痛饮美酒和毫无志气的娱乐打发时光,从而可以很容易了解到他们会在战场丧失传统所拥有的荣誉。他们要过奢侈生活真正可以依仗的就是肥沃的土地;各种作物带来丰硕的收成,第勒尼亚人经常储备大量粮食。一般而论,第勒尼亚的确是丰饶之地,举目所见是大片青葱的农田,其间有起伏的山丘仍然适合耕作;无论是冬季还是夏季他们都能享受到风调雨顺的好处。

41 我们①已经提过那个位于西边向着北方延伸,还是在大洋当中的一个岛屿,现在接着要讨论的岛屿位于南方的大洋之中,离开阿拉伯向东延伸那部分的海岸,要与西德罗西亚(Cedrosia)②这片国土接壤。阿拉伯有很多村庄和著名的城市,在某些情况之下位于巨大的土堆之上,还有一些例子是兴建在小丘顶端或平原的中间。最大的城市是皇家的居所,兴建了富丽堂皇的府邸,拥有很多居民和高大的建筑物。阿拉伯人放牧各种家畜和牲口,整个地区的数量之多真是无法计算,生产的粮食和供应无缺的牧草用来喂肥豢养的动物;这片国土有很多河流,大部分区域都获得灌溉之利,主要贡献在于获得按时成熟的作物。阿拉伯的主要特

---

① 本章第41—46节摘录自梅西尼人优赫门鲁斯(Euhemerus)的《神圣的历史》(*Sacred History*),这部著作完成于公元前300年前后,将政治的理想和神明的起源综合起来,描绘出一幅色彩鲜明的图画。

② 可以称为基德罗西亚(Gedrosia),参阅本书第三章第15节,就是现在的俾路支(Baluchistan)。

色是土地的肥沃,能够接受最适当的称呼,阿拉伯这个字的原意是"至福之地"①。

"至福之地"阿拉伯最远的边界接受大洋的波涛带来的冲刷,对面是一个群岛,三个岛屿拥有出现在历史当中的名声,其中一个是不能埋葬死者的海拉(Hiera)或圣岛,另外一个岛相邻约七斯塔德,会接受适合下葬的遗体②。海拉岛上面没有其他的作物,生产的乳香是如此丰盛,使得整个有人居住的世界,都能向神明奉上虔诚的礼数;岛上拥有数量最多的没药树以及其他各种芳香扑鼻的香料。乳香的性质以及调制方式有如下述:植物本身只是一种小型的乔木,外表看起来很像白色的埃及树胶③,叶子形状有如杨柳,据说会开金色的花朵,乳香来自慢慢流出如同泪滴的树液。

至于没药树的树形很像 mastich-tree,虽然叶片更为细长而且长得更加浓密,但要将树根上面的泥土挖走就会渗出没药的乳汁,要是种植在肥沃的土壤里面,一年会发生两次分别是春季和夏季,春季的没药因为露水的关系成为红色,夏季则是白色。他们还收集枣树④的果实,它可以作为主食或饮料,可以被当成治疗痢疾的药剂。

42 海拉岛的土地要分配给所有的居民,国王据有最好的部分同时征收十分之一年度生产的谷物。据说这个岛屿的宽度大约是两百斯塔德,岛上的居民被称为潘奇亚人,他们带着乳香和没药渡海前往大陆,香料可以卖给阿拉伯的商贾,其他人再从他们那里转买,运到腓尼基、内叙利亚和埃及,最后商人从这些国家将商品运到有人居住世界的所

---

① 就是阿拉伯半岛南端的也门(Yemen),位于红海出口的左侧。
② 现在被称为索科特拉(Socotra)群岛或阿布德·伊尔·库里(Abd el Kuri)群岛,描述的细节带有神话的性质。
③ 学名 Acacia albida;参阅狄奥弗拉斯都斯《植物志》第 4 卷第 2 节。
④ 一种鼠李属灌木。

有地方。这里还有另外一个大岛,离开我们提到这个岛的航程是三十斯塔德,孤悬在大洋的东部长度有不少斯塔德;还有人说从岛上向东延伸的海岬,一个人站在那里可以看到远方的印度,因为距离的关系只是模模糊糊、若隐若现①。

潘奇亚(Panchaea)岛的本身②发生很多事故,值得在史书上面记下一笔。上面居住的人种都是原居民,被称为潘奇亚人,至于现有的奥逊奈底人(Oceanites)、印度人、锡西厄人和克里特人都是外来的移民。岛上有一座名声响亮的城市名叫帕纳拉(Panara),一直保有兴旺和繁荣,居民被称为"哀求者"在于获得垂菲留斯(Triphylius)的宙斯③给予的保佑;潘奇亚岛的居民生活在自己制定的法律之下,没有高高在上的国王进行统治。每年他们选出三名主要的官员;他们没有权力惩罚重大的罪行,只能审判一般的案件;大家一致认为最重要的事务应该交给祭司处理。

43 离开帕纳拉约六十斯塔德有一座名叫垂菲留斯的宙斯神庙,建立在一个平原上面,年代极其古老因而深受大家的赞誉,特别是整座建筑物非常珍贵,加上位置适中有良好的交通。围绕神庙的平原长满各种浓密的树木,不仅供应产量丰富的水果,而且看起来让人赏心悦目。这个地区有很多奔流的泉水,平原上面到处生长着巨大的柏树,以及筱悬木、月桂和桃金娘。靠近圣地的位置喷出一道质地清澈的泉水,巨大的水量成为一条可以航行船只的河流。平原上面很多部分都能从河流引水灌溉,到处是连续不断长着高大乔木的森林,夏季有很多人在这里度过

---

① 这种陈述的方式缺乏事实的根据。

② 下面叙述的细节可以视为神话和幻想。

③ Zeus Triphylius 意为"三个部族的宙斯",下面第44节会提出解释,因为那里的居民分为三个不同的民族。

闲暇的时光，还有很多鸟类在这里筑巢，羽毛闪烁着各种颜色的光泽，听到令人愉悦的歌声；这里有各种花园和许多草地，上面长着形形色色的植物和花卉，上苍最高的权威要让这个地方成为神明的国度。成长的棕榈树有粗大的树干，垂下无数成串美好的果实，还有很多长着坚果的树木，使得土著生存所需的粮食获得充分的供应。我们虽然提过还是要补充几句，这里生长着大量不同种类的葡萄树，运用种种不同的纠缠方式爬升到高处，生成非常优雅的景色，毫不费力就让每个季节都能美不胜收。

44 让人目不暇接的神庙是白色大理石的建筑物，长度是两百英尺，而且宽度与长度构成完美的比例；使用的支撑是巨大而密集的石柱，适当地间隔装饰精巧设计的浮雕；还有神明的雕像表现出极其独特的手法，硕大的体积和雄伟的造型使人为之惊叹不已。服侍神明的祭司在神庙四周有他们的居所，圣地所有的事务全由他们亲手处理。建造一条大道通向神庙，长度是四斯塔德，宽度是一百英尺。大道的两边是巨大的青铜容器，放在四方形的基座上面，尽头是我们提过的河川，成为供水的泉源，如同一道奔腾不息的溪流向下灌注，水质格外的清澈和甜美，对于身体的健康带来很大的好处；这条河川因而得到"太阳之水"的名字。整个泉源为花费惊人的石质码头所围绕，从两边向下淌流延伸有四斯塔德的距离，除了祭司任何人不得踏入码头的边沿。寺庙下方的平原因为神明的关系拥有很高的地位，长度多达两百斯塔德，获得的收益用于供应祭神所需牺牲。

越过上面提到的平原就是一个高耸的山岭，要与神明发生密切的关系获得圣洁的地位，大家称之为"乌拉努斯的宝座"或者"垂菲利亚的奥林帕斯"。神话提到古老的时代，乌拉努斯在有人居住的地球成为国王，使得他停留在一个可爱的地方，能够向上眺望高处的苍穹和星群，这时心中感到无比的愉悦，过了相当时间才获得"垂菲利亚的奥林帕斯"这个称呼，那是因为在这里定居的人是由三个民族所组成，亦即潘奇亚人、奥逊奈底人和多伊亚人（Doians），众多的居民后来还是被阿蒙赶走，就连他们的城市都遭到毁灭，无论是多伊亚还是阿斯提鲁西亚（Asterusia），全都被夷为平地。据说每年祭司先期准备很多牺牲，要为这座圣山举行一次盛大的祭祀典礼。

45 文字继续叙述下去，越过山岭所有其他区域都是潘奇伊蒂斯人（Panchaeitis）的土地，这里可以见到各式各样的野生动物，像是成群的大象、狮子、花豹、野牛，不仅数量众多而且极其凶恶。岛上还有三座重要的城市，就是海拉西亚（Hyracia）、达利斯（Dalis）和奥逊尼斯（Oceanis）。整个国度有肥沃的土地和丰富的收成，特别是葡萄的种类繁多而且产量惊人。这里的人民黩武好战，遵循古老的方式乘坐战车进入战场。

潘奇亚人的政治体制区分为三种阶级：第一阶级是祭司以及受到任命的工匠，第二阶级包括农夫在内，第三阶级是士兵还要加上牧人。祭司在所有的事务上面都扮演领导者的角色，对于法律的争辩做出最后的裁决，有关公众所有的事务拥有最高的权力；农夫耕种土地将收获的作物储存起来，根据成果的多寡优劣要找到最出色的人员，给予特别的奖励和表扬，祭司做出决定谁是第一，谁是第二直到第十，定出次序是为了对其余人员产生激励作用。对于牧人亦复如此，无论是根据牲口的数量还是重量都要正确无误，一方面是提供动物担任牺牲，另一方面是缴纳规定的额度给城邦的金库。通常一个人可以拥有一所房屋和一个花园，除此以外没有其他的财产，祭司拿走所有的产品和收入，然后公平分配给每一个人，只有祭司得到双倍的分量。

潘奇亚人的衣着都很轻盈,这个地区的绵羊极其优异,没有任何地方生产的羊毛能比它更为柔软;他们无分男女都像波斯人那样佩戴黄金的饰物,诸如项圈、手镯和耳环。两性都穿着同样款式的鞋子①,全都精工制作,使用的颜色大不相同。

46 士兵的主要工作是保卫国土的安全,他们在按照固定间隔距离设置的城堡和哨所服勤,接受分配给他们的报酬;这个国家有一部分地区受到匪帮的肆虐,这些强徒都是胆大妄为和不守法纪的家伙,他们等待机会要去攻打富有的农庄庄主。祭司比所有其他人士更加奢华,他们过着精致和文雅的生活,例如他们的长袍用亚麻布制作,格外的轻薄舒适,按照时令穿着由最柔软的羊毛纺织的衣服;再者他们戴的头饰是用金线编成的,脚上穿着彩色缤纷精工制作的凉鞋,如同女性一样佩戴黄金制成的极其昂贵的饰物。

祭司的首要职责就是服侍神明,要用赞美曲颂扬神明的伟大成就,逐一宣布他们赐予人类的恩惠和功德。要是根据祭司杜撰的神话,最早的神起源于克里特岛,那是宙斯寄居在人群当中,后来在人类居住的地球上面成为国王,经过他的引导才会来到潘奇亚。为了证明确有其事,引用他们使用的语言,特别指出最重要的一件事情,就是他们始终没有忘记在克里特使用的名字;他们还要多加说明的是与克里特人有亲戚关系,从祖先接受的传说就提到彼此的感情非常融洽,须知这些事项都是一代接一代地继承下来的。据说为了证实确有其事,还指出宙斯在兴建庙宇之际留下的铭刻,正是他下凡来到人间的时期。

此地拥有藏量丰富的金、银、铜、铁等矿区,所有的金属不能带出这个

———————

① 有的学者将本文的文字校订以后,认为这段话的意思是"他们穿的鞋子有很高的筒,可以到达小腿的中部";可见这是一种短靴。

岛屿;特别规定祭司不得以任何理由离开神圣的地方,如果他们之中有哪一位违犯禁令,举凡遇到的人获得授权可以将他杀死。这里有很多奉献给神明的金银器具,因时间的关系才会累积如此大量的祭品。寺庙的门廊就建筑的式样而言,让人一见之下感到惊讶不已,是用白银、黄金、象牙和柚木精工制成的。一个神明使用的黄金卧榻长六肘尺、宽四肘尺,非常讲究构造的细节和精巧的手艺。还有同样尺寸和质地价格极其昂贵的供桌,摆设的位置贴近卧榻。放置的卧榻在中央有一根很大的黄金柱子,上面刻着颂扬乌拉努斯和宙斯的铭文,全部使用神圣的埃及字母①;后面还加上赞誉赫尔墨斯、阿特米斯和阿波罗的词句②。

对于坐落在阿拉伯当面大洋的若干岛屿,我们的叙述应该让人感到满意。

47 现在我们要介绍靠近希腊而又位于爱琴海的岛屿,要从萨摩色雷斯开始叙述。这个岛屿要是按照有些人士的说法,古老的时代的称呼是萨摩斯,等到现在大家知道的萨摩斯岛有人居住以后,为了避免相同的名字,古老的萨摩斯位于色雷斯的对面,所以改为萨摩色雷斯。这里的民众都是土生土长的原居民,不会有传说叙述最早来到岛上的领导人物。还有人说这里在古代的名字是萨奥尼苏斯(Saonnesus)③,因为定居的移民来自萨摩斯和色雷斯这两个地方,被称为萨摩色雷斯有一点道理。最早和原始的居民使用古老的语言,其中最特别之处是有很多字句,

---

① 圣书体的象形字母。

② 参阅拉克坦久斯(Lactantius)《神圣的原理》(*Institutione Divinae*)第1章第11节:"优赫门鲁斯撰写他的历史著作,主要的依据是保存在古老庙宇的神圣铭文,特别是供奉朱庇特的垂菲留斯神庙,那里的铭文提到朱庇特自己树立金柱,然后写出他的事迹刻在上面,当成一个永垂不朽的纪念物。"

③ 就是现在的萨昂(Saon)岛。

保存在奉献牺牲的仪式当中直到现在。

萨摩色雷斯人有一个故事,说是其他民族遭到大洪水之前,他们有过类似的经验,巨大的激流使得泄洪口①下方的塞阿尼安岩(Cyanean Rocks)破裂开来,接着冲向海伦斯坡地区。那个时候的潘达斯形成一个大湖,很多河流注入当中使得水位高涨,等到巨大的洪流冲了进来,爆发的水体从海伦斯坡海峡向下宣泄,大部分的亚洲海岸地区②成为一片泽国,使得萨摩色雷色的陆地有不少平坦的部分沉入大海之中;据说后来在海上捕鱼的渔夫,拉起的渔网偶尔会将石柱的残片带上来,那是城市被淹没产生的遗址。从后续的资料得知,饱受洪水威胁的居民跑到岛上较高的地区避难;等到海面升起变得越来越高,他们向本土的神明祈祷能够保住性命,为了庆祝他们的获救,就绕着全岛在涨水所及的地方埋设一圈界碑,直到今天还在祭坛上面奉献牺牲。因而得知他们在发生大洪水之前就已经居住在萨摩色雷斯。

48 在我们叙述的事件之后,岛上有一个名叫萨昂(Saon)的居民,据说他是宙斯和宁斐(Nymphe)所生的儿子,要是按照另外的说法,他的父母应该是赫尔墨斯和雷娜(Rhena),将分散居住的民族聚集起来成为一个齐心合力的团体,还为他们制定法律;后来这个岛屿就使用他的名字叫作萨昂,岛上有众多的人民他将他们分为五个部落,得到的称呼来自他儿子的名字。当时的萨摩色雷斯人生活在这种形式的统治之下,他们说宙斯和亚特兰泰兹(Atlantids)之一的伊里克特拉(Electra),就在这里生下达达努斯(Dardanus)、伊阿森(Iasion)和哈摩妮娅(Harmonia)。这些

---

①　是指从黑海注入地中海的海流。斯特拉波《地理学》第7卷第6节提到塞安尼安岩,只是用的名字是Symplegades。

②　这个地方是小亚细亚。

子女当中的达达努斯从小就心怀大志,第一个乘着一叶扁舟渡海前往亚细亚,开始建立一座名叫达达努斯的城市,接着以这座城市为根据地扩展成为王国,后来才称为特洛伊,还用自己的名字将这个民族称为达达尼亚人。

他们还说他统治亚洲很多国家,达达尼亚家族居住的地方已经超越色雷斯的边境,那些都是他派出去的移民。宙斯期望两位儿子当中的另外一位①能有成就,就在神秘祭典的入会仪式当中对他施以教导,有关的程序从古代开始就存放在岛上,据说在那个时候交到他的手上;不过,任何人要是没有经历入会的过程,听到神秘祭典的深奥内容都是违法的行为。伊阿森的出名在于他是第一位介绍外乡人参加他们的祭典,用这种方式使得入会仪式受到大家的尊敬。后来亚杰诺尔之子卡德穆斯为了寻找欧罗巴,经过长途跋涉来到萨摩色雷斯岛,接受入会仪式的考验以后娶哈摩妮娅为妻;这位哈摩妮娅是伊阿森的姐妹,并不像希腊人在神话上面的记载,说她是阿瑞斯的女儿。

49 卡德穆斯和哈摩妮娅举行婚礼,据说这是神明第一次供应喜宴所需,因为德米特爱上伊阿森才会拿谷物当成礼品,赫尔墨斯送了一具七弦琴,阿西娜是著名的项圈还有一袭长袍和一根笛子,伊里克特拉是众神之母的神圣仪式,据说还有铜钹、大鼓和仪式使用的乐器,还有就是阿波罗弹奏七弦琴以及所有的缪斯都在吹奏笛子,其余的神明说了很多祝贺的话,协助这对新人办理婚礼有关的事务,他们说卡德穆斯在完成结婚仪式以后,根据他接受的神谶给予的指示,要在皮奥夏建立底比斯这座城市,这时伊阿森娶西比莉(Cybele)为妻,生了名叫科里巴斯(Corybas)的儿子。

---

① 另一个儿子是指伊阿森。

等到伊阿森进入诸神的行列，达达努斯、西比莉和科里巴斯将众神之母的神圣仪式传到亚洲，他们自己搬迁到弗里基亚。西比莉才能参加第一次奥林匹亚运动会，生下阿尔卡(Alca)以后就用自己的名字将女神称为西比莉；科里巴斯在为他的母亲举行的仪式当中，将科里巴斯信徒(Corybantes)的名字赐给所有参加的人士，他的行为有如凡人没有什么差别，娶了西利克斯(Cilix)的女儿娣布(Thebe)为妻。他用同样的方法将笛子从萨摩色雷斯传到弗里基亚，还有就是赫尔墨斯送的七弦琴，他将这件乐器和吹奏术从萨摩色雷斯传到列尼苏斯(Lyrnessus)，后来阿基里斯洗劫了这座城市后就把这具七弦琴据为己有。

按照神话所说的故事，伊阿森和德米特所生的儿子是普禄都斯或财神，须知财富来自谷物也是事实如此，伊阿森在德米特的陪伴之下参加哈摩妮娅的婚礼，这个时候他就拿谷物当成送出去的礼品。入会仪式的细节除了传授给初次参加的人士，这方面的事务都受到保护不得向外泄露；须知入会的人士陷身危险，只要向出现在人类之中的神明①提出呼唤，就会获得意料之外的帮助，建立的名声远播成为无人不晓的传奇。公众认为举凡参加神秘祭典的知名之士，他们的言行必然虔诚又公正，比起从前会有更卓越的表现。据说这也是古代最有名的英雄和半神，何以热衷于参加入会仪式的缘故；事实上贾森、戴奥斯柯瑞两兄弟②、赫拉克勒斯和奥斐乌斯莫不如此，他们的入会使得神明站在他们这一边，从事的作战行动真是无往而不利。

50 我们已经写出与萨摩色雷斯相关的诸多事实，现在按照原订的计划讨论纳克索斯。这个岛屿最早的名字是斯特朗捷勒

---

① 他是富饶之神和海员的保护神卡比瑞(Cabeiri)，参阅本书第四章第43节。
② 参阅本书第四章第43节。

(Strongyle),首批定居者是来自色雷斯的民众,他们所以离乡背井是出于下述的理由。神话提到波里阿斯(Boreas)的两个儿子布提斯(Butes)和莱克格斯(Lycurgus),他们并不是一个母亲所生;年纪较轻的布提斯要用阴谋诡计对付自己的兄长,等到他的企图被莱克格斯识破,没有给予惩罚只是命令他召集一些船只,带着追随的从犯去寻找陆地建立他们的家园。因此,布提斯率领受到牵连的色雷斯人,扬帆出海通过赛克拉德群岛前去占领斯特朗捷勒,把家在岛上安置好以后,开始抢劫在附近海面过往的船只。因为他们的团体里面没有女性,就毫无目的到处航行,遇到陆地就上岸着手抢劫妇人和少女。

赛克拉德群岛有些岛屿没有居民,还有一些处于人烟稀少的情况;因此他们要航向更远的地方,有一次进犯优卑亚遭到击退,他们只有航向帖沙利,布提斯和他的同伴登岸,随伴一些狄俄尼索斯的女性皈依者,据说在亚该亚·弗昔奥蒂斯(Achaea Phthiotis)靠近德流斯(Drius)某个地方,他们一起举行酒神祭典。布提斯和他的同伴向着妇女猛冲过去,她们在抛弃神圣的物品以后,有的为了安全逃向大海,还有一些躲到德流斯这座高山里面;神话继续往下叙述,说是科罗尼斯被布提斯抓住,强迫与他同床共枕。她对于劫持和强暴感到极其愤怒,请求狄俄尼索斯前来给予救助。神明使得布提斯发狂以致丧失心智,为了寻死投身到一口井中。

那些色雷斯人抓到其他一些妇女,其中出名的人物就是阿勒乌斯(Aleous)的妻子伊斐美迪娅(Iphimedeia)和她的女儿潘克拉蒂斯(Pancratis);带着她们回航斯特朗捷勒岛。色雷斯人推举阿加萨米努斯(Agassamenus)担任国王取代布提斯的地位,让他与阿勒乌斯的女儿美艳无比的潘克拉蒂斯结婚,就在他们选出阿加萨米努斯之前,他们当中名望最高的首领西西卢斯(Sicelus)和赫西托鲁斯(Hecetorus),为了争夺潘克拉蒂斯彼此相互残杀。阿加萨米努斯指派一位担任副将的友人娶伊斐美迪娅为妻。

51 阿勒乌斯派遣他的儿子奥都斯(Otus)和伊斐阿底(Ephialtes)，出海前去寻找妻子和女儿的下落，他们向着斯特朗捷勒岛开航，在战场上面打败色雷斯人占领他们的城市。过了一段时间潘克拉蒂斯逝世，奥都斯和伊斐阿底轻易据有全岛作为在此落脚的领地，使得色雷斯人在他们的统治之下，就将这个岛屿改名为戴亚(Dia)。没有多久他们之间发生内讧，搏斗当中使得很多战士被杀，亲兄弟陷入同归于尽的命运，后来当地的土著将两人奉为英雄享有应得的尊荣。色雷斯人定居在岛上有两百年之久，不幸发生长期的干旱被迫离开。

据称卡里亚人从拉特米亚(Latmia)移迁来到此地，就在这里建立他们的家园；他们的国王是波勒蒙(Polemon)之子纳克索斯(Naxos)，他拿自己的名字用来称呼原本名为戴亚的岛屿。纳克索斯是一位正直而又名声显赫的人物，身后留下一个名叫琉西帕斯(Leucippus)的儿子，接着是琉西帕斯之子司默狄乌斯(Smerdius)成为国王。就在司默狄乌斯统治期间，帖修斯(Theseus)带着亚里德妮(Ariadne)返回雅典的途中在本岛停泊，被岛上的居民当成贵宾一样款待；帖修斯在梦中见到狄俄尼索斯，威胁他要放弃受到神明垂青的亚里德妮，他在恐惧之余只有留下她发航离开。狄俄尼索斯在夜间带着亚里德妮来到德流斯(Drius)山，主要问题在于神明突然消失不见踪影，从此亚里德妮再也没有与他相遇。

52 神话里面的纳克索斯人对狄俄尼索斯有这样的表示①：他们说他幼小的时候在这个国度受到抚养，因为这层关系所以这个

---

① 本书第三章第64节有同样的记载。

岛屿与他最为亲密,所以称之为戴奥尼西阿斯(Dionysias)。根据我们手中的神话上面的记载:塞梅勒为宙斯的雷电殛毙之前已经怀孕在身,宙斯在她过世的时候从她的肚中得到不足月的婴儿,将他缝在自己的大腿上面,等到指定的出生时刻来到,为了不让赫拉得知此事,就从自己的腿部取下婴儿,在这个被称为纳克索斯的岛屿,将他交给三位宁芙即菲利亚(Philia)、科罗尼斯(Coronis)和克莱达(Cleida)负责抚养。

宙斯所以会用雷电在塞梅勒生下小孩之前将她杀死,是因为他不想让这个婴儿从一个凡间妇女的肚中生出来,如果婴儿的出生来自两位神明,那么他只要呱呱落地就具备永生不灭的神性。狄俄尼索斯小时在此地的抚养期间,受到纳克索斯的居民极其仁慈的照应,他们获得他的感激所带来的报答;整个岛屿不断增加财富,能够配备实力强大的水师,纳克索斯人首先脱离泽尔西斯的舰队,对于在海上击败蛮族[1]有很大的帮助,后来他们参加普拉提亚会战[2]有优异的表现。岛上的居民用当地的葡萄酿出的酒非常醇美,可以证实神明对于这个岛屿有深厚的交情[3]。

53 名叫叙米(Syme)的岛屿在古代没有人类在上面居住,最早成群结队的移民来自垂奥普斯(Triops),是在波塞冬和叙米的儿子克苏纽斯(Chthonius)的领导之下,所以岛屿从他的母亲那里得到这个名字。到了后来他们的国王是查罗普斯(Charops)和阿格拉伊娅(Aglaia)之子尼里乌斯(Nireus),这个人的容貌非常英俊,他以岛屿的统治者和部分尼狄亚(Cnidia)的领主身份,参加阿格曼侬的阵营发起征讨特洛伊的战争。

---

[1] 这是指公元前 480 年的萨拉密斯会战。
[2] 发生在公元前 479 年。
[3] 阿昔尼乌斯《知识的盛宴》第 1 卷 30F,提到诗人阿契洛克斯拿纳克索斯出产的酒和神明用的天之美禄做一比较。

经过漫长的动乱期间之后,此刻的卡里亚人成为海洋的统治者,他们凭着实力将叙米岛据为己有。不久接着发生旱灾,据说卡里亚人逃离以后把家搬到乌拉尼姆(Uranium)。叙米继续成为无人栖息之地,直到拉斯地蒙人和亚哥斯人发起远征行动向海外移民,基于下面的缘故再度有人来到这里。希波底(Hippotes)一位名叫瑙苏斯(Nausus)的同伴也是殖民地的成员,带着一群来得太晚无法分到田地的人,搬到当时没有人烟的叙米,后来还有一些人在祖苏斯(Xuthus)的领导之下,也来到这个岛屿,他让大家分享市民权和土地,所有的人都愿意在岛上定居。我们听说尼多斯人和罗得岛人都是这个殖民地的一分子。

54 卡里亚人在古代定居卡利纳(Calydna)和奈西罗斯(Nisyros),后来赫拉克勒斯的儿子帖塔拉斯(Thettalus)拥有这两个岛屿。这可以解释何以考斯(Cos)的国王安蒂弗斯(Antiphus)和菲迪帕斯(Pheidippus)①,从事特洛伊的远征会从刚刚提到的两个岛屿发航。等到他们从特洛伊回航的时候,阿格曼侬手下有四艘船在卡利纳发生海难,幸存者和岛上土著混杂在一起建立自己的家园。奈西罗斯古代的居民因为发生地震而灭绝殆尽,到后来是考斯人搬迁来到岛上,他们这样做与卡利纳的情况很有关系;接着是一场瘟疫夺走全岛的人口,罗得岛当局派遣移民来到此地。

对于卡帕索斯(Carpathos)而言,岛上的居民曾经加入迈诺斯的阵营,随着他四处征战,须知这个时候的迈诺斯是首位主宰海洋的希腊人;过了很多世代以后笛摩利昂(Demoleon)之子爱奥库斯(Iolcus),他的祖先是亚哥斯人,遵从神谶的指示,派人在卡帕索斯建立了一个殖民地。

——————————

① 这两位都是帖塔拉斯的儿子,参阅荷马《伊利亚特》第2卷第678—679行:"来自岛屿的士兵由安蒂弗斯和菲迪帕斯统领,显赫的国王乃赫拉克勒斯之子帖塔拉斯的郎君。"

55 名字叫作罗得的岛屿,最早居住的民族被称为特奇尼斯人(Telchines),根据古老的传说他们是萨拉塔(Thalatta)①的子女,神话里面提到他们与奥逊努斯的女儿卡斐拉(Capheira)一起养育波塞冬,那是雷亚将刚生的婴儿交给他们照顾。听说他们还是某些工艺的创造者,推荐某些事物对于人类的生活大有帮助。据说他们首先制作神明的雕像,还有一些神明古老的化身使用他们的名字,诸如在林杜斯人(Lindians)当中有一个所谓的"特奇纽斯·阿波罗(Apollo Telchinius)",伊阿利西斯人(Ialysians)当中有一个赫拉和宁斐都被称为"特奇尼斯人",以及卡麦鲁斯人(Cameirans)当中有一位"赫拉·特奇尼娅(Hera Telchinian)"。他们还说特奇尼斯人都是一些能够呼风唤雨的男巫,甚至要上天降一场大雪都没有问题,从过去的记载得知他们的本领如同波斯的祆教祭司;他们能够改变天生的体态和面貌,抱着猜忌的心理不愿将他们的法术教给别人。

神话继续下去,波塞冬长大成人爱上特奇尼斯的姐妹哈利娅(Halia),发生肉体关系陆续生下六个男孩和一个名叫罗多斯(Rhodos)的女儿,后来这个岛屿就用她的名字。这个时期在岛屿的东部据说从地下迸发一些巨人,等到宙斯制伏泰坦这一群对手,他爱上一位名叫希玛利娅(Himalia)的宁芙,她生下三个儿子——斯巴达乌斯(Spartaeus)、克罗纽斯(Cronius)和赛都斯(Cytus)。前面提到的六个男孩还是年轻人的时候,据说阿芙罗狄忒从赛舍里到塞浦路斯去旅游,波塞冬的几位儿子都是傲慢无礼的家伙,受到他们的阻挠就在罗得岛附近抛锚停了下来;女神非常愤怒就让他们变得疯狂丧失人性,甚至用强迫的手段与自己的母亲发生乱伦的关系,对于当地的土著犯下很多暴行。波塞冬得知发生的情况——他的儿子做出神人共愤的卑劣行为,就将他们全部活埋在地下,人们就将他们称为"东方的

---

① Thalatta 即"大海"。

笛蒙";哈利娅投海自尽,后来得到琉柯色(Leucothea)这个名字,在土著的眼中享有封神的荣耀。

56 神话继续下去,过了不久特奇尼斯人得知大洪水即将来临,放弃岛屿开始分道扬镳。黎库斯(Lycus)带着一群人前往吕西亚(Lycia),就在詹苏斯(Xanthus)河河畔奉献一座被称为吕修斯(Lycius)的阿波罗神庙。洪流来到让留下的人遭到灭顶之灾,豪雨带来的大水淹没整个岛屿,平坦的地面成为停滞不动的水塘,少数人逃到岛上的高处避难能够得救,宙斯的儿子成为他们当中的成员。神话提到赫留斯(Helius)①爱上罗多斯,这个岛屿因为她取了罗得岛的名字,使得高涨的洪水很快消失。

真正的解释有如下述。就在世界初次形成的时候,岛屿仍旧是柔软的泥层,太阳晒干大部分潮湿的地区,陆地上面到处都是不停活动的造物,来到这里成为赫留斯家族(Heliadae)②,一共有七个人因为他而得名,其他的民族也像他们一样是从陆地本身迸发出来的。从而发生的事件使得岛屿成为赫留斯的神圣之地,后来罗得岛人膜拜赫留斯胜于其他的神明,把他当成祖先和奠基者,他们都是他的后代子孙。他有七个儿子,名字分别是奥契穆斯(Ochimus)、色卡法斯(Cercaphus)、马卡(Macar)、阿克蒂斯(Actis)、特纳吉斯(Tenages)、垂奥帕斯(Triopas)和坎达卢斯(Candalus),只有一个女儿是伊里克特里昂妮(Electryone),她在逝世的时候仍然保有处女之身,赢得罗得岛人的推崇和尊敬如同一位伟大的英雄人物。等到赫留斯家族的成员到达成人的年龄,受到赫留斯的告知,说是第一个向阿西娜供

---

① Helius 即"太阳"。

② Heliadae 即"太阳的子孙"。参阅迈里斯(J.L.Myres)《谁是希腊人?》(*Who were the Greeks?*)第139—140页,说罗得岛最早的居民迈诺亚人(Minoan)是"太阳的子孙"。

奉牺牲的民族,会享有女神现身在面前的殊荣;据说同样的事情他透露出来让阿提卡的居民知道。

因此,人们会说赫留斯家族的成员,即使将受害者及时放在祭坛上面,忘记要很快举火进行烧炙的工作,即使那个时候雅典的国王昔克罗普斯(Cecrops)要将牺牲放在火上进行燔祭,已经比赫留斯的后裔要晚很多。这也是在罗得岛上直到今天,何以还要坚持这种奉献牺牲的方式,以及女神还在岛上保有她的座位。全都出于上述的缘故。

某些神话的作者对于古代的罗得岛人会有这样的记载,其中一位是季侬(Zenon)①,他为这个岛屿写出一部历史著作。

57 赫留斯的后裔在学识方面特别是占星术,对于任何学者而言可以说是无出其右,其实他们曾经表示在各方面都优于其他国家的人士;他们对于船只的操纵推荐很多新颖而又实用的技术,将一天划分为若干小时也是他们的创见。他们当中以特纳吉斯的天赋才华最高,后来因为嫉妒受到其他兄弟的杀害;等到奸诈不义的恶行变得众所周知,凡是动手谋害的人都开始逃亡。其中一位是马卡,前往列士波斯,坎达卢斯跑到考斯;阿克蒂斯乘船去埃及,建立一座被称为赫利欧波里斯(Heliopolis)的城市,用的是他父亲的名字;埃及人从他那里学到占星术的理论和原则。

等到后来连续很多天降下暴雨,整个希腊遭到洪水的灾害,大多数人丧失性命,就是刻有铭文的纪念物也落到与人类同样的下场;这也使埃及人抓住机会,能够独占与天文学有关的知识,希腊人由于自己的无知不再有这方面的著作,受到说服相信埃及人最早发现星辰所能产生的效用。虽

---

① 波利比乌斯在《历史》第16卷第14节,认为季侬对于他的城邦,能用公正的态度批评当地的爱国主义,是一个非常有担当的史家。

然雅典人在埃及也是一些城市的兴建者,但因为洪水的关系塞埃斯(Sais)没落到无人与闻的程度。基于天灾的缘故过了很多代以后,人们认为亚杰诺尔之子卡德穆斯是第一位从腓尼基将字母带到希腊的人;又过了相当时间希腊人因为弄不清楚事实,相信卡德穆斯新的发明是书写的艺术①。

垂奥帕斯航向卡里亚占领一个海岬,用他的名字称之为垂欧庇姆(Triopium)。赫留斯其余的儿子没有下手谋杀,仍旧留在罗得岛将家园设置在伊阿利苏斯(Ialysus)地区,建立一座名叫亚该亚(Achaea)的城市。奥契穆斯身为长子接位成为国王,娶一位宁芙即赫吉托里娅(Hegetoria)为妻,生下名叫赛迪普(Cydippe)的女儿,后来将名字改为色比娅(Cyrbia);另外一位兄弟色卡法斯与色比娅结婚,能够登上遗留的王位。等到色卡法斯逝世以后,他的三个儿子林杜斯(Lindus)、伊阿利苏斯和卡麦努斯(Cameirus),继承最高的权势和地位;就在他们的有生之年又发生一次大洪水,色毕(Cyrbe)整个被淹没在水面之下全部毁弃无遗,他们三位瓜分所有的领土,每人建立一座使用自己名字的城市。

58 大约在这个时候,达劳斯(Danaus)带着几位女儿逃出埃及,等到他在罗得岛的林杜斯附近上岸,受到居民极其热烈的欢迎,他在那里兴建一座阿西娜神庙,奉献女神的雕像接受大家的膜拜。达劳斯留在林杜斯期间他的女儿当中有三位逝世,其余随着她们的父亲乘船航向亚哥斯。过后不久亚杰诺尔之子卡德穆斯奉国王的派遣要找回欧罗芭,也在罗得岛登上陆地。他在航行当中受到暴风雨猛烈的袭击,立下誓言只要生还就会给波塞冬兴建一座神庙;到了后来他安然无事就在岛上为神明设置一处圣地,留下一些腓尼基人成为监督负起管理的责任。这些人与伊阿

---

① 本书第一章表示一种看法,就是埃及的文明优越到无可比拟的程度,至于希腊人不过虚有其表而已。论及卡德穆斯和"腓尼基文字"可以参阅本书第三章第 67 节。

利苏斯人混杂住在一起,继续过着市民的生活,我们听说祭司的职位用继承的方式由他们的后裔担任。卡德穆斯为了对林杜斯的阿西娜表示尊敬,依循古老工序精心制作的青铜大锅作为还愿的奉献物品,上面铭刻腓尼基文字的辞章,据说这是第一次将字母从腓尼基带到希腊。

随后发生的事故是罗得岛的土地上面有四条大蛇肆虐,使得很多土著丧失性命;幸存者派人前往提洛请求神明指点迷津,他们如何才能除掉不幸的祸害。阿波罗要求他们接受福巴斯(Phorbas)和他的同伴,共同前来罗得岛建立殖民地;福巴斯是拉佩则斯(Lapithes)的儿子,目前与一大群人在帖沙利逗留相当时日,要找到一个地方去建立自己的家园,罗得岛人根据神谶的指示,召唤他来共襄盛举,答应与他分享土地。福巴斯除去巨蛇,为了使得岛上的居民免予恐惧,他留在罗得岛成家立业;再者他能用其他的作为证明自己是一个建树很多的正人君子,亡故以后享有的尊荣如同一位英雄人物。

59 我们提到克里特国王卡特里乌斯(Catreus)的儿子阿瑟米尼斯(Althaemenes)出现的情况,与前面发生的事件相比,彼此的间隔并没有多久;他为了某些其他事务求取神谶,得到的答复是他命中注定要亲手杀死自己的生父,他怀着避免发生十恶不赦罪行的念头,带领愿意与他出外航行的人士离开克里特岛,组成一支具备相当实力的队伍。阿瑟米尼斯在罗得岛的卡麦鲁斯上岸,登临阿塔拜鲁斯(Atabyrus)山建立一座宙斯神庙,供奉被称为阿塔拜流斯(Atabyrius)的宙斯;神庙的位置在高耸的绝顶之上,站在这里可以远眺克里特岛,出于这个原因直到今日仍然香火不绝。

阿瑟米尼斯和他的同伴在卡麦鲁斯找到栖身之地,受到当地土著的礼遇;他的父亲卡特里乌斯因为家中没有男性子嗣,平素钟爱阿瑟米尼斯,率领船只向着罗得岛开航,下定决心要找到自己的儿子并将他带回克里特。看来天意难违也是无可奈何之事,卡特里乌斯与几位随从在夜间下船登上陆地,他们与当地土著发生冲突引起一场混战,阿瑟米尼斯急忙赶来给予援助,在不知情的情况下投出长矛,击中自己的父亲将他当场杀死。等到知道自己犯下滔天大错,阿瑟米尼斯无法忍受锥心之痛,避开人类社群的聚会和交往,来到人迹罕见的地方独自在外徘徊,直到最后悲伤终结他的生命。到了后来正如神谶透露的情况,罗得岛人将他视为悲剧的英雄人物,从他们的手里接受应有的供奉和尊荣。

就在特洛伊战争发生之前不久,赫拉克勒斯之子特利波勒穆斯(Tlepolemus)①因为无意之中杀死黎西纽斯(Licymnius),为了规避刑责逃离亚哥斯成为亡命之徒,遵从神谶的指示要负起责任找寻容身之地,于是他带着少数民众在罗得岛登岸,接受当地土著的热情款待,就在那里定居下来。后来受到推举成为全岛的国王,将土地按照定额分配给大家,他的统治无论在哪一方面都能秉公处理。等到他要参加阿格曼侬的阵营前去攻打伊利姆(Ilium),就将罗得岛的政务交到布塔斯(Butas)手里,须知当年布塔斯追随他逃离亚哥斯,特利波勒穆斯在特洛伊战争获得响亮的名望,不幸在特罗德(Troad)丧失性命。

60 罗得岛与位于对面大陆的契罗尼苏斯(Cherronesus),双方发生的事件经常会纠缠不清,我认为对后者进行讨论,并不会偏离主题引起节外生枝的困扰。正如某些人提到契罗尼苏斯在古代得到这个称呼,基于事实就是这个地区的天然形状如同一个地峡,还有书面的资料说是契罗尼苏斯来自它的统治者所使用的名字。记载的详情有如下述:

---

① 本书第四章第50节对特利波勒穆斯有同样的记载。

就在契罗尼苏斯接受君主的统治没过多久,五位丘里底要从克里特来到此地,他们都是达克特利的后裔,当年达克特利受到雷亚的托付,要在克里特的爱达山抚养她的儿子宙斯①。

他们率领一支兵力可观的远征队伍向着契罗尼苏斯航行,赶走已经在该地定居的卡里亚人,留在那块土地上面将它分为五个等分,每位在上面建立一座与自己同名的城市。不久以后亚哥斯国王爱纳克斯(Inachus)因为女儿爱奥(Io)失踪,派遣一位得力的手下色努斯(Cyrnus),率领一支拥有相当实力的舰队出海,命令他要在各地搜寻爱奥,除非将她带回来否则不准返乡。色努斯历经有人居住的世界很多区域,还是没有办法将她找到,就在卡里亚的契罗尼苏斯上岸,对于返回故乡已经感到失望,就在契罗尼苏斯成家立业,说服的手段和武力的运用兼施之下,他成为这部分土地的国王,在上面建立一座使用自己名字的城市——色努斯。他的施政作为完全采用民主的模式,赢得市民同胞对他一致的拥护和爱戴。

61 记载继续下去,这件事以后,赫留斯之子垂奥帕斯因为谋杀他的兄弟特纳吉斯成为逃亡者,现在与罗多斯来到契罗尼苏斯。后来经过当地的国王梅利修斯(Melisseus)为他举行禊禳的仪式,洗净身上的罪孽,他航向帖沙利作为一个盟友前去援助丢卡利翁(Deucalion)的儿子,齐心合力将佩拉斯基亚人从帖沙利赶走,获得他的一分酬劳就是据有被称为多提姆(Dotium)的平原。

他在那里砍伐德米特的神圣丛林,用得到的木材建起一座宫殿;因而引起土著的痛恨,他从帖沙利逃走在尼多斯的境界之内上岸,还有一些民众随着他远迁异国,就在该地建立一座城市,使用他的名字称为垂欧庇姆。

---

① 参阅本章第 65 节以下叙述有关的细节。

定居下来用这个城市作为发展的基地，让自己赢得契罗尼苏斯和邻近卡里亚的大部分地区。提到垂奥帕斯的家世，很多史家和诗人都有不同的意见；有一些记载说他是伊奥卢斯之女卡纳契（Canache）和波塞冬所生的儿子，还有人认为他的父母是阿波罗之子拉佩则斯和佩尼乌斯之女司蒂比（Stilbe）。

62 契罗尼苏斯的卡斯塔布斯（Castabus）有一座供奉赫米色（Hemithea）的神庙，要是我们对于一件奇闻发生在女神身上，竟然会略而不提也是没有道理的事。现在有很多内容各异的记载与她有关，我们叙述的情节应该着重事实，根据当地土著的说法为准。

史塔菲拉斯（Staphylus）和克里索昔密斯（Chrysothemis）有三个女儿——摩帕迪娅（Molpadia）、里欧（Rhoeo）和帕昔诺斯（Parthenos）。阿波罗与里欧私通使她怀了身孕；她的父亲认为她受到男子的诱惑做出辱没家风的事，极其气恼就将她装进木柜丢到大海。结果柜子漂到提洛岛，她在那里生下一个男婴取名为阿纽斯（Anius）。里欧侥幸能够死里逃生，就将婴儿放在阿波罗的祭坛上面，祈求神明承认是他的骨肉，拯救他们不要面临危险的苦难。神话提到阿波罗将男婴藏起来一段时间，后来抚养他长大传授占卜和预言的本领，能够获得很高的地位和名声。

受到诱骗的少女有两位姐妹就是摩帕迪娅和帕昔诺斯，负责看管父亲的酒，偷喝了一点陷入熟睡当中，这时有几头猪闯了进来，打破装酒的坛子带来重大的损害，两位少女醒来发现大事不好，害怕父亲严厉的谴责逃到海边，要从高耸的悬岩上面跳下去求得解脱。阿波罗因为爱过她们的姐妹里欧，便救起这两个少女还为她们在契罗尼苏斯建立了几座城市。其中有一座城市名叫帕昔诺斯，完全是神明给予庇护能够享有礼遇，还在契罗尼苏斯的布巴斯都斯（Bubastus）建立一个神圣的区域；这时摩帕迪娅来到卡斯塔布斯,给予她的名字是赫米色①,神明为她在众人面前显灵,使得她在契罗尼苏斯受到大家的膜拜。要为她们奉献牺牲和举行酹酒的仪式,免除过去的经验带来不当的联想,用混合蜂蜜和牛奶的饮料代替葡萄酒,要是有任何人在这时曾经接触猪或是吃过猪肉,都不允许接近神圣的区域。

63 后来的赫米色神庙获得威名远播的进展,不仅当地和邻近的居民要顶礼进香,就连遥远的民族都抱着虔诚的态度前来朝拜,奉献昂贵的牺牲和值钱的祭品。还有一件事让人感到不可思议,当时的波斯人在亚洲拥有最高统治权力,他们大肆搜刮所有的希腊寺庙②,唯有赫米色的圣地免予遭到他们的毒手,就是到处抢劫的强盗也都放过这座神庙,不敢越雷池一步,特别是他们毫不考虑一个事实,就是该地没有高墙的防护使得进犯毫无危险可言。所持的理由是女神把恩惠赐给全人类,可以在不断的发展之中获得长足的进步;对于那些受苦受难的人而言她出现在他们的睡梦之中,用显灵的容貌让他们得到抚慰,很多人受到疾病的折磨没有痊愈的希望,是她让他们恢复健康;再者,女神让妇女在生产的时候,减轻她们因分娩带来的剧痛和危险。因此,从最古老的时代开始有无数的人受到她的拯救,圣地里面到处都是还愿的祭品,获得人民习以为常的感激和尊敬,不再需要警卫或高墙给予保护。

64 有关罗得岛和契罗尼苏斯我们说得已经够多了,现在要对克里特进行一番讨论。克里特的居民认为岛上最古老的民族,

---

① 赫米色是一位半神。

② 西塞罗《论法律》(*De legibus*)第 2 章第 26 节,说是泽尔西斯所以焚烧希腊的庙宇,完全遵从祆教祭司的要求,"根据的理由是希腊人将他们的神明关闭在四周有墙壁的房间,须知所有神圣的地方都应该开放和自由,整个宇宙才是神明的庙宇和厅堂"。

就是土生土长的伊特奥克里坦人(Eteocretans)①,他们的国王名叫克里斯,他在岛上有很多极其重要的发现,对于促使人类社会生活的进步有很大的贡献。还有很多神明给人类带来福利和恩典,获得不朽的名声和荣誉,从神话中得知他们的根源就是这块土地;有关这些神明的传说我们只给予综合性的叙述,记载克里特事务最有声誉的作者,是我们追随和效法的对象。

最早在传说当中留下记载的神明,说是他们把家安置在克里特的爱达山周边地区,得到的称呼是爱达山的达克特利。按照传说显示的数目是一百位神明使用这个名字,还有说只是十位,与我们"双手的手指"即 dactyli 数目完全吻合。还有一些史家包括埃弗鲁斯在内,他们的记载是爱达的达克特利生在弗里基亚的爱达山,他们与迈格敦一起渡海来到欧洲;他们都是会施用魔法、入会仪式和神秘祭典的男巫,逗留萨摩色雷斯那段期间,运用极其熟悉的伎俩让岛上的土著全都惊奇不已。我们还听说那个时候的奥斐乌斯,将诗和歌当成超凡入圣的礼物送给大家,竟然会变成他们的门生,后来成为推荐入会仪式和神秘祭典给希腊人的始作俑者。

不管事实如何,传说提到爱达山的达克特利是在克里特,他们发现火的使用以及铜和铁这些金属和炼制的方法,据说所有的工作都是在阿普提拉这座城市之内进行的,它的位置是在克里特的毕里辛朱斯地区;他们被视为给人类的族群带来最大利益的创始者,从而接受永垂不朽的荣誉。作者告诉大家说是他们之中有一个名叫赫拉克勒斯,他获得很高的声望还筹建奥林匹亚运动会,历经相当岁月以后的人们会有这样的认定,由于名字相同把他看成阿尔克米妮的儿子,奥林匹亚运动的规章制度是他设立的。我们听说从事实当中可以找到确凿的证据,甚至目前的妇女还能从神明手里获得很多东西,像是咒语、魔法以及用他的名字当作护身符,所持的理由

---

① Eteocretans 意为"货真价实的克里特人"。

在于他是一位男巫,况且他还精通入会仪式这门技术;最后他们还要多说几句,提到的事情对于阿尔克米妮所生的赫拉克勒斯而言,根本与他的习性是南辕北辙、互不相干。

65 根据我们手边的资料,知道接替爱达山的达克特利是九位丘里底。有些神话作者提到这些神明是地球所生,另外有人说这九位的祖先是爱达山的达克特利。他们把家安置在森林密布和峡谷纵横的山区,须知那时还没有发明建造房屋,这样一来可以获得天然的住处和栖身之地。由于这些丘里底有很高的智慧,发明很多事物通常可供一般人使用;可以举例来说,他们首先将羊聚集在一起成为羊群,豢养很多其他的家畜使它们长得更加肥大,还知道如何采取蜂蜜。

他们用同样的方式介绍弓箭术和猎取野兽的技巧,他们要人类知道如何同心合力过群体的生活,成为规范大家的行为要遵守秩序的发起者。丘里底还发明刀剑、头盔和战舞,他们运用这些工具可以提高警觉以及拿来欺骗克罗努斯①。我们听说宙斯的母亲雷亚将他托付给不知道克罗努斯是他父亲的人士,他们给他妥善的照顾和周到的养育;我们的目标是叙述这些事务的细节,必须取得时间更要早一点的数据。

66 克里特人的神话提到的情节有如下述。丘里底还是年轻人的时候,据说泰坦还活在世间。这些泰坦住在诺苏斯附近的陆地,甚至到今天在那个地方还可以指出雷亚所建房屋的地基②,还有古代

---

① 克罗努斯要找出还是婴儿的宙斯以绝后患,丘里底一起跳着战舞,发出嘈杂的吵闹用来掩盖宙斯的哭声。

② 有关发现"雷亚的住处"一事,伊文思爵士《迈诺斯的宫殿》第 2 卷第 6 节,提到皇宫区域之内有一座希腊神庙的遗迹。

奉献给她的一个神圣的柏树森林。泰坦的数目是六位男士和五位妇女,根据某些神话作者的记载,他们的亲生父母是乌拉努斯和齐,要是照某些人的说法,应该是一位丘里底和泰提娅,他们获得这样的统称来自他们的母亲。男性的名字是克罗努斯、海帕瑞昂、西乌斯、伊奥披都斯、克流斯和奥逊努斯,他们的姐妹是雷亚、底米斯、奈摩昔妮、菲比和特齐斯。他们之中每一位都是事物的发明家和创建者,给人类带来莫大的福利同时也接受永恒不朽的荣誉。

克罗努斯是最年长的泰坦,成为国王从而所有的人都是他的下属,使得大家能从茹毛饮血变换为文明生活,出于这个原因接受最大的赞许,还在人类居住的地球游历很多区域。他来到任何一个地方都教导大家养成正直和诚挚的心灵,所以才有不断在后代散布的传说,提到克罗努斯的时代就说当时的民众是何等的善良、纯真和幸福。他的王国在西方区域最为强大,能够享有最高的地位,因此甚至向下与目前的情况相比,在罗马人和迦太基人当中,他们的城市仍然矗立,以及其他相邻的民族举行盛大的节庆以及奉献牺牲推崇这位神明,很多地方的称呼沿用他的名字①。克罗努斯统治之下所有的臣民服从法律的规范,任何时间对任何人不会犯下伤害的行为,他们全都受到神明的宠爱过着至福的生活。诗人赫西奥德对这些情况用下面的诗句②提出确凿的证明:

　　克罗努斯如同在天上进行统治的神明,

　　那个时代的民众过着无忧无虑的日子,

　　远离不幸、灾祸、艰辛、罪恶和病痛。

----

① 就像罗马的农神节(Saturnalia)一样已经是众所周知;狄奥多罗斯在本书第十三章第 86 节和第二十章第 14 节,都提到古代的迦太基人用儿童当成牺牲奉献给克罗努斯。
② 赫西奥德《作品与时光》(*Works and Days*)第 111—122 行;发现狄奥多罗斯的希腊语在字根方面,要是与赫西奥德的原文对照有几处地方不尽相同。

长者颐养天年加上从未发生以强凌弱，

大家享受节庆的饮宴带来不尽的欢乐，

只要坦然面对大限来临就会寿终正寝。

每个人的一生都能享用无穷尽的好处：

生存在无须耕作就会生长谷物的田园，

上苍提供的粮食和用水多得不受限制；

怀着喜悦的心情祝福养育他们的大地，

豢养成群的牛羊繁殖绵延且生生不息，

他们感受上天的神明施与福分和恩惠。

这些也是神话对克罗努斯所做的表示。

67 据说海帕瑞昂用专注的态度和勤奋的观察，对于太阳、月亮和其他星球的运行以及季节的转变，成为人类当中第一个有深入了解的人，特别是季节的出现在于地球的运转，他让这些事实为其他人所知晓；因为这样的缘故他成为研究这些天体的先驱，可以说他对星辰和所具备的性质进行了沉思和臆测。西乌斯和菲比结合生下勒托，勒托为伊奥披都斯生下普罗米修斯，根据传说以及神话作家的记载，普罗米修斯偷盗天火交给人类，实际情况是火给他带来启示，使他成为很多有关事物的发现者。

他们说女性的泰坦神当中奈摩昔妮（Mnemosyne）的发现在于运用理性的力量，她让我们周边的物体都有特定的称呼，名字的功能在于表示所能感觉或心中浮现的目标，使得彼此的交谈才有意义；虽然有人将这方面的发现归之于赫尔墨斯①的智慧。记忆女神最大的贡献在于使得人类具

---

① 参阅本书第一章第 16 节。

备力量,可以回想和记忆(mneme)所有的事物,也是这种力量使她接受 Mnemosyne 的称呼。

神话告诉我们底米斯是第一位向人类推荐占卜、燔祭以及与神明有关 的规范,教导大家要和平相处和遵守法纪之人。举凡将人类的法律视同神 明一样拥有神圣性质的人,都可以被称为"法律护卫者"(thesmophulakes) 和"法律制定者"(thesmothetai)①,我们还说阿波罗重新做出神谶回应的时 候,就是在"发布法条和规范"(themisteuein),所以从事实来看底米斯是神 谶回应的创立者。因此这些神明将很多的好处加进人类的生活当中,不仅 认为他们当获得不朽的尊荣,同时还相信他们首先把家安置在奥林匹斯 山,只是后来因为人类的关系才让其中的名单发生局部的变换。

68 我们听说克罗努斯和雷亚结合,生下赫斯提亚、德米特、赫拉 以及宙斯、波塞冬和哈迪斯。他们说这些子女当中赫斯提亚 发明如何建筑房屋,因为这种恩惠遍及整个人类,每个家庭才会设立她的 神龛,一致对她施以膜拜和燔祭。谷物与其他植物在一起保持野生的状 态,人类对这方面还是没有任何认识,德米特成为最早收集资料的先知,提 出进行准备工作和如何保存的劝告,教导人类对这些作物的农耕和播种。 她在女儿帕西丰尼出生之前就已发现谷物,等到后来她的女儿受到普禄托 的强暴,由于她对宙斯的行为感到愤怒和对女儿的遭遇引起悲伤,就把所 有的收成和种子付之一炬。等到她得到帕西丰尼在她的身边,就与宙斯和 好如初,开始将谷物交给特里普托勒摩斯去播种,指示他要与人类分享收 获的成果,要他教导大家有关种植谷物的各项工作。

还有人说是她将法律推荐给人类并且要服从所定的规范,使得人类习

---

① 这个字来自 themis(法律)和 thesmos(条文)这两个词根的综合运用。

惯于彼此的交往和商议能够保持公正的态度,等到她为人类制定法律以后,大家就将女神加上帖斯摩弗罗斯(Thesmophoros)①的称号。德米特将最大的恩惠赐给人类,从而获得最大的荣耀和名声,为她奉献牺牲和祭品,举行盛大的节庆和欢宴。不仅是希腊人而已,几乎所有分享粮食的蛮族都包括在内。

69 发现可以生产粮食的作物这个问题在很多民族之间引起争论,有人说是女神最早出现在他们当中,或是她让他们知道谷物的性质和运用的方式。例如,埃及人说德米特和伊希斯是同一个人,是她最早将种子带到埃及,因为尼罗河在适当的时间高涨让河水进入田地,而且有最适合植物生长的季节。还有就是雅典人虽然可以证明他们种植的谷物是从其他地区带到阿提卡,仍旧断言是在他们的国家发现这些东西;有个地方最早接到这份礼物所以他们才叫它伊琉西斯(Eleusis)②,从而得知谷物的种子从别处运到他们手里。

西西里的居民栖身之地是供奉德米特和科里的神圣岛屿,我们提到这一点可以合理相信,这里会首先获得她给予的礼物,因为这里都是耕种过的田地,最受女神的喜爱;同时他们还维持一种说法,西西里的土地最为肥沃,所以女神将它据为己有,然而却让这里最后分享她所赐给的恩典;要说她对西西里毫不关心也是很怪异的事,特别是她曾经住在那里,因为所有的人都同意科里遭到劫持是发生在这个岛屿上面。再者,这块土地最适合栽种这些谷物,甚至诗人都有这样的说法③:

---

① Thesmophoros 意为"法律制定者"。
② Eleusis 意为"神明降临之地"。
③ 荷马《奥德赛》第 9 卷第 109—110 行。

即使是未曾耕耘和播种的田地，

生长的大麦小麦仍然青翠欲滴。

这些都是神话里面有关德米特的说法。

克罗努斯和雷亚所生其他的子女当中，克里特人提到波塞冬的时候，就说他是第一位最重视航海的神祇，知道如何配备一支舰队，克罗努斯任命他为主管这些事务的负责人；所以才会有继续流传很多代的传说，认为是他控制所有与海洋有关的事务，以及海员何以用燔祭的方式讨他的欢心好给予保佑。人们更加赞扬波塞冬的名声，成为最早驯服马匹还要推广骑术（hippike）的先驱，所以他获得"希波乌斯"（Hippius）的称号。据说哈迪斯制定与埋葬和丧礼有关的规范，以及如何在此刻之前将荣誉授予死者；所以传说让我们知道哈迪斯是统治亡灵的君王，古时就指派他担任第一个有关这方面事务的职位，全心全力妥当照料地下世界。

70 有关宙斯的出生以及他成为国王的过程，大家的意见都是众说纷纭。有人说他是克罗努斯飞升进入诸神的行列，继承遗留的王位，并非使用暴力推翻他的父亲，这种方式无论是基于习惯还是公正，经过合理的推断都应该加以美言几句。还有人提到一种神话，叙述的情节如下。递交克罗努斯一份有关宙斯出生的神谶，说是这个来到世间的儿子，运用武力从他那里抢走属于他的王国。因此克罗努斯就要及时除去生下的子女，雷亚虽然为这件事感到伤心，却缺乏改变丈夫意图的力量，等到宙斯呱呱落地以后，据说不让克罗努斯知道把他藏在爱达山，托付住在附近的丘里底负起抚养的责任。

丘里底将他带到一个山洞里面交给宁芙，指示她们要给予妥当的照顾满足所有的需要。宁芙用蜂蜜混合牛奶喂食小孩，让他在母山羊的乳房下面接受抚养,这只家畜的名字叫作阿玛昔斯。提起这位神明的出生和养育,还有很多证据时至今日仍旧留在岛上。例如,当他还是一位婴儿被丘里底带走的时候,据说他身上的脐带(omphalos)落到特瑞顿河附近,这个地方因为他的关系变得非常神圣,在发生这样一桩意外事件以后,大家称之为渥法拉斯(Omphaalus),四周环绕的平原得到渥法利姆(Omphaleium)的名字。神明的抚养是在爱达山,生活在一个山洞里面,后来奉献给他当成圣地,四周都是草原,附近有一道山岭同样受到大家的敬拜。

神话里面说到一件最奇特的事,叙述的情节与蜜蜂有关,我们认为不能略而不提:他们说神明希望他与蜜蜂有极其亲密的关系,能够永远保存在人们的记忆当中,改变它的体色像是青铜一样闪烁黄金的光辉,由于地区位于很高的纬度,经常刮起寒风落下很厚的积雪,他使得蜜蜂对于恶劣的气候没有感觉也不受影响,可以避开寒冬带来的迫害。宙斯对于哺乳他的山羊(aeg-)也给予某些关照,特别是他从这种动物得到一个绰号,被大家称为伊吉欧克斯(Aegiochus)①。等到他长大成人以后,首先在狄克塔建立一座城市,根据神话的提示其实那里就是他的出生地;到了后来这座城市遭到遗弃,仍旧有一些石材制作的砖块保存在基础上面。

71 神话继续陈述,宙斯有大无畏的精神、智能、公正和其他所有的美德,全都超越群伦无可匹敌,结果是取代克罗努斯有如帝王的权势,他将恩惠赐给全人类并且改善他们的生活。例如,他是对邪恶的行为进行制裁的倡导者,教导人们的交往要遵从信义的规范,禁绝暴力的伤害,诉求舆论和法律解决彼此的争端。总之,他的贡献最具体的地方在于听命法律和维护和平,运用诱导的方式说服君子服务人群,采取严刑

---

① Aegiochus 意为"山羊抚养者",这是宙斯常用的称号,aegis 即"山羊"。

重惩威胁小人不得作恶。他的巡视遍及整个人类居住的地球,处死强盗和邪恶的罪犯,揭橥平等和民主的观念;他们说正义的行动全都表现在他杀死巨人和他们的追随者上面,这些从犯在克里特是迈利努斯而在弗里基亚则是提丰。据说宙斯在克里特发动战争攻打巨人之前,用一头公牛当成牺牲奉献给赫留斯、乌拉努斯和齐;在每一次的仪式当中让他明了神明对这件事的看法,征兆指出诸神的胜利和敌人的败亡。战争的结果完全符合先前的预知;缪西乌斯抛弃巨人的阵营投向他的麾下,改邪归正的行为使他获得重用,所有反对者都会遭到诸神的毒手。

据说宙斯还用其他的战争对付巨人,马其顿是接近帕勒尼的某个地方,意大利是在一个平原上面,这个位置古代的名字叫作弗勒格瑞安(Phlegraean)即"大火"之意,后来周边的地区全被烧毁①,现在人们把它叫作康米(Cumaean)平原。巨人所以受到宙斯的惩处在于他们对待人类抱着无法无天的态度,靠着体形的优势和无穷的蛮力要去奴役他们的邻居,他们对于宙斯强调统治的正义抱着不予理会的态度,还要用战争对付全人类视为神明的恩主,因为宙斯不断给大家谋取福利和除旧布新。我们听说宙斯不仅要根绝人类当中无耻的败类,还要对神明、英雄和凡人当中最高贵的楷模授予殊荣和礼遇。由于他做了无数的善行和拥有最高的权威,全人类齐声赞扬,使得他拥有永垂不朽的帝王权柄以及将他的居住安置在奥林帕斯山。

72 神话继续陈述,遵照规定奉献给宙斯的牺牲远超过其他所有的神明,就在他从地球上升到天国以后,全体从他那里接受恩惠的人,灵魂里面迸发出一种真诚的信念,认定他是上天所有现象的主宰,

---

① 参阅本书第四章第 21 节。

无论是雨雪风霜还是闪电雷鸣，甚至自然界的变迁都包括在内。从而将很多名字用在他的身上：道(Zen)①是他使得风调雨顺让谷物成熟带来丰硕的收获，人类能过舒适的生活(zen)；天父(Father)明显看出他对于全人类表示关怀和善意，同时认为他是世间所有族群的第一成因；至尊之王(Most High of King)在于他的统治极其卓越；还有有求必应的智者(Good Counsellor and All-wise)在于他的睿智指出光明的道路。

神话提到阿西娜是宙斯的后裔，同样在克里特出生，地方就是特瑞顿河的源头，出于这个原因她有一个名字是特瑞托吉尼亚(Tritogeneia)②。那里直到今天还有一个供奉女神的庙宇，根据神话的说法就是她的出生地。人们说起宙斯和赫拉举行婚礼就在诺苏斯人的区域，地方靠近瑟伦河，现在还矗立着一座神庙，土著每年要奉献神圣的燔祭以及举行模仿的结婚典礼，根据传统说是遵循最初使用的方式。

他们说宙斯的亲生子女当中，女性的神祇有阿芙罗狄忒和美德三女神、艾莉昔娅和她的帮手阿特米斯、他们所称的时间女神优诺米娅、狄克和艾里妮、阿西娜和九位缪斯，还有男性的神祇赫菲斯托斯、阿瑞斯、阿波罗、赫尔墨斯、狄俄尼索斯和赫拉克勒斯。

73 神话继续叙述，宙斯对于我们提到名字的每一位神祇，会将自己发现和精通的有关各种事物的知识，分门别类灌输给他们，同时让他们执掌发明的职务，能在全人类当中享有不朽的名声。阿芙罗狄忒会保佑年轻的少女，让她们在适龄的年纪都能出嫁，监导这方面的事务与婚礼有关，男士要向女神奉献祭品以及摆出宴席款待来宾。即使如此，所有的人也要将第一次的燔祭奉献给无上完美的宙斯和赫拉，如同我们在

---

① 参阅本书第三章第 61 节。
② 使用这个名字还有别的理由，参阅本书第一章第 12 节和第三章第 70 节。

上面所说的那样,他们是所有事物的创始者和发现者。美德三女神①要对每个人的外表给予修饰,使身体每一部分都变得更加美丽,目的是在看到的时候能够让人感到愉悦和快慰,从另一方面来说,获得这种恩典的最大的福利,在于任何人只要受到尊重就会表现出更好的行为。

艾莉昔娅接受的责任是照顾即将生产的母亲,减轻分娩带来剧烈的阵痛;出于这个原因妇女遭到这方面的危险,首先就会想到这位女神并且祈求她给予安慰和保护。我们听说阿特米斯发现如何有效治疗儿童的病痛,以及为婴儿准备适合的食物,因而她获得柯罗特罗弗斯(Kourotrophos)②的头衔。提到时间女神,据说他们每一位按照名字所表示的意义,让生命获得井然的秩序和美好的装饰,这是人类所能拥有的最大好处和利益;因为没有比遵从法律(Eunomia)、正义(Dike)和和平(Eirene),更能营建出幸福的生活。

大家都把橄榄树的驯化和种植,以及果实收获以后的处理归功于阿西娜,说她给人类带来如此贵重的礼物③;这位女神出生以前橄榄树只生长在野外的原生林当中,从这位女神开始才关心这件事,对于它的培养和种植产生经验,直到今天有很多人把一生的心血都用在橄榄树上面。再者,阿西娜教导人类制作衣物和木器,还有很多用于其他工艺的设备和装置,她是笛子的发明人和音乐的倡导者,总之,很多精巧的器具带来的工作使她获得"工匠"的称呼。

74 我们听说缪斯在她们的父亲宙斯的要求之下,发明字母以及将它组合起来成为所谓的诗。还有人加以反驳说是叙利亚人

---

① 美德三女神是指阿格拉伊娅(Aglaia)、优弗罗西娅(Euphrosyne)和塔里娅(Thalia),分别代表"灿烂""欢乐"和"花卉",所以才有下面这些说明的文字。

② Kourotrophos 意为"孩童养育者"。

③ 雅典卫城的阿西娜神庙外面长着一棵神圣的橄榄树。

是文字的创始者,腓尼基人向他们习得这门技艺再传到希腊;那是腓尼基人与卡德穆斯一起航行来到欧洲的关系,出于这个原因所以希腊人将它称为"腓尼基字母",在另一方面,有人告诉我们说腓尼基人没有首先发明这套字母,仅仅是改变它的字形而已,因为大部分的人类运用这种书写的方式,所以采取前面提到的名字①。

我们听说赫菲斯托斯是铁工、铜工、金工和银工以及所有与需要用火有关工艺的发明人,他还发现火的其他各种用法,不仅工匠可以在他的行业当中大展宏图,还为一般人带来更多的舒适和方便。因此精通这门手艺的工匠比起所有其他人,都更早向这位神明祈祷膜拜和奉献牺牲,无论是他们还是全人类都把火称为"赫菲斯托斯",这是人类过群居生活的初期所能获得的最大恩典,就用这种方式给予永恒的记忆和荣耀。神话记载,阿瑞斯是第一位全副披挂的神明,供应武器给士兵,投身狂热的战场和英勇的搏斗之中,对于不肯服从神明的人一律屠杀殆尽。

人们记得阿波罗发明七弦琴,而且用它演奏动听的音乐;他经由预言的功能推广医疗的知识,古代运用这种疗程可以治愈疾病②。他发明弓并且教导陆地的民族如何发挥这种武器的威力,由于克里特人特别精通弓箭的射术,所以弓有一个绰号——"克里特"。阿波罗和科罗尼斯结合生下阿斯克勒庇斯,他从他的父亲那里习得很多与医术有关的事物,接着是外科手术的发明以及药物的调制,特别是他从植物的根发现强烈的药效,总之,他使得医疗的技艺有长足的进步,所能获得的声誉是成为奠定基础的开山祖师。

---

① 就是"腓尼基字母",参阅本书第三章第 67 节。
② 患者夜间睡在神庙里面,祈求神明在梦中显灵,可以治愈长久缠身的痼疾。参阅本书第一章第 25 节。

75 　人们将派出使者负责讲和的发起者归功于赫尔墨斯,这些人被用在战争之中进行谈判和签订条约,传令官的令牌被当成有关事务的信物,习惯上使者负起责任从事这方面的谈话,敌对的双方都要保证他们的安全,无论是言语还是行为都免予受到侵犯。出于这个原因他获得赫尔墨斯·柯伊诺斯(Hermes Koinos)的名字,战争的时候他们交换和平的信息对双方而言是一种共同(koine)的利益①。他们还说他发明权衡重量的工具,可以通过贸易的方式获得利润,以及用来评估其他人的财产,即使没有人弄得清楚也不会有任何问题。

　　传说提到他是诸神的传令官以及最受信任的信差,因为他有能力清楚(hermeneuein)表达所接受的每一项指示;出于这个原因他才获得那个名字,如同很多人持有的说法,他不是文字和语言的创造者,但是他的表达完美到所有人无法匹敌的程度,拥有技术在于陈述一个信息的精确和清晰。他提出建立角力学校的意见,那是阿波罗和马西阿斯相互竞赛演奏技巧以后的事;据说他用一个乌龟的壳创造出七弦琴,阿波罗和马西阿斯相互竞争演奏的技术,获胜的阿波罗对失败的敌手施以令人发指的惩罚,使得他在懊恼之余将七弦琴的琴弦全部扯断,有段时间再也不想听到使用这种乐器的音乐②。

　　神话提到狄俄尼索斯发现葡萄的种植和如何酿出葡萄酒,以及教导大家储存秋天收获的作物,能够长期供应人类所需的粮食。有人说这位神明生在克里特,他的双亲是宙斯和帕西丰尼,传说提到他将入会仪式授予奥斐乌斯,使得后者遭到泰坦的残害变得尸骨无存。事实上有几位人物的名字都是狄俄尼索斯,在适当的时期我们会用较长的篇幅,详细说明它的来

---

　　① 米南德(Menander)的新喜剧《仲裁者》(*Epitrepontes*)第 67 行,用这种方式表示的意义是"分享赫尔墨斯的运道"。
　　② 参阅本书第 3 章第 59 节。

龙去脉①。不过,克里特人对于神明生在他们的国家提出确凿的证据,说是他形成两个靠近克里特的岛屿,位置就在因此获得这个称呼的双子湾,后来他将他们纳入狄俄尼索斯家族,大家还说除了此地,人类居住的地球再也没有其他地方,能够得到他如此的厚爱。

76 神话提到阿尔克米妮生下赫拉克勒斯之前很多年代,赫拉克勒斯已经是宙斯的化身。他成为宙斯的儿子,传说并没有把他母亲的名字告诉我们,只是陈述他的体魄和能力优于所有的人,他游历人类居住的地球,对于不讲正义的歹徒施以严厉的惩罚,扑灭那些凶恶的野兽因为它们造成没有人烟的蛮荒区域。他让所有的人都能得到自由,经历无数的战斗绝不屈服还使自己毛发无损,由于他的善行从人类的手里获得不朽的令名。另外一位为阿尔克米妮所生的赫拉克勒斯,来到世上的时间要晚很多,他对于古代的赫拉克勒斯具有信心要去仿效他的生涯规划,基于同样的缘故能够达成永生的荣耀,等到时间慢慢过去,人们认为他与另外那位赫拉克勒斯因为同名的关系变成一个人,早先那位的功勋转移到较近这位的身上,绝大多数人并不知道真正的实情②。大家同意名声最响亮的功勋和尊荣,因为与埃及有关所以归于较为古老的神明,特别是他所建立的城市,在那个国家仍旧为众人所知。

还有被称为狄克廷纳的布里托玛蒂斯生在克里特的昔诺,他的双亲是宙斯和优布拉斯之女卡密,优布拉斯又是德米特的儿子;她发明用于狩猎的网(dictya),所以被人称为 Dictynna,她的时间都花在阿特米斯的身上,所以有人认为狄克廷纳和阿特米斯是同一位神明;克里特人用奉献牺牲和

---

① 有三位知名之士都用狄俄尼索斯这个名字,参阅本书第 3 章第 63 节及后续各节。
② 参阅本书第三章第 74 节。

兴建庙宇的方式膜拜这位神明。竟然有人说起她的一个故事,之所以被人叫作狄克廷纳是因为她受到迈诺斯的追逐,竟然逃进渔人的网中,那是因为迈诺斯要强暴她,看来这种传闻真是无法令人相信;须知她的父亲是伟大的神明之一,身为女神竟然处于得不到帮助的局面,何况人们都可以给予她需要的援手,看来这个故事非常不合情理;还要把下流无耻的行为归之于迈诺斯,更是让人感到错得离谱,须知迈诺斯基于一致的传统说法,他不仅认同正义的原则,还要力求他的生活方式达到众所赞誉的程度。

77 我们听说普禄都斯生在克里特的垂波卢斯,他是德米特和伊阿森的儿子,关于他的身世有两种不同的记载。有人说伊阿森一旦在土地上面撒下种子,经过适当的耕种和照应以后就能带来丰硕的收成,看到的人就将这种情况称为 plutus 即"财富";因此在而后的世代成为一种传统的说法,凡是一个人获得之物超过实际所需就是 plutus。还有人引述神话的记载,德米特和伊阿森所生的儿子被他们取名为普禄都斯,他是第一位要让人类过着勤劳生活的神祇,提出的概念有关财产的要求和保护,所有在那个时代以前的人类,对于累积和保护他们储存的财富,根本不会尽心尽力而且认为毫无必要。

克里特人所能提到的神明,他们都说自己出生在这片土地上面,其实这些只是神话而已。他们还力言对于神明的膜拜崇敬和奉献牺牲,以及神秘祭典的入会仪式,全都是克里特人传授其余的人类,为了支持这种说法还举出最具分量的论点,如同他们根据想象以为应该如此:雅典人在伊琉西斯举行神秘祭典,竟然有人胆敢这样表示,说是所有的祭祀当中以在萨摩色雷斯举办者最为出名,还有一个祭典在色雷斯的西科尼斯人当中照常办理,那是奥斐乌斯推荐给他们的,所有的传承采用神秘祭典的形式①,鉴

---

① 就是祭典的仪式和过程要保持机密,不能让外人得知。

于克里特的诺苏斯从古代开始,习惯上入会仪式都是公开授予,在这种情况下又怎能不泄露出去,让其他的民族也能参与这样的活动。其实任何人只要愿意知道这些事务,克里特人就不会加以隐瞒。

克里特人的确说过,绝大多数神明的起源是在克里特,接着从此地出发访问人类居住的世界的很多地区,对于所有的族群授予福祉和恩惠,就是把他们的发明带来的好处全部分配出去。例如,德米特渡海来到阿提卡,接着前往西西里最后是埃及;她在这些地方带着精选的礼物——各种谷物的种子,以及教导他们如何耕种,会从受惠者那里获得最大的礼遇和最高的敬意。还有阿芙罗狄忒将她的宝座设置在西西里的埃里克斯地区,后来是在赛舍拉、帕弗斯和塞浦路斯这几个岛屿以及在亚洲的叙利亚;由于女神在他们的国家显灵,或者逗留在他们当中一段时间,居民就将这个地方的名字用在她的身上,将她称为埃里克斯的阿芙罗狄忒,或者是舍赛拉、帕弗斯或叙利亚的阿芙罗狄忒①,等等。

阿波罗有同样的情形,他在提洛、吕西亚②和德尔斐等地现身的时间最长,阿特米斯则是以弗所、潘达斯、波斯和克里特;因此无论是得名来自他们所在的地区,还是他们的行为带来的结果,这些都能受到大家的赞同,所以阿波罗被称为提洛人、吕西亚人或皮同人,阿芙罗狄忒被称为以弗所人、克里特人、陶罗波卢斯人或波斯人,虽然他们两位都是出生在克里特。这位女神在波斯获得特别的礼遇③,蛮族直到今天还在膜拜波斯的阿特米斯,保持神秘祭典的原有形式,以及在其他民族当中继续实施。克里特人对其他的神明亦有类似的神话加以详细叙述,要想一一列举对我们而言是

---

① 这里提到叙利亚的阿芙罗狄忒,就是叙利亚人和腓尼基人膜拜的生育和爱情女神阿斯塔蒂(Astarte)。

② 这个地方就是吕西亚的迪第玛(Didyma),距离米勒都斯很近。

③ 如同波斯最受推崇的女神阿奈蒂斯(Anaitis)或阿纳希塔(Anahita),是胡腊玛达(Mazdaism)教派[琐罗亚斯德(Zoroaster)教派的分支或别称,也可以称为拜火教]的主神。

一个冗长的工作，就是读者同样难以掌握它的重点所在。

78 克里特人继续说道，诸神来到人间以后又过了很多世代，不少
英雄人物出现在克里特，其中最为出类拔萃的就是迈诺斯、拉
达曼苏斯和萨佩敦。他们的神话提到这三位都是宙斯和亚杰诺尔之女欧
罗芭所生的儿子；人们还说欧罗芭是在诸神的安排之下，坐在公牛的背上
渡海来到克里特。迈诺斯是长子所以成为本岛的国王，前后兴建不少的城
市，其中以三座城市最为著名，诺苏斯所处的地方可以遥望远处的亚洲，菲
斯都斯坐落在南方的海岸，赛多尼亚位于西方面对伯罗奔尼撒地区。

迈诺斯为克里特人制定很多法规，宣称这些都是他的父亲宙斯交付给
他的，双方在某个洞窟里面交谈的时候。再者，他拥有一支实力强大的水
师，征服邻近大部分的岛屿，成为第一个能够控制海洋的希腊人。后来他
那男子汉的气概和公正的言行赢得很高的名声，领军征讨科卡卢斯的作战
期间在西西里逝世。我们前面叙述迪达卢斯的生平事迹，曾经提到有关的
细节，完全因为他的缘故才会引起这场战争①。

79 克里特人提到拉达曼苏斯说他对所有的人都做出最公正的判
决，至于强盗、亵渎神圣的人和罪犯施加最严厉的处罚。他登
基以后拥有数目不少的岛屿以及亚洲海岸的大部分地区，因为他坚持正义
的作风很多人愿意成为他的臣民。拉达曼苏斯让他的一个儿子埃里什鲁
斯成为城市的君主，还将那座城市用统治者的名字叫作埃里什里；他将开
俄斯送给迈诺斯之女亚里德妮的儿子厄诺皮昂，据说有些神话作者认为厄
诺皮昂是狄俄尼索斯的儿子，从他父亲那里习得酿制葡萄酒的技术。克里

---

① 参阅本书第四章第 79 节。

特人还说他把岛屿或者城市,当成礼物送给麾下的将领,像是苏阿斯获得林诺斯、伊尼乌斯获得色努斯、史塔菲拉斯获得佩帕里索斯、优安则斯获得玛罗尼亚、阿尔西乌斯获得帕罗斯、阿尼昂获得提洛以及安德里乌斯获得的岛屿就用自己的名字将它叫作安德罗斯。他的铁面无私就是神话都要详加描述,说他奉到指派在哈迪斯那里担任判官,能够明辨是非、善恶和曲直。迈诺斯的统治全都遵守法律的规定,特别重视公平正直的施政作为,使他拥有同样的尊敬和荣誉。

据说兄弟当中位居第三的萨佩敦,率领一支军队渡海前往亚洲,征服吕西亚周边地区。他的儿子优安德鲁斯继承他成为吕西亚的国王,娶贝勒罗丰之女戴达米娅为妻,生下与祖父同名的萨佩敦,参加远征行动前去讨伐特洛伊①,虽然还有些作者说他是宙斯的儿子。他们说迈诺斯的儿子是丢卡利翁和摩卢斯,丢卡利翁和摩卢斯的儿子分别是艾多麦纽斯和默瑞欧尼斯。这两位率领九艘船参加阿格曼侬的阵营,发起远征作战前去攻伊利姆,后来他们安全返回祖国,逝世的时候举行盛大的葬礼获得不朽的荣誉。克里特人指出他们在诺苏斯的陵墓,石碑上面刻有下面的铭文:

> 只要看到诺苏斯人艾多麦纽斯的茔地,
> 旁边的我是摩卢斯的儿子默瑞欧尼斯。

克里特人将他们两位视为著名的雄人物,给予特别的礼遇和尊敬,按时给他们举行燔祭,每当在战争当中遭遇危险,总是祈求他们前来施以援手。

80 我们对于这些事件都经过查证,还得讨论与克里特人混杂起来的民族。岛上最早的定居者是伊特奥克里坦人,也可以认

---

① 手抄本提到萨佩敦加入"阿格曼侬"的阵营,但是他却与特洛伊人缔结同盟关系。

为他们是土生土长的原居民,这种情况我们在前面已经提过①;很多世代以后佩拉斯基亚人,他们的行动出于不断地远征和迁移,抵达克里达在岛屿的部分地区建立家园。第三个民族渡海来到岛上,据说是多里斯人,他们在多鲁斯之子特克穆斯的领导之下②;记载上面提到大量多里斯人聚集起来,他们来自奥林匹斯周边地区,其中有一部分被认为是从拉柯尼亚赶来的亚该亚人,这时多鲁斯为了展开远征行动,把基地设置在马利亚角附近适当的位置。第四个来到克里特的民族后来与克里特人混杂住在一起,据说是很多蛮族组成的大杂烩,他们经历一段时间采用希腊土著的语言。

迈诺斯和拉达曼苏斯掌握权力以后,将岛上所有的民族联合成为统一的团体。总之,等到赫拉克勒斯家族回归故土③以后,亚哥斯和拉斯地蒙当局派人到其他某些岛屿设置殖民地,同样还将克里特据为己有,同时他们在岛上用移民的方式建立一些城市;我们对这些城市要在与它们发生关系的时候再做详尽的叙述。很多作者对于所写的克里特自己都不见得赞同,要是彼此之间出现矛盾和冲突,那是根本无须大惊小怪的事;我们追随心目当中具有权威的人士,他们的记载不仅正确而且值得信任,在有关神明方面我们依靠伊庇米尼德(Epimenides)的著作,在其他方面则是多西阿德(Dosiades)、索西克拉底(Sosicrates)和劳昔尼达斯(Laosthenidas)④。

81 我们用了足够多的篇幅讨论克里特这个主题,现在要谈一谈列士波斯。这个岛屿在古代曾经有很多民族在上面住过,成为出现很多迁移活动的地方。第一个占领它的民族是佩拉斯基亚人,当时

---

① 参阅本章第 64 节。
② 参阅本书第四章第 60 节。
③ 参阅本书第四章第 57—58 节。
④ 劳昔尼达斯写出一部克里特的历史著作,我们除了他的名字其他一无所知。

岛上尚未有人类居住,他们的移民是用下面的方式。原来居住在亚哥斯的佩拉斯基亚人,接受他们的国王垂奥帕斯之子祖苏斯的率领,据有吕西亚部分疆域,就在那里成家立业,开始他就成为国王统治那些追随他前来的佩拉斯基亚人,接着渡海来到尚无人烟的列士波斯,就将岛上的土地分给大家,这个岛屿过去被称为伊萨,等到移民定居下来被命名为佩拉斯基亚岛。

过了七个世代随之发生丢卡利翁大洪水,很多人丧失性命,列士波斯岛因为天灾变得人烟绝迹,等到这件事结束以后,马卡流斯来到岛上,看到美丽的景色就将家搬了过来。这位马卡流斯是宙斯之子克里纳库斯的儿子,赫西奥德和某位诗人提过他是生于渥勒努斯的土著,后来这个地方的名字被改为伊阿斯就是现在的亚该亚。他的手下来自各方组成一支拼凑起来的队伍,有些是爱奥尼亚人,其他是散居各地的蛮族。首先马卡流斯在列士波斯定居下来,后来由于岛上的富裕和他的行事公正和仁慈宽厚,他赢得邻近岛屿的投效,就将无主的土地按照定额分配给大家。就在这个时候,希波底之子伊奥卢斯之子拉佩则斯的儿子列士波斯,遵从阿波罗神庙一份神谶的指示,带着一群移民航向我们提到的岛屿,娶了马卡流斯的女儿梅提玛为妻,然后就在那里建立家园;等到他成为当地的显贵,用自己的名字将这个岛屿称为列士波斯,手下的人员叫作列士波斯人。

马卡流斯的妻子又生了两个女儿迈蒂勒尼和梅提姆纳,使得岛上的城市使用她们的名字。马卡流斯轻而易举将邻近的岛屿置于他的控制之下,首先派人到开俄斯建立一个殖民地,将该地所有的事务托付给他的一个儿子负责;后来他派遣另一个儿子赛德罗劳斯前往萨摩斯,定居下来就将岛上的土地分给跟随而来的移民,他成为统治他们的国王。他要开垦的第三个岛屿是考斯,指派尼安德鲁斯成为该岛的国王;然后他派遣琉西帕斯率领一大群移民前往罗得岛,由于人口稀少的关系,当地的居民欢迎他们的来临,他们群居在一起如同岛上只有一个民族。

82 我们发现这些岛屿当面的大陆,在那个时候因为洪水的肆虐,遭受极大的苦难和惨痛的灾祸。土地遭到淹没很长一段期间都没有收成,生活的必需品极其匮乏,城市的空气因为污秽和败坏使得瘟疫流行。在另一方面,岛屿受到海风的吹拂,居民生活在新鲜和健康的空气的当中,他们种植的作物长得非常茂盛,收获越来越多的粮食,很快使得居民成为羡慕的目标。因此它们被人称为"至福"之岛,居民能够享受所有美好的事物和丰硕的成果,这才是它们获得这个头衔的缘故。

有人认为它们得到"至福"即 macarioi 这个名字,那是因为马卡流斯(Macareus)的关系,后来他的儿子成为全岛的统治者。一般而言,我们提到的几个岛屿,上面的居民享受幸福的生活远超过他们的邻人,不仅在古代就是目前仍然如此;它们较其他地方为优在于肥沃的土壤、卓越的位置和温和的气候,它们有很好的理由成为名副其实的"至福之岛"。要是就马卡流斯本人来说,他在当列士波斯国王的时候,制定一种法律对于为善去恶有很大的贡献,从此他将法律称为"狮子"在于它拥有这种猛兽的力量和勇气。

83 列士波斯岛完成开发之后又过了相当时间,一个名叫特内多斯的岛屿因为下面的方式成为人烟繁密之地。特罗德的科洛尼有一个名叫赛克努斯的国王,他的儿子吞尼斯建立很大的功勋获得响亮的名声;吞尼斯聚集一群移民用当面的大陆作为基地,占领一个没有人居住的岛屿名叫琉科弗里斯,他把岛上的土地用抓阄的方式分配给追随他的人,他还兴建了一座城市用自己的名字称它为特内多斯。他的统治讲求公正无私,给予居民很多福利和恩惠,他的一生都有很高的声望受到大家的推崇,逝世以后享有不朽的荣誉;他们为他设立一处庄严的圣地,向他奉献牺牲和顶礼膜拜如同他是神明,相关的祭祀活动继续到现代还未停息。

特内多斯人的神话谈起城市的建立者吞尼斯,我们不能略而不提。他们说吞尼斯的父亲相信妻子极其恶毒的中伤之词,就把他的儿子吞尼斯关进一个木柜,然后连人带柜丢到海中;这个木柜经过海浪的推送,安全漂到特内多斯的海岸,完全是上天的神明给予援手,运用一种令人吃惊的手法救了吞尼斯的性命,他成为这个岛屿的国王,展现公正的统治和其他的美德,获得崇高的名望和不朽的荣誉。他的后母对他进行诽谤的时候,有一位笛手出面做伪证要陷他于死地,因此特内多斯人通过一条法规,任何一位笛手不得进入神圣区域。后来吞尼斯参加特洛伊战争被阿基里斯杀死,他们为城市的兴建者选定一块神圣区域,任何人进入以后不得提到阿基里斯的名字。这部分的记载就是神话提到的特内多斯岛和上面的居民。

84 我们叙述与最有名的岛屿相关的事实,现在也要对那些面积较小者费一点心血。古代的赛克拉德群岛没有人在上面居住,宙斯和欧罗芭之子迈诺斯是克里特的国王,拥有实力强大的陆军和水师,成为海洋的霸主,就从克里特派出很多移民,大部分的赛克拉德群岛获得开发,就将岛上的土地分配给参与行动的人员,同时他在亚洲的海岸区域①占有大片领土。这可以解释何以岛屿上面或是亚洲海岸的海港,如同克里特本岛一样,把它们的名字都叫成"迈诺安(Minoan)"。迈诺斯的权势变得越来越强大到高不可及的地步,就让他的兄弟拉达曼苏斯成为王国的共治者,然而后者为人正直,赢得的名声让他感到嫉妒,就将拉达曼苏斯派到王国最遥远的地区,用这种方式解除心中的烦恼。拉达曼苏斯来到孤

————————
① 这个地方就是小亚细亚。

悬在爱奥尼亚和卡里亚外海的岛屿,在那里度过他的余生,同时他让埃里什鲁斯(Erythrus)在亚洲建立一座用自己名字命名的城市①,任命迈诺斯之女亚里德妮的儿子厄诺皮昂为开俄斯的领主。

　　上述事件全都发生在特洛伊战争之前,等到特洛伊陷落以后,卡里亚人的权力稳定的成长使得它成为海洋的主人,拥有赛克拉德群岛,有些岛屿他们掌握在自己手里,举凡家在岛上的克里特人都被赶走,还有一些岛屿在他们定居以后就与最早来到的克里特人联合起来。过了一段时间,希腊人的权势日益增长,赛克拉德群岛的主要岛屿都有他们的移民在上面居住,卡里亚不属于希腊族群遭到驱离。有关这些事务会在适当的时间给予详尽的交代。

---

①　这座城市名叫埃里什里(Erythrae)。

第六章
残　卷

"包括本章在内的前面六章记载特洛伊战争之前的事件和传说，第一到第三章的内容是古代的蛮族，第四到第六章的主角是希腊人。"

1 狄奥多罗斯在本书第三章曾经叙述这部分的历史。① 接着在第六章对于神明肯定类似的观念，梅西尼的优赫门鲁斯（Euhemerus）②撰写相关的著作，引用的文字有如下述：

"古代的人士对于神明有两种不同的概念传给后

---

① 参阅第三章的第56—61节，狄奥多罗斯的目标是就神明的起源，记载亚特兰蒂斯人与此有关的事项。

② 优赫门鲁斯生于西西里的美西纳，公元前3世纪的神话作家，认为神祇来源于历史上真实的英雄人物，后世将持这种观点的理论称为优赫门鲁斯主义（Euhemerism）。

代的子孙;他们表示某些神明的永生不灭和万古长存,如同天上的太阳、月亮和其他的星辰,还有风具备同样的性质;论及肇始发端和持续时间那是起于永恒和终于永恒。我们还听说其他的神明原本是尘世的凡夫俗子,他们对于人类施恩造福所以享有不朽的荣誉和声望,这些人如同赫拉克勒斯、狄俄尼索斯、亚里斯特乌斯(Aristaeus)和其他人士。历史和神话的作家要尘世的神明写出大量各式各样的记录;史家优赫门鲁斯的《神圣史》(*Scared History*)①针对特定的题目,至于神话作家诸如荷马、赫西奥德、奥斐乌斯和其他同类的文士,对于神明杜撰更为荒谬不经的故事。我们坚持的立场是获取这两方面的资料,尽力很快地浏览一遍了解具体的内容,达成的目标是按照适当的比例加以运用。

"优赫门鲁斯是马其顿国王卡桑德②的朋友受到托付要处理城邦的事务,又要他到海外旅游增长见闻,据说曾经去过南方最远的大洋;他离开阿拉伯至福之地在海上航行很多天,接受风的吹袭被带到一群岛屿附近,登上其中的潘奇亚(Panchaea)岛。看到这里的居民对于神明极其虔诚和崇敬,他们奉献牺牲的场面非常盛大,还愿的祭品是用金和银制成的。这个岛屿是诸神的圣地,有大量与神明有关的建筑和祭品,年代的悠久和精工的制作备受赞誉,有关各项内容我们已经写进前面的章节③之中。其中一个岛有座小山用来祭祀垂菲留斯(Triphylius)的宙斯,建立的时间非常遥远,他已经成为整个有人居住世界的国王,现在仍旧受到民众的膜拜。神庙当中有一根金柱上面刻着简短的铭文,用潘奇亚人的书写方式记述乌拉努斯、克罗努斯和宙斯的事迹。

---

① 优赫门鲁斯的主要作品就是《神圣史》,英纽斯(Ennius)将它译为拉丁文,现在原文和译本都已散失,只有拉克坦久斯在《神圣的原理》一书中引用一些片段。

② 卡桑德是亚历山大逝世以后,部将当中第一位成为马其顿国王的,通常认为他在前301年即位,到前297年亡故也不过4年的时间。

③ 参阅本书第五章第41—46节。

"优赫门鲁斯接着叙述乌拉努斯是第一位国王,为人仁慈而且重视荣誉,精通天体的运行,也是第一位用燔祭奉献天上的神明,因此他才被人称为乌拉努斯或'天界'。他的妻子赫斯提亚(Hestia)为他生了两个儿子泰坦和克罗努斯,以及两个女儿雷亚和德米特。克罗努斯继承乌拉努斯成为国王,娶雷亚为妻生下宙斯、赫拉和波塞冬三个子女。后来是宙斯登上王位,有了赫拉、德米特和底米斯三位妻室,他的子女当中丘里底(Curetes)是赫拉所生,帕西丰尼是德米特所生,雅典那出自底米斯。

"宙斯前往巴比伦受到贝拉斯(Belus)殷勤的款待,接着来到位于大洋之中的潘奇亚岛,为家族的始祖乌拉努斯建立一个祭坛。再从那里经过叙利亚来见叙利亚的统治者卡休斯(Casius),用他的名字将当地的高峰称为卡休斯山①。他进军西里西亚在会战中击败当地的总督西利克斯(Cilix),然后访问很多其他的国家,受到热烈的欢迎和诚挚的款待,大家公开宣布他是一位神明。"

我对神明和凡人都尽其所能叙述他们的事迹,狄奥多罗斯继续说道:"我们对于写出《神圣史》一书的优赫门鲁斯,应该仍然满意他所持的说法,希腊人的神话提到的神明,我们尽力简略运用其中的要点,这些都是出自赫西奥德、荷马和奥斐乌斯的手笔。"因此,狄奥多罗斯把诗人给大家写的神话和传说,继续加进他的著作当中。

2 学识渊博的狄奥多罗斯在他的著作中提到这些神明,他们是凡人所生的,不朽的声名在于能为人类带来福祉;其中有些神明因为征服的地区,获得他们现有的称号。

---

① 就是现在的杰伯·伊尔-阿克拉(Jebel el-Akra)山脉,主峰的高度将近6000英尺,位于奥龙特斯(Orontes)河口南边不到数英里的海岸,成为北叙利亚最为显著的陆标,爬上绝顶可以远眺塞浦路斯岛和北方的陶鲁斯山脉。罗马皇帝哈德良(Hadrian)曾在此观赏日出的奇景。弥尔顿《失乐园》第2卷第593行提到"古老的卡休斯山"。

3 狄奥多罗斯根据保存在神话里面的资料,说起祖苏斯(Xanthus)和巴留斯(Balius)①是最早的泰坦,前来参加宙斯的阵营,两人分别成为波塞冬和宙斯的帮手;他们在从事会战②的时候要求改变面貌,免得见到他们的兄弟——其他的泰坦感到羞愧,宙斯当然表示同意;两人并且将他们的坐骑送给佩琉斯(Peleus)。狄奥多罗斯特别提到,这样一来可以解释何以祖苏斯能够预言佩琉斯会遭阿基里斯杀死。

4 根据菲里赛德(Pherecydes)③的记载萨都努斯(Saturnus)在所有人之前第一个戴上皇冠,狄奥多罗斯提到这是他打败泰坦以后的事,朱庇德因为卓越的贡献获得同样的殊荣;同一位作者甚至将束发的带子送给普里阿帕斯(Priapus),以及来自印度用黄金和宝石制作的冠冕,当成送给亚里德妮(Ariadne)的礼物,乌尔康(Vulcan)建立莫大的功勋获得类似的头饰,后来还有李柏(Liber)得到将它当成星座④的名字。

5 尼努斯(Ninus)的兄弟皮卡斯(Picus)⑤是意大利的国王,统治西方长达一百二十年,获得宙斯的称号。他有很多儿子和女儿都是

---

① 祖苏斯和巴留斯是阿基里斯两匹坐骑的名字,荷马《伊利亚特》第 19 卷第 399—401 行:"阿基里斯用严厉的声音交代父亲的两匹骏马:祖苏斯和巴留斯,尔等是波达格孕育的良驹,这次接战要提高警觉安全带回在背上的骑士。"诗中的波达格(Podarger)是一位女妖,受到西风的吹拂怀孕以后生下这两匹战马。

② 指宙斯和泰坦神之间的决战。

③ 雅典的菲里赛德是公元前 5 世纪初期的散文家、历史学家和神话作家,有人将他列入"希腊七贤"之一,主要的作品有 10 卷神话和历史,只有部分残篇留存于世。

④ 北冕(Corona Borealis)星座有时被称为"亚里德妮的皇冠"(Ariadne's Crown);参阅奥维德《岁时记》(*Fasti*)第 3 卷第 459—561 行以及《变形记》(*Metamorphoses*)第 8 卷第 176 行。

⑤ 优赫门鲁斯主义(Euhemerism)(主张"神话即历史论")的拥护者,对于尼尔逊(M. P. Nilsson)《迈诺亚-迈锡尼的宗教》(*The Minoan-Mycenaean Religion*)第 483 页有关皮卡斯的注释,一定会感到很大的兴趣。

美丽的妇女所生;他会视情况变幻出神秘莫测的容貌来诱惑她们,这些妇女将他视为神明所以会与他发生肉体关系。就是这位皮卡斯被封上宙斯的称号,他有一位儿子叫作福努斯(Faunus),以那个在天空漂泊的星球①当成名字,被人称为赫尔墨斯。等到宙斯的死期快到,交代他的儿子要把他的遗体埋在克里特岛;他的儿子在墓地附近为他兴建了一座庙宇。这个纪念物一直保存到今天,上面刻着铭文:"皮卡斯拥有宙斯的称号安葬于此。"狄奥多罗斯是学问最为渊博的编年史家,曾经为皮卡斯写出一本专书。

6 依据传统的说法卡斯特(Castor)和波利丢西斯(Polydeuces)参加"阿尔戈英雄号"(Argonauts)的远征,比起其他的成员更能发挥武德的精神,积极献身战斗赢得最高的声望;他们向需要救助的人伸出援手,因此大家给这两兄弟加上戴奥斯柯瑞(Dioscori)的称号。一般而论,他们如同将领有积极进取的精神和指挥大军的技巧,还拥有公正无私的美德和虔诚崇敬的信仰,在人类当中赢得备受颂扬的名声,每当有人落入出乎意料的危险之中,他们就会以救援的身份出现②。他们的骁勇善战真不愧身为宙斯的儿子,一旦离开人世就能获得永生的荣誉。

西赛昂的国王伊波披乌斯(Epopeus)在会战当中向神明挑战,侵犯他们的圣地和祭坛。

据说西昔浮斯(Sisyphus)③的欺诈和恶行远胜所有的人,检视受害者内脏当成占卜的工具,熟练这方面的技巧以后,可以发现和预知人类所有即将发生的事务。

---

① 水星(Mercury)。罗马的神明麦邱利(Mercury)就是希腊的赫尔墨斯。
② 指水手在大海当中遇到暴风雨;参阅本书第四章第43节及注释。
③ 西昔浮斯是伊奥卢斯之子,强暴安蒂克莱娅生下《奥德赛》的主角奥德修斯,因为作恶多端被打入地狱接受惩罚。

7 邪恶而又傲慢的萨尔摩尼乌斯(Salmoneus),无论言行举止总是对神明讪笑不已,还公开宣称他的成就胜过宙斯。他运用自己发明的机具发出响亮的声音用来模仿轰隆的雷鸣,而且他不向神明奉献牺牲也不举行各种节庆和祭典,须知其他统治者对这方面的事务绝不会遗忘和掉以轻心①。萨尔摩尼乌斯有一个名叫泰罗(Tyro)②的女儿,白皙而又轻盈的躯体让她得到这个名字③。

波塞冬爱上这个美丽的少女,双方发生关系,她生下珀利阿斯(Pelias)和尼琉斯(Neleus)。萨尔摩尼乌斯不相信夺取她贞操的人是波塞冬,所以对她没有停止虐待和责骂;后来他还是为不敬神明的恶行受到惩处,宙斯从手里发出雷电将他殛毙。波塞冬和泰罗所生的儿子珀利阿斯在年纪很轻的时候,就被密玛斯(Mimas)赶出家园,同时遭到放逐的还有赛阿索斯(Sciathos)和佩帕里索斯(Peparethos)这两位朋友,获得他们的帮助占领两个岛屿;后来奇朗(Cheiron)非常礼遇他,将自己的国土与他共享,所以珀利阿斯才离开岛屿,前面我们提过他成为爱奥尔西(Iolci)④的国王。他后来有很多女儿就用父亲的名字,将她们合称为珀利阿德(Peliades),我们对这种说法表示认同⑤。

8 正直而又虔诚的埃德米都斯(Admetus)极其敬爱神明。有一次阿波罗冒犯宙斯⑥,由于埃德米都斯高洁的德行,所以宙斯命令阿

---

① 参阅本书第四章第 68 节。
② Tyro 意为"奶酪"。
③ 后面有一段完全重复的文字,已经将它删去。
④ 这座城市应该是帖沙利的爱奥库斯(Iolcus)。
⑤ 参阅本书第四章第 50 节及后续各节。
⑥ 宙斯对阿波罗那位发明医术的儿子阿斯克勒庇斯(Asclepius)极其痛恨,因为他竟能让死者复生,于是发出雷电将他殛毙。阿波罗为了报复就杀死宙斯的儿子——那群被称为赛克洛庇斯(Cyclopes)的巨人,他们的工作是在伊特纳(Aetna)山为宙斯制造雷鸣和闪电。

波罗到他的宫廷服行贱役。我们提过在珀利阿斯的女儿当中,只有阿塞蒂斯(Alcestis)没有对她们的父亲做出邪恶的行为①,完全是她的孝顺得以许配埃德米都斯成为他的妻室。

米连帕斯(Melampus)的为人极其虔诚所以能够成为阿波罗的朋友。

9 贝勒罗丰无意中犯下谋杀的重罪,受到放逐前去投奔父亲的好友普里都斯(Proetus);谁知普里都斯的妻子爱上了英俊的贝勒罗丰,由于她无法赢得对方的心意,就向自己的丈夫指控年轻人有非礼的举动。普里都斯不愿背负杀害宾客的恶名,就将他派往吕西亚去见国王他的岳父爱奥巴底(Iobates),同时附上一封信函。爱奥巴底从接到的书信当中,得知他的女婿要他尽快除去贝勒罗丰;爱奥巴底也不愿成为杀人的凶手,正好喷火的契米拉(Chimaera)在田乡肆虐,就命令他加入作战的行列前去除害②。

---

① 参阅本书第四章第 51 节和后续各节。

② 荷马《伊利亚特》第 6 卷第 178—184 行;除此以外还接受其他的陷害和考验,最后爱奥巴底招他为婿,分给他一半的江山。

第七章

残 卷

"接下来的十一章①当中，我们记载从特洛伊战争到亚历山大崩殂为止，所有历史上重大的事件。"②

"后面六章③的主要内容是从特洛伊战争到雅典向叙拉古的宣战。"④

"我们会用很多章节记载的事件，从特洛伊的失陷到伯罗奔尼撒战争的结束和雅典帝国的崩溃，这段时间共有七百七十九年。"⑤

---

① 包含的章次是从第七章到第十七章。
② 涵盖的时间是从前 1184 年到前 323 年，一共是 861 年。
③ 包含的章次是从第七章到第十二章。
④ 涵盖的时间是从前 1184 年到前 415 年，一共是 769 年。
⑤ 涵盖的时间是从前 1184 年到前 405 年，一共是 779 年。雅典的屈服是在公元前 404 年 4 月，狄奥多罗斯使用雅典的名年执政纪年，在这种情况下是从公元前 405 年 7 月到公元前 404 年 7 月。

1 奥斐乌斯(Orpheus)①和赫拉克勒斯是同个时代的人物,特洛伊
战争之前一百年他们还活在世上;我读过奥斐乌斯的作品《论
石》(*On Stones*),里面说到自己的年纪要比赫勒努斯(Helenus)②稍微大一
点,荷马则比赫勒努斯要年轻一个世代。按照丛书作者狄奥尼修斯的记
载③,说是荷马在世的时候遇到两次对付底比斯的战争,还有一次是希腊
人为了海伦发起远征行动。狄奥多罗斯同意狄奥尼修斯的论点,不采用其
他作者的数据。

2 狄奥多罗斯提到荷马在赫拉克勒斯家族返回故土之前逝世。

3 戴奥米德(Diomedes)的妻子伊吉阿莉娅(Aegialeia)失去丈夫的
欢心,她在痛恨之余要对自己的良人采取不利的行动,于是召唤
她的亲属报复戴奥米德的移情别恋。他们获得伊吉斯朱斯(Aegisthus)的
大力鼎助,据说要通过审判对戴奥米德处以死刑,这个人后来成为迈森尼
(Mycenae)的国王,虽然他的父亲是一个外国人;伊吉斯朱斯意图放逐城邦
的贵族人士,让那些从艾托利亚(Aetolia)前来此地的亲戚据有留下的职
位。由于大家相信不实的指控,戴奥米德的生命受到威胁感到害怕,带着
一群愿意追随他的人逃离亚哥斯。

---

① 奥斐乌斯是希腊神话当中的音乐家、歌手和预言家,精于弹奏七弦琴,野兽会随着
他的歌声舞蹈,铁石心肠的人听到他的演奏都会流下眼泪。

② 赫勒努斯是特洛伊国王普瑞安的儿子,天生具有未卜先知的本领,成为城邦的祭司
和预言家。

③ 公元前2世纪中叶住在亚历山德拉的狄奥尼修斯绰号 Skytobrachion,即"皮匠",从
事传奇和诗文的编辑工作,写出一部极其著名的神话罗曼史,提供的情节像是亚马孙人、亚
特提斯人和"阿尔戈英雄号"的冒险事迹,狄奥多罗斯用于本书第三章和第四章当中。

4 特洛伊城破的时候,埃涅阿斯(Aeneas)①与一些市民固守城市部分地区,坚决抵御敌人的攻击,后来希腊人与他们签订一个停战协议,让他们离开并且尽可能带走自己的财物,所有的人都满载金银和值钱的物品,只有埃涅阿斯背着年迈的老父,对于其他的东西视若敝屣。孝顺的行为赢得希腊人的赞许,再度允许他选择一些财产带走。等到他抱起家中供奉的神像,更能彰显他有无人所及的德行,这时连敌人都向他喝彩;这个人陷入最大的危险之中,首先要考虑的事项是对父母的爱护和对神明的尊敬。我们听说基于这个缘故,幸存的特洛伊人能够安全离开特罗德,让他决定而后应该何去何从。

优西拜乌斯(Eusebius)的编年史②

对于狄奥多罗斯而言,我们就同一事件要转向另一位证人,他将所有的藏书经过浓缩成为一种摘要的形式,就像是一个知识的交换所。他写出七卷的《罗马史》,主要的内容有如下述。

5 某些史家杜撰谬误的情节③,竟说罗马的奠基者罗慕拉斯是埃涅阿斯的女儿所生。真实的情况是埃涅阿斯和罗慕拉斯(Romulus)

---

① 埃涅阿斯是特洛伊战争的英雄人物,希腊联军用木马计破城以后,他携带老父和幼子从大火中逃出,乘坐小船经过长时间流浪抵达意大利,他的后裔建立罗马城,所以罗马人将埃涅阿斯尊为始祖,最伟大的拉丁诗人维吉尔(Vigil)有长诗《埃涅伊特》(Aenied)叙述其事。

② 优西拜乌斯的编年史只保存在亚美尼亚文的译本当中,我们在这个希腊文和英文的对照本上,有一部分的文字使用拉丁文取代希腊文,这是彼得曼(H.Petermann)从亚美尼亚文的译本转译过来的。喀斯特(Karst)的《希腊在头三个世纪的基督教作家》(*Die griechischen christlichen Schriftsteller der ersten drei Jahrhunderte*)第 5 卷第 136—139 页,优西拜阿乌斯的编年史有部分数据从亚美尼亚文译成德文,我们再将它译成英文使用在本章的各节当中。由于译本对于亚美尼亚文的拼字法抱着漫不经心的态度,除非其中的变化非常明显,否则我们采用比较熟悉的拉丁文形式。

③ 这段文字出现在 9 世纪拜占庭的编年史家和教会史家辛西卢斯(Syncellus)的著作之中,他的观点可能受到狄奥多罗斯的影响,或许来自优西拜乌斯的启发。

之间，还有几位国王据有相当长一段时间，城市的兴建是在奥林匹亚第 7
会期第 2 年①，那是特洛伊战争以后四百三十三年的事。特洛伊陷落不过
三年埃涅阿斯出任拉丁人的国王；他登上宝座三年然后在人群当中失去踪
影，接受永生的荣誉。他的儿子阿斯卡纽斯（Ascanius）继承王位，兴建了
现在所称的城市阿尔巴·隆迦（Alba Longa），这个名字来自当时的阿尔巴
河，就是现在的台伯河。

不过，写出《罗马史》的费比乌斯（Fabius）②对这座城市的名字，却有
情节不同的故事。据说埃涅阿斯求得一份神谶，提到一头四条腿的动物
会将他带到某个地方，他要在那里兴建一座城市。有次他正用一头已经
怀孕的白色母牛，当成奉献给神明的牺牲，母牛竟然从他的手里逃脱，经
过一番追逐他来到一座小山，这里正有一窝三十头小猪。埃涅阿斯看到
有这种怪事发生感到十分惊奇，想起神谶给他的指示，于是准备在这个
地方建立城市。睡梦之中看到一个幻影，态度很严厉地吩咐他不能这样
做，提出的劝告是要在三十年以后，吻合一窝三十头小猪的数目，于是他
放弃了原来的计划。

埃涅阿斯过世后他的儿子阿斯卡纽斯接位，过了三十年他在小山上面
建立家园，就以母牛的颜色将这座城市命名为阿尔巴；拉丁语的白色是
alba。阿斯卡纽斯还加上另外一个名字 Longa，它的意思是"长"，因为城市
的范围是狭长的形状。

---

① 这一年是前 751 年；古代学者对罗马建立的年代有不同的说法，瓦罗（Varro）认为是
奥林匹亚第 6 会期第 3 年即前 754 年；费比乌斯·皮克多（Fabius Pictor）是罗马最古老的作
家，博学的厄舍尔（Usher）也依循他的说法，把时间定在奥林匹亚第 7 会期第 4 年，即创世纪
3356 年或前 749 年；哈利卡纳苏斯的狄奥尼修斯、索利努斯（Solinus）和优西拜乌斯，认为是
奥林匹亚第 7 会期第 1 年前 752 年。现在历史学家公认的时间是奥林匹亚第 6 会期第 4 年
即前 753 年。
② 奎因都斯·费比乌斯·皮克多（Quintus Fabius Pictor）是第一位写出《罗马史》的罗
马人，使用希腊文完成在前 200 年前后。

狄奥多罗斯继续说道:"阿斯卡纽斯使得阿尔巴成为王国的首都,征服四周为数不少的村落①,成为当代的重要人物,统治三十八年以后逝世。"

这个朝代的结束发生的事故引起人民的分裂,由于两个人彼此争夺王位。朱留斯(Iulius)是阿斯卡纽斯的儿子,主张"我父亲的统治权力应该属于我"。希尔维乌斯(Silvius)②是阿斯卡纽斯的兄弟,埃涅阿斯和拉蒂努斯(Latinus)之女拉维妮娅(Lavinia)的儿子,阿斯卡纽斯则是埃涅阿斯和第一位妻室所生的儿子,她是一位伊利姆(Illium)的妇女,所以希尔维乌斯主张"统治的权力应该为我所有"。

实在说,埃涅阿斯死后阿斯卡纽斯暗中想要谋害希尔维乌斯;因为这件阴谋的关系,后者还是孩童的时候就在山间受到牧民的抚养,他们将他取名为希尔维乌斯,后来拉丁人就将山岭称为希尔瓦(Silva)。两派的斗争非常激烈,最后是希尔维乌斯赢得大多数民众选票的支持登上宝座。朱留斯虽然丧失最高权力却担任祭司长(最高神祇官),成为仅次于国王的第二号人物;我们听说是他建立的尤利乌斯家族,开始在罗马兴旺数百年一直到今天③。

希尔维乌斯的统治期间没有值得记载的建树,在位的时间有四十九年之久。他的儿子埃涅阿斯接位,获得希尔雅乌斯作为姓氏,统治的时间超过三十年。接着是拥有希尔维乌斯姓氏的拉蒂努斯,担任五十年的国家元首。他是一个积极进取的统治者,无论是对内的施政和对外的征战都有卓越的成就,出兵讨伐邻近的地区,建立十八座古代城市,后来获得

① 喀斯特将手抄本的"居民"当成"村落"。

② 喀斯特根据亚美尼亚文译本,认为这段文字应该是"希尔维乌斯是阿斯卡纽斯的兄弟,埃涅阿斯和希尔瓦的儿子,而希尔瓦又是拉蒂努斯的首位妻子,所以希尔维乌斯主张:'统治的权力应该为我所有'"。

③ 这个今天是指狄奥多罗斯在世的期间,不是 350 年后优西拜乌斯的时代。

"拉丁城市"的美称,它们的名字是提布(Tibur)、普里尼斯特(Praeneste)、加贝伊(Gabii)、突斯库隆(Tusculum)、科拉(Cora)、波米夏(Pometia)、拉奴维姆(Lanuvium)、拉比西(Labici)、斯坎普夏(Scaptia)、萨特里孔(Satricum)、阿里西亚(Aricia)、特勒尼(Tellenae)、克鲁斯图密里姆(Crustumerium)、西尼纳(Caenina)、弗里基立(Fregellea)、卡麦里亚(Cameria)、梅度利亚(Medullia)和波伊隆(Boilum),最后这座城市有人将它写成波拉(Bola)。

拉蒂努斯崩殂以后,他的儿子阿尔巴·希尔维乌斯成为民选的国王,统治的时间为三十八年;继承的伊庇都斯·希尔瓦(Epitus Silva)在位二十六年。接替的国王是卡皮斯(Capys)统治二十八年。过世以后由他的儿子卡皮都斯(Calpetus)统治十三年,然后是提比流斯·希尔维乌斯(Tiberius Silvius)的八年。后者要去征讨伊楚里亚人(Etruscans),率领军队在渡过阿尔巴河的时候惨遭淹毙,这条河流就是后来的台伯河。继承王位的阿格里帕(Agrippa)统治拉丁人四十一年,接着是阿拉慕留斯·希尔维乌斯(Aramulius Silvius)的十九年。

传说中的阿拉慕留斯终其一生为人极其傲慢无礼,冥顽不灵的性格要与伟大的朱庇特①一比高下。确实如此,就在收成的季节天上发出轰隆不断的雷鸣,他对所有的士兵下达命令,要他们用佩剑大力敲击盾牌,于是宣称这一片山响已经胜过霹雳之声。他对神明的狂妄自大要付出惨痛的代价,不仅自己遭到闪电殛毙,而且整个家园都沉在阿尔班(Alban)湖。直到今日居住在湖边的罗马人,还能指出发生这件悲剧的确凿证据,就是湖水深处皇家宫殿的残址,仍旧有一根大理石柱伸出水面。

———————

① 亚美尼亚文译本说这个神明是阿拉玛兹德(Aramazd),很像袄教的善神阿胡拉(Ormusd)。

接替阿拉慕留斯的下一任国王是民选的阿温久斯(Aventius),他的统治有三十七年。有次他与一些邻近的城邦作战吃了败仗,只有撤退固守一个山丘,这就是阿温廷(Aventine)山得名的来由。他的儿子普罗卡·希尔维乌斯(Proca Silvius)在他逝世以后登基为王,统治的时间是二十三年。等到普罗卡·希尔维乌斯亡故,年幼的儿子阿穆留斯(Amulius)用武力夺取王位,努米多(Numitor)是他同个父母的兄长,被赶到遥远的地区,阿穆留斯的统治不少于四十三年,后来被罗马的创建人雷摩斯(Remus)和罗慕拉斯所杀。

6 埃涅阿斯逝世以后,希尔维乌斯还是一个小孩,这时阿斯卡纽斯就想暗中将他除去。后来他在山地受到几个牧人的抚养,就为他取了希尔维乌斯这个名字,因为拉丁人把山叫作希尔瓦。

7 罗慕拉斯终其一生都是极其傲慢的人,竟敢向神明挑战。例如,上天发出轰隆的雷鸣,他经常一声令下要士兵用刀剑敲打盾牌,然后说他制造的噪声比起霹雳之声更加响亮。因为藐视上苍而遭到闪电的殛毙。

[他夺取的第三座城市是非常宽阔的梅斯奇拉(Meschela),希腊人在古代用来安置特洛伊失陷以后流亡在外的人士,我们在第三章①已经提到这件事。]

[他们说帖沙卢斯(Thessalus)经过这件事就搬到爱奥库斯;到达以后发现珀利阿斯之子斯都斯刚刚亡故,他用继承的名义登上遗留的王位,召唤原来臣属他的民族,后来用他的名字称为帖沙利人。我不

---

① 本书第三章并没有提到这件事,本章的编年史有很多记录已经逸失。

是不知道仅仅用这种方式，并不足以说明帖沙利人何以得到这个名字，但从其他方面得到的数据都是众说纷纭，所以我们只有勉为其难加以运用。］

［赫拉克勒斯家族曾经有过承诺，所以他们放弃返回故土的构想，只有先到垂科里朱斯（Tricorythus）再另做打算。过了相当时间，黎西姆纽斯（Licymnius）和他的几位儿子，还有赫拉克勒斯之子特利波勒穆斯（Tlepolemus），将家园安置在亚哥斯，当局让他们拥有市民的权利；至于那些仍旧留在垂科里朱斯的家族成员，在五十年的限期终止以后，就陆续返回伯罗奔尼撒的故居。我们到了适当的时间还要详加叙述他们的行为。］

优西拜乌斯的编年史①

狄奥多罗斯在本书各章中提到拉斯地蒙的国王。

8 特洛伊发生很多事故的岁月到奥林匹亚第 1 会期②，其中相隔的时间很难推算清楚，因为那个时代的雅典或任何其他城市，还都没有设立以年为期限出任官职的制度，否则可以用在拉斯地蒙的国王身上。雅典的阿波罗多鲁斯说过，从特洛伊的灭亡到奥林匹亚第 1 会期，其间的时隔是四百零八年，扣除其中赫拉克勒斯家族的放逐和回归共八十年③，剩余就是拉斯地蒙国王普罗克利（Procles）和优里斯修斯（Eurystheus）以及他们的后裔进行统治的时期，我们就两个帝系各自的国

---

① 喀斯特《希腊在头三个世纪的基督教作家》第 5 卷第 105—106 页。
② 从前 1184 年到前 776 年。
③ 从特洛伊的失陷算起。

王逐一列举，直到奥林匹亚第 1 会期的开始①。

优里斯修斯的统治开始在特洛伊有关事件以后第八十年，他在位的时间是四十二年；接着埃杰斯（Agis）的统治只有短短一年；艾奇斯特拉都斯（Echestratus）是三十一年②；拉波塔斯（Labotas）是三十七年；多瑞斯朱斯（Doristhus）是二十九年；亚杰西劳斯（Agesilaus）成为继承者统治四十四年；阿奇劳斯（Archelaus）是六十年；特勒克卢斯（Teleclus）是四十年以及阿尔卡米尼斯（Alcamenes）的三十八年。最后这位国王的统治结束以后第十年是奥林匹亚第 1 会期开始的年份。伊里亚（Elea）的库瑞巴斯（Curibus）在奥林匹亚运动会上赢得赛跑的优胜。

普罗克利是另外一个帝系的首位统治者，在位的时间是四十九年③；接着是普里塔尼斯（Pritanis）的统治四十九年；优诺穆斯（Eunomius）是四十五年；查瑞克卢斯（Chariclus）是六十年；尼康德鲁斯（Nicandrus）是三十八年以及狄奥庞帕斯（Theopompus）的四十七年。最后这位国王统治的第十年是奥林匹亚第 1 会期开始的年份。从特洛伊的失陷到赫拉克勒斯家族的归来，中间的时隔是八十年。

9 我们已经查验上面所提有关的事项，现在开始谈一谈科林斯和西赛昂，这些地区里面所有的城市都是多里斯人建立的。实际上在赫拉克勒斯家族返回以后，整个伯罗奔尼撒地区的民族除了阿卡狄亚人全都被驱离殆尽。赫拉克勒斯家族的成员瓜分他们据有的土地，只有科林斯

---

① 两个帝系：埃杰斯帝系（Agiad Kings）从优里昔尼斯（Eurysthenes）到前 215 年的亚杰西波里斯三世（Agesipolis Ⅲ）为止，一共有 31 位国王；优里庞帝系（Eurypontid Kings）从普罗克利（Procles）到前 192 年的那比斯（Nabis）为止，一共有 32 位国王。

② 国王在位的时间要是依据优西拜乌斯的年表，应该是 35 年。

③ 根据优西拜乌阿斯的年表，首位国王的后面再加上苏斯（Sous）的 34 年和优里庞（Eurypon）的 51 年，那么整个统治的期间到达所需的 328 年；参阅本书第一章第 5 节。

地区和周边的城邦没有被包括在内,而是派人传话给阿勒底(Aletes),要把这个地区交到他的手里。阿勒底成为著名的人物,增加科林斯这个城邦的权势,他的身份如同一位国王,进行三十八年的统治。他逝世以后王位代代相传,都由后裔当中的最年长的儿子继承,直到塞浦西卢斯(Cypselus)进行暴虐的统治为止,这是赫拉克勒斯家族返回以后又过了四百四十七年(前657年)的事。

赫拉克勒斯家族第一位继位的国王是埃克赛昂(Ixion),他的统治有二十八年;接着是亚杰拉斯(Agelas)的三十七年,然后是普里姆尼斯(Prymnis)的三十五年;巴契斯(Bacchis)在位也是三十五年,却比他的祖先更加出名,所以而后的国王不再使用赫拉克勒斯家族的称呼而是巴契斯家族(Bacchidae)。亚杰拉斯接位统治三十年,优迪穆斯(Eudemus)是二十五年,以及亚里斯托米德(Aristomedes)的三十五年。亚里斯托米德过世以后,留下一个尚未成年的儿子特勒斯底(Telestes),接位以后为他的叔父也是他的监护人亚杰蒙(Agemon)篡夺,亚杰蒙的统治时间是十六年。而后是亚历山大的即位担任国王二十五年。亚历出大被受到罢黜的特勒斯底杀害,然后接着统治十二年;特勒斯底遭到亲戚的暗算,奥托米尼斯(Automenes)接位只统治一年。

巴契斯家族的成员都是赫拉克勒斯的后裔子孙,他们之中共有两百多人先后掌握统治的权力,成为一个控制城邦的团体;他们每年从这些成员当中选出一个人担任首席行政长官,能够拥有国王的地位,这种形式的政府组织延续九十年,直到塞浦西卢斯的暴政,才将这种寡头政体完全推翻。

10 赛麦(Cyme)这座城市出现了一位名叫马拉库斯(Malacus)的僭主。他的统治在于讨好一般大众,诽谤最有影响力的市民,不断杀害最有钱的市民,夺取他们的财产用来维持佣兵,结果让赛麦人陷入朝不保夕的恐怖之中。

(总之,赫拉克勒斯家族返回故土以后,亚哥斯人和拉斯地蒙人在其他的岛屿开设殖民地,同时将克里特岛据为己有,定居下来以后建立城市;对于这些城市会在相关的时机加以详细的叙述。)

(特洛伊灭亡以后,卡里亚人稳定增加他们的权势,成为海洋的霸主;占领赛克拉德群岛,有的岛屿将定居的克里特人赶走据为己有,有的岛屿则与最早来到的克里特人生活在一起。等到后来希腊人的势力大增,他们来到赛克拉德群岛的几个主要岛屿定居,由于卡里亚人不是希腊人,所以被他们驱离。有关这些问题会在相应的章节加以详尽的叙述。)

优西拜乌斯的编年史[1]

11 从狄奥多罗斯的著作[2]当中摘录有关的资料,将特洛伊战争以后直到泽尔西斯[3]渡过海峡[4]为止,主宰海洋的民族按照他们控制的年份制成表格:

---

① 喀斯特《希腊在头三个世纪的基督教作家》第 5 卷第 106—107 页。
② 有关下面这个表以及辛西鲁斯的《编年史》、优西拜乌斯的《全集》(*Canon*)和哲罗姆的译本所有的附表,提到所应具备的精确性,迈里斯《论优西拜乌斯的"制海权表"》(*On the 'List of Thalassocracies' of Eysebius*)一文第 84—130 页,有精辟的见解和独到的看法。
③ 是在前 480 年;亚美尼亚文译本中,将泽尔西斯误译为"亚历山大"。
④ 到亚洲对岸的欧洲。

1	利底亚人和米奥尼亚人	92 年
2	佩拉斯基亚人	85 年
3	色雷斯人	79 年
4	罗得岛人	23 年
5	弗里基亚人	25 年
6	塞浦路斯人	33 年
7	腓尼基人	45 年
8	埃及人	—
9	米勒都斯人	—
10	—①	
11	列士波斯人	—
12	福西斯人	44 年
13	萨摩斯人	—
14	拉斯地蒙人	2 年
15	纳克索斯人	10 年
16	伊里特里亚人	15 年
17	伊吉纳人	10 年

12 莱克格斯是兼备各种美德的正人君子,有次他前往德尔斐,阿波罗神庙的女祭司交给他一份赞誉之词②:

啊! 莱克格斯,你身为宙斯

---

① 优西拜乌斯的《全集》当中可以找到"卡里亚人"这个标题,伯尔尼(Burn)认为是"麦加拉人"。

② 这份神谶的前6行出现在希罗多德《历史》第1卷第65节。

和奥林匹斯诸神钟爱的宠儿，
来到我这处富甲天下的大厅。
我始终在那里思索究竟应该
将你称为神明抑或只是凡人，
莱克格斯！你一定成为神祇。
啊！你在找趋于至善的法律，
我会将完整的系统交付给你，
迄今未有任何城市能够拥有。

　　莱克格斯向阿波罗女祭司请求神明给予指示，建立那些制度可以给拉斯地蒙人获得最大的好处。她的答复是完成立法，一群人给予最好的统治，另外一群人听命于权威，他再度向她提出询问，如何做才有最好的统治以及如何使人服从权威。因而女祭司给予下列的神谶：

两条路途彼此拥有不同归宿，
一条会走向自由的荣誉厅堂，
一条是人人规避的奴隶苦役。
我指示你要领导城邦的民众，
踏上坚毅和完美的人生道路；
还有一条路充满艰困和迷妄，
你须小心管制不让他们乱闯。

　　神谶的主旨在于强调团结合作和积极进取的精神，唯有如此才能维持自由，一个人除非拥有自由的权利，否则任何事物对他一无是处，只要他丧失主权听命主子的支配，即使有再多的财富也会被人认为毫无价值。任何人都希望过美好的生活,不必一切都要依赖别人的鼻息,首要之举在于获得自主的权利。神谶特别指出两件与人息息相关的所有物①,都要靠大家通力合作才能赢取;如果城邦发生内讧,即使英勇也得不到任何好处,如果团队精诚团结,即使怯懦也能赢得最后的胜利。

莱克格斯从德尔斐得到一份与谋财好货有关的神谶,运用格言的形式使得便于记忆:

唯独贪婪会使斯巴达家破人亡。

阿波罗女祭司给莱克格斯一份有关政治体制的神谶有下面的字句②:

金发的银弓神阿波罗是远射者,
从富丽堂皇的神殿给你们指示:
天神指派的国王热爱这片土地,
那里矗立最美丽的城市斯巴达,
元老院的席次在最显赫的前座,
紧接是自古以来受尊敬的长者,
以及成群结队全副武装的勇士,
他们全心全意服从谕旨③的吩咐,
所有的言行举止都能合乎正道,

---

① 指"美好的生活"和"自主的权利"。
② 这样的文字很像正文的旁注,下面的神谶已经证实就是特提乌斯(Tyrtaeus)的诗,可以参阅普鲁塔克《希腊罗马名人传》第2篇第1章"莱克格斯"第6节,特提乌斯是公元前7世纪的挽歌体诗人,很可能是雅典学院的教师,第二次梅西尼战争时期住在斯巴达,写出很多诗歌用来鼓舞士气。
③ 谕旨的原文是 rhetrae,意为"契约"或"协议",就莱克格斯的法律条文而言是一种技术性用语,可以当成斯巴达人和立法者所订的"契约文件"或"协议书"。

绝不会让城邦出现差错和失误，

市民听从上位者的裁定和权威。

菲巴斯指派任务给保佑的城市。

他们不会因为对神圣的事物怀有虔诚之心，就会对民众的权益在处理的时候不够公正。

拉斯地蒙人遵守莱克格斯的法律，从原本的积弱不振成长为最有权势的民族，在希腊的城邦当中维持领导的地位超过四百年①。后来他们逐渐不受制度的规范和约束，变得奢华和各行其是，等到他们使用钱币和聚积财富，必然丧失在希腊的领导地位。

13 提米努斯（Temenus）②获得亚哥斯的领地当成他拥有的部分疆域，于是率领军队侵略敌人的国度。这是一场旷日持久的战争，他没有让自己的儿子接替指挥的职位，而是指派宠爱的女婿戴芳底（Deiphontes）出任将领，用人唯贤的做法使他获得很高的名声。因为这个他的儿子赛休斯（Cissius）、费尔西斯（Phalces）和西里尼斯（Cerynes）对他极其恼怒，借用几位恶徒之手除去父亲，于是凶手在几位儿子的教唆之下，埋伏在某条河流的旁边等待提米努斯，暗杀没有成功，他只受伤使得恶徒赶紧逃走。

亚哥斯人与他们的国王发起一场对付拉斯地蒙人的战争，结果遭受惨重的损失，迫得要将古老的家园交给阿卡狄亚人，结果拉斯地蒙的国王受到指责，因为他将获得的土地送交受到放逐的人员，没有用抽签的方式分

---

① 一直要到前371年琉克特拉会战被底比斯人打败为止，要是根据狄奥多罗斯的编年史，这段时间应该是"五百年"才对。

② 提米努斯是赫拉克勒斯家族的一名成员。

给所有的市民。大家在失望之余群起反对并且对他使用暴力,逼得他只有逃到特基亚(Tegea),那里的民众受过他的恩惠,让他获得礼遇能够安享余年。

14 亚哥斯人的王国能够延续五百四十九年,学问渊博的狄奥多罗斯在他的历史著作中有详尽的叙述。

优西拜乌斯的编年史①

15 亚述人的统治在最后一位国王萨达纳帕拉斯(Sardanapallus)②过世以后宣告终止(前 612 年),接着是马其顿人的时代来临。

卡拉努斯(Caranus)充满贪婪之心,从亚哥斯和伯罗奔尼撒其他地区集结兵力,向着马其顿地区进军。就在那个时候,身为国王的欧里斯提(Orestae)与邻近的伊奥迪埃(Eordaei)发生战争。伊奥迪埃要求卡拉努斯给予援助,等到他与欧里斯提讲和,答应将一半的土地送给卡拉努斯当作报酬。国王言出必行,卡拉努斯得到土地如同国王进行的统治有三十年。他在高龄过世,由其子西努斯(Coenus)继承王位,统治的时间是二十八年。后来是泰瑞穆斯(Tirimmus)的四十三年和帕迪卡斯(Perdicas)的四十八年。帕迪卡斯想要扩大王国的疆域,派人到德尔斐向神明请示指点迷津。

狄奥多罗斯对同样的事件写出下面的记载。

帕迪卡斯统治四十八年由阿吉乌斯(Argaeus)继承王位。经过三十一年的统治阿吉乌斯将王位传给菲利浦(Philip),他在位三十三年再传给伊埃罗帕斯(Aeeropas)。他统治二十年然后是阿尔西塔斯(Alcetas)继承王

---

① 喀斯特《希腊在头三个世纪的基督教作家》第 5 卷第 107—108 页。
② 参阅本书第二章第 23 节及后续各节。

位统治十八年。阿明塔斯（Amintas）继位成为国王统治四十九年，接着是亚历山大（Alexander）的统治四十四年。再下来是帕迪卡斯的二十二年、阿奇劳斯（Archelaus）的十七年、伊欧帕斯（Aeopus）的六年、鲍萨尼阿斯（Pausanias）的一年、托勒密乌斯（Ptolemaeus）的三年，接着又是帕迪卡斯的五年和菲利浦的二十四年。亚历山大的十二年包括对波斯人发起的战争。

这是史家追循马其顿国王的家谱直到赫拉克勒斯，从卡拉努斯开始联合马其顿的力量并且加以保持，直到征服亚洲的亚历山大，经过计算共有二十四位国王，统治的时间长达四百八十年。

16 帕迪卡斯为了增强王国的实力，派人前往德尔斐求得神谶的指示，阿波罗女祭司给予答复：

> 祖先是提米努斯的国王有高贵的血统，
> 他们源于举止有如伊吉斯的天神宙斯，
> 站立在这片富饶的土地上面岿然不动。
> 现在带着财产和牲口迅速起往波提亚，
> 等到看见全身连双角有如白雪的山羊①，
> 休息到黎明就将它当成牺牲奉献给神，
> 就能在这个地方兴建一座伟大的都城。

17 根据狄奥多罗斯的报道，卡拉努斯的家谱出自为数众多的博学的史家，其中一位是狄奥庞帕斯。卡拉努斯的上一代是菲

————————

① 山羊对马其顿人具有象征的意义，从他们早先的都城名叫埃吉伊（Aegeae）意为"山羊之城"可以得知。

敦(Pheidon),再上一代是亚里斯托达密斯(Aristodamis),再上一代是麦罗普斯(Merops),再上一代是帖斯久斯(Thestius),再上一代是赛休斯(Cissius),再上一代是提米努斯(Temenus),再上一代是亚里斯托玛克斯(Aristomachus),再上一代是克里奥迪乌斯(Cleodaeus),再上一代是海卢斯(Hyllus),再上一代是赫拉克勒斯。他说还有人订出不同的家谱,卡拉努斯的上一代是珀阿斯(Poeas),再上一代是克里苏斯(Croesus),再上一代是克里奥迪乌斯,再上一代是优里拜德(Eurybiades),再上一代是迪贝卢斯(Deballus),再上一代是拉查里斯(Lachares),再上一代是提米努斯,他返回伯罗奔尼撒地区。

第八章

残　卷

1 伊利斯人依据法律进行统治变成一个人口众多的民族,拉斯地蒙人看到他们的实力大增起了猜疑之心,坚持他们要为整个小区建立安定的生活方式,目的是让他们享受和平带来的好处,不必经验战争方面的活动。获得整个希腊世界的一致同意,让伊利斯这个区域成为神明①的圣地。结果是伊利斯人不参与对付泽尔西斯的战争,由于他们的责任是侍奉神明,所以解除所有在世间应有的义务。等到希腊人之间发生内战和动乱,伊利斯人还是安静地过着没有烦恼的日子,所有希腊的城邦都很热心,要让这片土

---

① 这位神明是奥林匹斯主神宙斯。

地和这座城市受到严密的保护,任何人都不得侵犯。过了很多代以后,伊利斯人依据自己的选择,涉及军事的作为加入作战的行动。

所有希腊人参加的战争只有伊利斯人可以置身事外。确实如此,泽尔西斯率领百万雄师前来攻打希腊,联军不让伊利斯人喋血沙场,领导者给予的指示是他们的责任是服侍神明,才能对国家做出最大的贡献。

2 不让她①与男子发生关系,即使再保持秘密都不可以;没有人这样傻,为了片刻的欢愉而牺牲一生的幸福(这是 Aemulius② 的想法)。

3 阿穆留斯(Amulius)是阿尔巴的国王,剥夺他的兄弟努米多(Numitor)③继承王位的权利;然而事与愿违,等到努米多承认两个外孙罗慕拉斯和雷摩斯的身份,决定发起谋叛的活动要置他的兄弟于死地时,努米多召集牧人向着王宫发起攻击,强行进入以后杀死所有与他们对抗的人,还包括阿穆留斯本人在内。

4 罗慕拉斯和雷摩斯在孩提的时候遭到遗弃,成人以后无论是容貌的英俊还是身材的魁梧都远胜其他男子。后来他们两人保护放牧的牛羊不受外人的抢劫,前来掠夺的强盗有的被他们杀死,甚至还有一

---

① 她是身为灶神女祭司的雷娅或希尔维娅,后来生下罗慕拉斯和雷摩斯两个儿子。

② 这个名字 Aemulius 是 Amulius 之误。所谓阿穆留斯的想法:阿尔巴国王的统治来自埃涅阿斯一脉相传的血胤,后来继承权落在两兄弟努米多和阿穆留斯的身上。阿穆留斯提出意见要将遗产分成两等份,认为最公平的分法是王国算是一份,另外一份是国库的钱财和从特洛伊带来的黄金。努米多选择王国,阿穆留斯认为有了金钱,会比努米多更有办法,这样一来他就很容易谋取王国成为国王;唯一需要顾虑的地方不能让努米多的女儿有后裔,就想办法使她成为灶神女祭司,受到宗教的约束要保护处女之身过着孤独的生活。

③ 狄奥多罗斯用的名字是尼美托(Nemetor)。

些被他们活捉。由于他们努力从事这方面的工作,就与整个地区的牧人建立了深厚的友情,大家都来参加他们的聚会,提高他们的名声,他们对任何人都愿意伸出援手,待人接物非常谦和而且友善。后来,雷摩斯和罗慕拉斯在各方面都能保证大家的安全,很多民众前来归顺听从他们的指挥,奉到命令会在任何地方集结起来。

5 雷摩斯和罗慕拉斯为了建立一座城市,观察鸟类的飞行来占卜①,据说(就罗慕拉斯的意见)出现一个吉兆,雷摩斯在惊讶之余向他的兄弟说道:"这座城市以后不断出现因祸得福和逢凶化吉的情况。"事实上罗慕拉斯派遣信差之举可能太过草率,就他这方面而论可能犯下错误,由于运道很好反而让他占了很大的便宜②。

6 罗慕拉斯为了建立罗马,急着要绕着它挖掘一道壕沟,不让邻人有阻碍他们投身工作的打算。雷摩斯对于他没有获得主导的地位感到气愤,同时还嫉妒自己兄弟的好运,来到这些施工人员的前面,对于整个工程表示轻视之意;他认为壕沟太狭窄使得城市容易失陷,敌人不费吹灰之力就可以将它夺取。罗慕拉斯怒气冲冲地回答道:"我对所有的市民已经下达命令,任何人想要跨越这条壕沟,我会加以严惩绝不宽贷。"

雷摩斯第二次对施工人员很不礼貌,说他们挖的壕沟不够宽。"何以敌人的攻占不会有困难?你们不妨看一下,我就很容易做到。"他一边说话

---

① 飞鸟占卜就古代罗马人而言,举凡重大事务特别是作战行动之前都要举行,通常由占卜官到现场观察,重点在于鸟类的飞行和进食的情况,并不在于数量的多寡。

② 普鲁塔克《希腊罗马名人传》第1篇第2章"罗慕拉斯"第9节有这样的记载:"两兄弟要建城对位置的选定有不同的意见;罗慕拉斯选的地方被称为 Roma Quadrata,即'罗马广场',后来城市就在此处;雷摩斯的计划是阿温廷(Aventine)山,天然形势非常险要,后来他们将此地称为雷摩尼姆(Remonium)。最后要用鸟卜解决双方的争执,雷摩看到6只兀鹰,罗慕拉斯说他看到的数量多了一倍。"

一边跳越过去。有一个名叫西勒(Celer)的工匠对他说道:"一个人即使奉到国王的命令跳过壕沟,我还是不会饶他一命。"马上拿起铁铲打在雷摩斯的头上将他杀死①。

7 梅西尼人波利查里斯(Polychares)②有巨额的财富和显赫的家世,同意与斯巴达人优伊弗努斯(Euaephnus)共享位于边界的田地③。轮到优伊弗努斯负责督导和保护牲口和牧人,他想趁着波利查里斯不在图利自己。他将一些牛和牧人卖给商贾,将他们运到遥远的外地,然后声称受到一群强盗的猛烈攻击,所以才会带来重大的损失。商人乘坐船只绕过伯罗奔尼撒前往西西里,遇到暴风雨就靠着陆地抛锚,牧人抓住机会在夜晚溜下船逃走,由于熟悉这个地区能够平安返回梅西尼,将遭遇的情况报告主人;波利查里斯不让这件事泄露出去,派人请他的伙伴从斯巴达前来与他相见。优伊弗努斯还在谈他编的故事,有些牧人被强盗掳走,其他的人都被杀死,波利查里斯叫出逃回来的牧人。优伊弗努斯一看之下大为惊愕,再也无法自圆其说,只有恳求对方体谅不再追究,答应偿还他的损失。

波利查里斯谨守待客之道,不再提这位斯巴达人应该如何做,只是派他的儿子陪优伊弗努斯回去,收取对方要付的欠债。优伊弗努斯不仅忘记他的承诺,甚至杀死陪他到斯巴达的年轻人。波利查里斯对于无法无天的行为极其愤怒,提出引渡罪犯的要求。不过,拉斯地蒙人对他的诉愿不予理会,派出优伊弗努斯的儿子前往梅西尼答复此事,波利查里斯必须亲赴

---

① 还有另外一种说法,罗慕拉斯正在建造新城,雷摩斯跳过城墙的地基嘲笑他的工作,罗慕拉斯大怒因而杀死自己的兄弟,同时大声叫喊:"谁敢越过我的城墙,我就要他的命!"从此以后,城墙被视为神圣不可逾越,犯者可以判处极刑。

② 鲍萨尼阿斯《希腊风土志》第4卷第4节对这件事有不同的记载。

③ 这是梅西尼和斯巴达之间的边界。

斯巴达,要在民选五长官和两位国王面前,就他所受的委屈提出指控。波利查里斯现在有机会"以眼还眼,以牙还牙",于是他杀死这位年轻人,为了报复还对城市①进行抢劫和掠夺。

8 狗群在吠叫,梅西尼人陷入绝望②之中,一位老者走出来规劝民众,对于预言家漫不经心的宣告,应该抱着不以为意的态度。他说,即使是私人的事务,由于他们无法预知未来的发展,经常会犯下很多错误,在这种情况之下,很多问题涉及的范围只能期望神明知道,一般人根本无法了解。他呼吁市民大会派遣使者前往德尔斐求得神谶的指示。阿波罗女祭司给了下面的答复:他们应该从伊庇泰迪家族(Aepytidae)当中,提供一位处女成为牺牲,任何一位都可以;要是没有一位父亲同意自愿提供那么就由抽签来决定人选。

神谶继续提道:"如果你们办成这件事,就会在战争中获得胜利,使得城邦拥有权势。"③父母的眼中儿女的生命都是同等的重要,再高的代价都不足以弥补亲情的丧失,每一个人的心中都对自己的骨肉充满同情,等到脑海里面浮现出屠杀的景象,这时他就像一位叛徒心中充满不安,因为他要交出自己的女儿让她去送死。

9 他④犯下滔天大错对他的名声是很大的打击;因为爱情的力量会让年轻人失足误事,特别是那些以体能和武艺逞强的小伙子更会

---

① 这座城市是斯巴达。

② 鲍萨尼阿斯在《希腊风土志》第 4 卷第 9 节中提到,等到斯巴达进军伊索姆(Ithome),迫使梅西尼人撤退以后,才发生这种情况。

③ 逸失的部分可能是父亲都不愿自己的儿女当成奉献给神明的牺牲。鲍萨尼阿斯在《希腊风土志》的记载更为详尽。

④ 这个人应该是下一节提到的阿基亚斯。

如此。所以古代的神话作家提到赫拉克勒斯,说他所向无敌,却只被爱情征服。

10 科林斯人阿基亚斯(Archias)爱上年轻的阿克提昂(Actaeon),首先他派出信差去见这位男孩,要给他令人无法相信的承诺;他没有办法赢得爱慕者的认同,男孩的父亲灌输的荣誉观念和本人的高尚情操;于是他召集一大群朋友前来帮忙,想用武力逼使这位不为利诱的年轻人就范。后来阿基亚斯在招待大家的宴会中喝得酩酊大醉,高涨的激情使他陷入疯狂之中,竟然冲进梅利苏斯(Melissus)的家里,使用暴力要将这个男孩抢走。男孩的父亲和家人将他紧紧抱住,就在双方陷入暴力的争夺之中,在不知会出现差错的情况下,男孩竟然被防守一方的武器误伤致死。因此,我们对这种惨剧并不感到陌生,只是同情死者的不幸遭遇和命运的变幻无常,这个男孩与另外一位与他同名的人物①有同样的下场,都是丧生在对他们鼎力相助者的手里。

11 阿加索克利(Agathocles)②当选督导负责兴建阿西娜神庙,拣出切割最好的石材盖一幢华屋供自己使用,据说神明对这种亵渎的行为用明显的方式向大家表示他的愤怒,阿加索克利为一道闪电击中,连带他的房屋引起大火成为废墟。虽然继承人提出证明,阿加索克利并没有侵占属于圣地或城邦的金钱,但乔摩瑞(Geomori)③仍旧判决他的财产必须充公。那座被毁的房屋奉献给女神,禁止任何进入其中,直到今

---

① 就是一位名叫阿克提昂的猎人被自己豢养的狗群咬死,参阅本书第 4 章第 81 节。

② 不知这位阿加索克利是何许人物。

③ Geomori 意为"地主",在叙拉古和萨摩斯都拥有贵族的地位;至于当时的雅典还未建立这一类的阶级。

天还被称为"天谴之屋"。

12 这位国王①的伤势好转以后,为了奖赏作战的英勇要办理一次评比的工作,两位勇士克里昂尼斯(Cleonnis)和亚里斯托米尼斯(Aristomenes)参加竞争,都认为自己在这方面拥有极其响亮的名声。克里昂尼斯在国王从马背上摔落地面时用自己的盾牌护卫国王的身体,并且杀死冲向他的八个斯巴达人,其中有两位是地位显赫的队长,还将他们的全副铠甲剥取下来,交给他的负盾人保管,在这次公开的评比中可以作为证据。虽然他的身上伤痕累累,但全都在身体的正面,更可以证明遇到敌人绝不退避的勇气。

谈到亚里斯托米尼斯,他挡在国王的前面杀死五个拉斯地蒙人,并且拿走他们身上的铠甲。他的身上完全没有受伤,就在他从战场退回城市的时候,做了一件事值得大家的赞扬。克里昂尼斯因为伤势很重倒在地上已经不能行走,亚里斯托米尼斯将他扛在肩上带回城市,虽然他自己还是全副披挂,加上克里昂尼斯的身材雄伟远胜别人。两个人由于这样的缘故参加评比,国王和手下的指挥官按照规定入座。克里昂尼斯首先发言说出下面一番话:

"有关奖赏作战的英勇只需要提出简短的报告,因为各位裁判都亲眼看到我们两人建立的功劳;我只是要提醒各位,我们两人都在同一时间和同个位置与同一群敌人进行激战,最后是我杀死的人数最多。可以明显看出在完全相同的环境,作战英勇的首要条件是杀死敌人的数目,这也是最公正的衡量方式。再者,我们两人的身体可以提出最明显的证据,到底是谁在评比当中占了上风,其中一位离开战场身体的正面都是伤口,这时另

---

① 优菲斯(Euphaes)是梅西尼国王,参阅鲍萨尼阿斯《希腊风土志》第4卷第10节。

外一位像是参加宴会回家,而不是熬过一场凶狠的激战,根本没有经历敌人刀剑的威力。

"可能是亚里斯托米尼斯的运气比较好,还不足以判定在我们两人当中他较为勇敢。可以明显看出有个人为了自己的祖国做出极其慷慨的贡献,情愿自己忍受身体的撕裂和损伤;还有一个人在与敌人近接作战的恶斗之中,只有尽量避免危险才能保持身体不会受到伤害。我们两人在见证这次会战的各位裁判面前,要是其中一位杀死的敌人较少而且身体暴露在危险当中的概率较小,竟然胜过在这两方面都位居第一的人,那才是极其荒谬的事。再者,他带回一个因受伤而倒地不起的战友,当时已经没有危险的威胁,虽然可以证明他有强壮的身体,但这与作战的英勇已经没有多大的关系。我要说的已经够多了,你们要从两位竞争者当中决定一位,不是靠他们的口才而是看他们的行为。"

现在轮到亚里斯托米尼斯发表意见,他对裁判说道:"一个人为了获得英勇作战的奖赏,甚至吝于感激他的救命恩人,在我看来真是令人感到不可思议;从他的结论得知他不仅指责裁判的愚蠢,其实他真正认为最后的决定基于他所发表的论点而不是他呈现的作为。我们只要想一想克里昂尼斯所说的话,就知道他在作战的英勇方面要较我为差,何况他的表现让人感到他的忘恩负义。因为他对自己的英勇带来的成就略而不谈,只是一味藐视和诽谤我的战斗方式,从而显示他全力追求荣誉而将公正置于脑后;任何人对于救命的恩人总是表示最大的感激,然而这种高贵的行为所应得的赞许却被他的嫉妒全部抹杀。

"我承认我在战场就所遭遇的危险而言一直有很好的运气,如果他认为他的英勇要较我更胜一筹,我还是坚持自己的立场应该有所表示。如果说我所以没有受伤是出于避免出阵杀敌的关系,那么这时对我更适合的说法不是运道而是怯懦,根本不够资格前来评定奖赏而是遵照法律的规定给予应得的制裁。不过,会战当中第一线正面的战斗没有闪避的余地,凡是与我接战的敌人都被我杀死,侥幸我没有受到其他人给我的伤害,可以推论我不仅好运当头而且所向无敌。要是敌人害怕我的英勇所以不敢与我接战,那么我会因为他们的畏惧赢得更高的名声;或者他们用高昂的士气进行战斗,我在对方前仆后继之下将他们杀死,就会认为我骁勇善战而且武艺高强。因为一个人只要奋不顾身,就会用平静的心情面对危险的威胁,无论是肉体和灵魂都会表现出超越寻常的英勇。

"这就是我一直坚持的主张,祈求能与较之我的对手更为高明的人士比一个高下。我背起失去行动能力的克里昂尼斯从战场返回城市,还能保持武器和披挂的完整,根据我的判断他应该了解我主张的权利不仅合理而且公正。要是当时我对倒在地上的他不加理睬,那么他现在就不会与我就作战的英勇进行争执,更不会把我对他的善行贬得一文不值,说是那个时候的敌军已经从战场撤退。难道他不知道曾经出现很多次这种情况,敌人离开战场经过整顿再兴攻击,运用这种策略赢得胜利?我已经做出非常详尽的交代,看来你们不需要多加说明了。"

最后裁判投票表决,一致赞同亚里斯托米尼斯赢得应有的奖赏。

13 拉斯地蒙人恢复他们对作战的热情,如果他们从幼年开始培养大无畏的精神和勇气,即使有人用运道的好坏来抑制他们的成就,然而只要一段简短的谈话,就会鼓励他们要善尽自己的责任。从另外一方面来看,梅西尼人的热情并不逊于斯巴达人,不仅如此,他们对自己的英勇始终深信不疑。

因为拉斯地蒙人被梅西尼人击败,他们派人前往德尔斐请求神明指点迷津,阿波罗女祭司给予答复:

胜败乃兵家常事无须向菲巴斯瞎吹一气，

对方的出战必须先保有梅西尼这块要地，

运用计谋攻其不备才能赢得最后的胜利。

用兵之道不能仅靠实力还要策略的配合。

14 罗马国王庞皮留斯（Pompilius）①的一生都是太平岁月。某位
作者提到他是毕达哥拉斯的门生，接受的教导用来制定宗教
的祭祀礼仪以及规范很多事务的处理程序。因此他成为享有崇高名声的
人物，受到罗马人的邀请成为他们的国王。

15 我们即使拥有权力还是无法运用适合的方式向神明顶礼膜
拜，虽然我们总想这样去做。因此，如果我们难以尽其所能向
神明表示衷心的感激，那么在我们的一生当中，对于那些既不能规避也不
愿逃走的恶徒，又有什么希望可以加以制止？总而言之，可以明确得知有
关这种权力能够给予永无穷尽的奖赏和绝不中止的惩罚，我们必须看到他
们的怒意尚未出现，然而他们的恩典持久不变。亵渎的生活和虔诚的生活
其间的差异是何其巨大，虽然两者都对神明抱着很大的期望，务使他们的
祈祷能够实践履行，但前者是奖励要落在自己身上，后者是惩罚要让敌人
去领受。

最后，等到敌人逃向祭坛去寻找庇护，要是我们想给予援助，或是我们
对仇视我们的敌人发誓赌咒，说是我们不会做出冤屈和虐待他们的事，或

---

① 这位就是努马·庞皮留斯（Numa Pompilius），出身萨宾贵族，继位成为罗马第二任
国王，前715—前673年在位，创立宗教制度和祭典礼仪，维持长达43年的和平时期，参阅普
鲁塔克《希腊罗马名人传》第2篇第2章"努马·庞皮留斯"。

者神明对虔诚的善士无论生前还是死后都很仁慈,要是我们确信神秘祭典,使得神明让我们拥有幸福的生存方式和不朽的伟大名声,这时我们会向神明表示哪一种热烈的情绪?因此,我们对于神明的尊荣始终保持无上的关切,只是在虔诚的生活当中变得毫无意义可言。

我们从而可以断言,无论是英勇、公正还是人类其他的德行,所有的野兽都已经获得,对于神明的尊敬要超过所有的德行,因为神明在各方面要远较凡人更为优越①。

凡夫俗子在私人生活里面,尊敬神明总是视为理所当然之事,其实城邦的公务更应如此;城邦较之凡人更近于趋向于不朽,享有一个类同于神明的性质,考虑持继时间的久远,期望对于城邦的功勋就是统治能有所奖励,如同对尊敬神明的奖励和对藐视神性的惩罚。

16 米堤亚人的国王戴奥西斯(Deioces)对于当时盛行的不法行为,抱着深恶痛绝的态度,厉行公正和其他的美德。

17 亚该亚人迈西卢斯(Myscellus)从里庇(Rhype)②前往德尔斐,就他的子女求神明给予指示。阿波罗女祭司有这样的答复:

> 背部太短的迈西卢斯③受到神的宠爱,
> 长远打算的阿波罗会给他众多后裔,
> 现在要交付他一件极其重要的工作,
> 美好的土地上面建立伟大的克罗顿。

---

① 对于神明的膜拜是人类独有的行为,没有任何动物具备这样的美德。
② 里庇位于伯罗奔尼撒半岛北部的亚该亚地区,与德尔斐只隔一个科林斯湾。
③ 这个人是声望很高的驼子。

因为他不了解所提到的克罗顿有什么含义,阿波罗女祭司给予第二次提示:

> 远掷者现在对你说话,你要注意听。
> 这里塔弗斯岛的土地未曾经过耕种,
> 那里的卡尔西斯会是丘里底的家园
> 和神圣的地方,还有爱契纳德群岛;
> 你登上岛屿就将汹涌的海留在后面,
> 这一路上你不要错过拉西尼亚海岬、
> 神圣的克里米斯和伊萨鲁斯的溪流。

虽然神谶指示迈西卢斯要兴建克罗顿,因为他统治西巴瑞斯(Sybaris)①整个地区,所以想要在这里建立一个城市;接着还有下面的神谶要交给他:

> 驼子迈西卢斯凡事听从神明的指示,
> 他费尽力气除了流下眼泪毫无所得,
> 最后还是会从上苍获得丰富的赏赐。

18 西巴瑞斯人是口腹之欲的奴隶和奢华生活的宠儿。在所有的民族当中他们较之爱奥尼亚人(Ionians)和第勒尼亚人(Tyr-

----

① 西巴瑞斯是希腊人的殖民地,古老的时代建立意大利的塔伦屯湾,拥有非常优越的位置、财富和权势,使得他们的市民能够享受奢华的生活,从谚语中经常可以听到,雅典人对他们的优雅和精致赞不绝口。最早城市的名字来自从城边流过的河川,后来被称为休里姆(Thrium)或休里埃(Thurii)。

rhenians)更胜一筹,因为他们发现前者在希腊人当中最为养尊处优,后者则在蛮族里面以浪费和放纵见长。

据说一位富有的西巴瑞斯人听到一些人提到某个家伙,只要看到那些正在汗流浃背的劳工,自己马上出现疝气和脱肠的症状,于是他请求说出这件事的人不要觉得奇怪。他说:"我仅仅听到就会感觉两胁刺痛。"据说有某一位西巴瑞斯人游历斯巴达以后,说他从前总是对斯巴达人的英勇感到不可思议,现在见证到他们过着极其俭省和悲惨的生活,得到的结论是他们比起最低等的人类还有所不如。他说道:"即使最怯懦的西巴瑞斯人情愿选择死亡三次,也不愿忍受他们那种生活。"大家认为在西巴瑞斯人当中,明迪瑞德(Mindyrides)最为纵情于奢靡和浪费。

19 人人都说明迪瑞德远较其他的西巴瑞斯人更为奢侈,西赛昂的僭主克里斯提尼(Cleisthenes)赢得赛车的优胜,公开为他那极其美丽的女儿征婚,所有的求婚者都要聚集在他的府邸里面,据说明迪瑞德从西巴瑞斯航向西赛昂,乘坐一艘有五十个桨座的大船,划桨手都是家中豢养的奴隶,原来的职业是渔民和捕鸟人。他抵达西赛昂乘坐的马车非常华丽,其他的求婚者甚至僭主本人都无法享用如此昂贵的交通工具,整个城市看到铺张的排场大为轰动。他到达以后在用餐的时候,某一位人士走近明迪瑞德倚靠在餐桌旁边的卧榻上面,后者说是他在停留此地的期间,只有女士够资格陪他用餐,否则就是他一个人不愿受到打扰。

20 米勒都斯人习于奢华的生活。据说有一位西巴瑞斯人前去游历,等他返回家乡,就向他的市民同胞详述他的所见所闻,特别提到虽然自己远游在外,但来到米勒都斯人的城市如同在家中一样自由自在。

21 伊朴纳克提（Epeunactae）当中的叛徒①与费兰苏斯（Phalanthus）经过协商，他们要在市场发起造反的行动，费兰苏斯只要穿上铠甲就要将头盔推开②；这时有一个人向民选五长官报告发生的情况。大多数首长认为他们必须处死费兰苏斯，只有阿加昔达斯（Agathiadas）过去是他的爱人，力言他们要是这样做就会让斯巴达陷入最严重的内战，到时候即使打赢也是毫无价值的胜利，如果失败会让整座城邦面临毁灭的命运。他提出的对策是传令官要公开宣布，费兰苏斯要将他的头盔戴好就得盖住面孔，意思是他们不在乎这个人公开他的立场。这样一来使得巴昔尼伊（Partheniae）放弃原来的计划，开始寻找双方的和解之道。

伊朴纳克提的叛徒派遣使者前往德尔斐，就费兰苏斯将西赛昂的区域交给他们一事，请求神明给予指示。阿波罗女祭司答复：

> 科林斯和西赛昂之间是美好的平原，
>
> 虽然你们穿起华丽坚硬的青铜铠甲，
>
> 你还是无法在那里为自己建立家园。
>
> 你们应注意萨特里昂和塔拉斯③两地，
>
> 左边的海港会出现闪闪发光的潮水，
>
> 那里的山羊会享受海洋带来的盐味，
>
> 灰色长须的尖端变得湿潮有水下滴，

---

① 伊朴纳克提是斯巴达的一群希洛特农奴，在梅西尼战争时期获得的称呼。因为斯巴达的市民在作战期间的损失惨重，希洛特农奴用来顶替死去的丈夫，对于寡妇可以合法履行婚姻的责任；参阅阿昔尼乌斯《知识的盛宴》271C。这与下面提到的巴昔尼伊，都是同一时间组成的农奴团体，两者之间只有很少的差别。

② 意思是要将面孔露出来让大家看到，表示已经公开自己的立场投入起义的行动，可以获得更多的支持。

③ 萨特里昂（Satyrion）和塔拉斯（Taras）即塔伦屯（Tarentum），是希腊人在意大利建立的殖民城市。

他们在萨特里昂的地上兴建塔拉斯。

他们听到答复还不能了解神谶的意义，女祭司有更清楚的说明：

> 你们定居下来萨特里昂是我送的礼，
> 还有塔拉斯的肥沃土地全算在一起，
> 谁知是伊阿披基亚这批家伙的祸根。

22 希波米尼斯（Hippomenes）①是雅典的执政，他的女儿被一位不知名的人士强暴，结果受到极其残酷和令人发指的惩罚。他将他的女儿和一匹马关在很小的马厩，然后让这个畜生很多天不被喂食物，饥饿迫得它将这个女孩活活咬死吃下肚中。

23 安蒂菲穆斯（Antiphemus）和英蒂穆斯（Entimus）建立杰拉（Gela）这座城市，派人请求阿波罗女祭司指点迷津，得到以下的答复：

> 精明能干的英蒂穆斯和安蒂菲穆斯，
> 显赫的克拉顿之子现在赶赴西西勒②，
> 定居在肥沃的土地上面要建立城市，
> 克里特岛和罗得岛为数众多的移民，
> 不远千里来此聚集神圣河流的河口，

---

① 希波米尼斯担任执政是前723—前713年，雅典在前753—前683年这段时间被称为十年执政时期。

② 西西勒（Sicele）就是后来的西西里。

获得杰拉的名字从今开始永垂不朽。

　　卡尔西斯人(Chalcidians)经常将十分之一的收入奉献给阿波罗①,现在就派出移民建立殖民地一事向神明请求指示,获得下面的答复:

　　　　神圣的阿普西亚河注入海洋的地方,
　　　　要寻找象征男子和妇女结婚的信物,
　　　　建立城市获得奥森的土地当成礼品。②

他们在阿普西亚河的河岸,看到一棵葡萄藤和一棵野生无花果树③纠缠在一起,就选择这个地方建立了一座城市④。

　　他在经过的时候大声叫道:"这里有任何人愿意用必死的生命换取永恒的荣誉？有谁会最先说'我愿为众人的安全牺牲自己的性命'？"

　　某位名不足道的家伙在前往乡间的路上遇到一个人,就问对方城市是否发生不寻常的事情。这个家伙受到洛克瑞斯的官员给予罚锾的处分,所以非常希望他们保持公正的态度。

24 　西赛昂的居民接受来自波罗女祭司的神谶,说他们要受到"鞭子的统治"长达一百年之久。他们更进一步询问是谁勤于使用惩处的工具,女祭司做出第二次答复,这个人的名字他们第一次听到,就

---

　　①　斯特拉波在《地理学》第6卷第1节,提到卡尔西斯人害怕"作物的歉收",所以规定十分之一的收入要奉献给神明。
　　②　阿普西亚(Apsia)是意大利境内一条河川,从雷朱姆的附近流过,奥森(Auson)就是当地土著的国王。
　　③　葡萄藤的"阴柔"和无花果树的"阳刚",用来象征男女两性的结合。
　　④　这座城市就是雷朱姆。

在他们上岸以后，就会有一个儿子出生。当时有个名叫安德里阿斯（An-dreas）①的厨子，伴随使者外出前往各地，并且负责向神明奉献牺牲。他还是行政官员雇用的仆从，随身携带惩处犯人的皮鞭。

25 罗马国王屠卢斯·贺斯蒂留斯（Tullus Hostilius）②在位的时候，阿尔巴人看到罗马人的权势蒸蒸日上，产生猜忌之心想要加以抑制，就说罗马人侵入他们的疆域，派遣使者前往罗马要求还他们一个公道，如果罗马当局不予理会就向对方宣战。罗马国王贺斯蒂留斯知道阿尔巴人只是要找一个引起战争的借口，下令让他的朋友出面接待使者，把他们当成贵宾大开宴会；这时他避免与使者见面，立即派人去见阿尔巴当局提出同样的要求。他这样做是为了遵循一个悠久的传统，因为古代的人看待战争比起任何事务都更为关心，要基于正义的目的才能进行征讨的工作，如果他无法找出犯下抢案的强盗，然后交到对方的手中，那么他在受到逼迫之下只有进行不义的战争，他为了避免出现这种不利的情况，所以采取以其人之道反制其人之身的手段。

他们派往阿尔巴的使者有很好的运道，到了以后提出要求就遭到对方的拒绝，使得他们能够过了第三十天就向阿尔巴人宣战。至于阿尔巴人的使者在提出要求以后，得到的答复是阿尔巴当局首先拒绝公正处理，罗马人已经与他们进入战争状态。这是两个民族原来相互通婚而且有深厚的友谊，后来所以发生争执以致决裂的根本原因。

---

① 安德里阿斯是西赛昂僭主迈朗（Myron）的父亲，后来迈朗将他的权力交给儿子亚里斯托尼穆斯（Aristonymus）和孙子克里斯提尼（Cleisthenes），参阅希罗多德《历史》第6卷第126节。

② 屠卢斯·贺斯蒂留斯是罗马王政时期第三任国王，在位时间为前673—前641年，共32年。

26 罗马人的先世渊源于拉丁人,最早的时候他们没有经过正式的宣告,不会对一个民族发起战争;首先要投出一根长矛到敌对一方的疆域作为信号,表示他们已经宣战,这根长矛指出他们要采取作战行动。无论是狄奥多罗斯还是每一个有关拉丁事务的作者,都有这种说法。

27 斯巴达人在梅西尼人的手里吃了败仗,派遣使者到德尔斐就战争的问题向神明请求指点迷津,得到的答复是应该让一位雅典人成为他们的指挥官。

拉斯地蒙人在特提乌斯(Tyrtaeus)①的鼓舞激励之下,抱着满腔热血进入战场,等到列队出阵的时候,就用一条写着自己名字的小木片,绑在使用的武器上面,使得阵亡的人员,不致让他们的亲友无法辨识。如果他们不能获得胜利,情愿用大无畏的精神很乐意接受光荣的死亡。

28 特潘德(Terpander)②是梅提姆纳(Methymna)的土著,他唱的歌曲要用西色拉琴伴奏。有一次拉斯地蒙人发生内战,一份神谶适时来到,说是只要梅提姆拉的特潘德在西色拉琴的伴奏之下为大家高歌一曲,交战的双方就会化干戈为玉帛。于是特潘德拿出音乐家的全部技巧,唱出最为动听的歌曲,如同狄奥多罗斯的记载,带来悦耳的旋律在他们的心中引起共鸣,事实上他们全都受到感动,大家流着眼泪相互拥抱,原来的芥蒂消失得无影无踪。

---

① 特提乌斯是一位抒情诗人,奉雅典当局的派遣到斯巴达担任"指挥官"。
② 特潘德是公元前 7 世纪中叶,来自列士波斯岛安蒂沙(Antissa)的诗人和音乐家,在斯巴达建立第一所音乐学校,对于提振斯巴达人的尚武精神有极大的贡献。

29 亚里士多德（Aristotle）有一个巴都斯（Battus）①的绰号，想要
建立名叫塞伦的城市，得到一份神谶有下面的指示：

啊！巴都斯！你来此地是为了一个声音，

上主阿波罗派你远赴获得丰收的利比亚，

统治辽阔的塞伦和享用给你预留的宝座。

当你定居在利比亚这片肥沃的土地上面，

身披兽皮的蛮族勇士就会蜂拥前来攻打，

你务必立定脚跟无须畏惧自然转危为安。

要向克罗努斯之子伟大的天神宙斯祈祷，

还有引起战斗及两眼闪烁光芒的帕拉斯，

加上永远年轻的菲巴斯手上掌握着胜利。

受到神明的祝福统治利比亚的美好大地。

在菲巴斯·阿波罗的引导之下建立家园。

伟大的功绩引来嫉妒和猜疑是必然之理，卓越的名声稍有不慎就会毁
于旦夕。

30 塞伦国王阿昔西劳斯（Arcesilaus）抱怨他所遭遇的不幸，派人
前往德尔斐求取神谶，得到答复：引起神明震怒，在于最近几
位国王没有遵循首位国王巴都斯的统治方式。巴都斯对于国王的名分感
到满足，成为一个讲求平等的统治者，运用友善的态度与全国的人民相处，
在他而言最重要的事莫过于推崇和膜拜神明。然而后来的国王他们的统

---

① Battus 意为"结巴子"或"口吃者"。参阅希罗多德《历史》第 4 卷第 15 节。

治越来越具有暴君的性质,他们任意侵占公款却忽略对神明的崇敬。塞伦人之间发生内战,适时出现一个调停者就是曼蒂尼的笛摩纳克斯(De-monax),这个人智慧过人而行事公正。他经历海上的航行来到塞伦,从公职人员那里接管所有的业务,根据当时的情况调解城市之间的纷争与不和。

31 罗马国王卢契乌斯·塔昆纽斯(Lucius Tarquinius)①从小受到很好的教养,是知识的热烈追求者,他的德行使得他成为众所赞誉的目标。他在成年以后与罗马国王安库斯·马修斯(Ancus Marcius)交往,成为最为知己的朋友,帮助国王处理王国众多的事务。他后来变得非常富有,运用金钱当成礼物帮助很多需要的人士,加上他用友善的态度对待所有的人民,他的一生从未受到指责还因为他的睿智获得崇高的名声。

32 洛克瑞斯人②派使者前往斯巴达要求在战争中给予援助。不过,拉斯地蒙人得知克罗顿的居民拥有很强的军事实力,给予的答复带着听天由命的模样,虽然洛克瑞斯的获救是出于他们的建议,但那是他们让洛克瑞斯人与坦达迈乌斯(Tyndareus)的儿子③缔结同盟。使者不知是出于神明给予的引导还是神谶带来的答复,愿意接受他们提供的帮助,后来又从奉献的牺牲中获得吉兆,就在他们的船只上面为戴奥斯柯瑞(Dioscori)准备卧榻,然后开航返回本国。

---

① 这位应该是塔昆纽斯·普里斯库斯(Tarquinius Priscus)或称塔昆一世(Tarquin I),罗马王政时期第五任国王,在位时间为前616—前579年,共37年。

② 这是意大利南部伊庇捷菲里亚(Epizephuria)的洛克瑞斯人。

③ 坦达迈乌斯的儿子是卡斯特和波利丢西斯。斯巴达人认为这些人的祖先,就是他们从前的国王坦达迈乌斯,当然会答应他们提出的请求。

33 何以（他问道）那些父亲所以感受到的同情，只是看到他们的儿子在蛮族的手里遭受言语无法形容的痛苦，不能给他们任何帮助，他们所能做的事难道只有用手撕扯自己灰白的头发，对着耳聋的命运女神号啕大哭？

第九章
残 卷

1 梭伦①是埃克昔斯泰德（Execestides）的儿子，家世出自阿提卡的萨拉密斯（Salamis），他的智慧和学识在那个时代已经超越所有的人士②。天性的浑厚和仁慈已是无人能及，加上后天的修养赢得更多的赞誉，献身各种学门的精进可以落实在高尚的操守。诸如他在年轻的时候，尽量找机会追随明师接受教导，等到成年以后加入学术团体，成员之间相互切磋鼓舞，获得智慧发挥最大的影响力。他扩大交往的层面产生的作用，获得希腊七贤之一的名器，不

---

① 梭伦（前640—前561年）是雅典政治家、立法者和诗人，制定法律，进行改革，奠定民主政体的基础，参阅普鲁塔克《希腊罗马名人传》第3篇第1章"梭伦"。

② 下面是希腊七贤的残篇，可以与戴奥吉尼斯·利久斯《知名哲学家小传》以及普鲁塔克《道德论丛》第13章"七位哲人的午宴"做一比较。

仅在提到的哲者当中,他的睿智赢得居于前列的位阶,而且即使面对所有受到赞誉的人士,都能以鹤立鸡群的姿态出现。

梭伦在立法方面获得响亮的名声,虽然是一位普通市民却能在公众的谈话和问题的处理方面,表现学问渊博和经验丰富的长处,使得大家刮目相看。

虽然这座城市①全盘接受爱奥尼亚人(Ionian)的生活方式,但奢华和享受会使居民变得柔弱不堪,完全丧失大丈夫的气概;梭伦经过一番努力,却能改变这种不利的态势,在于落实公正无私的习俗和激励积极进取的行为,从而使得哈摩狄斯(Harmodius)和亚里斯托杰顿(Aristogeiton)②坚定心志,会用他的立法精神当作护身的铠甲,摧毁庇西特拉图家族(Peisistratidae)延续多年的统治③。

2 利底亚国王克里苏斯(Croesus)④拥有雄伟的军事武力,聚集大量的金银财宝,就将希腊境内智商最高的人士召唤到他的宫廷,花很多时间与大家商谈,送给来人大量贵重的礼物,好像他为了要过德行的生活已经获得很大的帮助。有一次克里苏斯邀请梭伦前来做客,显示他拥有的武力和财富以后,就问梭伦是否还有人比他享有更大的福分,梭伦带着在喜爱智慧的人士当中自由发言的习惯给予回答,说是没有人在活着的时候表示自己获得最大的幸福,因为人在一帆风顺的时候会增长傲慢的气焰,认为命运女神是他的靠山,却不知道她是否会一直支持下去,能够直到

---

① 这座城市是指雅典。

② 两人是雅典著名的"诛戮暴君者"(Tyrannicides);哈摩狄斯杀死庇西特拉图的儿子希帕克斯(Hipparchus)。参阅下一个注释以及本书第十章第17节。

③ 庇西特拉图是雅典的僭主,统治的时间是前560—前527年,虽然出现一到两次的中断;他的两个儿子继续实施专制政体,直到前514年希帕克斯遭到暗杀,以及前510年希皮阿斯(Hippias)被迫退位。

④ 参阅希罗多德《历史》第1卷第53节和后续各节。

最后的盖棺定论。他继续说道,因此我们必须看生命结束时的情况,好运还能继续到最后的人才有资格说他洪福齐天。

不久以后等到克里苏斯成为居鲁士(Cyrus)的俘虏①,就要活活烧死在巨大的柴堆上面,这时他记起梭伦给他的答复,正当火焰快要吞噬他的紧要关头,他不断呼唤梭伦的名字。居鲁士听到以后想要知道他为何要这样做,于是派人去询问,等到居鲁士知道原因以后心情发生改变,认为梭伦的回答是颠扑不破的真理,就对克里苏斯起了恻隐之心,将他从柴堆上面解救下来,后来将他视为自己的朋友。

梭伦保持一种观念,觉得无论是拳击家、短跑选手还是其他所有运动员,对于城邦的安全没有什么贡献,也不能发挥更大的作用;只有生性审慎和德行高洁的人士,面对重大的危险有能力保卫他们的国家。

3 就在大家为黄金的三脚鼎②引起争执的时刻,阿波罗女祭司口授下面的神谶:

> 有关三脚鼎为何要阿波罗指点迷津?
> 我说米勒都斯的儿子应该听个分明,
> 对于这件事最有智慧的人认可就成。

有些作者提出不同的记载,整个情况有如下述。爱奥尼亚人之间爆发战争,这时渔人用大网捞起一个三脚鼎,他们向神明请求给予指示,如何才能

---

① 这件事发生在前546年。

② 渔人在海中用网捕鱼捞起一只三脚鼎,他们的打算是送给智慧最高的人,结果只能在希腊七贤的手里转了一圈,每个人都坚持有人比自己更加聪明。参阅本章第13节以及普鲁塔克《希腊罗马名人传》第3篇第1章"梭伦"第4节。

结束战争。女祭司给予答复：

　　　　要想麦罗庇斯和爱奥尼斯停止战事，

　　　　赫菲斯托斯制成重宝要能送得出去；

　　　　必须找出智慧最高的人和他的住所，

　　　　根据他的先见之明就可以妥善处置。

　　米勒都斯人(Milesians)很想遵从神谶的旨意，就将这件奖品授予米勒都斯的萨里斯(Thales)①。萨里斯说他不是最聪明的人，劝他们将三脚鼎送给另一位智者。希腊七贤②当中其他六位同样拒绝接受，然而大家认为梭伦无论是智慧还是学识都优于所有人士，应该非他莫属。梭伦提出建议要将三脚鼎当成祭品奉献给阿波罗，这位神明的睿智绝非凡人所能比拟。

4　　梭伦在接近生命的尽头，看到庇西特拉图为了取悦群众，扮演民意煽动家的角色，正向僭主政体的路途上迈进。③ 首先试着用说服的方式，想要改变他的企图，只是庇西特拉图抱着毫不在意的态度；有一次他全副武装出现在市民大会，虽然这时他已经老迈不堪。等到人民看到这种奇特的景象，全都聚集在他的周围，他向市民大声呼吁，要大家

────────────

　　① 萨里斯是公元前 6 世纪初叶来自米勒都斯的科学家和哲学家，成为希腊七贤之一，精通政治和历史，最为人称道的学问是几何和天文。

　　② 提到希腊的哲人最有名的就是"希腊七贤"，要是根据赫米帕斯(Hermippus)的说法，不是 7 个而是 17 个哲人，那就会把很多知名的哲学家包括在内；普鲁塔克认为 7 位哲人是米勒都斯的萨里斯、雅典的梭伦、普里恩的毕阿斯、迈蒂勒尼的彼塔库斯、锡西厄的安纳查西斯、斯巴达的契隆(Chilon)和罗得岛的克利奥布卢斯(Cleobulus)。柏拉图用迈森(Myson)取代安纳查西斯的位置，有的名单又换成伯瑞安德、菲里赛德(Pherecydes)、伊庇米尼德(Epimenides)和彼昔斯特拉斯这几位候选人。

　　③ 发生在前 560 年前后。

拿起武器立即终结暴政。现场没有人加以理会，只是认为他在发疯，甚至宣称这是他年老昏聩所致。庇西特拉图这时已经征集一些长矛兵组成卫队，带着他们来到梭伦的跟前向他问道："你能有什么靠山可以推翻我的僭主统治?"梭伦回答道："我到知命之年，对于死亡毫不畏惧。"庇西特拉图对他丰富的阅历极其钦佩，只好毛发无损地将他放过。

5 任何人的行为只要涉及违犯法律和背弃正义，那就是毫无智慧和禀赋可言。

6 锡西厄人安纳查西斯(Anacharsis)①对于他的智慧极其自负，据说有次他来到阿波罗神庙，要求神谶给他指示，希腊人当中有谁比他更为睿智，神谶答复：

> 大家认为这人是厄塔的迈森，
>
> 他的头脑比你更为小心谨慎。

迈森(Myson)是马利斯人(Malian)，他的家位于厄塔(Oeta)山下一个名叫奇尼(Chenae)的村庄。

7 迈森是马利斯的市民，居住的村庄名叫奇尼。他一辈子都生活在乡下，大部分人士都没有听过他的名字，还能列名于希腊七贤用

---

① 安纳查西斯是公元前6世纪的一位锡西厄君主，曾经在希腊游学多年，来到雅典成为梭伦的贵宾，通常将他列入希腊七贤之一；有一次奉邀在市民大会演说，他说他对希腊人的做法感到不可思议，那就是明智之士发表意见而由一群笨蛋做出决定。

来取代科林斯的伯瑞安德（Periander）①，后者受到除名因为他随即成为残酷的暴君。

8 梭伦带着好奇的眼光，注视迈森白天用来工作的地方，发现他在晒谷场安装了一具犁的手柄，梭伦为了试一试这个人说道："迈森，现在不是用犁耕田的季节。"他回答道："预为准备才不致措手不及。"

9 从契隆（Chilon）②的例子可以看出，这是身教重于言教的典型，很少有人能够做到这点。譬如就我们这个时代的哲学家而言，看起来大多数都会表现出最高贵的情操，然而随之而来的行为却极其卑劣；政客会发表庄严和睿智的谈话，一旦要他们提出证据却适得其反。契隆虽然没有口口声声提到德行，却能在一生当中表现在所有的行为上面，他构想和表达过很多的概念，值得记载下来长远保存。

10 契隆来到德尔斐，他认为应将他的智慧奉献给神明，就在神庙的大柱上面刻下三句格言："人贵有自知之明"，"保持中庸之道"以及"誓言带来毁灭"。每句格言的简洁扼要都成为典型的拉柯尼亚用语，能够表达深奥的哲理。"人贵有自知之明"训勉我们的言行要有教养而且做人要能谦虚，也是达成"自知"的不二法门，一个人要是没有教养加上毫无思想，就会认为自己是何等的精明睿智，要是按照柏

---

① 伯瑞安德（前 625—前 585 年）是科林斯的僭主，传闻他非常残忍，曾经谋杀妻子，然而科林斯在他统治之下民富国强，使得他列名"希腊七贤"之一。很多人想尽办法要将他排斥在外，甚至说是希腊只有"五贤"而不是"七贤"，可以参阅普鲁塔克《道德论丛》第 28 章"德尔斐的 E 字母"第 3 节。

② 斯巴达人契隆是"希腊七贤"之一，公元前 6 世纪中叶成为拉斯地蒙的民选五长官，是一位卓越的政治家，对后世产生深远的影响。

拉图的评论,狂妄的心态就是无可救药的无知①;缺乏"自知之明"总是认为邪恶小人能无往不利,诚实君子则一无可取。须知人在世间只有一种方法可以认清自己,当然可以把了解邻居包括在内,就是接受教育养成睿智的心灵。

"保持中庸之道"规劝我们要正确衡量所有的事物,特别是为人处世不要做出无法挽回的决定,就像伊庇达努斯人(Epidamnians)当年那样。这个民族居住在亚得里亚海的海岸,一旦他们之间发生无法解决的争执,就会将一块烧红的铁投入海中,同时立下誓言说是除非铁块还是热气腾腾从海中出现,否则他们绝不和好如初②;虽然他们立下重誓根本没有考虑"保持中庸之道"的训示,这种做法实在太过分,后来迫于外来情势的需要,大家还是抛弃成见化敌为友,留下这块铁仍旧躺在冰冷的海洋深处。

至于"誓言带来毁灭"这句格言,有人认为契隆拿来作为反对婚姻的一种口号,在大多数的希腊民族当中,都把婚约称为"誓言",可以非常肯定地表示,就男人的经验而论,人生最大的灾难莫过于有了妻室。有些作者认为契隆不会做出这种毫无意义的解释,婚姻的目的不是摧毁生命而是保持生生不息,他所谓誓言产生的"毁灭",在于婚约安排所有的事物都与金钱发生关系。如同欧里庇德斯③的诗句:

> 我在阿波罗神庙写下这样的警句:
> 喜爱赌咒发誓对任何人都没好处。

---

① 柏拉图说过无知就是对知识的误用。
② 希罗多德《历史》第 1 卷第 165 节,提到流亡在外的福西亚人(Phocaeans)用同样的方式,发誓绝不回到自己的故乡,后来还是违背立下的誓言重返福西亚。
③ 瑙克《希腊悲剧残本》之《欧里庇德斯篇》No.923。

还有人说这不是契隆的意思，却也不是一位好市民应有的行为，如果一位朋友在这方面需要帮助，徒逞口齿之利没有一点意义；还不如说他的劝告在于强烈反对那些郑重的声明，反对用诚挚的态度立下经不起考验的誓言，以及在为人处世方面反对无法挽回的决定，如同希腊人在打败泽尔西斯以后，非要规定与胜利有关的所有事物。因为他们在普拉提亚立下誓言①，对于波斯人的仇恨要传给子子孙孙，永无止息之时，如同河川流向大海，如同忍受奔跑的劳累，如同大地孕育的果实，认为这些都是天经地义的事；然而，他们用盲目的誓言来反对变幻不已的运道，究竟还是遭到抛弃，过了一段时间，他们派遣使者前去晋见泽尔西斯的儿子阿塔泽尔西兹（Artaxerxes）②，商议签署友好和联盟的协定③。

　　契隆的论点虽然简略却要求最好的生活无须过多的需索，听从他那些精辟的警句较之呈送德尔斐的还愿祭品更有价值。克里苏斯的金块④以及其他的艺术精品全都遭到毁灭，然而最大的诱因使得人类做出选择，高举不敬神的手去反对庙宇；我们始终认为契隆的格言在所有的时代都能保持鲜明的姿态，存放在受过教育人士的灵魂里面构成最有价值的宝藏，无论是福西斯人还是野蛮的高卢人，都无法很快伸出手来加以染指⑤。

---

　　① 发生在前479年，当时希腊人为了对抗泽尔西斯的入侵，建立的联盟一定要精诚团结，必须立下重誓用来激励士气，接着才能在普拉提亚会战中击败波斯人。
　　② 阿塔泽尔西兹二世（前452—前358年）是波斯王国大流士王朝第五代国王，励精图治，扩疆辟土，在位时间长达62年，创造最辉煌的王朝，成为操纵希腊各城邦发生战争的幕后推手。
　　③ 凯利阿斯的和平是在前448年，雅典和斯巴达之间发生伯罗奔尼撒战争，所以雅典当局要争取波斯人的支持。
　　④ 参阅希罗多德《历史》第1卷第50节。
　　⑤ 福西斯人和高卢人对德尔斐的掠夺分别发生在前356—前346年和前279年。

11 米蒂勒尼的彼塔库斯(Pittacus)①不仅智慧受到世人的赞誉，而且这个岛从来没有产生像他这样的市民，当然就我的意见，生产的酒要是量更多而且质更醇，即使没有这样的人才又有什么关系。他是一位卓越的立法者，会用友善和仁慈的态度与市民进行私人的交往，他让自己的祖国从三次重大的灾难中获得解救，就是僭主的暴政、内部的倾轧和侵略的战争。

彼塔库斯是当代的知名之士，个性温和而且深谙自抑之道，因此大家对这点毫无争议，就是把他视为一个完美无缺的正人君子；像是在立法方面显示出政治家的器度和审慎的个性，像是保持立下盟约的诚信要能绝对的公正，像是表现在进行短兵相接的肉搏战斗中发挥大无畏的勇气，像是具备崇高的灵魂在有关钱财的处理方面没有任何谋利的痕迹。

12 米蒂勒尼的居民要把赢得的土地，其中一半赠给在单人决斗中获胜的彼塔库斯②，他不愿接受，经过安排用抽签的方式平均分配给每一个人，完全符合格言"给得多不如分得均"③的真谛。他很正确地认定所谓"多给"只是表示好感，是否真能获得利益倒是很难说清楚；须知公平总是胜过贪婪，因为公平随之而来是名声和安全，贪婪的后果是耻辱和惧畏，这样一来大家可以很快从他那里拿走属于人民所有的礼物。

克里苏斯从金库当中拿出大量钱财送给彼塔库斯，以为他会很乐意拿走，然而他对于克里苏斯同样坚持这些原则。根据流传的说法，他面对当

---

① "希腊七贤"之一的彼塔库斯，虽然亚里士多德说他的职位来自选举，但还是受到诗人阿尔西乌斯的诽谤，说他是迈蒂勒尼的僭主。

② 迈蒂勒尼和雅典为了争夺海伦斯坡地区的西格姆(Sigeium)发生战争，彼塔库斯杀死雅典的将领弗里侬(Phrynon)。

③ 戴奥吉尼斯·利久斯《知名哲学家小传》第 1 卷第 75 节，提到的格言是"拿一半胜于拿全部"；赫西奥德《作品与时光》第 1 卷第 40 行有同样的说法。

时的情况,曾经提到只要他愿意,早已获得较克里苏斯所送还要多两倍的财富。克里苏斯对于一个人能免予贪婪的欲念大为惊奇,同时想要知道他为何要这样回答,彼塔库斯说道:"我的兄长过世的时候还没有儿女,他的产业与我所拥有者概等,现在全部要由我继承,使得我不愿接受额外的非分之财,看来对这方面已经具备相当的经验。"

诗人阿尔西乌斯(Alcaeus)①与彼塔库斯有不共戴天之仇,为了泄愤经常在他的诗句②中对彼塔库斯谩骂不休,有次不幸落到对方的手里,彼塔库斯还是让他自由离开,完全符合这句格言——"宽恕总是胜于报复"。

13 普里恩(Priene)的居民详述毕阿斯(Bias)③的事迹,麦西尼亚(Messenia)有一些显赫家庭的少女落到强盗的手里,毕阿斯花钱为她们赎身,在受到尊重的环境当中抚养她们,好像这些少女就是他的女儿。过了一些时间,她们的亲人前来寻找,他没有要求抚养的费用和支付的赎金,反而自己出钱送给她们大批礼物。因此,这些少女把他看成自己的父亲一样爱他,一方面是她们住在他的家中受到妥善的照顾,另一方面是他为她们做了这么多的好事,等到她们随着亲人回到自己的家乡,再也不会忘记在异国身受的义行和恩典。

有一些麦西尼亚的渔夫,拉起渔网发现里面有一只青铜三脚鼎,上面刻着的铭文"赠给最有智慧的人"。他们将这只三脚鼎带到岸上送给毕阿斯。

毕阿斯是一位口若悬河的演说家,这方面的才干优于同时代的政坛高手,他将卓越的本领用在别人的身上,不是为自己获得收益和进账,而是旨

---

① 阿尔西乌斯是来自列士波斯岛的抒情诗人,生于前 620 年,希罗多德在《历史》第 5 卷第 95 节提到他在战场的临阵逃脱。

② 埃德蒙《希腊抒情诗集》第 1 卷第 309 页及后续各页,摘录了阿尔西乌斯的诗篇。

③ 普里恩的毕阿斯是公元前 6 世纪的立法者,他说最卓越的民主体制是人民对法律的畏惧更甚于暴君。

在帮助那些犯下错误的人士。发现这方面的需要的确具备真知灼见。

14 拥有蛮力并不见得是一件好事,体能再强壮也只有单一的用途,克罗顿(Croton)的米罗(Milo)力大无穷,对他来说又有什么优势可言①?

帖沙利人(Thessalian)波利达马斯(Polydamas)被巨岩压得粉身碎骨②,他的死亡让大家了解一种情况——四肢发达头脑简单的人,只会惹来莫大的祸害。

15 波利达马斯住在一座名叫斯科图萨(Scotusa)的城市,他经常徒手杀死狮子把它们看成柔弱的绵羊,如飞的双足很容易越过疾驰的马车。他还在一个山洞里面,用手支撑崩塌的岩石,西西里人狄奥多罗斯详述了这个故事。

16 色拉(Cirrha)的人民企图将神谶据为己有③,遭到围攻很长一段时间,后来有些希腊人返回自己的城邦,还有人向阿波罗女祭司请求指点迷津,接受下面的响应之词:

> 我们的圣地位于崇高的悬崖下面,
>
> 除非黑色眼睛的安菲特瑞特引起④

---

① 斯特拉波《地理学》第 6 卷第 1 节,提到米罗有强壮的体魄因而丧命的来龙去脉。
② 波利达马斯是一个著名的运动员,有次在一个地窖里面,发现顶部开始陷塌,他的同伴都安全逃出,只有他认为自己力大无穷可以支撑窖顶,最后还是惨遭压毙;参阅鲍萨尼阿斯《希腊风土志》第 6 卷第 5 节。
③ 就是占领德尔斐,这件事大约发生在前 590 年。
④ 安菲特瑞特(Amphitrite)是海神波塞冬的妻子。

海洋用汹涌的波涛将它全部淹灭，

你们不得将城市的高塔夷为平地。

17 我们应该知道梭伦①生活在雅典的时候，那是波斯战争之前僭主统治期间，德拉科(Draco)②要早于他四十七年，狄奥多罗斯有这样的说法。

18 雕塑家伯瑞劳斯(Perilaus)为暴君费拉瑞斯(Phalaris)③制作了一个青铜的公牛，用来惩罚统治下的人民，结果他被拿来当试验品，第一个尝到这种刑具究竟有多恐怖。一般人都说"害人反倒害己"，引证"请君入瓮"这句成语确实很有道理。

19 这里所说的是费拉瑞斯烧死伯瑞劳斯的故事，须知伯瑞劳斯是阿提卡名声很高的艺术家，擅长青铜雕塑和各种器物的制作。后来他用青铜做成一具公牛模型，在它的鼻孔里面装上小巧的发音笛，公牛的身侧开了一扇门，当成礼物送给费拉瑞斯。暴君欢迎来客附带大批赏赐，下令要将这件新的发明奉献给神明。工作人员打开铜牛的侧门，伯瑞劳斯指着拿来折磨罪犯的狠毒器具，用毫无人性的残酷言辞说道："如果你想惩罚某个人，可以将他关进公牛的肚子，在下面生起火来；发出的呻吟像是公牛在鸣叫，痛苦的哭声从鼻孔的笛子传出来，会给你带来莫大的乐趣。"

费拉瑞斯得知令人发指的方法，就对这个艺术家感到无比的厌恶，于

---

① 梭伦在世的时间是前 640—前 558 年。

② 德拉科是奥林匹亚第 40 会期或前 620 年前后的雅典立法家，制定第一部成文法，所有的法条比较严苛。

③ 费拉瑞斯统治阿克加拉斯的时间是前 570—前 554 年。

是他说道:"伯瑞劳斯,真是太好了,你可以为我进行首次的展示,模仿吹奏笛子的方式,让我很清楚你制造的器具应该如何运作。"伯瑞劳斯立即爬进去,他认为只是要做一个示范,如何让笛子发出声音;谁知费拉瑞斯关上公牛身侧的门,在下面堆积柴薪烧了起来。为了不让这个人的死亡玷污精美的青铜作品,就将伯瑞劳斯拖出来,在他处于濒死的情况下从悬崖上面丢下去。

有关青铜公牛的故事,无论是叙利亚的卢西安(Lucian)[①]、狄奥多罗斯还是品达(Pindar)[②],在他们的著作中都有记载,还有无数其他的故事,比较起来情节都很相似[③]。

20 立法者梭伦有次参加市民大会,规劝雅典人要抛弃僭主政体,免得它掌握大权变成太阿倒持的局面。看到大家对他的话丝毫不在意,虽然这时他已经是个老翁,但还要全副披挂出现在市民大会,呼吁神明要为他做见证,城邦一旦陷入危险的处境,只要有用得到他的地方,无论是言语还是行动都愿意尽全力帮助。民众并不知道庇西特拉图心怀鬼胎,虽然梭伦实话实说,大家还是不愿相信。据说梭伦在他的挽诗中,向雅典人预告僭主即将来临[④]:

满天乌云撒下雪花和冰雹,

---

① 卢西安(120—180年)是罗马帝国时代的希腊作家,是一位无神论者,采用讽刺和谴责的笔调叙述当时的社会情况,写出大量各种文体的作品,洛布文库有他的《全集》,共八册。
② 品达(前518—前446年)是一位抒情诗人,生于皮奥夏的赛诺西法立(Cynoscephalae),生平事迹不详,从他的诗文得知他游历希腊各地,受到君王和权贵的尊敬和礼遇,著有《伊庇尼西亚颂歌集》(*Epinician Odes*),用来赞扬奥林匹亚运动会和各种竞赛的优胜者,现有4卷存世。
③ 卢西安《费拉瑞斯》第1卷第1节;品达《皮同赛会颂》第1卷第95行。
④ 戴尔(Diehl)《希腊抒情诗残卷》No.10以及埃德蒙《悲歌和抑扬格》(*Elegy and Iambus*)第122页。这里提到的时间是前562年。

隆隆雷声随着闪电的照耀；

伟人明确预告城市的命运；

无知的民众只有低头屈服，

身陷奴役接受君王的统治。

我们现在一定要仔细考虑，

免得离开陆地过远难返回，

找到平安的港口已经太迟。

等到后来，僭主政体的建立已经箭在弦上，他对庇西特拉图说道①：

你过于怯懦难免要多受苦，

不要怪罪命运或归于神祇；

甚至你自己感到扬扬得意，

要让他们拥有警卫的保护，

这样做不仅个人万劫不复，

还让大家落入奴役的桎梏。

你用狐疑的脚步迁移徘徊，

一切施政作为都置之高阁。

只听搬弄是非的诡诈论调，

你根本不注意阴谋的行动。

庇西特拉图力劝梭伦要维持双方的和平，等到他擢升僭主会让对方分享得到的好处。等到他发现这些承诺无法改变梭伦的心意，事实上变得更

---

① 戴尔《希腊抒情诗残卷》No.8 以及埃德蒙《悲歌和抑扬格》第 122 页。

为坚持,不断威胁要让他受到惩罚,于是他问梭伦凭着什么关系能够反对他的图谋,据说梭伦回答道:"风烛残年无可畏惧。"

　　[希罗多德是与泽尔西斯同时代的人物,在他的著作中有这样的记载①:亚述人在统治亚细亚五百年以后,他们被米地亚人征服,很多代都没有国王,竟敢说自己拥有至高无上的权力,然而城邦政治享有自己的制度,他们的施政作为采用民主的模式;不过,最后又经过很多年,有一个人名叫赛阿克萨里斯(Cyaxares),公正的行为获得很大的声誉,被米地亚人推举成为国王。他是运用武力迫使相邻的民族成为臣属的始作俑者,后来为米地亚人建立了一个名副其实的帝国。在他以后每一位登上宝座的继承人,都扩张王国的疆域将邻近区域的大量土地据为己有,直到阿斯提吉斯统治的时期,才被居鲁士率领的波斯人征服②。现在是摘要的叙述只能提重大的事件,至于细节部分而后配合发生的时期逐一说明。依据希罗多德的记载,米地亚人选择赛阿克萨里斯担任国王,是在奥林匹亚第 17 会期第 2 年③。]

　　[等到米地亚人的国王阿斯蒂巴拉斯(Astibaras)因为年老在伊克巴塔纳(Ecbatana)崩殂,他的儿子阿斯潘达斯(Aspandas)即希腊人所称的阿斯提吉斯(Astyages)接位。等到他被居鲁士击败,王国转移到波斯人手里。我们会在适当的时间,提出更为详细和准确的记事。]

21　　居鲁士成为波斯国王是在奥林匹亚第 55 会期第 1 年④,狄奥多罗斯的《希腊史纲》有这方面的记载,无论是萨卢斯(Thallus)、卡斯特(Castor)、波利比乌斯(Polybius)、弗勒冈(Phlegon)还是

---

①　参阅本书第二章第 32 节及注释。
②　发生在前 549 年。
③　相当于前 711 年。
④　相当于前 560 年。

其他人士,他们都使用奥林匹亚纪元,所有的作者都同意上述所提的年代。

22 居鲁士是康贝西斯(Cambyses)和曼达妮(Mandane)的儿子,曼达妮是米地亚人国王阿斯提吉斯的女儿;就那个时代来说,居鲁士的英勇、睿智和其他美德,拥有极其显赫和光荣的地位,因为他的父亲用国王的方式将他养育成人,使得他充满热诚要建立最伟大的事功。可以很清楚地看出他将重大的事务掌握在手里,取得的极其卓越的成就已经超越那个时代的标准。

23 米地亚人的国王阿斯提吉斯会战失败以后,发生不光荣的逃走事件,要在士兵身上发泄他的怒气;他撤销原先任命的指挥职位,指派其他人前去代替;抓出所有要为逃走负责的人士,全部斩首示众,认为这种惩罚可以迫使部队在危险的时刻,即使牺牲性命也要英勇地战斗;须知他的为人非常残酷,他的意志自然也就坚定不移。虽然如此,人民对他倒行逆施的处置方式并不感到惊慌畏惧;恰恰相反,每个人都痛恨他那种无法无天的暴虐作为,渴望政局发生变化。因此到处有小团体的聚会和煽动性的谈话,更多的民众相互劝勉要对他采取报复的行动。

24 我们听说,居鲁士不仅在战争当中是个勇士,特别是他对待臣民的方式,考虑周到而且慈善为怀。出于这个原因波斯人将他称为"父亲"。

25 利底亚国王克里苏斯有次开始建造战船,据说他的意图是要攻打敌对的岛屿①。毕阿斯或是彼塔库斯②这个时候正在利

---

① 大约是在前 560 年
② 希罗多德《历史》第 1 卷第 27 节,也提到这两位智者涉及此事。

底亚游历,目睹船只建造的情况,当然会被国王问到,是否在希腊听到有关的消息。这时来客的回答说是所有的岛民正在征集马匹,准备对抗利底亚人的入侵;克里苏斯大声说道:"为何有人能够说服岛民弃长用短,竟敢在马背上面与利底亚人进行战斗!"要知道利底亚人是技术高明的骑士,克里苏斯认为他们会在陆地上获得胜利。

彼塔库斯或毕阿斯回答道:"好吧!你说居住在大陆的利底亚人,对于在陆地制伏岛民,始终保持非常热衷的态度;难道你不想一想那些居住在岛屿上的人民,他们向神明祈祷要在海洋制伏利底亚人;为了你们能在陆地对希腊人做坏事,难道他们不能在海上报复那些奴役他们亲戚的人?"克里苏斯对于这样的回答赞不绝口,立即改变心意停止建造战船。

26 克里苏斯经常邀请希腊名声最显赫的智者前去访问,好将他拥有莫大的福分展示在来人的面前,只要赞扬他的好运就会获得贵重的礼物作为酬庸。他之所以邀请梭伦还有其他热爱智慧而享有盛名的人士,是希望这些人能够证明他确实是最幸福的君王。

这一次的来宾是锡西厄人安纳查西斯、毕阿斯、梭伦和彼塔库斯,为了表示最高的礼遇,除了举行盛大的宴会,还让他们参加政务会议,用以展示他拥有财富和权力全都无与伦比。知名的学者在这几天当中只有简短的交换意见。克里苏斯在向来客展示王国的繁荣和众多的民众臣属于他以后,就问智者当中最年长的安纳查西斯:"你认为世上所有的生物当中,谁最为勇敢?"他回答道:"蛮荒地区的野兽,因为它们为了维持自由自在的生活,情愿死亡也不屈服。"克里苏斯对于武德很有自信,安纳查西斯没有明白他的意思,才会提出错误的回答,于是让安纳查西斯有第二次的机会,可以用另一种德行取悦于他,再问道:"你认为世上所有的生物当中,谁的判断最为公正?"安纳查西斯再一次回答:"蛮荒地区的动物,只有它们的生活符合自然的要求而不是法律的规范;因为自然是神明的成果,而法律是人为的限制,顺从神的制度比起顺从人的制度更符合公正的判断。"

克里苏斯为了使安纳查西斯的话让人觉得非常荒谬,故意问他道:"那么野兽最有智慧?"安纳查西斯同意他的观点还加以解释:"智慧的特质在于崇尚真理,自然传授的真理远胜过法律的规定。"克里苏斯嘲笑提出的答案,那是因为这个人来自锡西厄,过着茹毛饮血的生活与野兽没有什么差别。

27 克里苏斯问梭伦,所有活在世上的生物当中,是谁享受最幸福的生活,认为梭伦无论从各方面来看,都认为是非他莫属。但是梭伦回答道:"我无法将这种情况用于每一个人,还活在世上的人我不可能看到他最后的结局,这时就不能认为他确实得到幸福。经常产生这种情形,就是一个人的一生非常顺遂,蒙受命运女神给予的恩典,然而到了老迈之年遭遇最大的灾祸,以至于不得善终。"然后国王说道:"经过你的判断,不认为我是最富有的人?"梭伦给予同样的答复,特别加以解释说不是拥有最多的人就是最富有的人,在所有可以拥有的东西当中以智能的价值最高,没有任何事物可以与智慧抗衡,之所以达到莫之能御的地步,在于财富要依靠智慧,才能发挥最大的作用,而且获得安全的保障。

接着克里苏斯询问毕阿斯的意见,梭伦的回答是对或是错。毕阿斯答复道:"他说的话很正确,他希望做出最后的裁决是你的拥有已经盖棺论定,而不是只看到目前处于暂时拥有的情况,须知一个人要处于前面而不是后面的情况才称得上幸福。"国王说道:"即使你不能看在黄金的分上,将最高的地位给予财富,至少你也要看看我的朋友,没有一个人能像我那样交游广阔。"毕阿斯回答道:"你的好运让你拥有很多朋友,但不能保证以后仍旧如此。"

据说克里苏斯这样问彼塔库斯:"就你的见识而论,哪一种政府的形式最好?"他回答道:"要像一根漆得很光亮的木头。"意思是,这只是外表,一切要靠内在的法律。

28 伊索(Aesop)①与同时代的希腊七贤一样,他的作品广为流行,有次他说道:"这些人不知道如何与统治者做伴,须知相处之道在于行动的微小审慎和言语的优雅谦让。"

29 弗里基亚(Phrygia)有一个人名叫亚德拉斯都斯(Adrastus),陪着利底亚国王克里苏斯之子阿泰斯(Atys)出去打猎,掷向野猪的标枪竟然误中这个小孩,虽然他在无意中杀死阿泰斯,但宁愿为所犯的过失付出自己的性命,因此他恳求国王不要赦免他的罪行,立即将他处死在这位夭折少年的墓前。克里苏斯为丧子之痛愤怒不已,认定亚德拉斯都斯犯下谋杀的行为,发出威吓之词要将他活活烧死。看到亚德拉斯都斯心甘情愿接受惩罚,起了恻隐之心责备自己厄运临头,不应怪罪在亚德拉斯都斯身上所以将他释放。虽然如此,亚德拉斯都斯却自愿赴死,拔剑自刎于阿泰斯的墓前。

30 费拉瑞斯看到一群鸽子被一只老鹰追赶,于是他说道:"各位,你们看到没有,畏惧竟然能使一个很大的群体在单一追驱者前面逃走?如果他们能鼓起勇气转过身来,很容易将追驱者制伏。"(然而这是费拉瑞斯自己产生误解;须知赢得胜利不在于数量的优势而是英勇的

---

① 伊索是出生于色雷斯的奴隶,公元前6世纪初叶居住在萨摩斯岛,写出极其著名的《伊索寓言》。

气概①。)发表这种讲话所造成的结果,是费拉瑞斯失去他的王国,这个故事记载在《论国王的继承》(*On the Succession of Kings*)有关章节当中。

31 克里苏斯要在战场上与波斯人居鲁士一决高下②,他派人求取神谶指点迷津,得到答复:

> 要是克里苏斯能渡过哈利斯河,
> 实力足以摧毁一个伟大的王国。

他按照自己的意愿接受和解释神谶极其含糊而暧昧的答复,难免陷入悲伤的处境。

克里苏斯第二次提出请求,想要知道是否能够统治很长的时期。神谶的答复是下面的诗句:

> 一头骡子有天变成米堤亚的国王,
> 柔软双足的利底亚人赶快逃走,
> 沿着赫木斯河铺满卵石的河床,
> 成为懦夫无须彷徨或感到羞愧。

这个"骡子"是指居鲁士,因为他的母亲是米地亚人而父亲是波斯人。

波斯国王居鲁士率领大军,出现在卡帕多西亚的隘道前面,派出钦差去见克里苏斯,一方面是刺探对方的实力,另一方面是宣示他的旨意,说是

---

① 毫无疑问这是学院派的评论。
② 发生在前 547 年。

他愿意原谅克里苏斯过去不当的行为,同时还要指派帕克里苏斯出任利底亚的省长,现在要做的事是他必须前往居鲁士的宫廷,承认自己是国王的奴仆。克里苏斯告诉来使居鲁士和波斯人更适合做他的奴隶,提醒他们曾经在米地亚人手下服行贱役,须知他从未接受别人的命令。

32 利底亚国王克里苏斯借着派人到德尔斐为幌子,以弗所的优里巴都斯(Eutybatus)奉命前往伯罗奔尼撒半岛,携带大批金钱要在希腊尽可能征募雇兵,身为克里苏斯的代理人竟然去见波斯人居鲁士,将所有的秘密全部泄露出去。从此以后,优里巴都斯出卖国君在希腊人当中成为笑柄,直到今天我们想要对某位人士的奸诈表示不齿,就可以称他为优里巴都斯。

33 虽然邪恶的叛徒可以暂时逃过受害者亲手给予的惩罚,对于他们的恶行所做的记载却永久保存下去,使得他们在死后仍旧受到谴责。

据说克里苏斯在与居鲁士交战的前一个夜晚,派遣使者前往德尔斐,就他的儿子能说话一事①,能让他知道这表示何种含义,阿波罗女祭司给予答复:

> 生为利底亚的万王之王和国君,
> 愚蠢的克里苏斯绝不要想听到,
> 你的宫殿里面回响童稚的声音;
> 须知你的儿子最好是地哑天聋,
> 要是有一次听到他说出一句话,

---

① 他的儿子生下来就是一个哑巴。

即将有极大的不幸降临到头顶。①

一个人对于好运保持谦冲和辞让之心，过分相信成功会带来覆灭的后果，须知世人稍有不慎就会遭遇大难。

克里苏斯成为俘虏以及柴堆②已经拆除以后，他看到城市遭到洗劫，所有的金银财物全被带走，他问居鲁士道："这些士兵在干什么？"居鲁士带着笑容回答道："他们在抢劫你的东西。"这时克里苏斯说道："啊！天神！这些财富不是我的而是你的，因为克里苏斯现在已经变得一无所有。"居鲁士对他说的话印象深刻，很快改变自己的想法，下令士兵停止掠夺的行为，收缴萨迪斯所有居民的财物运到皇家的金库。

34 居鲁士认为克里苏斯是一个信仰虔诚的人，因为突然发生一场暴风雨，熄灭要将他烧死的火焰，想起梭伦谈起幸福和命运的回答③，赦免克罗苏斯并赐予应有的礼遇，还在国务会议中给他安排一个职务，确信这位降服的对手非常聪明，因为过去在克里苏斯的身边，总有很多学问高深以及极其睿智的人士。

35 波斯人居鲁士指派哈帕吉斯（Harpagus）担任水师提督，亚细亚的希腊人派遣使者前去晋见居鲁士④，意图使双方签订友好

---

① 希罗多德《历史》第 1 卷第 85 节，提到这个小孩第一次说话的日子，正是波斯人夺取萨迪斯之日。

② 架起的柴堆原本准备用来烧死克里苏斯，参阅本章第 2 节。

③ 梭伦对克里苏斯说道："我们无论处在哪种环境之下，不可知的未来仍然要降临到我们的头上，每个人的运道都有无法预测的变迁，只有神明继续赐给恩典和福泽，直到盖棺定论才能称为'幸福'。"参阅普鲁塔克《希腊罗马名人传》第 3 篇第 1 章"梭伦"第 27 节。

④ 这件事发生在前 545 年。

协议,哈帕吉斯向来使提到他们的做法与他过去的经验如出一辙,有一次他想结婚就请求一位女郎的父亲将女儿嫁给他。不过,首先这位父亲的意见是哈帕吉斯不够资格娶他的女儿,要把她许配给地位更高的人士,后来看到哈帕吉斯受到国王的重用,愿意与他结亲,这时哈帕吉斯的答复是他现在不想娶她为妻子,如果愿意倒是可以成为他的侍妾。

哈帕吉斯用这番话指出居鲁士过去要求希腊人成为波斯人的朋友,谁知对方没有意愿遭到拒绝;目前的情况发生重大的转变,他们非常着急要想建立友谊,居鲁士已经不愿与他们联盟,如果他们对波斯人确有诚意,他倒是愿意接受他们成为奴隶。

36 拉斯地蒙人得知亚细亚的希腊人处于危险的局面,他们派遣一位使者去见居鲁士,向他表示拉斯地蒙人与亚细亚的希腊人有亲戚关系,禁止他将希腊人的城市置于奴役统治之下。居鲁士对于来使的话感到惊讶,就说他为了考验他们的英勇,特别派出他自己的奴隶前去征服希腊人。

拉斯地蒙人派兵前去讨伐阿卡狄亚(Arcadia)①的时候,他们接到下面的神谶:

> 你们提出恳求向我要阿卡狄亚?
> 这种想法实在过分我不能答应,
> 很多食橡实的武士都住在该地,
> 他们会尽全力抵挡你们的入侵。
> 然而我对你们毫无吝惜的心理,

---

① 大约是在前 560 年。

情愿把特基亚的土地交给汝等，

可以光着脚在上面轻快地跳舞，

肥沃的平原经过测量就能耕种。

拉斯地蒙人派人前往德尔斐，请求神明指点迷津，告知阿格曼侬（Agamemnon）之子欧里斯底（Orestes）的骨骸埋在何处，神谶用下面的语句给予答复：

阿卡迪一望无垠的大平原上面，

有一个地方它的名字叫特基亚，

完全是地形的关系出现两种风，

反复不断来回施加打击和激荡，

灾祸的堆积已造成更大的损伤。

大地之母会把阿格曼侬的儿子，

紧抱在怀抱里面不肯轻易放手，

你们只要将他的遗骸带进城中，

自然而然成为特基亚的统治者。

看来提到的情节与一个铁匠有关，神谶所指两股风的吹袭①，用来表示铁砧和铁锤之间的"打击"，至于"灾祸的堆积"意为铁器与铁器的碰撞，因为铁器可以被称为"灾祸"，因为铁器被发现以后，主要工作是用来伤害人类。

与其活着来见证自己和亲人遭遇像死亡一样的不幸，还不如早点逝世

①　希罗多德《历史》第1卷第67—68节，对这份神谶提出详尽的解释，特别提到两种风是铁匠的两个风箱产生的两股气流。

可以免除刻骨铭心的痛苦。

37 庇西特拉图的女儿携带神圣的花篮参加游行的行列①,她自认
比起其他的同伴要更为美丽,一位年轻人走过去用高傲的姿
态亲吻这位少女。女郎的兄弟得知这件事以后,责骂这位年轻人无礼的行
为,还将他带到父亲的面前要求给予惩处。庇西特拉图说道:"如果我们处
罚那些爱②我们的人,对于恨我们的人又该怎么办呢?"

有次庇西特拉图旅行经过乡间,看到有个人正在田地里面工作,这块
田地位于海麦都斯山的斜坡上面,土壤极其贫瘠而且含有很多石头。他对
这个人全力投入工作感到奇怪,就叫他的几位同伴前去问他,这样的卖命
能够从这块土地得到什么收获,奉命的人得到农夫的回答,说他过去在这
里得到的东西只是悲惨和痛苦,现在已经感到毫不在意那种感觉,因为要
将得到的十分之一交给庇西特拉图。统治者听到回报就笑了起来,马上让
这块田地免予征收租税,从而有一句谚语:"只有抽搐发作可以免税。"③

---

① 泛雅典节是雅典最重要的节庆和祭典,时间是当年 Hekatombaion 月(7 月)23—30
日共 8 天,每 4 年要扩大举行,祭祀的主神是阿西娜。

② 这个字的原文有两种意义,一是"爱",一是"吻"。

③ 根据"苏达斯(Suidas)辞书"的记载,说这个人的答复是:"土地只会给他带来痛苦
和抽搐。"这里的"抽搐"是指工作到精疲力竭。

第十章

残 卷

1 塞维乌斯·屠留斯(Servius Tullius)来到元老院,正是塔昆纽斯(Tarquinius)①的叛逆行动最为活跃的时候,见到反对国王的阴谋分子已经据有多数,他毫无办法只能说道:"啊,塔昆纽斯,看看你做的好事!"塔昆纽斯回答道:"你这样说我不接受,须知都是你手下的人在惹是生非,那些具有奴隶身份或生为奴隶之子的家伙,竟敢把自己当成国王要去统治罗马人;虽然我拥有我父亲的领导地位,却被那些人用不合法的手段将我的统治权夺去,何以你对这方

---

① 应该是塔昆纽斯·苏帕巴斯(Tarquinius Superbus);参阅利瓦伊(Livy)《罗马史》第1卷第47节及后续各节;哈利卡纳苏斯的狄奥尼修斯(Dionysius of Halicarnassus)《罗马古代史》(*Roman Antiquities*)第4卷第38节。

面不讲一句公道话?"他一边说话一边冲向屠留斯,用手一把将他抓住以后推下台阶①。屠留斯很快站了起来,双脚因为摔倒只能跛行,努力想要逃走但还是当场被杀。

2 罗马国王塞维乌斯·屠留斯的统治长达四十四年②,由于他有高尚的人格和无私的美德,为了城邦和人民的福祉,顺利拟定了不少的制度。

3 色瑞克利(Thericles)出任雅典的执政是在奥林匹亚61会期③,据说哲学家毕达哥拉斯(Pythagoras)④在这个时候,已经拥有高深的学问和广泛的知识;说起对世人的教化和熏陶能够产生深远的影响,只有他在历史上最先占有显赫的地位。虽然有人说他是第勒尼亚人⑤,其实就出生地而论他是萨摩斯人。他说话极富说服的魅力,整个城市几乎都唯他马首是瞻,把他视为上天赐给他们的礼物,大家争先恐后去聆听他的训诲。他的演说有口若悬河的辩才让人折服,高尚的心灵和节制的习性表现在简朴的生活上面,成为年轻人愿意仿效的榜样。无论何人只要与他相处在一起,奢侈和放纵的生活方式就会发生改变;须知财富会使人耽于恶习

---

① 根据狄奥尼修斯的记载,元老院大厅有向下的台阶通往罗马广场。
② 这段时间是从前578—前535年;现在已经修正为前579—前534年,整个时间等于多了两年变成46年。
③ 奥林匹亚61会期相当于前536—前533年,但是色瑞克利出任执政是在前533—前532年。
④ 毕达哥拉斯是公元前6世纪末叶的哲学家和数学家,萨摩斯的尼摩克斯(Mnesarchus)之子,前531年为了反对波利克拉底的暴政逃到克罗顿(Croton),从事写作和教学,参与宗教活动,后来隐居到梅塔朋屯(Metapontum),平生著述甚多,都已失传。毕达哥拉斯学派有段时间成为希腊哲学的主流,认为"数"为万物的本源,要促进理性哲学的发展,提倡禁欲主义,宣扬灵魂转生。
⑤ 就是后来的伊楚里亚人。

丧失自制的能力,日趋下流卑鄙让肉体和心灵堕落到沦亡的处境。

毕达哥拉斯得知昔日的师尊菲里赛德(Pherecydes)病重,即将不久于人世,他马上在意大利备好船只驶往提洛(Delos)岛。他照顾这位老人有相当长的时间,尽可能采取各种预防措施,让年迈的长者安然度过病痛的折磨。等到菲里赛德因年事已高且病势加重,终于弃世而去,毕达哥拉斯负责葬礼有关事宜,像一位孝子举行传统的祭祀,等到妥善处理完毕方始返回意大利。

毕达哥拉斯只要有任何一位友伴失去财产,其余的人都将他当成自己的兄弟,会把家产分给这位不幸的人。他们这种处理财产的方式,不仅在于他们每天生活在一起非常熟悉,还在于每个人的人生规划是要让大家分享一切。

4 塔伦屯(Tarentum)的克莱尼阿斯(Cleinias)是我们提到那个团体①的成员,听说塞伦的普罗鲁斯(Prorus)因为政局的剧烈变动,丧失家产陷入极其贫穷的处境,他从意大利前往塞伦,携带大量金钱让克莱尼阿斯恢复原来富裕的景况,虽然他以前并未见过这个人,只知道彼此都是毕达哥拉斯学派的人物。根据记载还有很多其他人都有同样的行动。他们不仅用支助金钱表示对朋友的全力奉献,甚至在遭遇巨大灾难的时候彼此分担面临的危险。

可以举例说明,就在狄奥尼修斯成为僭主期间②,有位名叫芬特阿斯(Phintias)的人士是毕达哥拉斯学派的信徒,组成一个反对暴政的阴谋团体,发觉以后要为叛逆的行为接受惩罚,他向狄奥尼修斯提出请求,给他一点时间去处理私人的事务,为了不会逃避判决的刑责,有一位朋友保证他

① 那个团体是指毕达哥拉斯学派。
② 叙拉古的狄奥尼修斯一世,在位时间为前405—前367年。

会回来受死。统治者感到非常惊奇,是否真有一位朋友愿意进入监狱来替代他的位置;芬特阿斯召唤他的知己之交,就是毕达哥拉斯学派哲学家达蒙(Damon),这位学者毫不迟疑立刻赶到,愿意为他犯下的死罪担任保证人①。

现在有些人对于一个朋友的伟大情谊表示赞许,还有人指责保证人过于轻率和愚蠢。指定返回的时刻即将到来,所有人都聚集在一起,为了他是否能对保证人履行诚信的诺言,全都为之焦虑不已。等到大家都已放弃希望,芬特阿斯在最后的时刻总算跑到,正是达蒙要去面对自己的死亡。生死不渝的友情在所有人的眼里看来都是一种奇迹,狄奥尼修斯赦免这位罪犯的刑责,就是自己也要与他们建立深厚的友谊②。

5 毕达哥拉斯学派的成员坚持记忆的功能,用下面的方法不断地练习,就是大家相互坦诚告知前一天所做的每一件事情,涵盖的时间是从清晨直到傍晚,否则第二天他们无颜起床见人。如果他们比起平常有更多的空闲,还会提到前三天或四天所做的事甚或更早也说不定。用这种方式获得所有事物的知识和做出的判断,能够牢记在心随时可以拿出来

① 普鲁塔克在《道德论丛》第7章"论知交满天下"第2节,提到坚如金石的友谊,诸如帖修斯和派瑞索斯、阿基里斯和佩特罗克卢斯、欧里庇底和皮拉德以及芬特阿斯和达蒙,这八位知名之士都是希腊人,除了芬特阿斯和达蒙,大家对他们耳熟能详。

② 达蒙和芬特阿斯[有的记载误为皮提阿斯(Pythias)]有生死不渝的友情,这个故事在古代世界广为人知,相关的情节出现在很多的版本上面。狄奥多罗斯和西塞罗《论责任》(*On Officiis*)第3章第45节都提到此事;特别是西塞罗《突斯库隆讨论集》(*Tusculum Disputations*)第5章第22节提供最古老的拉丁文译本,说明这件事与狄奥尼修斯一世有关。我们从伊安布利克斯(Iamblichus)《毕达哥拉斯传》(*De Vita Pythagorica*)第233节,得知整个事件的来龙去脉,特别是依据亚里斯托克森努斯(Aristoxenus)的权威之言,狄奥尼修斯二世在科林斯亲口告知此事,那是发生在僭主的宫廷,说是毕达哥拉斯学派的成员,他们的友情经得起考验。诗人席勒根据海吉努斯(Hyginus)《寓言集》(*Fabube*)第257节提供的数据,写出著名的《叙事诗》(*Ballade*)。

运用。

毕达哥拉斯学派的成员用下列方式训练自制的能力。他们为了举行盛大的宴会准备精美的菜肴，然后吩咐奴隶大快朵颐，自己一口都不尝，他们的满足口腹之欲只是看看而已。

毕达哥拉斯学派相信灵魂的转世和轮回，认为食用肉类是令人厌恶的事，说是所有生物的灵魂死亡以后能进入其他生物的体内。他经常提到他能记得特洛伊时代发生的事情，因为他就是潘朱斯（Panthus）之子优福巴斯（Euphorbus），后来被麦内修斯（Menelaus）所杀[1]。

据说毕达哥拉斯逗留在亚哥斯的时候，有次他看到一面挂在墙上的盾牌，那是从特洛伊获得的战利品，就情不自禁流下眼泪。亚哥斯人问他何以悲伤，他答复说他当时是优福巴斯，携带那面盾牌前往位于特洛伊的战场。所有的人都不相信，认为他在那里胡言乱语，于是他提出确凿的证据，说是盾牌的内侧，刻着古老的文字"此物为优福巴斯所有"。大家听到让人大吃一惊的说法，马上取下挂在墙上的盾牌，翻过来一看内侧果然有他所说的字迹。

凯利玛克斯（Callimachus）[2]有次提到毕达哥拉斯，说是后者解开了一些几何的难题，其他都是经过他的推广从埃及带到希腊的，所以凯利玛克斯有这样的介绍文字[3]："这位弗里基亚人优福巴斯[4]能够变得众所周知，

---

① 参阅荷马《伊利亚特》第17卷第59—60行：潘朱斯的儿子优福巴斯手执沉重的梣木杆的矛枪，被嗜战的麦内修斯杀死，连身上的披挂全遭剥光。

② 凯利玛克斯是知名的学者、诗人和文法学家，从260年到前240年逝世为止，一直在亚历山德拉图书馆担任馆长。

③ 参阅凯利玛克斯《诗的抑扬格》（Iambi）第124节。

④ 毕达哥拉斯获得这个称呼在于他要让优福巴斯轮回转世；参阅前文提到的优福巴斯被杀。

在于他教导等边和不等边的三角形，以及认同一个有七个区间的圆①，还要劝大家禁绝食用肉类；所有他率先躬行的项目都不如最后这件事引起大家的注意。"

7 毕达哥拉斯叮嘱他的追随者要养成过简朴生活的习性，他始终认为奢侈浪费不仅毁弃一个人的财富，就连他的身体都受到损害。他坚持一种观念就是大多数疾病来自消化不良，须知肠胃的毛病来自暴饮暴食的浪费。很多人被他说服只吃未经烹调的食物和只喝淡而无味的水，结果都能获得长寿，看来只要遵照他的规定真有很大的好处。然而谈到我们这个时代的人，提出的意见是他们可以就带来欢愉的事物，选出一两件暂时禁绝几天，同时他们对哲学抱着排斥的态度，认为花时间去研究是一件傻事，因为只能找到看不到的好处，现在他们要货真价实的利益。无论何处需要讨好暴民还是管一些与自己不相干的闲事，他们就有时间去做而且没有任何滞碍之处；一旦说是需要他们在教育方面打起精神或是矫正性格上的缺失，得到的答复是这种事对他们已经不太适合，结果是他们在白费工夫，所有的忙碌和关怀都是无的放矢。

据说塔伦屯的阿克塔斯（Archytas）②是毕达哥拉斯的追随者，有一次他的奴隶犯下重大的过错使得他大发雷霆，等到他的怒气平息下来以后，就对这些奴隶说道："要是我不发脾气的话，你们就要倒霉了。"③

---

① 黑斯《希腊的数学史》第1卷第142页，认为这些话"很难理解，除非'七个区间的圆'（表示太阳、月球和行星7个互不干涉的运转轨道）的意义当成'七倍长度的圆'，或者这个圆（指黄道带）将所有天体的运行轨道全部包括在内"。

② 阿克塔斯是出生在塔伦屯的希腊人，当代知名的哲学家、数学家、将领和政治家，前400年前后显赫一时。

③ 西塞罗《突斯库隆讨论集》第4卷第36节，引用阿克塔斯富有人情味的话："要是我不这么生气，你们就会吃不了兜着走。"

8 毕达哥拉斯学派的成员非常重视坚定不渝的友情,他们认为朋友的忠诚是人生最美好的事情。

对于毕达哥拉斯学派的成员来说,最重要而又最奇妙不过的事就是对朋友的忠诚。难道所有那些加入共同生活的人士,都是靠着养成的习性、言行的模式和有力的论点,才能将这种独特的素质灌输到他们的心中?很多局外人很想知道原因,在这方面花了很大的力气,还是无法获得真正的详情。所持的理由是他们的教导系统为了达成目标,必须保有神圣不可侵犯的性质,毕达哥拉斯学派的成员将不用文字当成基本教条,他们的学说和原则只靠记忆的保存和口口相传。

9 还要提到毕达哥拉斯其他的禁令,他要求他的门人尽量不要发誓赌咒,如果他们确实立下誓言,无论在任何环境之下都要遵行不得有误;他们绝不能有拉柯尼亚人赖山德(Lysander)或雅典人迪玛德斯(Demades)①那种心态,因为前者有次竟说小孩用骰子骗钱,大人用发誓骗人,迪玛德斯非常肯定地表示,在处理所有相关事务的时候,立誓成为最有利的一种选择方式。根据他的观察举凡做伪证者都把发誓赌咒当成工具,可以达成目的而且都是无往不利,任何人只要保持绝不食言,有时就会丧失自己所拥有的东西。做伪证者不会像毕达哥拉斯那样将誓言当成诚信的承诺,而是当成用来不当得利和欺骗的诱饵和圈套。

毕达哥拉斯论及他对爱情的欢乐有何种看法,认为接近妇人最好是在夏天,还是不能全力以赴应该有所保留,到了冬天更应节制。他认为任何

---

① 赖山德是斯巴达的水师提督,死于前395年;迪玛德斯是雅典的演说家,死于前319年。迪玛德斯的生活和统治是如此荒淫无道,安蒂佩特有次提到他,说他等到老年就像用来献祭的牺牲,除了留下舌头和胃,其余部分是尸骨无存;参阅普鲁塔克《希腊罗马名人传》第18篇第1章"福西昂"第1节。

一种爱情的欢乐都会伤害身体,过度的纵欲会让人虚弱不堪甚至有丧命的危险。

据说有一次某人问毕达哥拉斯,何时他始能尽量享受情欲的欢乐,他答复:"就在你不想为自己当家做主的时候。"①

毕达哥拉斯学派将人的一生分为四个时期,就是童年、青年、壮年和老年;他们还说这与一年之中出现四个季节非常类似,春季就是童年,夏季就是青年,秋季就是壮年而冬季就是老年。

毕达哥拉斯的教导说是人们去向神明献祭的时候,身上不要穿名贵的衣服,只要白色而且干净即可,他们出现在神明的前面要保持身体的清洁不要做出任何不义的行为,灵魂更要纯洁没有受到任何污染。

毕达哥拉斯经常提到那些谨言慎行的人应该向神明祈祷,要为轻率冲动的人做一些有益的事情;因为愚蠢的人无法得知他的一生当中哪些是真正的善行。

毕达哥拉斯总是明确表示,他们在恳求的时候所做的祈祷只是概括为"所有美好的事物",不必分别提到它的名字,诸如权力、体能、美丽、财富等。

经常发生的情况就是在这些方面满足他们的欲望,产生的后果是乐极生悲甚至毁于旦夕。任何人要是玩味欧里庇德斯(Euripides)的悲剧《腓尼基的妇女》(*Phoenician Maidens*)当中的诗句②,就会认同这种说法,因为剧中人波利尼西斯(Polyneices)向神明的祈祷,开始是

---

① 柏拉图说过:"节制是对美好的秩序和对快乐和欲望的控管和抑止,简而言之就是'做自己的主人'。"参阅柏拉图《国家篇》第4卷430E。

② 整段的诗句出自《腓尼基的妇女》第1364—1375行:"然后,他要注视亚哥斯监狱里的囚室,接着祈祷:天后赫拉,为着你的缘故,我才与亚德拉斯都斯的后裔子孙结婚,大家一起住在你的土地上面和乐融融。现在请让我杀死我的兄弟伊特奥克利,让从事战争的双手沾满着胜利的鲜血。帕拉斯手执黄金的盾牌站在神庙里面,伊特奥克利望着威严的神像开始恳求:宙斯的女儿请你应允我的报仇和雪恨,是的,这根长矛会戳进我兄弟的胸膛。"

然后,他要注视亚哥斯监狱里的囚室,

结束于

是的,这根长矛会戳进我兄弟的胸膛。

因为就波利尼西斯和伊特奥克利(Eteocles)的想法,他们会为自己祈祷最好的事情,其实上天却将诅咒降临在他们的头上。

那个时候毕达哥拉斯对于克制的生活、无畏的气概、坚毅的精神以及其他美德,发表很多次讲演用来灌输大家的竞争之心,使得克罗顿(Croton)居民对他奉上的尊荣如同神明①。

10 毕达哥拉斯所称的原则是教导人们"喜爱智慧"即 philosophia,而不是"智慧"即 sophia。他批评大家所称的"希腊七贤",这些人都生在他的前面,他说没有所谓的智者,作为一个人很多次因为天性的弱点,没有能力可以让所有的事全都成功地解决,然而他可以仿效一个有智慧的人所过的生活方式,这样一来更适合被称为"喜爱智慧的人"。

虽然毕达哥拉斯本人和学派后来获得很大的进展,给希腊的城邦带来莫大的福分,但还是逃不过嫉妒的迫害,让所有高贵的事物都受到糟蹋。我认为在人类当中并没有所谓高贵的事物,因为它的特性在于经得起长时间的考验,不会毁弃还能历久弥新。

11 克罗顿人赛隆(Cylon)是家世富有和名声响亮的市民,一心想要成为毕达哥拉斯学派的成员。由于他个性冲动经常采用暴

---

① 大约是前 530 年。

力的手段,加上喜爱煽起叛乱和专制独裁,所以受到学派其他成员的反对。因此,他对毕达哥拉斯学派的阶级制度非常气恼,自己组成一个人数众多的党派,尽可能在文字和行动方面,对于毕达哥拉斯学派发起绝不停息的打击。

毕达哥拉斯学派的黎昔斯(Lysis)来到皮奥夏的底比斯,成为伊巴密浓达(Epaminondas)①的老师;在各种德行的陶冶之下将伊巴密浓达培养成为一个完人,由于黎昔斯对他的厚爱,他的父亲将他过继给黎昔斯。伊巴密浓达接受毕达哥拉斯的哲学理论,养成坚毅、简朴和其他各种美德,成为不仅是底比斯也是那个时代的伟大人物。

12 详述过去那些重要人物的传记,就作者而言是很困难的任务,然而对于整个社会有很大的好处。翔实的记录非常坦诚地描述他们的是非对错,对于善行给予赞誉,至于恶行要加以谴责,双方真可以说是壁垒分明。有人会说赞誉会构成美德的酬庸,并不需要考虑付出的费用,谴责是对恶行的惩处并不在意肉体的责打。

对于后来的世代这是一件紧要的事要牢记在心,一个人在地球上面无论选择哪一种的生活方式,过世以后他还值得被人记起;随后会出现这种原则,为了使得我们的子孙不要渴望竖立石质的纪念物,即使非常坚固也只能限于一个地方,很快会与草木同朽,还不如依靠理性和美德,口口相传之下更能久远长存。时间会使万物凋零能让德行保持永恒,本身随着岁月向前迈进,却将清新的气息授予当时的年轻人。无论我们怎么表示在前面

---

① 伊巴密浓达是底比斯的将领和政治家,公元前4世纪最伟大的人物之一,在琉克特拉会战和曼蒂尼会战中打败斯巴达人,结束了斯巴达在希腊的霸权,他在前362年作战时受伤逝世,接着才有马其顿的崛起和亚历山大的征服行动。

提到的人士①就是一个鲜明的例子,虽然他们在世的年代是在长远以前的过去,但所有的人在谈起他们的时候如同他们还活在今日。

13 波斯国王居鲁士(Cyrus)吞并巴比伦人和米地亚人的领域②以后,伟大的抱负想要征服整个人类居住的世界。他已经击败这些实力很强的国家,认为没有任何国王或民族能够抗拒他的大军;举凡拥有莫大的权力且又无须负任何责任的统治者,有些早已习惯于不必像一般人那样依赖他们的好运,因为这些上位者过于自负认为所有问题都会迎刃而解。

14 康贝西斯(Cambyses)③天生疯狂的气质使得他滥用权力,拥有伟大的王国让他更为残酷和傲慢。

波斯人康贝西斯占领孟菲斯(Memphis)和佩卢西姆(Pelusium)④以后,由于他像一般人那样认为自己的好运可以无往不利,便挖开埃及国王阿玛西斯(Amasis)的坟墓。就在棺材里面找到成为木乃伊的尸首,他要使用种种侮辱的方式损毁死者的遗体,最后下令将它烧成一堆灰烬。当地的土著不会用火葬的方式处理尸首,他认为这样一来会让阿玛西斯长眠地府不得超生。

就在康贝西斯进军前去攻打埃塞俄比亚(Ethiopia)的时候,派遣一部分军队镇压阿蒙尼姆(Ammonium)⑤的居民,下令指挥官要拿走神谶然后全部烧掉,所有居住在神庙附近的民众当成奴隶出售。

---

① 狄奥多罗斯说的还是毕达哥拉斯学派的成员。
② 这个时间是前 550 年。
③ 康贝西斯是波斯国王,在位时间为前 529—前 522 年。
④ 发生在前 525 年。
⑤ 阿蒙尼姆的阿蒙神庙以神谶的灵验知名于世,它的位置是现在的西瓦(Siwah)绿洲。

15 康贝西斯以后的波斯国王成为整个埃及的君主,那些与埃及人有联盟关系的利比亚人和塞伦,都向他进贡贵重的礼物并且表示乐于唯命是从。

16 萨摩斯的僭主波利克拉底(Polycrates)①经常派遣三层桨座战船到最适当的位置,抢劫所有在海上航行的船只,任何城邦只要与他建立联盟关系,他就会归还已经到手的战利品②。他的同伴当中有人批评这种多此一举的做法,他说他的朋友会感激他因为他将他们失去的东西归还给他们,如果在开始就没有损失,那么他们就不会有这种感觉。

违背正义的行为如同一般事务就会导致上天的报应,犯错的人会受到适当的惩罚③。

仁慈的行为不会产生悔恨,受到恩惠的人发出的赞扬就是最美好的收获。即使不是所有的领受者都会回报仁慈,至少有些人会有感激之心,有时候就会产生意料之外的效用。

某些利底亚人要逃离省长欧里底(Oroetes)作威作福的统治,夺得船只带着很多财产来到萨摩斯,请求波利克拉底给予庇护。开始的时候他对他们非常友善,不久以后将他们全部处死并且籍没他们的财产。

17 庇西特拉图(Peisistratus)的儿子帖塔拉斯(Thettalus)④极有见识,所以会舍弃专制政体,始终为城邦的自由平等奋斗不息,

---

① 他的统治时间大约为前540—前523年。

② 波利克拉底的目标非常明确,逼使那些有船只在海上航行的城邦都要成为他的盟友。

③ 希罗多德《历史》第3卷第125节,提到波利克拉底在马格尼西亚(Magnesia)为利底亚省长欧里底(Oroestes)所杀。

④ 他有一个绰号叫作赫吉昔斯特拉都斯(Hegesistratus)。

在雅典的市民当中享有很高的名望;他的另外两个儿子希帕克斯(Hipparchus)和希皮阿斯(Hippias)①,为人暴虐而且鲁莽,要在雅典维持原来的僭主统治。他们对于市民做出很多无法无天的恶行,特别是希帕克斯爱上了一位美少年②,使得自己落入极其危险的处境……③现在要对僭主发动攻击,他们抱着极其热烈的期许完成复国大业,如同在前面提到的情况,要让全民享受祖国的自由和独立;亚里斯托杰顿(Aristogeiton)用不屈的灵魂和坚毅的勇气忍受酷刑的折磨,他在最为恐惧的时刻仍能维持两种过人的美德,就是对朋友的忠诚和对敌人的憎恨。

亚里斯托杰顿向所有的人表示高贵的灵魂能够克服肉体的剧痛。

18 哲学家季诺(Zeno)④涉嫌推翻僭主尼阿克斯(Nearchus)的叛逆行动受到酷刑的拷问,尼阿克斯要他供出其他的阴谋分子,他忍着剧痛回答:"我的意志可以主宰肉体也能管好自己的舌头!"

季诺的故乡在尼阿克斯的暴政之下民不聊生,于是季诺组成一个阴谋团体,从事颠覆僭主统治的反抗活动。等到事机不密他遭到逮捕,尼阿克斯要他招出其他涉案人员,虽然身受令人发指的酷刑,但他回答道:"我的意志可以主宰肉体也能管好自己的舌头!"僭主闻言大怒使用更为酷虐的刑具,季诺仍旧强忍一段时间;为了从剧痛当中获得解脱以及对尼阿克斯施加报复,由于酷刑的折磨已经到达最大的强度,假装他的意志终于屈服于肉体的痛苦,他大声喊叫道:"快放我下来! 我愿意如实

① 希皮阿斯是真正的统治者,在位时间为前527—前510年;希帕克斯在前514年被杀。

② 这个人是哈摩狄斯;修昔底德《伯罗奔尼撒战争史》第6卷第54—57节,对这一伟大的壮举有非常详尽的叙述;参阅本书第九章第1节。

③ 这个重大事件的其余部分,诸如市民的气愤、在前514年对僭主的攻击,以及希帕克斯和哈摩狄斯的被杀,逸失以后现在付之阙如。

④ 这位季诺是伊里人[现在意大利的维利亚(Velia)],活跃于公元前5世纪中叶。

招供。"

等到他们停止用刑,他要求尼阿克斯来到他的身边,只能让僭主听到他所说的话,像是有很多事情不能泄露出去仍旧要保持秘密,这时僭主走过来将头靠近季诺的嘴边,他就一口咬住对方的耳朵不放。所有的随员赶过来想尽办法救出僭主,用力殴打他反而咬得更紧。最后他们无法动摇这个人坚强的毅力,只有用剑将他刺死才让他的牙齿松开。季诺用这种计谋才能解除身体遭到的痛苦,还能抓住机会对僭主给予仅有的惩罚。

[很多世代以后,拉斯地蒙人多瑞乌斯(Dorieus)①前往西西里,夺回原来属于他们的土地并在上面兴建赫拉克利(Heracleia)②。由于这个城市的发展非常迅速,迦太基人产生嫉妒之心,同时还害怕它会变得比迦太基更为强大,从他们的手里夺走对腓尼基人的统治权,派出一支大军将赫拉克利攻占以后夷为平地。这个事件的详情要在适当的章节再加以讨论。]

19 人们对于某些事务做出明确的宣告,说他们绝不会就此不了了之,其实这些话就是一种报应会暴露他们弱点,也是人类要面临的命运③。

被称为佐庇鲁斯(Zopyrus)的米嘉柏苏斯(Megabyzus)是波斯国王大流士的僚属,他为了让人相信他是叛逃者④,故意鞭笞自己的身体和毁损

---

① 大约在前510年。多瑞乌斯是斯巴达皇室的成员,希罗多德《历史》第6卷第41—48节,提到多瑞乌斯对外征战的事迹。

② 位于西西里的南海岸,靠近阿格瑞坚屯。

③ 这段文字在印证一个巴比伦人所说的话,只有母骡产下幼骡,大流士才能攻下巴比伦;须知很多事是出自天意,人力无法挽回。参阅希罗多德《历史》第3卷第151节及后续各节,详细记载大流士攻占巴比伦的来龙去脉。

④ 这样做是为了欺骗巴比伦人。

自己的容貌①,这样才有机会将巴比伦出卖给波斯人,据说大流士非常感动甚至公开宣称,要是可能的话,他宁可要毫无损伤的米嘉柏苏斯,胜于将十个巴比伦置于他的统治之下,虽然这是他无法办到的事。

巴比伦选择米嘉柏苏斯担任他们的将领,并不知道他接受他们的恩惠当成骗人的饵,毁灭的命运很快随之而来。

大获成功的事件就会提供证据让预言实现②。

等到大流士实际上成为整个亚洲的主宰以后,就想征服欧洲③。他对波斯的伟大实力深具信心,就会产生海阔天空的欲望,不达目的绝不干休,所以他要将权势扩张到整个有人居住的世界,因为那些在他之前的国王,虽然拥有较少的资源,却能在战争中制服最强大的国家,反观他自己拥有前所未有如此壮观的部队,并没有完成值得一提的功勋,这岂不是让人感到羞辱的事。

第勒尼安人④因为畏惧波斯人才会离开林诺斯(Lemnos)⑤,他们所以这样做完全出于神谶的指示,就将这个岛屿交给密提阿德(Miltiades)⑥。第勒尼安人当中处理这件事的领袖人物是赫蒙(Hermon),从此以后举凡获得会带来危险的好处,就会被称为"赫蒙的礼物"⑦。

---

① 所谓毁损容貌就是割去鼻子和耳朵;希罗多德《历史》第 3 卷第 153—160 节,里面提到佐庇鲁斯是米嘉柏苏斯的儿子。

② 这里的预言是巴比伦人过于狂妄的宣示,波斯人要想夺取巴比伦,必须"骡子可以产子"。没过多久,佐庇鲁斯有一匹骡子生下幼骡,参阅希罗多德《历史》第 3 卷第 151 节。

③ 是在前 519 年。

④ 大约在前 520 年。不要与意大利的第勒尼安人(伊楚里亚人)混为一谈。这些第勒尼安人可能是在公元前 700 年前后,从小亚细亚来到林诺斯。

⑤ 林诺斯岛是爱琴海北部一个很大的岛屿,距离特罗德(Troad)的海岸约有 70 千米,控制达达尼尔海峡的进出口,形势非常险要。

⑥ 密提阿德(前 550—前 489 年)是雅典的将领,奥林匹亚 72 会期第 3 年即前 490 年,领导希腊军队发起马拉松会战,打败波斯人获得决定性胜利。

⑦ 可以视为迫切需要的东西。现在历史学家认为密提阿德在 510 或前 493 年"征服"林诺斯;参阅希罗多德《历史》第 6 卷第 140 节。

20 卢契乌斯·塔昆纽斯（Lucius Tarquinius）①[苏帕巴斯（Super-bus）]之子色克都斯（Sextus）是罗马的国王②，据说他离开罗马③前往科拉夏（Collatia）这座城市，暂住在他的表兄弟卢契乌斯·塔昆纽斯④的家中，主妇卢克理霞（Lucretia）是一个非常美丽而又贞洁的贵夫人。她的丈夫带着军队留在营地，这位贵宾在夜间醒来走向女主所住的寝室，突然在门口停了下来并且拔出佩剑，就对卢克理霞说他要杀死一位奴隶，连带她一起遭到杀害，因为他们犯了通奸之罪，死在她丈夫的近亲手中是她应得的惩罚。接着他继续说下去，她要是识时务就顺从他的欲望不要张扬出去，云雨之欢带来的报酬是接受很多名贵的礼物，等到娶了她以后就可以成为王后，从一个普通市民的糟糠之妻成为城邦的首要人物。卢克理霞对于未曾意料的打击感到惊慌失措，害怕人们真正相信她是因为通奸被杀，那个时候她只有忍耐不发一声。

等到天亮色克都斯离开以后，她召来所有的亲戚，说是一个人的罪孽深重，违犯待客之道和亲人情分的法律，要求他们不能让他不受惩罚就能离开。她说至于她自己是蛮横和荒淫的受害者，没有脸面去见照耀整个世界的太阳，就用一把匕首插进胸膛自裁而死。

21 有关色克都斯对卢克理霞的侵犯以及她受到羞辱产生的自杀这件惨剧，我们不相信她做出高贵的选择竟然没有留下不容

---

① 卢契乌斯·塔昆纽斯·苏帕巴斯是罗马王政时期末代国王，在位时间为534—前509年，也是唯一伊特拉斯坎人出身的君主，被称为塔昆二世或"傲慢者塔昆"（Tarquin Ⅱ or Tarquin the Proud），自从罗马建立共和体制将他驱逐以后，不断发起复位行动，造成罗马和托斯坎尼地区各城市连年的战争。

② 色克都斯在位的时间为前535—前510年。

③ 这件事发生在前510年。当时他正率领罗马军队围攻阿迪亚（Ardea）；参阅利瓦伊《罗马史》第1卷第57节；哈利卡纳苏斯的狄奥尼修斯《罗马古代史》第4卷第64节；笛欧·卡修斯（Dio Cassius）《罗马史残本》第10卷第12节。

④ 他有一个绰号叫作科拉蒂努斯（Collatinus）。

质疑的记录。这位妇女出于个人的意愿要舍弃自己的生命,为了让后来的世代能仿效她的行为,根据我们的判断这种行为值得给予不朽的赞誉,还有就是为了使得妇女的选择是要维持个人的贞洁,能够免予受到谴责,可以拿来与确实可靠的例证做一比较。说起其他的妇女即使这种行为已经被人觉察,还要在那里掩盖事实的真相,为的是不愿涉及罪行可以避免受到惩罚;卢克理霞却将暗中发生的事宣扬出来让全世界都知道,然后自裁用终结生命当成最有力的辩护。其他妇女对于违背自己的意愿所发生的事故都可以求得原谅,然而她的受辱出于暴力的胁迫宁可用死亡坚定不可侵犯的贞节;主要还是为了杜绝悠悠之口,不让别人对她有任何的中伤和谴责。

人类的习性是喜欢诽谤而不是赞誉,她要对指控的情节采取先发制人的手段,以免被对方将差错都推到她的头上;她感到最为羞辱之处在于任何人都会说,那个与他依据法律成亲的丈夫还在世上的时候,她已经与另外一位男子发生关系就是违背法律的规定,即使犯下罪行的人已经受到法律的制裁难逃一死,她所涉及的行为使得羞辱会伴随她的一生。因而她的选择是先走一步离开阳间,事实上这是我们对自然界谁都无法逃脱的债务,却能将可耻的丑闻变成最高的赞颂。因此,她不仅拿个人的美德赢得不朽的荣誉用来交换必死的生命,还要迫使她的亲戚与对她犯下暴行的人做一了断。

22 罗马国王卢契乌斯·塔昆纽斯的统治极其专制而且暴虐,杀害罗马人当中那些有钱的市民,运用不实的指控为的是籍没他们的财产。因此,卢契乌斯·朱纽斯(Lucius Junius)即布鲁特斯(Brutus)①是一个孤儿也是最富有的罗马人,特别不能让塔昆纽斯认为他有所图谋,因为朱纽斯是国王的侄儿会在各种场合都很接近,尽量使自己

——————————
① 卢契乌斯·朱纽斯·布鲁特斯(Lucius Junius Brutus)在前509年当选首任执政官,次年驱逐塔昆二世,是共和体制的缔造者,也是罗马自由之父。

看起像一个愚蠢的傻瓜,这样做是为了避免国王产生嫉妒之心,因为任何有能力的人他都无法兼容,同时还不要让他猜疑因而提高警觉,然后可以找到最适当的时机对皇家的权势给予出其不意的打击。

23 西巴瑞斯(Sybaris)当局派出三十万人马前去攻打克罗顿的居民,虽然他们进行了一场不讲正义的战争,最后却遭到彻底的失败①;他们是繁荣的城邦却缺乏精明的领导者,难以得知"持盈保泰"的道理,带来毁灭的结局成为发人深省的案例。一个人处于无往不利的顺境比起遭遇艰苦不幸的横厄,更要提高警觉和戒慎恐惧。

24 狄奥多罗斯对希罗多德有这样的说法:"我们所以会节外生枝讲些离题的话,并不是出于对希罗多德有任何批评之意,只不过举例说明奇特的情节比真实的故事更能引人入胜。"

看来勇敢应该给予赞许,即使是女性也需如此。

雅典人对于获得的胜利②,加以运用的时候非常精明,他们在击败皮奥夏人和卡尔西斯人以后,立即使得自己拥有卡尔西斯这座城市。他们从皮奥夏人那里赢得的战利品,拿出其中十分之一款项用来制作一辆青铜驷车,奉献在卫城的阿西娜神庙,上面镌刻挽歌体的诗句如下:

　　雅典之子不惜牺牲立下辉煌的功勋,

　　击败来自皮奥夏和卡尔西斯的部族,

　　用黑暗监狱的铁链除去敌人的倨傲,

---

① 这次战争发生在前510年。本书第十二章第9—10节有详尽的叙述。
② 打败斯巴达人,大约在前506年。

十分之一赎金制成奉献神明的礼物。①

25 波斯人得知希腊人纵火烧掉神庙,用来报复他们违背正义的行动②,这种做法等于犯下同样的错误。卡里亚人对波斯人的作战最后变得精疲力竭,他们就这件事向神明请示,是否应与米勒都斯人缔结联盟关系。神谶给予答复:

　　　古代米勒都斯之子是力大无穷的人。

当前即将面对的恐惧使他们忘记过去的敌对行动,逼得米勒都斯人派出三层桨座战船用最快速度赶来救援③。

米勒都斯人赫卡提乌斯(Hecataeus)受到爱奥尼亚当局的派遣成为使者④,质问阿塔弗尼斯(Artaphernes)为何对他们不守信用。阿塔弗尼斯的答复说爱奥尼亚人在吃了败仗以后⑤,各方面都受到很大的伤害,所以他对他们累积起来的愤恨感到极其畏惧,所以才会采取先发制人的手段。赫卡提乌斯说道:"你说得很对,要是遭到虐待就会引起双方丧失诚信,我们的城市只要保证能够接受仁政,必然会以感恩之心对待波斯人。"阿塔弗尼

---

　　① 希罗多德《历史》第5卷第77节,引用四匹马拖曳战车上面的铭文。原始的铭文毁于前480年,波斯人洗劫并且烧掉卫城,这具青铜驷车在大火中熔化或者被波斯人运走。后来在一个巨大的残片上面发现两段铭文,可以参阅托德(M.N.Tod)《希腊的铭文史料》(*Greek Historical Inscriptions*)第12章第43节。

　　② 希罗多德在《历史》第5卷第102节,提到波斯人纵火烧掉希腊的庙宇,借口是希腊人在萨迪斯焚毁西比莉神庙。

　　③ 爱奥尼亚人看到波斯的舰队已经对他们形成致命的威胁;参阅希罗多德《历史》第6卷第7节。

　　④ 希罗多德《历史》第36节及125节,都提到赫卡提乌斯与爱奥尼亚的叛变有密切的关系,但是他并没像本章所说的那样担任使者,看来这些都是出于捏造的杜撰之词。

　　⑤ 这是前494年发生在拉德(Lade)(这个地方靠近米勒都斯)的海战。

斯赞同他的意见,让这些城市恢复他们原来的法律,按照他们的财力情况支付定额的贡金。

26 拥有市民权的一般民众心中总是隐藏恨意,目前找到适合的机会马上爆发开来。为了对抗绝不宽恕的敌人只有释放奴隶,好获得他们全力的帮助,须知与仆从分享自由总比丧失市民权要有利得多①。

27 波斯将领达蒂斯(Datis)②的家世是米堤亚人,根据他的祖先流传下来的说法,雅典人是米杜斯(Medus)的后裔,米杜斯在古代建立米地亚王国,于是他派遣使者去见雅典当局,宣称他要率领一支军队前来索回原来属于祖先所有的统治权;他说米杜斯在他而言是年代最为古老的祖先,受到雅典人的罢黜失去王位,后来迁移到亚洲建立米地亚王国。因此,他继续表示如果他们将王国归还给他,可以赦免他们犯罪的行为③,不再追究他们攻打萨迪斯(Sardis)的作战行动;要是他们拒绝他提出的要求,就会遭到比伊里特里亚人(Eretrians)更为悲惨的命运④。密提阿德与十位将领做出决定,他的答复说是按照使者陈述的情况,雅典人拥有米堤亚人的帝国较之达蒂斯入主雅典的城邦,更符合传统的要求和法理的主张;过去有一个雅典人建立米地亚王国,然而米地亚的部族当中没有任何人曾经控制雅典。达蒂斯听到回绝开始准备兵戎相见。

---

① 这是在亚哥斯发生的情况,因为很多市民在与斯巴达的战争中被杀,有段时间整个城市被控制在奴隶的手里;参阅希罗多德《历史》第6卷第83节。

② 达蒂斯是波斯国王大流士手下的将领,公元前490年9月率领30000人马参加马拉松会战,为雅典军队击败。

③ 所谓的犯罪行为就是将他们的祖先从米地亚赶走。

④ 伊里特里亚人在马拉松会战前不过数日,遭到波斯人的洗劫并且整座城市被烧成一片焦土。

28 杰拉(Gela)的僭主希波克拉底(Hippocrates)战胜叙拉古人①以后,就将他的营地开设在宙斯神庙的地区。他抓住神庙的祭司和一些叙拉古人,因为这些人正要拿走黄金制作的奉献物,其中以宙斯雕像的长袍最为名贵,是用大量金线织成的。他将这些人视为神庙的掠夺者给予痛责以后,命令他们返回城市,他自己对这些奉献物丝毫没有染指之心,因为他的打算是赢得美好的名声,除了指挥一场阵容浩大的战争以及不要犯下亵渎神明的罪行,还要支持一般民众与叙拉古当权派发生的争执,因为人们认为后者对城邦的统治着重自己的利益,不会考虑全民的福祉更不讲求平等的原则。

阿克拉加斯(Acragas)的瑟隆(Theron)②有显赫的家世和惊人的财富,对于所有的民众都本着慈悲为怀的宗旨,助人为乐不遗余力,不仅是自己的市民同胞就连所有希裔西西里人都望尘莫及。

29 叙拉古的格隆(Gelon)③在睡觉的时候发出惊呼,因为他梦到自己被闪电殛毙,同时他注意到所有的狗都在不停吠叫,直到他完全清醒过来。格隆过去曾经被一匹狼救了性命。他还是一个孩童坐在教室里面,一匹狼跑进来衔走他正在用的写字板,他跟在狼的后面要夺回失去的文具,突然发生强烈的地震,房屋倒塌压死所有的学生和他们的老师,只有他命不该绝能够逃过一劫。像是泰密乌斯、狄奥尼修斯、狄奥多罗斯和笛欧(Dio)这些史家,提到不幸的孩童说是有一百多人,至于正确的人数我并不清楚。

---

① 大约是前491年的赫洛鲁斯(Helorus)(位于叙拉古南方约50千米的滨海城市)会战。
② 瑟隆是阿克拉加斯的僭主,统治时间为前488—前472年。
③ 格隆在叙拉古受到提名出任将领,后来成为僭主,统治时间为前485—前478年。

30 密提阿德之子西蒙(Cimon)①在他的父亲因为无力支付巨额的罚锾②，竟然瘐死城邦的监狱以后，为了让当局发还死者的遗体能够安葬，自己投身到狱中说是愿意负起偿还债务的责任。

西蒙有伟大的抱负要参与城邦的军国大事，后来成为一名战功彪炳的将领，因为个人的武德获得不朽的名声。

31 根据某些作者的说法西蒙是密提阿德的儿子，还有人认为他的父亲是司提萨哥拉斯(Stesagoras)③。伊索迪西(Isodice)④为他生了一个儿子名叫凯利阿斯(Callias)。西蒙娶了他的姊妹艾尔普妮丝(Elpinice)⑤，就像后来的托勒密以贝里妮丝(Berenice)为妻⑥，更早的例子有宙斯和赫拉，目前的波斯人仍然如此。凯利阿斯付出五十泰伦的罚锾，为了使他的父亲西蒙不会因为可耻的婚姻受到惩处，因为当时的雅典兄妹或姐弟的结合受到谴责。有很多人用这个题材写作，要想一一列举没有可能也毫无必要，他们可以不受拘束自由发挥，诸如那些喜剧家、演说家、笛欧以及其他的史家。

---

① 西蒙(前510—前450年)是雅典的将领和政治家，奥林匹亚79会期第4年即前461年遭到放逐，五年以后被召回，与斯巴达当局谈判签订五年和平协议，然后对波斯发起远征行动，夺回塞浦路斯，围攻西蒂姆(Citium)时不幸亡故。

② 密提阿德在前489年放弃对帕罗斯岛的攻击，遭到的处分是50泰伦的罚锾。

③ 司提萨哥拉斯是密提阿德的兄弟，也是西蒙的叔叔。

④ 家财万贯的麦加克利是伊索迪西的祖父。

⑤ 据说艾尔普妮丝是西蒙同父异母姐妹，所以西蒙才能娶她为妻；雅典的法律不禁止同父异母的兄妹或姐弟结婚，同母异父的手足则不可以，因为同母的手足很容易得知，反之异母的兄弟姐妹很难查明；有关这件事的来龙去脉可以参阅普鲁塔克《希腊罗马名人传》第13篇第1章"西蒙"第4节。有关艾尔普妮丝的丑闻曾经变得众所周知，阿昔尼乌斯《知识的盛宴》第13卷589C，提到这件事抱着不以为然的态度。

⑥ 托勒密王朝有三位国王的姐妹名字都是贝里妮丝，而且她们都与自己的兄弟结婚。

32 某一位富翁①向尼奥克利（Neocles）之子提米斯托克利（Themis-tocles）②请教，说是要找一位有钱的女婿，后者劝他宁可得人而失财，也不要得财而失人。等到这位来客赞同提出的意见，提米斯托克利建议他不妨将女儿嫁给西蒙，因此，西蒙才会变得非常富有，可以将罚锾交给关他的官员，免予惩处才能从监狱释放出来，

（前面就是本书第十章，这一年的重大事件正好发生在泽尔西斯渡海进入欧洲③之前，科林斯举行全希腊的城邦会议，会中就格隆与希腊人建立联盟关系进行正式的协商。）

33 就在泽尔西斯渡过海峡进入欧洲④这个时候，希腊的城邦会议派出一个使节团，去与格隆讨论双方缔结联盟的有关事项，得到的答复是他愿意成为希腊人的盟友，供应他们所需的谷物，条件是他们应该同意他无论是陆地还是海洋都拥有最高指挥权，僭主想要争取荣誉的抱负结果成为联盟的障碍；由于格隆可以提供很多的援助加上希腊人对敌人的畏惧，迫得他们要与格隆分享胜利带来的光荣⑤。

34 波斯人拥有最高的权势，他们需要用获得礼物来满足贪财好货的习性，然而一位僭主的贪婪不会忽略任何不足称道的好处⑥。

---

① 这位富翁是麦加克利的儿子优里普托勒穆斯（Euryptolemus）。

② 提米斯托克利（前528/前524年—前462/前459年）是雅典的将领和政治家，靠着他的才华和素养，赢得波斯战争的胜利，参阅普鲁塔克《希腊罗马名人传》第4篇第1章"提米斯托克利"。

③ 当时是前481年。

④ 当时是前480年。

⑤ 参阅希罗多德《历史》第7卷第157节及后续各节。迦太基人向西西里的希腊人发起攻击，就会让格隆陷入危险的处境。

⑥ 这里和下面摘录的文字都来自希腊人的演说词，他们要权衡轻重做出选择，一个是与波斯人继续战斗可能遭到失败的命运，一个是将自己置于僭主格隆的统治之下丧失自由的权利。

因为安全最可靠的保护人经常让人存疑。

受到虐待的子女不会去帮助他们的父母，很多城邦与他们的民众也会出现这种情况①。

一位暴君无论拥有多少财富始终无法满足他的贪婪，渴望得到别人的产业总是愈多愈好。

有些人基于天性反对他的统治，那么他只要一有机会就不能让他们拥有权力。

那些能将美德获得的荣誉遗留在后代子孙的人虽死犹生。

对于盟友的奖励不在他所需要的金钱，可以经常看到那些地位很低的人士，一旦他们在私人生活当中获得财富，对它还是抱着不在意的藐视态度，唯有赞颂和荣誉，举凡正人君子为了获得这两者可以不惜一死；可见我们要的报酬是给予荣誉而非金银。

斯巴达人不像其他人那样只是继承父亲的财产，而是为了坚持自由权利那种视死如归的精神，因此他们重视荣誉胜于生命，所以能够完成很多丰功伟业。

我们不要热衷于佣兵队伍从而将市民编成的建制军队置于脑后，所能达成的效果没有办法见到，丧失我们的主权则是有目共睹。

我否认我会对波斯强大的军备和武力感到胆战心惊，须知战争的决定因素是英勇的精神而非数量的多寡。

他们接受先人的遗志在于过自由自在的生活，为了城邦的需要赴汤蹈火在所不辞。

我们何以会对黄金感到畏惧，难道如同妇女参加婚礼要打扮得花枝招展一样，他们在进入战场之前修饰自己的仪容，或是如同最后的胜利给我

---

① 这一段的意思是"希腊的城邦不会向他们建立在西西里的殖民地求助，因为很多移民都是含冤出走"。

们带来的奖赏不仅是荣誉还有财富？因为英勇并不畏惧黄金而是领导者的军事能力，靠着凛冽的利刃获得俘虏就有金银落在手中。

任何军队要超过适当的大小就很难派上用场，站在密集的队列前面要能让大家听到命令，才能期望他们夺取我所要的目标。

缺乏确切出处的残卷

[终于在过了很多世代以后,成群结队的西西利人(Soceli)从意大利渡过海峡来到西西里,他们在西堪尼人(Sicani)放弃的土地上面建立家园。因为西西利人稳定成长变得愈来愈贪婪,一直在抢劫与他们相邻的区域,使得他们与西堪尼之间不断爆发战争,直到最后他们达成协议,依据拥有的地区划定双方同意的边界。有关这些事项会在适当的时期给予更详尽的叙述。]

1 狄奥多罗斯在提到西堪尼人和西西利人的时候,认为这两个民族之间有显著的差异。戴奥多鲁在本书最前面的十章,只要提到西西利人和西堪尼人，就会承认彼此之间有所不同，如同我所说西西卢斯（Sicelus）和西卡努斯（Sicanus）这两个人，可以很容易区别开来。

2 西西里的狄奥多罗斯以及欧庇安（Oppian）都说赫拉克勒斯建立了尼阿波里斯（Neapolis）这座城市。

3 我们曾经提过阿西娜的帕兰丁姆（Palladium）①雕像高三肘尺，是用木头制作的，据说是从上苍降落在弗里基亚的佩西诺斯（Pesinous），狄奥多罗斯和笛欧说是那个地区因为这件事而得名②。

4 狄奥多罗斯记载阿尔卑斯山某一个顶峰，是整条山脉的最高点，当地土著称之为"天堂山脊"。

手　稿

1. Coislinianus 抄本，十五世纪。

F. Laurentianus 抄本，十四世纪。

H. Vaticanus 抄本，十六世纪。

J. Parisinus 抄本，十六世纪。

K. Claromontanus 抄本，十六世纪。

L. Parisinus 抄本，十五世纪。

M. Venetus 抄本，十五世纪。

P. Patmius 抄本，十或十一世纪。

---

① 帕兰丁姆是帕拉斯·阿西娜的雕像。
② Pesinous 这个字的词根 pes 来自动词"落下"。

第十一章
波斯和希腊战争

1 前面的第十章,叙述该年的重要记事,正好结束于泽尔西斯(Xerxes)越过海峡进入欧洲,以及科林斯(Corinth)举行泛希腊会议正式讨论杰洛(Gelo)与希腊人的结盟;本章我们要提出历史的发展方向,开始于泽尔西斯入侵希腊的战役行动,终结是在西蒙领导的雅典舰队,要将战火带往塞浦路斯的前一年①。

雅典的凯利阿德(Calliades)出任执政以及罗马的斯普流斯·卡休斯(Spurius Cassius)和普罗库卢斯·维吉纽斯·垂柯斯都斯(Proculus Verginius Tri-

---

① 本章涵盖的年代为前480—前451年,其中前452年的记载已经逸失。

costus）当选执政官之年，伊利斯（Elis）举办第七十五届奥林匹亚运动会，叙拉古（Syracuse）的阿斯提卢斯（Astylus）赢得"赛跑"的优胜。就在这一年（前480年）波斯国王泽尔西斯对希腊发起战争，因为下面的理由。玛多纽斯（Mardonius）是泽尔西斯的表弟，此外双方还有姻亲的关系，凭着出众的智慧和勇气深受波斯人的赞誉。这个人以积极进取的精神激起伟大的抱负，抱着满腔热血要去领导所向无敌的大军。因此他说服泽尔西斯应该奴役希腊人，何况对方一直是波斯人的死敌。

泽尔西斯始终抱着一种想法，要把所有的希腊人赶出他们的家园，派遣一位使者到迦太基（Carthage），诱劝他们加入他的阵营，双方签署一个协议，他要对居住在本土的希腊人展开远征行动，迦太基人同时要集结强大的兵力，讨伐住在西西里和意大利的希腊人。因此，按照他们之间商议的条件，迦太基人筹措巨额的金钱充当战费，在意大利、黎古里亚（Liguria）等地收买佣兵，还有盖拉夏（Galatia）和伊比里亚（Iberia）这些蛮荒之地①，为了增加部队的实力，从利比亚（Libya）和迦太基征召来自本族的人员，经过三年不断的准备，最后集结三十万名步卒和两百艘战船。

2　　迦太基人的热情刺激了泽尔西斯的竞争之心，何况他的准备工作超越对方，在他的指挥之下具有兵多将广的优势。他从开始就在所有隶属于他的沿海地区建造战船，诸如埃及（Egypt）、腓尼基（Phoenicia）、塞浦路斯（Cyprus）、西里西亚（Cilicia）、庞菲利亚（Pamphylia）、毕西迪亚（Pisidia）、吕西亚（Lycia）、卡里亚（Caria）、迈西亚（Mysia）和特罗德（Troad）等地，以及海伦斯坡（Hellespont）附近的城市，还有俾西尼亚（Bithynia）和潘达斯（Pontus）。如同迦太基人那样花了三年的工夫，他已经造好一千两百

――――――――――
① 后来的高卢和西班牙。

多艘战船。

　　他在这方面的工作得到他的父亲大流士(Darius)预为安排,因为在大流士逝世之前,早已备妥强大的武力和军备;特别是他的部将达蒂斯(Datis)在马拉松(Marathon)被雅典人击败以后,大流士一直对雅典人赢得会战的胜利感到愤怒不已。虽然他已经策划要渡海①前去攻打希腊人,但突然的逝世终止所有的行动。如同前面提到的情况,泽尔西斯受到的主要影响,来自父王的计划和玛多纽斯的建言,处心积虑要对希腊人发起战争。

　　等到战争的准备工作全部完成以后,泽尔西斯命令他的水师提督将战船集中在赛麦(Cyme)和福西亚(Phocaea),他自己从各省集结步兵和骑兵部队,接着离开苏萨(Susa)向西进军。等到他抵达萨迪斯(Sardis)以后,派遣一批传令官到希腊,命令他们分赴各城邦,要求对方交出水和土②。然后,他将军队区分为几个大单位,派出足够的人员去打前站,除了海伦斯坡海峡需要架桥,还在契罗尼苏斯(Cherronesus)半岛的颈部挖一条运河,绕过阿索斯(Athos)山③,不仅使部队可以安全通过还能缩短运输的距离,同时希望这样一个前所未见的壮举,使得他在到达之前就让希腊人感到胆战心惊。指定工程的负责人员,马上运送无数的劳工和所需的材料,很快完成交付的任务。

　　希腊人一旦得知来犯之敌拥有极其强大的战力,立即派遣一万重装步兵进入帖沙利(Thessaly),占领位于田佩(Tempe)山谷的关隘;叙尼都斯(Synetus)④和提米斯托克利(Themistocles)分别指挥拉斯地蒙人和雅典人。两位指挥官派遣使者前往各个城邦,请求他们出兵前来参与要点的防卫;

---

① 从亚细亚经过爱琴海的北部到欧罗巴。
② 献上水和土表示效忠归顺或放弃抵抗。
③ 前492年有一支波斯舰队在阿索斯山的海岬,遭遇暴风雨被摧毁殆尽。
④ 希罗多德在《历史》第7卷173节,提到这个人的名字是优伊尼都斯(Euaenetus)。

他们热切盼望所有的希腊城邦都能分担守备的工作,同心合力抗拒波斯人的进犯。然而居住在关隘附近为数众多的帖沙利人和其他希腊人,在泽尔西斯派遣的使臣到达以后,立即奉上水与土表示降服,两位将领对田佩的防务感到绝望,只有率领部队返回各自的国土。

3 现在对于选择蛮族阵营的希腊人,拿来分辨清楚倒是大有用处,因为他们做出败坏风气的榜样,就用带来羞辱的污名加在他们的头上,激起大家的谴责和非难,预防未来有任何人成为放弃自由信念的叛徒。守备部队仍旧留在田佩山谷的时候,伊尼亚人(Aenianians)、多洛庞亚人(Dolopians)、梅利亚人(Melians)①、佩里比亚人(Perrhaebians)和马格尼西亚人(Magnetans)就已经站在蛮族一边,等到形势有变全部撤离以后,菲昔亚(Phthia)的亚该亚人(Achaeans)、洛克瑞斯人(Locrians)、帖沙利人和大部分的皮奥夏人(Boeotians),全都投向波斯人的怀抱。

这时希腊人在地峡②举行作战会议,投票做出一致的决定,等到他们获得胜利以后,举凡志愿加入波斯阵营的团体或个人,必须支付什一税给神明作为惩处,同时他们派遣使者到保持中立的城邦,呼吁大家为了自由的伟业共同奋斗。有关后面这项措施,若干城邦毫无保留立即加入联盟,还有一些延后做出决定,认为必须考虑一段时间,完全着眼于本身的安全,非常焦急地等待战争的结局,根据胜负做出有利的选择③。不过,亚哥斯人(Argives)派出使者来到会场,表示只要让他们分享指挥的权力,他们就

---

① 梅利斯[或称马利斯(Malis)]是帖沙利南边的一个区域,不是位于爱琴海南部的米洛斯岛。

② 这是在科林斯召开的泛希腊会议。

③ 田佩山谷的弃守和无法获得叙拉古人的援助,逼得会议要在两条路线当中选择一个:一是在优卑亚海峡中寻求海上的决战,同时用陆上部队扼守色摩匹雷隘道;一是专门固守科林斯地峡,等候在萨拉密斯海峡进行海上决战。斯巴达主张前者,雅典坚持后者。最后斯巴达让步,因为放弃阿提卡,则雅典当局宁可与波斯人言和,也不愿他们的城邦化为焦土。

愿意负起联盟应尽的责任。与会的代表向来人坦诚地宣示,如果他们认为有一位希腊人当他们的将领,比起一位蛮族当他们的主人,会使他们感到更为可怕到无法容忍的程度,那么他们不妨继续保持中立;设若他们有野心要去巩固在希腊的领导权,就像在前面所提的那样,必须在开始就表现出值得拥有这种权力的行为,然后为它带来的荣誉继续奋斗。这些事项已经处理妥当,泽尔西斯派遣的使臣来到希腊,要求他们奉上水和土,所有的城邦①给予明确的答复,他们维护自由的理念比起过去更为热烈。

等到泽尔西斯得知海伦斯坡的浮桥架设完毕②,绕过阿索斯山的运河③已经挖通,他离开萨迪斯向着海峡进军,抵达阿布杜斯(Abydus)以后,立即率领大军通过浮桥进入欧洲。他在穿越色雷斯(Thrace)的时候,很多士兵无论是当地土著还是邻近的希腊人,都加入他的军队使其实力大增。他来到一座名叫多瑞斯库斯(Doriscus)的城市,下令舰队赶赴此地,要将全部战力集结在一个位置。接着他一一列举整个军队的来源,陆上部队的兵员数量多达八十万人,战船的总数超过一千二百艘,其中三百二十艘来自希腊④;特别是希腊人供应战斗人员和水手,国王准备所需的船只。

所有其余的船只编列在蛮族的名下;其中埃及人提供两百艘,腓尼基人三百艘,西里西亚人八十艘,庞菲利亚人四十艘,吕西亚人同样数目,卡里亚人八十艘,塞浦路斯人一百五十艘。在希腊人当中,过去住在卡里亚

①　是指加入联盟的城市。
②　波斯人在阿布杜斯(Abydus)到塞斯都斯(Sestus)越过达达尼尔海峡,运用三层桨座战船和 50 桨战船一共搭成两座浮桥,所有的船只由 6 条长缆连接,甲板上面建造一条木质的道路,西端的浮桥使用 314 艘船只,东端的浮桥用 360 艘船只。
③　运河的运用"极其可疑,至于说到它的存在,不仅是现代就是古代都让人感到问题重重,但是修昔底德言之凿凿保证确有其事,还可以看到遗留的痕迹"。芒罗(Munro)在《剑桥古代史》第 4 章第 269 页有这样的评述。
④　希罗多德《历史》第 7 卷第 89—96 节,提到波斯人的战船一共是 1207 艘,盟邦提供900 艘,小亚细亚的希腊人提供 307 艘。

的多里斯人（Dorians）连同罗得岛人（Rhodians）和考斯岛人（Coans），共同派出四十艘，爱奥尼亚人（Ionians）连同开俄斯人（Chians）和萨摩斯人（Samians），共同派出一百艘，伊奥利亚人（Aeolians）连同列士波斯人（Lesbians）和特内多斯人（Tenedans）是四十艘，海伦斯坡海峡周边以及潘达斯沿海地区的民族，共同派出八十艘，还有其他岛屿的居民是五十艘；位于赛阿尼安岩（Cyanean Rocks）①、垂欧庇姆（Triopium）和苏尼姆（Sunium）附近的岛屿，全都投向国王这一边。构成主体的三层桨座战船，我们已经列出它的出处；骑兵用的运输船有八百五十艘，triacoters 有三千条。因此，泽尔西斯在多瑞斯库斯忙着计算他拥有强大的武装力量②。

4 希腊人在作战会议中收到波斯大军正在接近的消息，采取行动派遣战船尽速赶到优卑亚的阿提米修姆（Artemisium），认为这个地方是适合迎战敌军的位置；一支相当数量的重装步兵被派到色摩匹雷（Thermpylae），先期占领隘路当中最狭窄部位的通道，阻止蛮族南下进犯希腊。他们愿意投身到这个最为重要的据点，可以用来保护居住在南部的希腊人，要尽一切力量让盟邦得到安全。整个远征作战的主将是拉斯地蒙人优里拜阿德（Eurybiades）③，派到色摩匹雷的部队，指挥官是斯巴达国王李奥尼达斯（Leonidas），有关这个人的英勇和将道真是不胜枚举。李奥尼达斯接受派令宣称仅有一千人追随他投入战场。

---

① 这块礁石位于黑海的入口，垂欧庇姆和苏尼姆分别是卡里亚和阿提卡伸入大海的海岬。

② 希罗多德《历史》第 7 卷第 60 节，提到建立一个圈住一万人的围墙，用来计算人数再按民族的区分排列，得到的数字是陆上部队有 170 万人。

③ 派到优卑亚的船只是 324 艘三层桨座战船和 9 艘 50 桨战船，其中雅典提供 180 艘由提米斯托克利指挥，虽然斯巴达只有 10 艘，但因为他们是联盟的盟主，所以仍由优里拜阿德担任统帅。

民选五长官（ephori）①特别提到他为了对抗强大的敌军，手中掌握的兵力过于薄弱，命他率领一支人数较多的部队，他私下答复他们道："要去阻止蛮族通过隘道人数的确太少，抱着壮烈牺牲的精神去达成任务他们还是太多。"这种答复就像谜语一样很难了解它所表示的意义，于是再度被问到他是否有信心，领导士兵完成一些微不足道的使命。

这时他回答道："表面看起来我带着他们去防守关隘，事实上我们要为大家的自由战死该地；要是这样的话，一千名奉命开拔前往的士兵，他们的阵亡会使斯巴达的名声更为响亮；如果我们不这样做，非要拉斯地蒙所有的军队列阵出战，得到的后果就是整个城邦的绝灭，大家为了逃命起见，没有一个人敢转过身体前去应战。"在这一千拉斯地蒙人当中有三百名重装步兵②，希腊其他各地派到色摩匹雷的部队共有三千人。

李奥尼达斯率领四千士兵前往色摩匹雷，不过，居住在隘道邻近地区的洛克瑞斯人已经准备归顺波斯人，同意他们进军占领这个要点，等到他们得知李奥尼达斯已经抵达色摩匹雷，马上改变心意要投向希腊人。因此集结在色摩匹雷有一千洛克瑞斯人，同样数量的梅利亚人，几乎还有一千福西斯人，以及属于其他党派的四百位底比斯人，因为底比斯的居民当中有部分与波斯人结盟，彼此的分裂形成相互的对敌。现在希腊人在李奥尼达斯的指挥之下排成队伍准备会战，整个兵员的总数如同上述，停留在色摩匹雷等待波斯大军的到来。

---

① "民选五长官"制度盛行在多里斯人的城邦，特别是斯巴达，每年由市民大会选出 5 人，其中一人是首席，用他的名字作为年度的纪元，两位国王分别由两位成员辅佐，发生争执时由首席协调，等到公元前 5 世纪以后，五长官总管全国事务，这个制度延续到公元 200 年才完全废止。

② 重装步兵组成斯巴达方阵参加会战，成员必须接受严格的训练，全部由斯巴达的市民担任。这个时候的步兵方阵在斯巴达发展到完美的程度，每一个重装步兵都有背负防盾的人员伴随。

5 泽尔西斯在计算部队的数量以后，下令全军开拔向前推进，整个
舰队伴同地面部队抵达阿康苏斯(Acanthus)这座城市，船只从这
里经过挖好的运河，在毫无损失之下很快到达另一个海面；泽尔西斯来到
梅利斯湾(Gulf of Melis)①，得到信息敌军已经占领隘道。因此，在与部队
会合集中战力以后，他召来欧洲的盟军数量不少于二十万人，除了海上的
分遣舰队，他拥有的兵力已超过一百万名战士②。至于那些在水师为战船
服行勤务的人员，加上运送粮食和装备的队伍，不会少于刚刚提到的人数，
所以泽尔西斯所能动员的数量是如此的庞大无比，看来一点不会让人感到
惊奇。因为人们提到他那看不到尽头的人潮经过之处，原来水满为患的河
流都变得干涸，广大的海面为船只升起的帆所掩盖。从历史的记载来看，
从未有这样众多的兵力能与泽尔西斯相提并论。

波斯人在史帕契乌斯(Spercheius)河设置营地以后，泽尔西斯派遣使
臣前往色摩匹雷，除了刺探当面的军情，还想了解希腊人对于他在战争方
面有什么打算，吩咐他们做出这样的宣示："遵奉波斯国王泽尔西斯的命
令，所有愿意放下武器，毫无损伤离开自己的国土，前来与波斯人结盟的人
士，他会将更多和更好的土地赐给他们，这是目前拥有者所无法相比的。"
等到李奥尼达斯听完使臣交代的话，立即给予答复："如果我们要与国王联
盟，那么保持我们的武器岂不是能够发挥更大的用处；如果我们要与国王
开战，那么我们保持武器岂不是能为争取自由打美好的一仗；虽然他答应
给我们土地，但希腊人从他们的祖先得到训示，获得土地不在于怯懦的讨
好而是英勇的作为。"

---

① 狄奥多罗斯为了叙述舰队通过运河可以获得安全的通道，所以让我们产生先入为
主的成见。他现在回过头来提到在海伦斯坡地区，经由欧洲这边的进军情况。
② 到底泽尔西斯的军队的规模有多大，经常会引起热烈的讨论；芒罗的结论(《剑桥古
代史》第4章第271页)说是泽尔西斯有18万战斗人员，以及一个拥有730艘战船的舰队。

6 国王听到使臣报告希腊人的答复，就将受到放逐在他那里获得庇护的斯巴达人笛玛拉都斯(Demaratus)①召来，提到答复说是只能讥讽对方不识时务，并且询问这位拉柯尼亚人道："希腊人到底是逃得比我的坐骑还快，还是敢面对强大的武力挺身而战？"我们听说笛玛拉都斯是如此回答："你自己又不是不知道希腊人的勇气，想当年你运用他们为你敉平蛮族的叛变。心中千万不要怀着一厢情愿的念头，过去的战斗胜过为了维护你的统治权在拼命的波斯人，现在就不会为了自由的权利去冒险奋斗。"泽尔西斯听了以后只是付之一笑，然后命令笛玛拉都斯留在他的身边，为了使他能够目击拉斯地蒙人的战斗，是否真如所述毫无差误。

泽尔西斯率领军队来到色摩匹雷攻击希腊人的阵地。他部署米堤亚人(Medes)位于其他所有民族的前列。这样做一方面是考虑他们所具有的勇气，另一方面是借机牺牲他们除去帝国的心腹之患。因为米堤亚人仍旧保有一种傲慢的神情，他们的祖先过去拥有统治的权力，只是不久之前才面临翻覆的命运。他怀着一种念头就是过去在马拉松会战阵亡的米堤亚人，只要将他们的兄弟和儿子聚集在一起，相信他们会激起怒火要在希腊人身上寻求报复。米堤亚人用前面提到的方式列出阵势，攻击色摩匹雷的守备部队，李奥尼达斯完成详尽的准备工作，将希腊人集中在隘道最狭窄的位置②。

7 随之是一场极其惨烈的战斗，前仆后继的精神让人感到无比的惊奇；蛮族这边有国王在见证他们英勇杀敌的行动，希腊人这边为

---

① 笛玛拉都斯在前510—前491年是斯巴达的国王，受到罢黜以后逃到波斯投靠泽尔西斯，参与入侵希腊的行动。

② 色摩匹雷隘道沿着马利亚湾的南岸由西向东的走向，一共分为三道"门"，即西门、中门和东门，李奥尼达斯用主力守中门，为了保护左翼，派出1000名西福西斯人驻守阿诺普拉亚(Anopaea)小径。

了争取自由接受李奥尼达鼓舞士气的勉励。肩并肩的战士伫立在前列,只能不惜牺牲进行近身搏斗,双方的阵线挤成紧密的一团,有段时间成为相持不下的局面。希腊人的英勇和使用较大的盾牌能占有上风,米堤亚人被逼得节节败退,很多人被杀,就是伤者也不在少数。米堤亚人在会战的位置为奇西亚人(Cissians)和撒卡伊人(Sacae)接替,这两个民族素以骁勇善战闻名,原来的部署是用来支持米堤亚人的战斗;加入生力军以后接战已经疲惫的对手,尽最大努力只能硬撑很短一段时间,他们还是受到李奥尼达斯的士兵无情的杀戮和压迫,结果只有败下阵来。因为蛮族使用较小的盾牌,有的是圆形有的形状并不规则;要是在开阔地区接战,运用的灵活与方便使他们占有优势,等到困处窄狭的地形,他们很难杀伤敌人,不仅对手组成密集队形而且全身受到巨大盾牌的保护;反观自己落入不利的局面,因为护身的装具过于单薄,所以很容易一再受到伤害。

到了最后,泽尔西斯看到隘道整个地区散布着战死者的尸体,对抗希腊人的蛮族已经无法维持下去,就派出波斯人的先锋"铁卫军"(Immortals)前去转移态势;他们靠着剽悍的战斗作风在全军当中有很大的名气,然而经过短暂的抵抗还是不敌败逃,总算到了夜幕低垂,大家鸣金息兵,蛮族折损很多人马,希腊人战死者寥寥无几。

8 泽尔西斯到次日发现作战的情况,完全不如他原来的期望①,于是他在组成军队的各民族当中,挑选以英勇和大胆闻名的战士,用激昂的语气向他们宣布,只要在一轮猛攻之下打开通路,就会赐予最贵

---

① 泽尔西斯的大军进入马利亚平原,营地设在西门以西的阿索帕斯河畔,停留4天,根据希罗多德的推测,想凭着庞大兵力将对方吓走,到第5天才对其发起攻击,发现他的部队不是斯巴达重装步兵的对手,如果希腊联军不是4000人而能增加一倍,泽尔西斯被迫撤退,希腊的舰队即将随之发起全面的攻势。

重的酬庸,设若败逃就要接受处死的惩罚。这群人像质量很重的物体带着巨大的冲力,向着希腊人奔杀而来,李奥尼达斯的士兵适时将队列紧密地靠拢,使得他们的阵式如同一座城墙,用无比的勇气抵抗对方的攻击。他们参加会战习惯于轮替上阵无须退守,更能忍受毫无间断的艰苦,使得整个战线保持一致的行动,所以会有良好的表现,杀死很多经过遴选的蛮族。他们终日鏖战不息,双方之间夺强争胜,年长的士兵要与少壮者挑战谁最英勇,年轻人也要使自己的经验和名声配得上年长者。最后这些蛮族的精锐之师还是在战斗中转身后退,配置在后面的部队堵塞退路不让先锋逃走,他们被迫回过头来重新战斗。

这时国王处于惊慌和沮丧的状态,认为没有人能够鼓起勇气再度投身战斗,正好有一位特拉契尼亚人(Trachinian)①要求晋见,这个当地的土著熟悉山区的情况。将他带到国王的面前,告知波斯人可以运用一条狭窄而又陡峭的小径,在他的引导之下可以来到李奥尼达斯的后方,对于当面列阵的希腊人部队形成包围,在前后合击的态势之下,很容易达成全部歼灭的成效。国王听到以后极其喜悦,重赏特拉契尼亚人,派遣两万士兵在暗夜掩护之下与他一起出发。波斯人当中有一个人名叫第拉斯蒂阿达斯(Tyrrhastiadas),他的出生地是赛麦(Cyme),为人重视荣誉而且生性正直,连夜离开波斯人的营地去见李奥尼达斯,后者这时还不知道特拉契尼亚人引导的行动,从而告诉这件事的始末。

9 希腊人听到面告的信息,就在午夜召开会议,商议即将迫近的危险;有些人表示他们应该立即放弃隘道,安全返回联军的阵营,如果还有人仍旧留在原处,不可能有机会活着离开;拉斯地蒙人的国王李奥

---

① 根据其他的记载说这一位是马利斯人伊斐阿底(Ephialtes)。

尼达斯,抱着热切的期盼要为自己和斯巴达赢得光荣的冠冕,命令其余的希腊人立即撤走可以全身而退,确保实力继续奋斗,能与集结的希腊军队投身而后的会战行动;他提到拉斯地蒙人必须留下,不能放弃防守隘道的任务,至于他是希腊民族的领导人物,为了光荣的报酬应该乐于战死沙场①。顷刻之间,其他人员全部撤离,只有李奥尼达斯和他的市民同胞,表现出大无畏的英雄作为,虽然拉斯地蒙人的数量很少(他只挽留帖司庇伊人),大家都说他的兵员没有超过五百人,他已经准备为希腊民族牺牲性命。

就在这个情况发生以后,波斯部队在特拉契尼亚人的指引之下,使得进军的路线绕过困难的地形,突然在他的两支军队之间拦截到李奥尼达斯,希腊人放弃获得安全的想法,也不愿选择更好的替代方案,发出一致的喊声,要求指挥官在波斯人对他们形成包围之前,先行出战击溃来敌。李奥尼达很高兴士兵积极的行动,下令迅速准备早餐,因为下一顿要向哈迪斯(Hades)讨食,他自己也根据命令拿取食物,认为这样做可以保持很长时期的体力,忍受战斗带来的疲惫。等到大家很快进餐完成准备,他下令士兵攻击对方的营地,杀死所有阻挡前进的敌人,目标指向国王所在的皇家帐幕。

10 士兵遵照下达给他们的命令,编成一个非常密集的战斗队形,趁着夜暗对包围的波斯人展开行动,李奥尼达斯亲自领导攻击②;蛮族面临出其不意的情况,无法了解他这样做的理由何在,都从帐篷

---

① 芒罗对于斯巴达的英雄主义抱着藐视的态度,他在《剑桥古代史》第4章第297页提到,李奥尼达斯认为他的灭亡不过与草木同朽。

② 希罗多德在《历史》第7卷第223节,根本不知道有希腊人攻击波斯营地这回事,毫无疑问狄奥多罗斯的叙述令人难以置信。希罗多德说是战斗开始于"市场非常拥挤"的时候,应该是指正午,完全由波斯人采取主动。

里面跑了出来,陷入混乱之中丧失应有的秩序,认为随着特拉契尼亚人出发的士兵,全部遭到歼灭,希腊的大军已成压顶之势,他们受到恐惧的打击变得张皇失措。因此,很多蛮族被李奥尼达斯的部队杀死,甚至有更多人丧生在同伴的手中,那是在无法辨别的情况下,误将自己人视为来敌。黑夜对于想要了解事态的真相形成妨碍,整个包围部队陷入嘈杂和骚动之中,我们相信这种情况会使很多人送命,他们只有见人就杀,因为已经无法辨别清楚,找不出任何理由说是将领可以下达命令,或是需要口令来证实身份。

实在说,设若国王仍旧留在皇家帐幕当中,非常容易遭到希腊人的毒手,那么整个战局很快就会结束;由于泽尔西斯乘着混乱冲了出去,希腊人即使攻进御帐,将所有捉到的人全部杀光,还是无济于事。漫漫长夜他们都在营地当中寻找泽尔西斯的下落,毫无疑问这是很合理的行动。等到天亮以后,整个局势变得非常明朗,波斯人看到希腊人的兵力薄弱,难免产生藐视之心;然而波斯人还是畏惧对手的英勇,不愿用肉搏的方式发起战斗,他们在敌人的侧面或后面排列队伍,射出如雨的箭矢和投掷无数的标枪,将对方杀得不留一人;李奥尼达斯的士兵防守色摩匹雷的隘道,这就是他们阵亡的最后下场。

11 难道有人认为这些勇士的功勋还不足以泣鬼神而惊天地?他们团结一致没有放弃希腊当局指派给他们的阵地,为了不让他们的同胞受到奴役乐于贡献自己的性命,情愿勇敢战死也不要苟且偷生。就是波斯人都感到惊愕不已,没有人对他们高尚的情操表示怀疑。可以想象蛮族当中能有何人拥有此等尊荣?谁能期望只有五百人的队伍敢于攻打数达百万的人马?因此,那些以后时代的人士,发现自己受到控制落在无法抗拒的情况之下,即使他们的身体只有归顺,还能保持永不降服的精神,难道不是献身的烈士鼓舞他们的勇气? 在历史的记录当中,只有这些人虽败犹荣,他们较之赢得伟大胜利的征服者,享有更为崇高的声誉和万世的英名。勇者要能通过判断不在于行动的结果,而是它要达成的目标;在某种情况之下命运女神主宰一切,要想换另外的方式,只有目标可以赢得大家的认同。斯巴达人的数量悬殊到只有敌人的千分之一,竟敢凭着英勇去对抗难以置信的优势兵力,岂不是只有他们足以被称为虎贲之士?

他们没有希望可以打败成千上万的敌军,仅能相信自己的勇气能够胜过所有的古人,他们下定决心即使参加会战也要与蛮族肉搏到底,然而真正可以较量高下的对象,就是用英勇赢得赞誉和报酬的硬汉。的确如此,只有这些人从太古的时代开始,就在我们的脑海当中记忆犹新,因为他们的选择是保存城邦的法律而不是自己的生命;对于面临巨大危险的威胁从不感到苦恼,反而认为这是莫大的恩惠,让他们参与这一类的竞争,能有机会展现大无畏的精神。这些人愿意为希腊人的自由权利负起更大的责任,而不是以后对泽尔西斯的会战赢得胜利,从而可以对大家证明一件事,如果大家能将他们的行为铭记心头,就会激励希腊人实践将生死置之度外的勇气,波斯人在接战之际就会感到胆战心惊。

一般而言,希腊世界只有斯巴达人因为无比的英勇,可以千秋万世享有不朽的名声;不仅历代的史家就是我们的诗人,都在赞誉他们大无畏的功勋,其中一位是抒情诗人西摩尼德斯(Simonides)①,用下面的颂歌表达最高的敬意②:

那些力战身亡在色摩匹雷隘道的拉斯地蒙人,

---

① 西摩尼德斯(前556—前457年)是希腊一位家喻户晓的抒情诗和挽诗体的诗人,曾经游历各地受到宫廷的款待,他的作品现在都已散失殆尽。

② 参阅贝尔克《希腊抒情诗残卷》No.4。公元前5世纪的"颂歌"没有学术上的意义可言,这些都是斯巴达可以用来歌唱的诗文,使用在现在已经毁弃的庙宇里面。

所有的光荣都是气数已尽美好都是力战以殉，

庄严的墓地就是祭坛只留下不会停息的记忆，

他们的命运就是颂歌可取代萦回内心的哀思。

马革裹尸的死者不会发霉或受到时光的侵蚀，

勇士的陵园让亡灵获得希腊世界最高的声誉，

斯巴达的国王李奥尼达斯就是最好的见证者，

他在世间留下善战的冠冕和永垂不朽的英名。

12 我们已经用相当篇幅描述这些勇士的事迹，现在开始言归正传，继续史实的发展过程。泽尔西斯用我们提到的方式获得隘道，赢得如谚语所谓的卡德密（Cadmeia）大捷①，只能摧毁当前为数甚少的敌人，却要自己付出重大的损失。等他运用陆上部队占领要地，决定在海上展开战斗。因此，他立即下令水师提督麦加巴底（Mgabates），发航前去迎战希腊人的海上部队，要运用整个舰队与对方进行海战。麦加巴底遵奉国王的命令，率领舰队从马其顿的皮德尼（Pydne）发航，抵达马格尼西亚的岬角，停泊在一个名叫塞皮阿斯（Sepias）的地方，遭遇巨大的风暴损失三百艘战船，以及无数骑兵运输船和其他船只。等到风暴停息以后，起锚驶往马格尼西亚的阿菲提（Aphetae）。他派出两百艘三层桨座战船，命令指挥官要采用迂回路线，始终保持优卑亚岛在右方，前去截断敌军的退路形成包围的态势。

希腊人的海上兵力部署在优卑亚的阿提米修姆，他们的舰队拥有两百八十艘战船，其中雅典的战船有一百四十艘，余下的船只由希腊其他城邦提供。水师提督是斯巴达人优里拜阿德，雅典人提米斯托克利管理舰队的相关事务，因为后者拥有身为将领的智慧才华和用兵之道；不仅整个希腊

---

① 这个掌故的来源是底比斯人制服"七士"赢得光荣的胜利，本书第四章第 65 节有详尽的描述；然而狄奥多罗斯在第二十二章残卷第 6 节，对于这个字句有另外的解释。

舰队对他抱有好感,就是优里拜阿斯本人都对他相当礼遇,所有人员都以他马首是瞻,煽起炽热的情绪听从他的指导。战船的指挥官召开会议讨论接战的事宜,所有人员都赞成坐等敌人的进军,只有提米斯托克利表示不同的意见;认为舰队立即出海,形成一线配置的部署前去迎击敌军最为有利,因为在这种情况之下,他们的船只是纳入统一指挥的整体,去攻打一个混乱不堪的对手,当然会占上风,那是因为波斯人的兵力庞大,会从许多不同的港口发航,彼此之间有相当距离,可以收各个击灭之效。

最后希腊人接受提米斯托克利的意见,整个舰队扬帆前去迎击敌军。因为蛮族要从很多港口发航,提米斯托克利在开始的时候,接战分散的波斯人,击沉很多船只,还有不少被迫转头逃走,发起追击直到抵达陆地;后来等到整个舰队集结起来,开始一场激烈的会战,双方各自在战线的一翼获得优势,没有办法赢得最后的胜利,等到夜幕低垂,胶着的情况才慢慢解除,两军下令回航。

13 会战以后又刮起一场剧烈的风暴,摧毁很多在港口外面锚泊的船只,看来上苍还是眷爱希腊人,原来极其众多的蛮族船只,不再在数量上占有绝对的优势,希腊水师的实力已经与他们不相上下,强大到可以接受一场会战。结果是希腊人士气高昂变得更加大胆,蛮族面对未来的激战难免显出怯懦之感。虽然如此,为了掩饰发生海难的事实,他们所有的船只全部出航前去迎击敌人。希腊人在获得实时的增援,多了五十艘阿提卡式(Attic)三层桨座战船以后,面对蛮族排出阵式。随后发生的海战很像在色摩匹雷的陆上战斗;因为波斯人下定决心要以压倒之势,击溃当面的希腊水师,打开经由优里帕斯(Euripus)的通路①;这时希腊人

---

① 优里帕斯海峡位于优卑亚岛和大陆之间。

阻塞狭窄的海峡,所以奋不顾身的战斗是为着保有位于优卑亚的盟邦①。激烈的战斗随之发生,双方都损失很多船只,等到夜幕下垂迫得他们只有回到各自的海港。我们认为这两场会战,要是提到作战的英勇,希腊人当中以雅典的部队居首,蛮族以西顿人(Sidonians)最为剽悍。

等到希腊人听到色摩匹雷已经弃守的信息②,发觉波斯人经由陆路向雅典进军,无不大惊失色,丧失斗志;因而他们扬帆赶往萨拉密斯(Salamis)岛,等待后续情况的发展。雅典当局衡量即将面临的危险,已经威胁到每一位雅典居民的安全,就将他们的妻子儿女和有用的物品,全部装船运到萨拉密斯岛安置。波斯的水师提督得知当面敌军已经撤离,率领整个舰队驶向优卑亚,运用袭击的方式夺取希斯提亚人(Histiaeans)的城市,大肆搜刮以后纵兵蹂躏四周的地区。

14 就在这件事发生的时候,泽尔西斯率领大军从色摩匹雷开拔,通过福西斯人的疆域向前进军,一路烧杀掳掠,城市遭到洗劫,整个国度变得残破一空。现在福西斯人的选择是要加入希腊人的阵营,只是他们已经丧失抵抗的能力。所有的民众遗弃他们的城市,为了安全逃到巴纳苏斯(Parnassus)山周边地形崎岖的区域。然后国王通过多里斯人的领地,因为他们是波斯人的盟友,所以沿途秋毫无犯。他留下部分军队在后面,命令他们前往德尔斐(Delphi),将阿波罗神庙周围的建筑物

---

① 希罗多德在《历史》第8卷第4节,提及优卑亚人要求舰队继续留在阿提米修姆,直到他们将家人和财产安全撤离这个岛屿。

② 拉斯地蒙人、帖斯庇斯人和底比斯人留下来防守色摩匹雷,被波斯人在最后一次接战中击败,泽尔西斯打通山岭当中的隘道,这件事与阿特米修姆会战发生在同一天;这个消息是雅典人阿布罗尼克斯带给提米斯托克利的。虽然色摩匹雷的行动没有与提米斯托克利立即发生直接的关系,要是狄奥多罗斯多注意一点,就知道初期战局的失利,使得这位将领在后来获得更大的荣誉。泽尔西斯掌握这个要点以后,希腊的门户大开,有利的态势使他如入无人之境。

付之一炬,带走所有用于还愿的神圣祭品;这时他已进入皮奥夏,所有的蛮族都在此处扎下营寨。派出部队要去毁灭颁布神谶的圣地,最远到达位于Pronaea"前面"的阿西娜神龛,这时天空突然爆发一阵大雷雨,伴随着不断的闪电,巨大而又松动的岩石,受到洪水的冲刷,向下冲进成群的蛮族之中,很多波斯人死于非命,神明的干预使他们无比恐惧,这支部队很快逃离所在的地区。

圣地德尔斐获得上天的保佑能够逃过一劫。当地居民想要让我们的后裔对神明的赐福永怀感恩之心,就在被称为普罗尼亚(Pronaea)的阿西娜神庙①旁边兴建了一座战胜纪念碑,上面刻着哀歌体的诗句:

> 丧失权柄的统治者可以当成战争的纪念物,
> 作为胜利的目击者德尔斐人让我热血沸腾,
> 赶走米堤亚人的抢劫队伍使之尸体遍布圣地,
> 全得感谢宙斯和阿波罗的支持与鼎力相助。

泽尔西斯越过皮奥夏的领地,蹂躏帖司庇伊的四郊并且将普拉提亚化为一片焦土,就是因为这两座城市没有留下一个居民,都已经成群结队逃到伯罗奔尼撒半岛去避难。然后他进入阿提卡纵兵到四乡掠夺财物,繁华的雅典被夷为平地,供奉神明的庙宇全都陷入烈焰之中。正在国王用暴行发泄怒火之际,他的舰队从优卑亚起航来到阿提卡,一路上优卑亚和阿提卡的海岸地区都受到洗劫。

---

① 这个被称为普罗尼亚(意为"前殿")的阿西娜神庙,正好坐落在阿波罗祭坛的外面。参阅鲍萨尼阿斯《希腊风土志》第10卷第8节。

15 这个时候的科孚人（Corcyraeans）已经整备好六十艘三层桨座战船，等待在伯罗奔尼撒的西部外海，他们的托词是没有能力绕过马利亚（Malea）的海岬，就某些史家告诉我们的实情，说是焦急地等候战争局势的变化，如果波斯人占有优势，他们会献上水和土表示降服之意，要是希腊人获胜，会让大家相信他们是前来救援的兵力①。雅典人在萨拉密斯岛等待机会，当他们看见阿提卡受到大火的摧残，得知阿西娜的神圣建筑物②全被推倒，沮丧之余感到无比的气馁。其他的希腊人同样陷入巨大的恐惧之中，他们被蛮族从家园赶走，现在困处在伯罗奔尼撒一隅之地。因此，那些被授予指挥责任的人员，参加会议进行讨论的时候，对于在何处发起海战最为有利，表现出各式各样不同的观念和想法。

伯罗奔尼撒人只重视自己的安全，宣称双方的战斗应该保持在地峡之内，那里已经建起长墙增强防守的力量，如果他们在会战当中遭到任何不利，战败者可以靠着撤退寻求庇护，能在伯罗奔尼撒这个最适合的地区，获得安全的保障。反之，要是他们将自己局限在萨拉密斯这样一个小岛，就会有受到包围的危险，而且很难加以解救。提米斯托克利苦口婆心地规劝，海上的争锋必须在萨拉密斯发起，他认为船只数量较少的一方，想要对抗拥有庞大水师的敌人，战斗的优势完全靠着水道的狭窄。他表示就一般而论，地峡的周边地区都不适合海战，因为战斗发生在开阔的海面，波斯人有足够的空间形成展开和向前接战，很容易运用绝对优势的兵力，制服船只数量甚少的水师。他还用同样的方式，提出许多与当时情况相关的事实，说服所有与会人员投票支持他所提出的计划。

---

① 希罗多德在《历史》第 7 卷第 168 节提到科孚人的首尾两端，带有更多的讽刺意味。后来他们的借口是伊特西安风阻止他们绕过马利亚海岬。

② 阿西娜神庙将整个卫城包括在内。

16 到最后总算达成一致的决定，要在萨拉密斯进行海上会战，希腊人展开必要的准备工作，俾能迎击波斯人把可能的危险减到最低限度。优里拜阿德在提米斯托克利的陪同之下，前去振奋水师人员的士气，鼓舞他们要面对迫在眉睫的恶斗。不过，船上的水手不愿留下，他们全都因波斯人庞大的数量感到惊慌不已毫无斗志。没有一个人在意指挥官的企图，大家的打算都是离开萨拉密斯航向伯罗奔尼撒。希腊人的军队对于敌人优势的武力感到芒刺在背，不仅是在色摩匹雷丧失最精锐的勇士使他们胆战心惊，何况是阿提卡已陷入灾难之中，看在眼中更让希腊人面临绝望的处境。

这时参加军事会议的成员，看到整个社会的不安和惊慌，投票决定横过地峡建筑一道城墙。工程很快完成，因为投入了众多的人力而且大家极其热心，伯罗奔尼撒人还要增强城墙的防御力量，从李契姆（Lechaeum）延长到申克里伊（Cenchreae），它的长度达到四十斯塔德；那些与整个舰队在一起的部队，驻守萨拉密斯岛无所事事，对于局势的发展充满畏惧，不再服从指挥官的命令。

17 提米斯托克利知道水师督优里拜阿德没有能力提振部队的士气、鼓舞积极的作为，然而他认为只有在萨拉密斯的狭小水域，劣势的兵力才能获得胜利的契机，从而实施以下的权谋以求克敌致果：他策动某位人士前去投效泽尔西斯，告知对方希腊人在萨拉密斯的船只准备开溜，离开这个地区驶往地峡集结。

国王之所以会相信来人的话，是因为提出的报告很有可能，他要尽快阻止希腊人的水师，不让他们转移到地峡，在陆上与他的部队列阵对抗。因此他立即派遣埃及舰队前去堵塞海峡的另一端出口，正好位于萨拉密斯岛与麦加拉地区①之间。整个水师的主力随之驶往萨拉密斯岛,要与敌军建立接触准备发起决定性的会战。所有的三层桨座战船都按照不同的民族排列先后的次序,可以用相同的语言加深彼此的了解,组成的几个分遣舰队欣然同意互给予援助。等到整个舰队用这种方式排成接战的阵式,右翼由腓尼基人的战船担任,左翼则是加入波斯阵营的希腊人。

波斯水师当中的爱奥尼亚分遣舰队,它的指挥官派一位萨摩斯人去见希腊最高当局,告知他们波斯国王决定的行动方针,以及参与会战的兵力部署,同时还说在会战当中,他们要阵前倒戈展开起义的行动。萨摩斯人在没有让敌方发觉之下,游泳越过两军之间的水面,将他们的计划告知优里拜阿德。提米斯托克利从而认定策划的谋略已经按照计划顺利进行,除了自己感到高兴还能勉励所有的水手投身战斗;希腊人在获得爱奥尼亚人的承诺以后,他们在壮胆之余更能激起高昂的士气,虽然处于违背意愿被迫接战的态势,但还是团结一心从萨拉密斯驶往沿岸地区从事海战的准备工作。

18 最后优里拜阿德和提米斯托克利完成接战的序列,左翼由雅典人和拉斯地蒙人担任,面对腓尼基人的船只;因为腓尼基人基于地理的位置极其有利,无论是船只的数量还是航行的经验,都能继承祖先遗留的优势。伊吉纳人(Aeginetans)和麦加拉人组成右翼,他们是除了雅典人以外最好的海员,相信还能发挥最大的奋斗勇气,因为会战要是失败,他们就没有庇护所可以逃避。中央位置由其他希腊城邦的船只负责。

希腊的水师按照会战的部署各就各位,他们占领海峡在萨密斯岛和赫

---

① 这个地方靠近海上交通线,希腊人可以从西方和南方向伯罗奔尼撒半岛航行;波斯舰队已经堵住海峡的东边进口,事实上对他们向着地峡的撤退毫无影响。

拉克莱姆（Heracleium）①之间的海面。国王下令水师提督前进与敌人接战，他自己移动到直接面对萨拉密斯岛的地方，宝座设置在海岸边沿的高处，可以瞭视整个战场的情况。波斯人在开始接敌之初，因为空间很大可以维持完整的战线，等到进入狭窄的通道，有些船只被迫要从战线后撤，这样一来使得原来的阵式形成混乱。波斯的水师提督在前面领导战线，最早与敌人发生战斗，由于未能克尽英勇杀敌的职责，结果本人反而遭到杀害。等到他的座舰向后败逃，蛮族的舰队全部陷入失序的状态，虽然到处都在下达命令，却没有人负起统一指挥的责任。因此他们停止前进接敌，要让船只退到更为开阔的海面。雅典人看到蛮族一片混乱，马上向着敌人进击，就用船头的撞角冲向对方的船只，有的船体遭到严重的损坏，有的船上整排的长桨全被折断；等到划桨的人员无法进行有效的工作，很多波斯的三层桨座战船开始打横，变成船的侧舷对着敌人，接受船首撞角的冲击，就会造成极其严重的毁损。因此，他们开始仅是停止后退，仓促之间转过身来逃之夭夭。

19 腓尼基人和塞浦路斯人的船只为雅典人制压，原来跟随在战线后面的西里西亚人、庞菲利亚人和吕西亚人，开始还能保持坚定的信念，等到看见战力最强大的船只全都夺路逃走，他们同样放弃战斗。会战的另一翼还在鏖战不休，有段时间双方可以打个平手，等到雅典人追驱腓尼基人和塞浦路斯人，让他们弃船登岸再转头回航，蛮族被追击归来的雅典人逼出战线，逃走之际损失很多船只。希腊人运用这种方法占得上风，制服蛮族赢得名闻天下的海上大捷。希腊人在激战当中的损失是

---

① 赫拉克莱姆就是赫拉克勒斯神庙的名字，它的位置在大陆上面，仅有一条很狭窄的水道隔开萨拉密斯岛与阿提卡；参阅普鲁塔克《希腊罗马名人传》第 4 篇第 1 章"提米斯托克利"第 13 节。

四十艘船,波斯人有两百艘船遭到摧毁,还不包括被掳获的船只和参战人员①。

国王根本没有料想到会吃败仗,处死那些要为最早逃走负责的腓尼基人,威胁要对其余人士施以应得的惩罚。腓尼基人害怕人头落地,开始是驶向阿提卡海岸的港口,等到暗夜降临扬帆返回亚细亚。提米斯托克利不仅对胜利深具信心,还能提供较吾人前面所述更为高明的计谋;因为希腊人要在陆上会战抗拒兵力庞大的波斯人感到极其忌惮,于是他使用下面的办法,用来大量减少波斯军队的人数:提米斯托克利将其子的随从派去见泽尔西斯暗通信息,说是希腊人的水师即将发航,前去破坏用船只连成的浮桥②。国王相信提出的报告很有可能,生怕希腊人控制海洋,就会切断他退向后方的归路,所以要尽快越过欧洲到亚洲之间的海峡,让玛多纽斯率领一支大军,包括精选的骑兵和步卒,人数不少于四十万③之众,留在希腊负起断后的任务。提米斯托克利运用两种谋略,为希腊人带来莫大的优势。

这是此时发生在希腊的重大事件。

20 我们对于欧洲发生的事件已经叙述相当的篇幅,现在要转换目标记载另一个民族所面临的情况。我们曾经提及迦太基人同意波斯人的要求,就是同时前去讨伐西西里的希腊人,还要针对所有的

---

① 就战术方面来看,萨拉密斯会战不算一个伟大的胜利,却在战略上达成决定性的效果。会战的结局是彻底破坏波斯人的计划,使得舰队和陆上部队无法密切合作。对于泽尔西斯而言,船只的损失不算严重,威望的丧失却无法弥补。

② 优里拜阿德反对这个意见,浮桥破坏波斯人无法返回亚洲,为了求生必然做困兽之斗,使得整个希腊毁灭在战火之中。

③ 我们在本章第28节提到军队的兵力"有二十多万人马",到了第30节就变成"大约是50万人"。根据希罗多德的记载是波斯留下30万精兵,要是按照《剑桥古代史》的估计为10万人。

项目进行大规模的准备工作,能够有利于战争的遂行①;等到一切按计划如期完成,他们选出国内最有名望的人物哈米尔卡(Hamilcar)出任将领,授予指挥陆地和海上部队的权柄,从迦太基开拔的大军不少于三十万人马,再加一支超过两百艘战船的舰队,还不提许多装载补给品的运输船,数量在三千艘以上。他在渡越利比亚海(Libyan Sea)的时候,遭遇暴风雨的吹袭,损失载运马匹和战车的船只。他来到西西里进入潘诺穆斯(Panormus)②的港口,他们提到他几乎要断送这场战争,因为他感到害怕:怕海洋会拯救希裔西西里人,免得陷入受到侵略的危险之中。他花了三天时间让士兵恢复体力,修理受到暴风雨损坏的船只,然后率领大军前去攻打希米拉(Himera),舰队沿着海岸与他齐头并进。

等到快抵达目标,就为陆上部队和水师分别开设两处营地。他将所有的战船拖上陆地,在它的四周挖出一条深壕,同时建起一道木头栅栏,同时对陆上部队的营地也加强了防御的力量;这个营地的正面朝向城市,就要迫近到城墙的下方,拥有很大的区域向后一直延伸到水师的营地,还将瞰制城市的小山都包含在里面。一般说法是他控制整个西边的部分,从运输船卸下所有的补给品,立即打发它们回航,下令要从利比亚和萨丁尼亚(Sardinia)将粮食和其他物资运来。他率领最精良的部队向着目标前进,击败出城迎战的希米拉人而且斩获甚丰,让城内的居民笼罩在恐怖之中。因此,阿克拉加斯(Acragas)的统治者瑟隆(Theron),虽然率领一支具有相当实力的部队,但只有暂时停止保卫希米拉的行动,畏惧之余赶紧派人到叙拉古,请求杰洛(Gelo)尽快给予援助。

---

① 泽尔西斯派出使臣到迦太基,要求合作签订一个协议:波斯人攻击住在希腊的希腊人,迦太基人同时攻击住在西西里和意大利的希腊人。格伦迪(Grundy)的《波斯战争史》认为这是可行的策略,一则腓尼基是波斯的臣民又与迦太基人有血统关系,再则从两个方面实施作战的行动,可以收到牵制和协同的效果。

② 现在的名字叫作巴勒莫(Palermo),是西西里的首府。

21 杰洛这时已经完成军队的备便,得知希米拉人陷入绝望之中,从叙拉古开拔以后全力赶路,整个兵力是步卒不少于五万,加上五千骑兵。他很迅速地走完这段路程,等到快要接近希米拉人的城市,他鼓舞奋勇杀敌的士气,不能因迦太基人拥有庞大的部队感到胆战心惊。他在城市附近一处地形适合的位置开设营地,不仅用一条深壕和一道木栅加强防务,还将整个骑兵部队派遣出去,拦截敌军在四乡搜寻战利品和粮食的散兵游勇。须知迦太基人没有构成军事编组就散布在广大的乡村地区,一旦在不预期的情况下遇到对方的骑兵,全都成为俘虏,人数多到每位骑兵都在后面驱赶。带进城市的俘虏总数达到一万人,这时无论是杰洛还是希米拉人都对敌人产生藐视之意。随后他完成接战的准备工作,原来所有的城门因为瑟隆的畏战都已封闭,当前杰洛根本瞧不起敌人而全部打开,为了应付紧急需要,还临时开设几个城门。

总之,杰洛的高明在于深谙为将之道,而且具备锐利的眼光,立即发现可以不让自己的军队冒任何危险,就能让蛮族中计,完全摧毁他们的实力。特别是他靠着过人的智慧在意外情况之下,面对当前的局势给予自己最大的帮助。他决定要对敌人的船只实施火攻,这时的哈米尔卡安据水师营地,准备为海神波塞冬(Poseidon)举行盛大的祭典①;因为杰洛的骑兵从郊外拦截到塞利努斯(Selinus)当局写给哈米尔卡的信函,说是他们派遣的骑兵会在奉献牺牲的那一天到达。预先得知消息的杰洛就在那一天派出自己的骑兵部队,命令他们绕过邻近的地区,黎明之际到达水师的营地,好像他们是来自塞利努斯的盟军,等到一旦进入木头的围栅,杀死哈米尔卡并

---

① 虽然狄奥多罗斯在下面提到哈米尔卡是在战场被杀,但是希罗多德在《历史》第7卷第167节,说他为了获得胜利,向神明举行酹酒仪式,把自己当成牺牲投身在烈焰之中;如果这种殉死的行为可信,献祭的神明很可能是腓尼基人的火神(Melcarth)或是《圣经》当中提到的邪神摩洛(Moloch)。

且纵火烧船。他还派遣斥候到山上去监视对方的营地,交代他们看到骑兵进入立即发出信号,他这一边在黎明已将军队排成阵式在待命之中。

22 朝日初升之际,骑兵来到迦太基人的水师营地,被守卫认为来者是盟军让他们进入,立即向着哈米尔卡忙于奉献牺牲的地方疾驰,将他杀死然后开始烧船,这时斥候发出信号,杰洛下令全军进击,排成会战队形对着迦太基人的营地。营地的腓尼基人指挥官在开始率领部队迎战希裔西西里人,等到战线接触开始发起英勇的战斗,两个营地同时响起号角的声音,然后此起彼伏的呐喊传遍整个战场,两军争着要在大声欢呼方面胜过对手。双方的伤亡极其惨重,战局一直摇摆不定,等到船只的火焰突然升高,接着不断有人前来报告将领被害,谣言传播开来使得希腊人勇气百倍斗志高昂,眼看大捷在望,增强了他们歼灭蛮族的决心,迦太基人知道毫无胜算,胆战心惊之际只有转身逃走。

杰洛曾经下过不留俘虏当场击毙的命令,敌军在败逃之中大量人员遭到屠杀,最后计算至少有十五万人横尸战场。所有在战场幸存的人员,逃到一个坚固的据点,首先想要避开进行攻击的敌人,但是这里缺乏饮水,口渴迫得他们只有向胜利者投降。杰洛具备将领的才华和用兵的技巧,赢得一场决定性会战的胜利,获得平生最光荣的功勋,伟大的名声远播海外和异国,不仅在希裔西西里人当中成为首屈一指的人物,就是与当代的名将相比也毫不逊色。最让人难忘之处在于没有人能像他这样运用克敌制胜的谋略,也没有人能像他在一次接战当中,杀死这么多的蛮族和捕获这么多的俘虏。

23 惊人的成就让很多史家要拿这场会战,与希腊人在普拉提亚(Plataea)的争锋进行比较,虽然各自面对不同的竞争对象,杰洛出众的谋略和提米斯托克利高明的策划,还是让两人都建立了极其独特的功勋。理由是一边是希腊的人民另一边是西西里的人民,面对庞大的蛮族军队,即将发生的斗争使得他们惊慌失措的时候,还是希裔的西西里人最先赢得胜利,等到希腊人得到杰洛获得大捷的信息,当然会提振奋励无比的勇气。对于这两位掌握最高权力的人物就当前事务的处理方式而言,我们知道波斯国王为了保全自己的性命,带着数十万军队赶紧逃,然而迦太基人不仅将领阵亡,所有参加战争的人员也全部惨遭屠杀,据说没有一个人能带战败的信息活着回到迦太基。

希腊功勋最为显赫的领导者鲍萨尼阿斯(Pausanias)和提米斯托克利,因为过度弄权谋利和叛逆之罪,前者竟然被他的同胞处死,后者遭到驱逐无法在希腊存身,只有逃亡异国向泽尔西斯要求庇护,虽然泽尔西斯是他最痛恨的敌人,但还是被善意接待奉为上宾,直到最后终结自己的生命。鉴于杰洛在这次会战以后,每年都从叙拉古人手里接受更大的回报,垂垂老矣仍能保有九五之尊,亡故在人民同声赞誉之中,市民从他那里感到极其强烈的善意,使得这个家庭有三位成员,能够登上君王的宝座①。

不过,现在这些人已经享受应有的荣耀,接受最高的颂扬,我们需要继续进行早先已经提过的叙述。

24 杰洛赢得会战的大捷和李奥尼达斯率领士兵在色摩匹雷与泽尔西斯的接战,竟然发生在相同的日期②,看来伟大的胜利和光荣的失败同时出现,这是神明在冥冥之中就有安排。希米拉海战结束以

---

① 是指杰洛和他的两个兄弟海罗和色拉西布卢斯,可以参阅本章第 67 节。狄奥多罗斯是土生土长的西西里人,抓住机会就会炫耀他们的老乡建立盖世的功勋。

② 希罗多德在《历史》第 7 卷第 166 节,提到希米拉会战和萨拉密斯海战发生在同一天。

后,有二十艘战船能够逃离战场,加上供应哈米尔卡需要的船只,都没有拖到岸上;因此,所有其余的参战将士不是阵亡就是被俘,只有这些船只在敌人发觉之前,就已经扬帆离开。上面搭乘很多逃难人员,使得装载的数量过于沉重,遭遇风暴后全部沉没在大海之中。只有极少数幸存者乘一条小船,能够安全返回迦太基,给市民同胞带来一句话:"渡海前往西西里的大军全部化为齑粉。"

迦太基人遭受巨大灾难的打击后所有的希望顿时破灭,惊怖之余每天夜晚加强城市的警戒,认为杰洛会率领军队前来攻打迦太基。城市面临重大的损失,要为它举行公开的丧礼,市民的家中全都充满悲伤和哭泣。有些人询问儿子的情况,还有人追查兄弟的下落,很多的儿童失去他们的父亲,他们不仅失去亲人连带田园都要为之荒废,使得整个世界陷入愁云惨雾之中。迦太基当局害怕杰洛渡过大海前来利比亚兴师问罪,为了先发制人就派遣一个使节团赶去晋见,这个使节团负有全权,由能力最强的政客和顾问组成。

25 杰洛在赢得胜利以后,不仅厚赏杀死哈米尔卡的骑兵部队,就是所有作战奋勇的人员都获得应有的报酬;将最精美的战利品放在一边,准备用来装饰叙拉古的庙宇,还有一部分送给希米拉最著名的神庙,将它们钉在殿内的墙上;剩下的战利品和俘虏,分给所有的盟邦,数量完全按照他们立下的功劳。城市将分配的俘虏都拿链条锁起来,从事公共建设的工作,阿克拉加斯人得到的数量最多,用来将他们的城市和四郊装点得花团锦簇;如此众多的战俘要加以处理,使得有些平民家中拥有的数量达到五百人。之所以会获得如此大量俘虏的理由,不仅是迦太基人派遣众多士兵进入战场,特别是在作战开始以后,无数的逃兵进入内陆地区,尤其是阿克拉加斯人的疆域,所以大家都去捕捉俘虏,使得整座城市充满外来的蛮族。

很多俘虏在城邦当局控制之下,采取石块建设雄伟的神庙和供应城市用水的地下暗渠,巨大的结构是如此壮观,倒是很少有人想起它的造价非常便宜;负责这项工程的建筑师的名字叫作斐亚克斯(Phaeax),因为造福人群的名声是如此显赫,地下渠道由此得到斐亚西斯(Phaeaces)的称呼。阿克拉加斯人还建造了一个昂贵的 kolumbethra①,它的周长是七斯塔德,深度有二十肘尺。可以将河水和流泉导入其中变成一个鱼池,丰富的产量供应大量食材,让老饕可以大快朵颐;很多天鹅栖息其中,优美的风景让人感到愉悦。过了若干年因为忽略形成淤积,最后还是不敌时间的损耗而消失无踪,但是整个遗址的土壤非常肥沃,居民在上面种植葡萄和各种果树,可以征收相当数量的税赋。

杰洛解散盟邦的军队以后,率领叙拉古的市民返回家园,因为他建立了伟大的功勋,不仅受到自己同胞的热烈欢迎,就是整个西西里的人民都对他齐声颂扬。他为城市带来大量的战利品,看起来像是整个岛屿的建筑物,都是出自利比亚的俘虏之手。

26 原来反对他的城市和统治者,立即派出使者前来晋见,请求原谅过去所犯的错误,承诺在而后会接受他的指挥和领导。他的行动举止就像一位洪福齐天的人,愿意用公正无私的态度与所有的城市来往,还与他们建立联盟的关系,甚至就是对待不共戴天的仇敌迦太基人亦复如此。迦太基派来的使节流着眼泪请他大发慈悲,他同意给予和平,提出的条件是赔偿两千泰伦白银的战费,兴建两座神庙用来放置签订的条约。迦太基人根本没有想到他竟然如此宽宏大量,不仅全盘接受对方的指

---

① 意为"可以游泳的浴池"。

示,同时承诺要将一顶金冠送给杰洛的妻子达玛里蒂(Damarete)。因为达玛里蒂为帮助他们得到和平的结局做出很大的贡献,等到她从迦太基人手里接受价值一百泰伦的金冠,就将它铸成被称为 Damareteion 的钱币;它的币值是十阿提卡德拉克马,西西里的希腊人根据它的重量,还给一个名字叫作 pentekontalitron①。

　　杰洛对所有人都很仁慈,那是他的天性使然,不仅从上述的作为可以得知,他还对陷于苦难处境的盟邦,非常热诚地表达他的善意。例如,他准备率领一支大军前往希腊,参加他们的阵营一起对抗波斯人。正在一切安排妥当要发航之际,有人离开科林斯抵达叙拉古,带来的信息是希腊人在萨拉密斯赢得海战的胜利,而且泽尔西斯和他的主力已经撤离欧洲。因此,他停止出兵援助的行动,这时他对士兵的狂热表示欣然接受,于是召集他们举行一次会议,下令每个人都要全副武装。他自己来到会场只是穿着长袍和斗篷,身边没有任何护卫,站在大家前面说他的一生,以及所有的计划和作为,都要奉献给叙拉古人。这时群众大声高叫说是赞同他所提出的行动,表示极其惊讶在于他毫无武装,对于任何一位想要刺杀他的人,他都愿意将性命交出来任凭处置,所以他情愿当愤怒的受害者也不要成为暴君,于是大家异口同声用恩主、救星和国王②的名字向他欢呼。

　　经过这次事件以后,杰洛为德米特(Demeter)和科里(Core)③兴建了外观显赫的庙宇,制作价值十六泰伦的黄金三脚鼎④,放置在德尔斐的圣地当成感激阿波罗的奉献祭品。没过多久,他想在伊特纳(Aetna)为德米特盖一座神庙,由于当地没有供奉他的圣所,后来无法完成在于命运作祟,

---

①　意为相当于"50 利特拉"的币值,利特拉是西西里的一种银币。
②　这种赞誉的称呼,承认他有合法的统治权,不是篡夺而来的僭主。
③　德米特和科里是西西里的两位主神,可以与本书第五章第 2 节做一比较。
④　品达《皮同赛会颂》第 1 卷第 152 行的批注,认为黄金三脚鼎上面的铭文是西摩尼德斯的诗篇,参阅戴尔《希腊抒情诗残卷》No.106 和埃德蒙《希腊抒情诗集》No.170。

很快结束了短暂的生命。

历史上这段时间正是抒情诗人品达（Pindar）的名声抵达巅峰时，一般而言也是发生在这一年当中影响最深远的事件。

27 当年（前479年）正是詹第帕斯（Xanthippus）在雅典担任执政，以及罗马人选出奎因都斯·费比乌斯·希尔瓦努斯（Quintus Fabius Silvanus）和塞维乌斯·高乃留斯·垂柯斯都斯（Servius Cornelius Tricostus）①两位执政官的时刻。这时的波斯舰队除了腓尼基的分遣舰队，萨拉密斯海战失败以后停泊在赛麦，过完冬天等到夏季驶往萨摩斯岛的海岸，用来监视爱奥尼亚的动静，这时船只的总数要超过四百艘。所以他们会对爱奥尼亚的城市提高警觉，怀疑当地人士带有敌意的情绪。

就整个希腊的情况而言，雅典人在萨拉密斯海战以后，总认为胜利应该归功于他们的贡献，难免表现出得意扬扬的模样，可以明显看出他们的打算，是要与拉斯地蒙人争夺在海上的主导地位；因之拉斯地蒙人也会料想到而后出现的局势，所以先要压制雅典当局盛气凌人的傲慢。因此，等到盟邦要提出裁决，用来判定奖励英勇的名次，虽然雅典人自认会受到大家的厚爱，但结果是伊吉纳这个城邦赢得奖赏。其实得奖的人应该是雅典人阿密尼阿斯（Ameinias）才对，他是悲剧家伊斯启卢斯（Aeschylus）的兄弟，海战当中指挥一艘三层桨座战船，首先冲撞波斯人的旗舰，将它击沉并且杀死水师提督。雅典人对这种极不得体的羞辱表示火冒三丈，拉斯地蒙当局很怕提米斯托克利对于这个结果感到不悦，同时暗中使用阴谋诡计对付他，还要破坏他与所有希腊人的关系，所以为了表示礼遇起见，给他的奖

---

① 这里的两个名字都发生错误，希尔瓦努斯应该是维布拉努斯（Vibulanus），垂柯斯都斯应该是科苏斯（Cossus）。

赏是其他人的两倍,当然就会激起别人的妒意。提米斯托克利接受这些礼物,雅典人在市民大会上除去他的将领职务,将这个重要的位置授予亚里弗朗(Ariphron)之子詹第帕斯。

28 等到雅典人与其他希腊人出现离间和疏远,传播出去变得众所周知,波斯人和其他希腊城邦都派出使者来到雅典。波斯当局派遣的人员带来玛多纽斯的话,这位将领做出保证,要是他们投向波斯的阵营,所有希腊的土地可以任凭选择据为己有,能够重建他们的城墙和庙宇,以及城市的治理遵照自己的法律;拉斯地蒙人派来的使者请求雅典人不要听信蛮族的花言巧语,要维持对希腊人的忠贞和诚信,因为只有他们是同文同种。所以雅典当局回复波斯人说他们尚未拥有肥沃的土地和足够的黄金,可以用来补偿雅典人放弃希腊所蒙受的损失。有人说这时的拉斯地蒙人表示他们像从前那样,一直非常关心所有希腊人的福利,这种决心始终不渝;于是雅典当局要求拉斯地蒙人连同盟邦,以最快的速度来到阿提卡。

他们加以补充,说是玛多纽斯从而认定雅典人要对他宣战,进军前去攻击雅典。这些都是确实发生的事。因为玛多纽斯将所有军队安顿在皮奥夏,最初意图是想诱使伯罗奔尼撒半岛某些城市,改变立场投向他的阵营,花钱去收买当地的领导人物,后来听到雅典当局的答复,愤怒之余率领全部兵力进入阿提卡。除了泽尔西斯离开给他留下的部队,还从色雷斯、马其顿和其他盟邦征召很多士兵,总数要超过二十万人马。等到这样一支大军向着阿提卡蜂拥而来,雅典当局派遣特使携带信函前往斯巴达,请求他们给予援助;拉斯地蒙人仍旧拖拖拉拉难以成行,蛮族准备越过阿提卡的边界,雅典人陷入惊慌之中,就带着他们的妻子和儿女以及可以携行的物品,尽速离开家园,第二次逃往萨拉密斯岛避难。玛多纽斯得知情况极其恼怒,纵兵蹂躏整个国土,将城市夷为平地,所有的庙宇全部遭到摧毁。

29 玛多纽斯率领军队再度回到底比斯,希腊人召集会议,获得雅典人的支持下达敕令,所有盟邦团结起来向着普拉提亚进击,为了争取自由奋战到底,同时在神明的面前发誓,如果他们赢得胜利,希腊人联合起来要在那天参加"自由日"的祭典①,这个在普拉提亚举行的节庆包括很多比赛的项目。等到希腊人的部队在地峡集结,全部同意要对参加的战争立下庄严的誓约,可以使大家同心协力合作无间,用高贵的态度忍受会战的危险,书面的誓约有如下述:"我不会重视性命胜过自由,更不会逃亡置领导者于不顾,无论这些领导者是活着还是死去,我一定会埋葬所有在战场上阵亡的盟军;如果我击败蛮族,我不会摧毁任何一座参与奋斗的城市②,我也不会重建受到焚烧或破坏的圣地,将它照原状留下来,让后世的子孙记得蛮族的亵渎和不敬。"

他们宣誓以后,通过西第朗(Cithaeron)山的隘道向着皮奥夏进军,下降到山麓就在靠近埃里什里(Erythrae)的地方设置营地。亚里斯泰德(Aristeides)负责指挥雅典人,最高统帅由鲍萨尼阿斯担任,他是李奥尼达斯之子的监护人③。

30 玛多纽斯得知敌军朝着皮奥夏进发,他从底比亚前去迎击,等到抵达阿索帕斯(Asopus)河,他就开设一个营地,挖好一条深壕和围起一道木栏,用来加强守备的力量。希腊人的总兵力将近十万人,蛮族几乎有五十万④之众。蛮族首先开启战端,利用夜暗倾全力攻打希腊人,所有的骑兵向着营地冲锋。雅典人及时发觉对方的蠢动,他们的部队

① 希腊民族的"自由日"纪念节庆每四年在普拉提亚举行一次,日期很可能是 8 月 27 日;与这个日期有关的问题,可以参阅芒罗《剑桥古代史》第 4 章第 339 页的记载。
② 演说家莱克格斯在《控诉李奥克拉底》第 81 节,提到同样的誓词,内容只有很少的变化,增加的文字诸如:"任何人的选择只要是蛮族那边,我必然对他加征什一税。"
③ 成为摄政也有可能。
④ 希腊军队的兵力很可能稍有夸耀之嫌,那是因为波斯的人马实在太多。

排成会战队形,奋勇向前迎击来犯之敌,于是展开一场大战①。最后所有的希腊人全都击败对抗的蛮族,逼得他们只有抱头鼠窜,唯有麦加拉人面对波斯骑兵指挥官率领最英勇的先锋,在战斗当中承受沉重的压力,虽然他们没有放弃阵地,但派出信差要求雅典人和拉斯地蒙人尽全速给予援助。亚里斯泰德很快派出最精锐的部队,他用这些雅典人担任卫士;将他们编成密集队形向蛮族发起攻击,解救麦加拉人于大难临头之际,杀死波斯的骑兵指挥官和很多骑士,迫使其余人员向后逃走。

希腊人表现出他们拥有的优势,如此勇敢像一场光辉夺目的彩排,激发高昂的士气和斗志,更有希望获得决定性的胜利;经过这一次的遭遇以后,他们将营地从山脚迁移到一个适当的位置,可以用来赢取前所未有的大捷。在它的右边靠着一座高耸的小丘,左边以阿索帕斯河为依托,其中的空间用来设置营地,善用地形之利使得这里固若金汤。希腊人拟订的计划非常高明,有限的空间是获得胜利最主要的条件,由于蛮族的战线不可能延伸很大的长度,事实上可以明显看出,数十万的蛮族无法派上用场。因此,鲍萨尼阿斯和亚里斯泰德对他们的阵地深具信心,才会率领军队发起会战,等到阵地的位置完全适合地形,立即前进向敌军挑衅。

31 玛多纽斯被逼得要增加战线的纵深,他认为用这种方式部署兵力会带来很大的好处,下令全军发出会战的呐喊,接着向前迎击列阵的敌人。他亲自指挥训练最精良的士兵,直接攻打当面的拉斯地蒙人,英勇的战斗杀死很多希腊人。不过,拉斯地蒙人顽强地抵抗,情愿忍受会战带来的危险,给蛮族带来了很大的伤亡。只要玛多纽斯和精选的士

---

① 普拉提亚会战的日期,按照雅典人的记载,发生在 Boedromoin 月第 4 天(9 月 4 日),皮奥夏人的算法则是 Panemus 月第 27 天(7 月 27 日);近代学者的推算应该是公元前 479 年 8 月 27 日。

兵能够继续忍受首当其冲的打击,蛮族就有高昂的士气抵挡会战带来的灾难;但是经过英勇的战斗,玛多纽斯被杀①,加上精选队伍的伤亡惨重,他们的斗志瓦解,开始向后逃走。

这时希腊人对当面敌方的阵线施加最大的压力,大部分的蛮族为了本身的安全,全都逃进木栏里面,有些部队像是为玛多纽斯服务的希腊人,只能向着底比斯撤退,余众还有四十万人在阿塔巴苏斯(Artabazus)的指挥之下,这位将领在波斯人当中名声显赫,现在逃往相反的方向,被迫撤退,只有向着福西斯行军。

32 因为蛮族的逃走形成分离的状态,所以聚集为一体的希腊人,同样要分兵几路;雅典人、普拉提亚人和帖司庇伊人追赶前往底比斯的希腊叛徒,科林斯人、西赛昂人和弗留斯人,对于与阿塔巴苏斯一起撤退的部队,紧跟在后面不放,其余的拉斯地蒙人集结起来,追赶逃进木栏寻找庇护的士兵,发起猛烈的攻击。底比斯接受逃来的人员,加上自己的部队,用来阻止追击的雅典人,于是在城墙下面发生一场激烈的战斗,底比斯人极其英勇,双方都有不少的伤亡,最后还是被雅典人击溃,只有再度将底比斯当作庇护地。

现在波斯人据守营地实施防御,接着雅典人退走要去增援拉斯地蒙人,他们的兵力会合以后就对防壁发起突击,双方进行英勇的搏斗,蛮族据有坚固的阵地,即使希腊人突破木墙,很多人受伤还是负隅顽抗,这时还有不少人被杀,面对如雨的投射武器,还能抱着视死如归的大无畏精神。希腊人强而有力的攻击不是蛮族兴建的木墙或众多的兵员所能阻挡的,任何

———————

① 玛多纽斯骑一匹白马,所以他的目标非常明显,率领 1000 名精锐的先锋,杀死很多敌人;后来一位名叫亚里尼斯都斯(Arimnestus)的斯巴达人,投出石块击中玛多纽斯的脑袋将他杀死;等到玛多纽斯阵亡以后,波斯人大败以致溃不成军。

一种都会被逼得只有放弃;这是希腊两个主要民族相互之间的竞争所带来的情况,无论是拉斯地蒙人还是雅典人,他们受到先前的胜利给予的鼓舞,对于自己的英勇充满信心。

到最后蛮族只有一败涂地,这时乞求成为俘虏已不可得,发现对方根本不让他们有讨饶和活命的机会。因为希腊人的统帅鲍萨尼阿斯了解敌情,深知蛮族在数量上面占有绝对的优势,费尽心机不要因为估算错误产生战局的逆转,特别是蛮族的人数较希腊人多很多倍,因此下令处决所有的俘虏,顷刻之间使得战场血流成河,等到最后遭到屠杀的蛮族超过十万人,才勉强停止杀戮敌人的行为。

33 等到会战如上所述结束以后,希腊人埋葬的阵亡将士大约有一万人①。原本应该按照士兵的数量分配战利品,后来他们决议要以作战英勇为优先,同时听从亚里斯泰德的意见,城市当中以斯巴达名列前茅,作战人员以拉斯地蒙人鲍萨尼阿斯居于首位。这时,阿塔巴苏斯是四十万败逃波斯人之一,取道福西斯进入马其顿,尽量运用速度最快的路程,能够安全率领所有士兵回到亚细亚。

希腊人拿出战利品的十分之一制作了一座黄金三脚鼎②,放置在德尔斐当成奉献给神明的还愿祭品,它的上面刻着下述的对句:

---

① 普鲁塔克《希腊罗马名人传》第 9 篇第 1 章"亚里斯泰德"第 19 节,提到希腊联军的阵亡将士是 1360 人,波斯的 30 万大军中只有阿塔巴苏斯率领 4 万人逃得性命。

② 这座金鼎很可能在神圣战争期间遭到腓尼基人的掠夺,但是用来支持它的青铜脚柱有 18 英尺高,上面装饰三条缠绕的蛇,后来被君士坦丁皇帝迁走,放置伊斯坦堡的阿特米敦(Atmeidan) [过去被称为七里官(Hippodrome)],现在仍旧可以看到。上面刻着 31 个城邦的名字,它们都曾参加波斯战争。著名的铭文如同修昔底德在《伯罗奔尼撒战争史》第 1 卷第 132 节所述,表示用来纪念整个战争,不仅只是普拉提亚会战,狄奥多罗斯描述的文字,地理学家鲍萨尼阿斯在《希腊风土志》第 5 卷第 23 节和第 10 卷第 13 节都特别提到。

全希腊民族的救星谨呈崇高的礼物，

他们解除城邦陷入奴役的倒悬之苦。①

还有铭文用来纪念在色摩匹雷阵亡的拉斯地蒙人，对于这个团体有如下的描述：

来自庇洛普斯美好之岛的四千士兵，

奋不顾身力战两百多万蛮荒的敌人；

以及单独表彰斯巴达人所刻的颂词：

啊！过客！这是给斯巴达人的信息，

长眠此地乃确信我们有美好的法律。②

雅典的市民组织用同样的方式，修饰波斯战争阵亡将士的墓地，第一次出现为葬礼举办的比赛项目，同时通过一条法律，任何人只要用公费办理丧事，就要根据当时的情况选出一位主讲者，对死者发表歌功颂德的演说。

接在我们叙述的事件之后，身为统帅的鲍萨尼阿斯进军前去攻打底比斯，举凡促成底比斯和波斯结为联盟的有关人员，他提出给予惩罚的要求。底比斯当局慑于敌方兵力的强大以及他们在会战当中英勇的表现，同意交出那些自绝于希腊的叛徒，认为这些人应负最大的责任；鲍萨尼阿斯接受

---

①　这两句诗只出现在狄奥多罗斯的著作之中，要说作者是西摩尼德斯只能让人半信半疑。可以参阅戴尔《希腊抒情诗残卷》No.102以及埃德蒙《希腊抒情诗集》No.168。

②　希罗多德在《历史》第7卷第228节提到这两句诗，刻在一块石碑上面，当成纪念物设置在色摩匹雷；通常认为作者是西摩尼德斯。

所有押解出来的人员,全部处以死刑。

34 就在普拉提亚鏖斗终结的同一天,爱奥尼亚的希腊人与波斯人发生一场激战。我们的目的是加以叙述,当然要详细说明它的来龙去脉。希腊水师的指挥官分别是拉斯地蒙人李奥特契德(Leoty-chides)和雅典人詹第帕斯①,等到萨拉密斯海战以后,将舰队集结在伊吉纳,经过几天的整备,率领两百五十艘三层桨座战船航向提洛(Delos)岛。就在他们下锚停泊妥当时,萨摩斯派来的使者提出要求,前去解救亚细亚的希腊人让其获得自由。李奥特契德召集指挥官开会,在听到萨摩斯人的说辞以后,决定去帮助这些城市,尽快从提洛发航。

这时在萨摩斯的波斯水师提督,得到希腊人扬帆前来攻打的信息,就下令整个舰队撤离萨摩斯,驶进爱奥尼亚一个叫作迈卡里(Mycale)的港口,因为他们知道海上会战不是希腊人的对手,就将所有的船只拖上海岸,建起一道木栏和挖掘一条壕沟加以保护,除了这方面的防御措施,还从萨迪斯和邻近城市召来陆上部队,集结的兵力达到十万人马。再者,他们还准备其他能用在战争中的装具和设施,同时认为爱奥尼亚人会倒向敌方的阵营。

李奥特契德率领整个舰队前进接敌,着手对迈卡里的蛮族发起攻势行动,派遣一条船在前面打头阵,船上有一位嗓门最大的传令官,奉命航向敌军用响亮的声音宣布:"希腊人已经打败波斯人,现在要来解救亚细亚的希腊城市。"李奥特契德很有信心认为蛮族军队的希腊人听到这番话以后,会对波斯人倒戈相向,使得蛮族的营地变得混乱不堪;事实上真是不出所料,传令官很快接近已经被拖上岸的船只,按照指示大声宣布使得众所周知,

———————

① 这位人士是伯里克利的父亲。

果然让波斯人不再信任加入他们阵营的希腊人,而且这些希腊人也都同意举起反叛的义帜。

35 等到李奥特契德指挥之下的希腊人,获知波斯人营地的希腊人抱持的意愿,他们开始下卸船上的部队。就在次日他们正在进行会战的准备工作,谣言流传说是希腊人在普拉提亚打败波斯人,赢得前所未有的胜利。李奥特契德对此信息立即召开会议,劝告他的部队要发起会战,除了提出其他应考虑的事项,还用戏剧性的手法宣布普拉提亚的大捷,认定他对大家的作战更有必胜的信念。得到这样的结局真是不可思议,因为现在知道两次会战是在同一天发生的,一个是在迈卡里,而另一个是在普拉提亚。

看来李奥契阿德还不知道胜利这回事,他还是处心积虑捏造出军事的成功,将它当成一种可用的谋略,因为两者为很长的距离所隔开,信息不可能传送过去。波斯的领导者对于自己部队里的希腊人无法相信,就把他们的武器拿走,将他们交给素来对他们友善的人;这些人将所有的士兵集合起来,说是泽尔西斯率领强大的兵力前来增援,激励他们鼓足勇气面对危险的会战。

36 双方的部队接到会战的命令排好队形,向前出击开始接敌行动,波斯人看到敌军的兵力何其薄弱,藐视之余发出大声呐喊,以泰山盖顶之势向他们冲过去。

萨摩斯人和米勒都斯人事先获得一致的决定,要尽力支持希腊人的行动,聚集起来以快步向前推进;他们的行动被希腊军队看在眼里,爱奥尼亚人认为希腊人的士气受到提振,所以才产生完全相反的结局。李奥特契德的部队认为泽尔西斯率领大军,离开萨迪斯向他们进击,心中充满畏惧之感,不仅引起混乱也产生分歧,有人提到他们应该赶紧上船尽快离开,还有人表示他们要坚持勇敢的信念不放弃现有的战线。就在他们处于丧失秩序之际,波斯人已经清楚在望,带着呐喊向他们迫近,难免让人产生畏惧的感觉;希腊人没有思索的余地,被迫要抵抗蛮族的攻击。

双方在开始就发生激战,没有产生决定性的结果,给两军带来重大的伤亡;等到萨摩斯人和米勒都斯人参加战局①,鼓起希腊人的勇气,蛮族陷入恐惧之中很快星散逃走。李奥特契德和詹第帕斯的部队,紧紧压迫深受打击的蛮族不放,在后面追赶一直进入营地,接着就是一阵大屠杀。伊奥利亚人(Aeolians)加入会战,他们与其他亚细亚的民族一样,在开始就已下定决心,就所有亚细亚的城市而言,获得自由的深切期望,早已进入居民的心田之中。因此他们在报复的时候没有想到人质②或誓言的问题,只是加入其他的希腊人去杀害那些正在逃走的蛮族,由于这个缘故遭到击败的波斯人,被杀的总数超过四万,只有在营地获得庇护或撤到萨迪斯的人员当中,可以找到大难不死的幸存者。等到泽尔西斯得知他的部队,分别在普拉提亚全军覆没和在迈卡里溃不成军,就在萨迪斯留下部分兵力继续与希腊人作战,他自己在惊愕不已的情况下,带着其余的军队踏上返回伊克巴塔纳的归途。

37 李奥特契德和詹第帕斯现在回航萨摩斯,要与爱奥尼亚和伊奥利亚结成联盟关系,然后尽力规劝他们放弃亚细亚,可以将家园搬到欧罗巴。同时两人承诺驱除加入米堤亚人阵营的民族,将遗留的土地送给他们。这里特别就一般常识加以解释,如果他们继续留在亚细

---

① 埃弗鲁斯是爱奥尼亚人,提到萨摩斯人和米勒都斯对于胜利的贡献,难免要夸大其词;狄奥多罗斯也照做不误。

② 虽然希腊代表团向波斯人立下效忠的誓言,但提供人质更可以加强诚信的保证。

亚,必须与敌人为邻,况且这个敌人的军事实力占很大的优势,他们的盟友隔着遥远的大海,一旦有事无法及时提供急需的援助。伊奥利亚人和爱奥尼亚人听到所给的承诺,决定接受希腊人的忠告,准备与他们一起从海上返回欧罗巴。只是雅典人抱持不同的意见,劝他们还是留在原处,同时提到即使其他希腊人不能给予援手,雅典人是他们的亲人,就是单独行动也在所不惜。要是希腊人像从前那样,让爱奥尼亚人有新的家园,他们就不会再把雅典当成他们的故乡,爱奥尼亚人因为这个,改变心意决定继续留在亚细亚。

这些事件获得解决以后,希腊人的武装力量开始分道扬镳,拉斯地蒙人发航回到拉柯尼亚,雅典人和爱奥尼亚人以及从海岛来的人士①,他们的船只起锚航向塞斯都斯(Sestus)。身为将领的詹第帕斯抵达港口,立即登陆对塞斯都斯发起突击,一举攻占城市,在当地配置一支守备队,解散盟军后他与市民同胞返回雅典。

所谓的米地亚战争(Median War)在延续两年以后,如同我们叙述的那样宣告结束②。史家希罗多德(Herodotus)对于发生在人类世界的重大事件,写成九卷通史,开始于特洛伊战争以前的时期,他的叙述终止于希腊人和波斯人在迈卡里的会战和塞斯都斯的围攻。

在意大利的罗马人与弗尔西人(Volscians)发生战事,前者征服敌人并且给对手带来重大的损失。就在斯普流斯·卡休斯(Spurius Cassius)出任执政官的前一年③,认为他当选的目标是成为暴君,犯下谋逆的罪行遭到处决。

----

① 是指居住在爱琴海各个岛屿的希腊人。

② 这里提到的米地亚战争应该是从前 499 年延续到前 449 年的波希战争,包括波斯第一次入侵、第二次的入侵和希腊的反击三个阶段,要到前 449 年在凯利阿斯的斡旋之下,雅典与波斯签订和平协议。

③ 这一年是前 480 年。

那么这就是当年的重大事件。

38 那是泰摩昔尼斯（Timosthenes）在雅典担任执政，以及西索·费比乌斯（Caeso Fabius）和卢契乌斯·伊米留斯·玛默库斯（Lucius Aemilius Mamercus）在罗马出任执政官之年（前478年），整个西西里弥漫着一片太平的景象，迦太基人最终还是低声下气不再兴风作浪，杰洛对于希裔西西里人实施仁慈的统治，建立了一个秩序井然又有效率的政府，民生物质的供应非常充足。身为国王的杰洛想要在各方面都能重视和维护人民的利益，就拿他本人的情况来说，对于法律有关埋葬的问题丝毫不予变更，因为这时他患了重病，完全丧失痊愈的希望。

他将王国交给最年长的弟弟海罗（Hiero），特别交代他的埋葬要严格遵守法律的规定。因此到他逝世以后，丧礼如同他要求的方式，是在继承人登上宝座以后举行的。他的妻子有一处产业，上面有一个被称为"九个塔"的建筑物，坚固的结构使其成为工程上的奇迹，他的遗体被安葬在里面。移灵的时候全城的市民都参加护送的行列，虽然这段路途有两百斯塔德的距离。等到他下葬以后，人民为他兴建雄伟的墓园，杰洛获得的荣誉完全符合英雄的身份。

不久以后迦太基人发起对叙拉古的战役，这座纪念物在敌对期间遭到摧毁，高耸的塔被阿加索克利（Agathoces）①出于嫉妒心理夷为平地。虽然如此，无论是迦太基人出于敌对的恨意，还是阿加索克利极其卑劣的动机，没有任何人能够剥夺杰洛的荣誉，历史是公正的目击证人，可以维护他美好的名望，用感人心弦的声音向全世界传播直到永远。这对社会是公正而有利的事，举凡拥有权势的邪恶之徒，历史会将诅咒和批判堆积在他们的

①　阿加索克利是叙拉古的僭主，在位时间为前317—前289年。狄奥多罗斯的著作，特别是本书第十七章、第二十一章和第二十二章，有关他的平生事迹是主要的来源。

身上,唯有仁慈的统治者让人保持永恒的怀念,从而可以得知而后的世代,有很多人受到这种结局的影响,被逼尽力对人类表达善意。

杰洛在位七年逝世,他的兄弟海罗继承王座,统治叙拉古的时间为十一年八个月①。

39 希腊的雅典人在普拉提亚获得胜利以后,带着他们的妻子和儿女从特里真和萨拉密斯回到雅典,立即展开工作,加强城市的守备力量,采取各种措施确保本身的安全。雅典的水师参与各种作战行动,为他们带来了莫大的光荣,拉斯地蒙人看在眼里,难免产生猜忌之心,生怕他们的权势日益高涨,决心制止雅典人再建长墙。因此,斯巴达当局立即派遣使者前往雅典,表面上提出理由很堂皇的劝告,说是目前的情况并不适合加强城市的防务,这样做对希腊人的整体利益没有任何好处;使者特别指出,如果泽尔西斯率领大军再度来犯,就会在伯罗奔尼撒半岛之外占领一座有城墙的城市,把它当成基地很容易征服整个希腊。等到没有人理会提出的劝告时,使者走近那些建筑城墙的人群,命令他们立刻停止施工。

雅典当局感到不知所措,最孚众望的提米斯托克利劝他们不要采取任何行动,特别提出警告说这件事不能依靠武力,拉斯地蒙人在伯罗奔尼撒人协助之下,率领军队来此是轻而易举的事,会阻止现在进行的各项城防工程。他充满信心地向最高会议成员表示,他和相关人士组成使节团前往拉斯地蒙,向他们解释何以要兴建长墙;同时还告知行政官员,要是拉斯地蒙的使节来到雅典,尽力敷衍直到他从拉斯地蒙返国,这段时间动员所有民众赶工。用这种方法可以达成目标,他可以向来使宣称这是既成的事实。

----

① 杰洛和海罗的在位时间,分别是前485—前478年和前478—前467年。

40 雅典当局接受提米斯托克利提出的计划,他率领使节团启程前往斯巴达,雅典人用最大的诚意构筑长墙,即使房舍和陵墓都毫不顾虑①,不是拆除就是迁移。每个人都加入兴建的队伍,包括妇女、儿童、移民和奴隶在内全都表现出工作的狂热。在众志成城的信念之下,整个工程以令人难以置信的速度完成;提米斯托克利受到斯巴达最高行政官员②的召唤,对于建造长墙一事大加谴责;他否认雅典有任何大兴土木的工作,力陈斯巴达人不要听信没有根据的谣言,大可以派遣最可靠的使者前往雅典,他保证从他们那里得知真实的情况;还提出保证要让使者一直陪伴在他的身边。

拉斯地蒙人听从提米斯托克利的意见,就将他和使节团加以看管,同时将最重要的人士派到雅典,只要任何事让他们感到好奇,都会暗中进行调查一番。等到拉斯地蒙的使者到达雅典,用告发和威胁对他们提出极其严厉的谴责,但是时间已经拖了过去,雅典人的兴建工程已经有很大的进展。雅典当局将他们置于严密的监视之下,说是只有提米斯托克利和伴随的使者安全归国,他们才会得到释放。他们用这种方法让拉柯尼亚人中了计谋,迫得要释放雅典的使节团,以便赎回自己的人员。提米斯托克利运用高明的策略,在毫无危险的情况之下,很快强化本土的防御力量,从而在市民同胞当中享有更高的礼遇。

我们所叙述的事件正在发生的时候,罗马人和伊奎人(Aequi)以及突斯库隆(Tusculum)的居民爆发战争,罗马人在一场会战当中击败伊奎人,杀死大量敌人,经过围攻作战夺取突斯库隆,接着占领伊奎人的城市。

---

① 完全为了获得建筑材料。
② 在斯巴达就是指民选五长官。

41 接下来这一年(前 477 年)雅典的执政官是埃迪曼都斯(Adeima-
ntus),罗马的执政官选出马可斯·费比乌斯·维布拉努斯
(Marcus Fabius Vibulanus)和卢契乌斯·华勒流斯·巴布留斯(Lucius
Valerius Pubilius)。这时提米斯托克利由于精通用兵之道和过人的智慧才
能,深受同胞和所有希腊人的尊敬与钦佩。因此他为自己的名声感到扬扬
得意,还要依靠很多其他更具野心的作为,来增进城邦更有优势的支配地
位。据说那个时候的派里犹斯(Peiraeus)①还不是一个海港,雅典人将一
个名叫费勒隆(Phalerum)的海湾,用来设置他们的造船厂,只是它的面积
实在太小,因此提米斯托克利不断地思考,派里犹斯在他的安排之下,只需
要进行规模很小的工程,就可在希腊世界成为最大的优良港口。他抱着很
大的希望,发展计划的完成不仅可以增强雅典现有的实力,还可以使城邦
竞争海上的霸权②;因为雅典人当时拥有最多数量的三层桨座战船,参与
一序列从无间断的海上战役,雅典的水师在这方面获得宝贵的经验和崇高
的名气。

再者,他合理推测爱奥尼亚人会参加雅典人这一边,因为彼此有亲戚
的关系,雅典人会得到他们的援助去解救在亚细亚的其他希腊人,基于这
种恩情后者也会对雅典人表达善意,还有那些居住在岛屿上面的希腊人,
他们的水师拥有巨大的实力让人产生极其深刻的印象,之所以准备与这些
民族结盟,在于带来的权力可以对敌人施加最大的伤害,同时也对友邦赐
予最大的利益;就他看来拉斯地蒙的地面部队虽然所向无敌,至于船上的
战斗却缺乏这方面的天生本领。

---

① 派里犹斯有三个港湾,计为派里犹斯港、退阿港和慕尼亚湾;整个地区的枢纽是上
方的慕尼契亚山,山顶建有卫城,易守难攻,形势极其险要。

② 须知这种做法违背古代雅典国王的政策,当年他尽力不让臣民与大海发生关系,使
得他们的生活习惯于土地的耕种和收成,而非海上的航行和通商。关键在于民主制度的滥
觞在于海洋帝国,农耕社会不会反对专制政体。

42 提米斯托克利在考虑这些问题的时候,决定不要公开宣布他的计划,因为他知道拉斯地蒙人一定会想尽办法加以阻止;所以他在市民大会提出报告,希望能达到规劝和推动的效果,那就是任何重大事务的遂行,必须为城邦带来利益。他还补充加以说明,这些事务关系到公众的好处不能详细说明,只能让少数人负起责任让它实现,他要求市民大会选出两个他们最信任的人,将正在讨论的事项全部交付给他们。市民大会同意他的提议,选出亚里斯泰德和詹第帕斯,须知这两位的人品正直,过去为了争取荣誉和部队领导,曾与提米斯托克利站在敌对的立场,所以绝不会有沆瀣一气的可能。这两位都在私下从提米斯托克利那里听到他的计划,于是就在大会上当众宣布,任何提米斯托克利吐露出来的重要事务,他们认为不仅有利于城邦而且切实可行。

人民赞誉这个人不已同时又对他心怀猜忌,由于他从事的计划是如此的庞大和重要,于是大家催他公开说明他的决定为何,免得他的着眼是要准备推行某种形式的专制政体。但是他给予同样的答复,要是公开揭露他的意图,这样做对于城邦没有任何好处。市民大会对于这个人的精明无比和胸怀大志感到极其惊愕,敦促他在委员会揭露暗中不为人知的意图,同时还向他提出保证,只要委员会认同他所说的确切可行而且有利可图,他们就会接受劝告让计划付诸实施。因此,等到委员会了解所有的细节,认为他的计划确实对城邦有利而且真能贯彻执行,市民大会无须费尽心机,同意委员会的决定,提米斯托克利获得授权,可以完全按照他的意愿去做。每个人离开市民大会的时候都在赞誉这个人的高瞻远瞩,抱着喜悦的心情期待计划带来的成果。

43 提米斯托克利接受赋予的权力,为了达成他的企图,可以运用和拥有立即到手的协助,这时他再度制定一种策略来欺骗拉斯地蒙当局;他始终认为拉斯地蒙人会用同样的方式,对于雅典当局要兴建海港的计划百般阻挠,如同他们以往干涉城市对于城墙的构筑。所以他派出使者前往拉斯地蒙,向他们表示为了发起远征行动,拥有一个优良的港口,对于所有希腊人都是莫大的利益,何况就波斯人而言他们的出兵征讨是意料中事。他用这种说辞让斯巴达人不致恼羞成怒横加干预,他自己全力投入工作,激起市民同心协力的热忱,以不可思议的速度完成港口的兴建。提米斯托克利说服人民每年新造二十艘三层桨座战船,增强现有舰队的实力;对于外侨和工匠有免税的措施,为了从四面八方吸引人潮进入城市,会很容易供应大量熟练的技术人员。在他的考虑之下,这两种政策对于城邦构建海上武力,可以发挥最大的功效。因此,雅典人忙着进行我们叙述的事项。

44 鲍萨尼阿斯在普拉提亚会战中指挥希腊联军获得胜利,拉斯地蒙当局指派他出任水师提督,赋予使命前去解救仍旧驻有蛮族守备队的希腊城市。他率领五十艘三层桨座战船离开伯罗奔尼撒,征召雅典人参加盛举,会合亚里斯泰德指挥的三十艘同型战船,开始全部航向塞浦路斯,要让受到波斯人控制的城市获得自由。接着驶往海伦斯坡海峡,从波斯人手中夺取拜占庭(Byzantium),有很多蛮族被杀或是遭到驱赶,等到城市光复以后,不少地位重要的波斯人被俘,他就将这些俘虏交给伊里特里亚(Eretria)的刚捷卢斯(Gongylus)负责看管。表面上像是刚捷卢斯要对这些人给予惩罚,其实是为了可以安全遣返泽尔西斯的领地;因为鲍萨尼阿斯暗中与国王签订友善的协定,还娶了泽尔西斯的女儿为妻,他的意图就是要背叛希腊人。身为将领的阿塔巴苏斯,表面上看来是负责外交事务的谈判者,却不动声色地供应鲍萨尼阿斯巨额金钱,为了达成图谋用来贿赂一些希腊人。

不过,鲍萨尼阿斯的图谋大白于天下以后,得到下面所述的惩处。因为鲍萨尼阿斯仿效波斯人要过奢华的生活,对待部属的方式有如一位暴君,所以大家感到气愤不平,特别是那些受他指挥的希腊人。因此,许多来自不同民族和城邦,却在军队当中混杂一起的人士,对鲍萨尼阿斯的暴虐苛刻感到深恶痛绝,有些伯罗奔尼撒人抛弃他扬帆返回国门①,派遣使者前往斯巴达对鲍萨尼阿斯提出控诉;雅典人亚里斯泰德善于运用大好良机,在一次盟邦召开的会议当中,获得大家的支持,凭着私人建立的亲密关系,使得他们都愿追随唯雅典马首是瞻。但是基于下述的事实,完全是机缘巧合才发生这些情况,使得霸权落到雅典人的手中。

45 鲍萨尼阿斯事先约定,任何人从他那里携带信息给国王,就不能再回来以免泄露两者之间的秘密联系,因此,接到函件以后必须将来人处死,从此没有一位信差能够活着返回斯巴达。后来有一位奉派的人感到事有蹊跷,打开信件发现推测完全正确,所有信差都会遭到杀害,立即出首将函件交给民选五长官。但是身为最高行政首长不愿相信此事,特别是信函已经打开就有伪造的可能,于是要求提出更为具体的证据;这个人要提供鲍萨尼阿斯亲口说出他知道所有的详情,因此他前往提纳朗(Taenarum),把自己装扮成海神庙的寻求庇护者,设置一顶有两个房间的帐幕,将民选五长官和其他做证的斯巴达人藏在里面;等到鲍萨尼阿斯前来与他相见,并且问他为何要在此避难,这个人就谴责鲍萨尼阿斯包藏祸心,说是从信中得知要让他前去送死。鲍萨尼阿斯马上向他赔不是,接着要这个人忘记其中产生的误会,甚至恳求他不记前仇继续保守秘密,承诺要赠送给他贵重的礼物,然后两人才分手告别。

民选五长官和其他在一起监听的人,虽然知道事情的真相,但为了保

---

① 这些城市都是斯巴达的盟邦,当然要提供所有的战船。

持政局的平静,只有暂且不予处理,等到后来情况发生变化,拉斯地蒙人与民选五长官想要查个水落石出;鲍萨尼阿斯早已知道大事不妙,马上采取行动,安全逃进阿西娜神庙的铜殿①。就在拉斯地蒙人迟疑不决的时候,因为他现在是获得庇护的哀求者,不知道是否应该立即给予惩处,他的母亲来到神庙,二话不说捡拾砖块要在神庙的进口砌一道墙,等到她做完这些工作就回到家中,拉斯地蒙人同意身为母亲的决定,接着封闭神庙所有的通路,鲍萨尼阿斯最后的下场是饿毙其中②。

死者的遗体交给亲属埋葬,神明对于冒犯圣地对恳求者的保护,表现出相当的不满,就在拉斯地蒙人对于其他事务,请示德尔斐的神谶指点迷津的时候,神明的答复是命令他们要将恳求者归还给女神。因此斯巴达当局认为时不我与,死者无法复生,不能达成神谶的要求,对于神的嘱咐没能奉行。不过,最后他们还是尽力给予补救,就在阿西娜神庙设置两座鲍萨尼阿斯的铜像。

46 就我们的立场而言,整部历史是要借着文字的力量,来颂扬仁人君子和善心之士,使得他们的光荣事迹能够长远留存;对于罪大恶极的坏人,在他死后可以给予适当的安葬,但是我们不能听任鲍萨尼阿斯的堕落和背叛,有意开脱不施加应有的谴责。虽然他是希腊人的恩主,赢得普拉提亚会战的胜利,还有很多值得大家钦佩的行为,但最后不仅无法维护他那享誉世人的名声,甚至要为喜爱波斯人的财富和奢侈玷污伟大的家世,难道还有哪位不为这个人的愚蠢感到无比的惊奇?实在说,成功使他得意忘形,弃绝拉可尼亚的生活方式,模仿波斯人的放纵和奢华,他

---

① 这是斯巴达最著名的神龛。
② 修昔底德在《伯罗奔尼撒战争史》第1卷第134节提到,说是在他死前就已被移走,免得神龛受到亵渎和污染。

没有任何道理非要采用蛮族的习俗,他并不是从其他的管道得知这些,完全是个人的接触使他要亲身尝试,从而明了祖先的生活方式较之波斯人的奢华,非仅占有绝对优势还要高明多少倍。

鲍萨尼阿斯爱慕虚荣到人格破产的程度,自己受到应得的惩罚,还让城邦丧失海上的霸业。相较之下,诸如亚里斯泰德①运用更为机智和圆滑的手法与盟邦相处:他们所以会注意到两者的不同,主要在于后者对部属的和蔼以及他为人的正直,使得大家一心一意拥护雅典所要达成的目标。因此,盟邦不再以斯巴达派出的指挥官唯我独尊,他们赞扬亚里斯泰德的风范和胸襟,愿意在各种事务方面听从他的意见,使得他无须争取就能接受海上的最高指挥权力。

47 随后亚里斯泰德在召开的会议当中,立即规劝所有的盟邦,指定提洛②这个岛屿作为他们的金库,要将聚集的钱财全部存放在该地;那是他们为了应付波斯人发起的战争,预先按照每个城邦的财力,征收的贡金总额达到五百六十泰伦③。他受到委托负责摊派大家应出的贡金,分配的数额非常精确而且公正,使得所有的盟邦愿意接受。因此,考虑到他完成一个几乎不可能的任务,凭着正直无私的行为和光明磊落的品格,使自己赢得崇高的名声和"正义者"的美称。鲍萨尼阿斯的叛国罪行这时产生严重的后果,剥夺同胞在海上的优势作为,亚里斯泰德的才德兼备立即带来莫大的利益,雅典从而拥有前所未有的领导地位。

---

① 亚里斯泰德(前530—前467年)是雅典的将领和政治家,奠定波斯战争胜利的基础,提洛同盟的创始人,主政期间获得"正义者"的称号,参阅普鲁塔克《希腊罗马名人传》第9篇第1章"亚里斯泰德"。

② 这是在岛上的阿波罗神庙。

③ 按照修昔底德在《伯罗奔尼撒战争史》第1卷第96节和普鲁塔克《希腊罗马名人传》第9篇第1章"亚里斯泰德"第24节的记载,第一次征收的总数是460泰伦。

这些就是那一年发生的重大事件。

48 雅典的执政官是斐顿（Phaedon），举行第七十六届奥林匹亚运动会（前476年），迈蒂勒尼（Mytilene）的斯坎曼德流斯（Scamandrius）赢得"赛跑"的优胜，罗马的执政官是西索·费比乌斯和斯普流斯·弗流斯·麦内利乌斯（Spurius Furius Menellaeus）①。拉斯地蒙国王李奥特契德这一年崩殂，在位时间有二十二年，他的宝座由阿契达穆斯（Archidams）继承，统治长达四十二年之久。雷朱姆（Rhegium）和占克利（Zancle）②的暴君安纳克西拉斯（Anaxilas）在统治十八年以后，就在这个时候过世；就由密昔朱斯（Micythus）继承僭主的位置，相信他以后会将王国传给自己尚未成年的儿子。

海罗在杰洛亡故以后成为叙拉古的国王，看到他的兄弟波利捷卢斯（Polyzelus）受到民众的爱戴，认为他在等待机会攫取王位③，想尽办法要将未来的隐忧除去，招募外国的士兵在他的身边组为一个佣兵团体，运用这种手段确保九五之尊的安全。因此等到西巴瑞斯（Bybaris）遭到克罗顿（Croton）大军的围攻，海罗应允乞求前去援救，征集士兵组成一支军队，让他的兄弟波利捷卢斯负责指挥，认为他会丧生在克罗顿人手里。波利捷卢斯疑惧国王不怀好意，拒绝接受领军出战的任务，海罗不禁怒气大发，波利捷卢斯在阿克拉加斯的僭主瑟隆那里获得庇护，海罗开始准备出兵讨伐瑟隆。

随后出现这些情况——瑟隆之子色拉西迪乌斯（Thraxydaeus）正在统治希米拉这座城市，暴虐的行为引起民众的反感，结果是离心离德失去大家的支持。他们不愿在他的父亲那里提出控诉，因为他们不相信他会秉公

---

① 他的名字应该是梅度利努斯（Medullinus）。
② 这座城市在西西里，就是后来的梅西尼。
③ 这是第三个敌手，等着要与胜利者战斗。

处理;于是他们派遣使者去见海罗,抱怨色拉西迪乌斯的治理不当,愿意将希米拉交到海罗手中,参加他的阵营一同去攻打瑟隆。不过,这时海罗已经决定与瑟隆和平相处,辜负了希米拉人一片好心,还不让他们知道他暗中的图谋。因此,瑟隆在检查所提报的计划以后,发现里面的资料全都正确无误,于是调解与海罗不同之处,让波利捷卢斯享受原来拥有的礼遇。然后他逮捕希米拉人当中数量众多的仇敌,将他们全部处死。

49 海罗将纳克索斯(Naxos)①和卡塔纳(Catana)的民众,从他们居住的城市当中迁移出来,让这些开拓者自行选择所要前往的地方,聚集五千名来自伯罗奔尼撒半岛的移民,此外还增加同样数量的叙拉古的市民;同时他把卡塔纳这个名字改为伊特纳,不仅是卡塔纳这个区域,还加上邻近的土地,全部列入分配的额度,可以容纳的移民多达一万人。他这样做基于一种想法,不仅他在需要的时候可以立即得到实质的帮助,还能从新近建立的城邦那里,接受一万人对他奉上英雄的荣名。他要纳克索斯人和卡塔纳人离开土生土长的城邦,将他们运到李昂蒂尼(Leontini),要求他们在这座城市与当地土著一起建立家园。瑟隆有鉴于希米拉人遭到大肆屠杀,城市需要外来的移民,所以来者不拒将他们混杂起来,无论是多里斯人还是其他志愿来此的人士,登记以后全都获得市民权。这些市民享有很好的条件,可以共同生活五十八年。只是在这个期限终止之前,这个城市为迦太基人征服②,并且被夷为平地,直到今天都没有留下居民。

50 德罗摩克莱德(Dromocleides)成为雅典的执政官,以及罗马的马可斯·费比乌斯(Marcus Fabius)和格耐乌斯·曼留斯

---

① 这座城市在叙拉古的北方海岸。
② 时间为前408年。

（Gnaeus Manlius）当选执政官的那一年（前 475 年），拉斯地蒙人为无缘无故丧失海上的指挥权感到愤怒不已；他们为着希腊人的背弃行为口出恶言，不断地威胁要给予应得的惩罚。等到召开吉罗西亚（Gerousia）会议①，他们为了重建海洋的霸业，考虑要对雅典当局宣战。此外，就在举行市民大会的期间，年轻人与大多数与会人员，抱着极大的热诚要恢复希腊世界的领导权，同时相信只要确保这方面的实力，他们就能获得更多的财富，总之，斯巴达只要更为强大和更有权势，它的市民就会增加产业变得更加繁荣。他们始终念念不忘古老的神谶，上天指点迷津要他们提高警觉，不能让领导权成为一个"瘸子"，同时确信这就是目前出现的情况；所谓"跛脚而行"是两种大权②已经失去其中之一。

所有的市民情绪激昂要采取积极的行动，现在正是元老院的会议期间，要进行这方面的最后考虑，已经毫无指望说是有任何一个人如此孟浪，竟敢建议其他的备用方案。但是元老院一位名叫赫提玛瑞达斯（Hetoemaridas）的议员，身为赫拉克勒斯（Hercules）的直系子孙，高尚的品德在市民当中享有显赫的声望，规劝大家让雅典人保留希腊世界的领导权，他认为斯巴达的利益不在于他们自称拥有海洋。他运用适切的言辞支持令人感到吃惊的提案，因为这与大家的期盼背道而驰，最后还是赢得吉罗西亚（斯巴达元老院）和人民的认同。最后拉斯地蒙人决定听从赫提玛瑞达斯的论点，放弃他们一心想要与雅典人开战的意图。雅典人在开始就已经预料到，为海上的霸权非与拉斯地蒙人兵戎相见不可，因而建造额外的三层桨座战船，征收大笔经费，尽量讨好盟邦，等到他们得知拉斯地蒙人的决定，就从畏惧战争的氛围中平静下来，着手增加城市的实力和权势。

---

① 就是斯巴达的元老院，由 30 位议员组成。
② 是指陆地和海洋。

51 阿昔斯托瑞德(Acestorides)成为雅典的执政官,以及罗马的西索·费比乌斯和提图斯·维吉纽斯(Titus Verginius)接替出任执政官。在这一年(前474年)当中,叙拉古国王海罗接见来自意大利库米(Cumae)的使者,答应来人提出援助的请求,要对控制海洋的第勒尼安人(Tyrrhenians)发起战争,他派遣的兵力包括相当数量的三层桨座战船。指挥官率领舰队到达库米,与当地民众共同发起对第勒尼安人的海上会战,击毁对方很多船只将他们打得溃不成军,等到完全压制第勒尼安人的气焰和免除库米人的恐惧,整个舰队班师驶回叙拉古。

52 这一年(前473年)米侬(Menon)担任雅典的执政官,罗马的执政官是卢契乌斯·伊米留斯·玛默库斯(Lucius Aemilius Mamrcus)和盖尤斯·高乃留斯·伦图卢斯(Gaius Cornelius Lentulus);意大利的塔伦屯人(Tarantini)和伊阿披基亚人(Iapygians)之间发生战事。

这些部族经常因为边界的土地纠纷引起争执,很多年来双方不断流血冲突和寇边入侵,逐渐伤亡变得更加严重,最后全部丧失理性,非要拼个你死我活不可。伊阿披基亚人不仅自己准备了一支军队,还从邻近的城邦获得辅助部队加入他们的阵营,使得兵力的总数到达两万人马;塔伦屯人得知对方聚集大军要来进犯,除了从城邦征召相当数量的兵员,还能从盟友雷朱姆人得到很多援军。双方发生激烈的战斗引起重大的伤亡,最后还是伊阿披基亚人获得胜利。吃了败仗的军队分开逃走,剩余的主力向着塔伦屯撤退,增援的部队则是逃回雷朱姆;伊阿披基亚人同样兵分两路进行追击。跟随在塔伦屯人的后面,行进的距离较短,他们杀死很多敌人,至于在雷朱姆人后面紧追不放的部队,击溃雷朱姆守军和退兵的抵抗,一举夺取整座城市。

53 次一年度雅典的执政官是查里斯（Chares），提图斯·麦内纽斯（Titus Menenius）和盖尤斯·贺拉久斯·普维拉斯（Gaius Horatius Pulvillus）当选罗马的执政官，伊利斯（Elis）举行第七十七届奥林匹亚运动会，亚哥斯的丹德斯（Dandes）赢得赛跑的优胜。这一年（前472年）在西西里，阿克拉加斯的僭主瑟隆逝世，在位十六年，他的儿子色拉西迪乌斯继承。瑟隆的为政之道讲究仁民爱物和公正无私，有生之年都受到同胞的拥戴，死后还能享用英雄的礼遇；但是他的儿子即使父王在世的时候，也是个性横蛮而且草菅人命，等到父亲过世以后，他的统治就像一个暴君，达到无法无天的程度。因此，他很快丧失臣民对他的信任，不断成为密谋蔷除的目标，过着受人痛恨和诅咒的生活；很快因为自己的违法乱纪，步上性命即将结束的尽头。

色拉西迪乌斯在他的父亲瑟隆过世以后，聚合很多外来的佣兵，征召阿克拉加斯和希米拉的市民服役，整个集结的兵力超过两万骑兵和步卒，他打算用这些部队向叙拉古人动武，国王海罗已经整备一支庞大的军队，向着阿克拉加斯前进。这是希腊人之间一场兄弟阋墙的苦斗，双方的伤亡都极其惨重，叙拉古人赢得会战的胜利，损失两千人马要较对手的四千人阵亡为轻。因此色拉西迪乌斯只有低头认输，逃到奈萨人（Nisaean）的麦加拉①，据说他最后的下场是被判处死刑；阿克拉加斯人恢复民主政体，派遣使者去见海罗保证双方和平相处。

意大利的罗马人和维爱人（Veiians）之间爆发战争，在被称为克里米拉（Cremera）的地方引起一场大规模的会战②。罗马人战败，很多士兵丧失性命，根据某些史家的说法，其中费比乌斯家族就有三百人阵亡，提到这个

---

① 麦加拉在希腊如同海布拉人的麦加拉在西西里。
② 传统的年代是前477年。

名字,就会在该地出现类似的情节,只是年代大不相同而已①。

这些是当年发生的重大事件。

54 普拉克色古斯(Praxiergus)成为雅典的执政官,奥卢斯·维吉纽斯·垂柯斯都斯(Aulus Verginis Tricostus)和盖尤斯·塞维留斯·斯特鲁克都斯(Gaius Servilius Structus)当选罗马的执政官(前471年)。这时的伊利斯人原来居住在很多较小的市镇,现在联合起来成为一个名叫伊利斯的城邦。拉斯地蒙人看到他们的将领鲍萨尼阿斯,犯下叛国的罪行使得城邦陷入羞辱的处境,然而雅典没有一个市民面临谋逆的起诉,响亮的名声深受盟邦的赞誉,因此他们想尽办法陷害雅典人,同样遭受身败名裂的打击。提米斯托克利获得雅典人的爱戴,卓越的德行享有极高的声誉,他们指控他背叛祖国,主要的证据是他与鲍萨尼阿斯是知己之交,说他同意将希腊出卖给泽尔西斯②。他们要与提米斯托克利的政敌进行交谈,引诱这些人对他提出控诉,为此特别花钱收买;他们还要进一步加以解释,就在鲍萨尼阿斯决定背叛希腊人的时候,就将计划泄露出去让提米斯托克利知道,催促他参加阴谋活动;提米斯托克利虽然没有同意他的要求,但同样没有尽到一个市民应尽的责任,出来指控这位是他朋友的重要

---

① 这是早期罗马历史上最著名的传说之一,狄奥多罗斯给予一个合理的记载,就是罗马人和伊楚里亚人之间,为了控制台伯河的右岸引起一场会战,很多费比乌斯家族的成员丧生在奋战之中。但是费比乌斯家族用很多方式来修饰这个故事,以至于后来传统的说法,仅是家族的成员和他们的部从,为了在台伯河岸建立罗马人的"桥头堡",经过一场激战有300人阵亡;参阅利瓦伊《罗马史》第3卷第50节。

② 鲍萨尼阿斯遭斯巴达人处死以后,发现一些与案情有关的信函和文件,使得提米斯托克利涉嫌其事,拉斯地蒙当局大声叫嚣对他发起攻击,雅典的政敌据以提出指控,当时他不在国内,只有亲笔写信答辩;市民大会还是采纳控方的意见,派出官员将他引渡回国,在希腊人组成的法庭前面接受审判。

人物。无论如何，总算对提米斯托克利提出起诉，只是那时还没有发现叛逆的罪行，首先他要做出决定就是他要站稳脚跟，凡事要尊重雅典人的意见，因为市民同胞看在他有丰功伟业的分上，对他的厚爱始终有增无减。等到后来有些人害怕他享有显赫的地位，还有些人嫉妒他获得荣誉的名声，从而忘记他服务城邦的所立的功迹，开始尽一切努力来减缩他的权限，使他不敢再有僭越之举。

55 首要的工作是将提米斯托克利赶出雅典，于是运用贝壳放逐制度①，这是雅典人拿来推翻庇西特拉图（Peisistratus）和其子的暴政。法律的规定有如下述：任何一位市民的言行发生极大的力量，使得民主政体受到破坏和摧毁，每一个人都可以将他的名字写在一块陶片（贝壳）上面，如果他得到绝大数量的陶片，就受到从本国放逐五年②的处分。从而可以得知，雅典人制定这样一条法律，目的不是惩罚做了错事的人，而是用放逐来降低一个人的擅权和僭越，不至于擢升到无法抑制的程度。等到提米斯托克利成为贝壳放逐的对象，为了避免受到羞辱的处分，事先离开雅典逃到亚哥斯。拉斯地蒙人得到消息，认为命运女神给他们最佳时机用来攻击提米斯托克利，于是再度派遣使者前往雅典，指控提米斯托克利是鲍萨尼阿斯叛国案的从犯，因为他的罪行影响到整个希腊，所以审判不能私下在雅典人当中举行，按照习惯应该交由泛希腊会议（General

---

① 贝壳放逐制度是克里斯提尼制定的一种法律，任何人的权力变得极大，达到会给城邦带来危险的程度，就可以运用这种制度将他放逐，前507年表决通过，根据亚里士多德的说法，在20年以后，因为"人民获得充分的自信"，方始首次使用。

② 放逐的期限是10年（狄奥多罗斯误以为雅典与叙拉古有完全类似的制度，而且期限都是五年），必须在10天之内离开雅典的疆域，达成目标需要有6000张同意票。

Congress）负责处理，何况这时正是开议期间①。

提米斯托克利看到拉斯地蒙人步步进逼，非要对雅典整个城邦加以诽谤和羞辱不可，而且雅典当局在焦虑之余，想要撇清对他们的指控能够置身事外，愿意将他转交泛希腊会议出面审案。他知道这个组织做出的决定，不会基于正义的要求，而是为了讨好拉斯地蒙人，从而获得的结论是不仅出于其他的行动，再者这样做是为了英勇争取报酬②。从这个例子可以得知，控制选举是为了嫉妒雅典人的功绩，虽然他们与其他城邦相比，提供更多三层桨座战船参加会战，不能因而让他们较之其余的希腊人多得一点点好处。这也是提米斯托克利对于泛希腊大会的成员，始终持不予相信的缘故。再者，提米斯托克利在前一次的质问当中，发表自我辩护的言辞，现在拉斯地蒙人用来作为指控他的根据。因为提米斯托克利的辩护已经明确表示，他收到鲍萨尼阿斯送来的信件，力劝他参与叛逆的行动，就可以用来当成非常强烈的证据，即使鲍萨尼阿斯没有催促他，除非他对提出要求加以反对，否则可以坐实他犯下罪行。

56 基于上面我们陈述的理由③，提米斯托克利从亚哥斯逃到摩洛西亚（Molossia）国王埃德米都斯（Admetus）那里，就在埃德米

---

① 提米斯托克利受到贝壳放逐的制裁发生在前 472—前 470 年这段时间（参阅《剑桥古代史》第 5 章第 62 页），斯巴达对他发起的攻击是一年或更后面的事。修昔底德在《伯罗奔尼撒战争史》第 1 卷第 135 节，提到他被召回雅典接受审判，至于在市民大会抑或阿里奥帕古斯会议，并不是很清楚。现代的学者一般都反对狄奥多罗斯的记载，他认为这次审判是在泛希腊联盟的会员大会前面举行。不过，这并非不可能，斯巴达人开始就有这样的建议，但是等到雅典当局召他回去直接面对控诉，他们并没有施压加以反对。普鲁塔克在《希腊罗马名人传》第 9 篇第 1 章"亚里斯泰德"第 21 节，叙述泛希腊联盟在会员大会上面通过提案，要对波斯发起战争，这是一年一度的会议，成立于前 479 年。可以非常明确地得知，狄奥多罗斯认为是泛希腊联盟的会员大会，这跟伯罗奔尼撒联盟毫无关系。

② 参阅本章第 27 节。

③ 这种陈述的方式无法查证。

都斯的火炉旁边,成为他的乞饶者(恳求者)要求给予庇护。国王在开始非常仁慈地接待,赞誉他有大无畏的勇气,保证他可以获得安全,等到拉斯地蒙当局派遣地位最显赫的斯巴达人担任使者,晋见埃德米都斯要求惩治提米斯托克利,责难他是整个希腊世界的卖国贼和毁灭者,同时他们还进一步表示,如果埃德米都斯不愿交出,拉斯地蒙人和所有的希腊人会向他宣战,实在说国王一方面畏惧外来的威胁却又同情恳求者的遭遇,另一方面想要避免将人交出来面临卖友求荣的羞辱,于是说服提米斯托克利在拉斯地蒙人没有发觉之前尽快离开,他赠送大量黄金以供逃亡途中的花费。提米斯托克利受到各方面的迫害,只有接受黄金连夜逃出摩洛西亚的边境,国王尽可能对他的出亡给予帮助;有两位年轻的林西乌斯人(Lyncetians)是商贾,对于道路的情况非常熟悉,于是提米斯托克利加入他们的队伍。他们只在夜间赶路好避开拉斯地蒙人的搜查,完全是出于年轻人的善意,以及他忍受颠沛流离的辛酸,才能安全抵达亚细亚。提米斯托克利有一位名叫黎西瑟德(Lysitheides)的知己之交,在当地有很高的声望和财富,于是他前往寻求给予庇护。

事情非常凑巧,黎西瑟德正好是泽尔西斯的朋友,国王在经过小亚细亚的路途当中,整个波斯的来客都受到他的款待。① 因此,他能享用与国王建立亲密关系的好处,还希望出于怜悯之情将提米斯托克利从险境当中拯救出来,他给予的承诺是两人在各方面都要合作无间。提米斯托克利问他何时可以引见泽尔西斯,开始他加以拒绝,特别提出解释说是他过去与波斯人对抗的行动,让对方蒙受极大的损失,必然会受遭到报复和惩罚;不

---

① 普鲁塔克《希腊罗马名人传》第4篇第1章"提米斯托克利"第26节,说是奈柯吉尼斯(Nicogenes)大力鼎助,使他见到波斯国王;希罗多德《历史》第7卷第27节,提到有位当地人士出面接待泽尔西斯的军队,他的名字叫作皮提乌斯(Pythius);修昔底德的《伯罗奔尼撒战争史》没有提到这个人。

过,后来他想到一种很好的办法,也得到提米斯托克利的同意,使他毛发无损安全通过波斯的疆域。波斯人有一种习俗就是任何人要献给国王一位侍妾,必须将她安置在一个掩盖严密的大车里面,不能受到外人的干扰或是与其他的旅客见面,黎西瑟德运用这种方法可以落实他所提出的承诺。准备好大车装饰贵重的帷幕,就让提米斯托克利留在里面,可以保证旅行全程安全无虞,这时他出发前去朝拜国王,等到他用很谨慎的态度与国王交谈以后,获得应允不会让提米斯托克利受到伤害;然后黎西瑟德引导他去觐见,等到国王让提米斯托克利开口说话,得知他不会带来不利的影响,于是赦免他的刑责。

57 看来提米斯托克利的性命在毫无预期的情况下,从一位敌人的手里获得拯救,然而基于下面的理由要陷入更危险的处境。大流士①是杀死袄教祭司方能登基的国王,曼达妮(Mandane)是他的女儿也是泽尔西斯的同胞姐妹,在波斯人当中享有很高的名望。提米斯托克利在萨拉密斯海战中击败波斯的舰队,使得她的两位儿子不幸丧生,带来的哀悼使她痛不欲生,更能获得民众的怜悯和同情。这时她得到提米斯托克利前来觐见的信息,穿上丧服来到宫廷,流着眼泪恳求她的兄弟,要在提米斯托克利的身上发泄她的深仇大恨。国王对她的哭诉根本不加理会,于是她一一前去拜访显赫的波斯贵族,她的诉求激起民众要对提米斯托克利采取报复行动。暴民蜂拥来到皇宫的前面,发出怒吼必须处决提米斯托克利,国王的答复是他指派最高贵的波斯人组成一个陪审团,由他们负责做出本案的判决;这样的处理方式获得大家的认同,要有相当的时间着手审判的准备工作,提米斯托克利借机学习波斯语,用来为自己进行辩护,最后的宣判是获得无罪开释。

---

① 波斯国王大流士一世拥有大帝的称号,在位时间为前521—前486年,发起入侵希腊的波斯战争,马拉松会战失败后返国,在出动另一次远征之前亡故。

国王非常高兴提米斯托克利能够平安无事,赠送给他很多名贵的礼物。例如,国王让他结一门很好的亲事,这位波斯新娘不仅家世出众而且容貌美丽,除此以外她的德行受到赞誉,带来的嫁妆有众多用来服侍的家用奴隶,仅是酒杯就有不同的种类,还有家具和摆设使得生活更为舒适和奢华①。国王还赠送给他三座城市作为采邑,用来供应享受和娱乐的需要;米安德(Maeander)河畔的马格尼西亚在亚细亚的城市当中,以生产谷物闻名于世,所以用来提供日用的面包,迈乌斯(Myus)靠近海洋有丰富的鱼类,用来提供所需的肉类,兰普萨库斯(Lampsacus)的周围都是葡萄园,用来补充所需的酒类。

58 提米斯托克利与希腊人相互之间的畏惧之感,现在已经全部除去,看来他从未料到有这种事发生,一方面是那些从他那里蒙受恩惠最多的人,竟然会对他施以放逐的惩处;另一方面是那些从他那里遭到悲痛最多的人,竟然会赐给他最大的福分,使他能在前面提到的几座城市消磨余生,过着极其丰裕的美好日子,他逝世以后,马格尼西亚举行盛大的葬礼,建立的纪念物一直矗立到今天。有些史家提到泽尔西斯,始终怀着念头要对希腊发起第二次远征行动,邀请提米斯托克利负责指挥整个战役,他完全同意这样的安排,同时国王还用誓约给予保证,没有提米斯托克利的参与,他不会进军去攻打希腊人。等到宰杀一头公牛作为奉献的牺牲,完成宣誓的典礼,接着装满一杯牛血,提米斯托克利饮下以后立即倒毙②。他们还补充说明,因而泽尔西斯放弃原订的计划,提米斯托克利的

---

① 提米斯托克利娶波斯贵妇为妻之事,只有狄奥多罗斯言之凿凿,其实纯属捕风捉影之谈。

② 修昔底德与提米斯托克利是同时代的人物,提到他只是说:"提米斯托克利因病亡故,有些传言说他服毒自杀,看来他对波斯国王的承诺已不可能兑现。"参阅修昔底德《伯罗奔尼撒战争史》第1卷第10章第138节。

自愿赴死,等于给他的祖国带来最佳的防御,他在很多事务方面都能扮演一个优良市民的角色,让希腊人因他蒙受最大的福利。

我们提到这位最伟大的希腊人面临的结局是死亡,所以会引起很多争论,是否他对自己的城邦和其他的希腊人有所亏欠,逼不得已叛逃到波斯人的阵营,或者处于完全相反的情况,是否他让城邦和所有的希腊人享受他带来的福利,然而这些人却忘恩负义,采用违背正义的手段,让他们的恩主陷入万劫不复的绝境。如果市民能将嫉妒之心置于一边,这时再进行严密的评估,不仅是拥有的天赋才华,还有就是实际的伟大成就,这时可以发现提米斯托克利在这两方面,在所有的记录当中,都居于首屈一指的地位。因此外人就会感到惊愕,雅典人何以不愿自己成为天才人物。

59 这时的斯巴达仍然具备优势的力量,拉斯地蒙人优里拜阿德拥有舰队的最高指挥权限,然而单凭他赤手空拳就能剥夺斯巴达应有的荣誉,提到其他杰出之士又能如何? 我们从历史得知某人因为单一的行动,使得自己优于所有的指挥官,难道就能说他的城邦必然优于希腊其他城邦,或是希腊人必然优于蛮族? 那是谁说将领拥有的资源居于劣势就会面对更大的危险? 有谁面对所有在亚细亚的蛮族联合起来,反观自己的市民被迫要离开家园①,他还能够赢得战争的胜利? 有谁在和平时期能使祖国拥有权力可以与他的功勋相比? 是谁在城市为庞大的兵力所包围,还能带来安全的结局,进而能运用断桥的计谋②,使敌人的陆上部队减少一半,所以才会很容易被希腊人打得溃不成军? 因此,我们只要概述他的丰功伟业,接着一件一件加以鉴定,这时就会发现难以置信的事实,完

---

① 雅典当局将萨拉密斯岛作为避难所,那是波斯大军通过色摩匹雷隘道以后的事,参阅本章第 13 节。

② 参阅本章第 19 节。

全是他的城邦动手将耻辱加在这个人的身上。须知完全是他的功劳,雅典才会擢升到伟大的位置,我们有很好的理由获得如此的结论:这座城市就整个希腊而言,素来以智慧和公正拥有首屈一指的名声,然而对待提米斯托克利极其残酷无情。

现在叙述的题目与提米斯托克利建立的事功有关,即使说了很多离题的话,我们相信总比删除不加记载要好得多。

正在这些事件发生的时候,意大利这个区域,雷朱姆和占克利的统治者,兴建了名为皮克苏斯(Pyxus)的城市。

60 这一年(前 470 年)雅典的执政官是笛摩蒂昂(Demotion),罗马的巴布留斯·华勒流斯·巴布利科拉(Publius Valerius Publicola)和盖尤斯·瑙久斯·鲁弗斯(Gaius Nautius Rufus)当选执政官。雅典人选出密提阿德(Miltiades)之子西蒙(Cimon)①出任将领,率领一支强大的兵力,奉派前往亚细亚的海岸地区,援助盟邦的部队,让仍旧驻扎波斯守备部队的城市获得自由。西蒙率领留在拜占庭的舰队航向一座名叫爱昂(Eion)的城市,从波斯人手里将它夺取,然后用围攻的方式占领西罗斯(Scyros),这里的居民都是佩拉斯基亚人(Pelasgians)和多洛庇斯人(Dolopes)②;然后扶植一个雅典人成为拓垦区的建立者,他将土地按照配额分给外来的移民③。

经过这次征讨以后,他的心中开始规划更为重要的冒险行动,整个舰

---

① 西蒙(前 510—前 45 年)是雅典的将领和政治家,团结希腊人赢得波斯战争的胜利,参阅普鲁塔克《希腊罗马名人传》第 13 篇第 1 章“西蒙”。

② 狄奥多罗斯陈述西蒙的征战获得莫大的成就,竟然将十年的事迹压缩在一年之内;须知爱昂的夺取是在前 476 年,优里米敦会战发生在前 467 或前 466 年。

③ 这是雅典的 cleruchy 即“将征服的土地分给市民”,它与殖民区不同之处,在于居民不会丧失市民权的身份,不必非要住在配给的土地上面。

队停泊在派里犹斯,增加很多艘三层桨座战船,安排补给品的数量到最大限度,发航出海的船只是两百艘,等到召来爱奥尼亚和其他各地的增援部队,整个舰队有三百艘三层桨座战船。他们航向小亚细亚的卡里亚(Caria),立即说服海岸地区那些希腊人居住的城市,要对波斯人高举反叛的义帜,特别是这些城市的居民都能说两种语言①,仍旧有波斯的守备队驻扎;他派遣军队登陆加以围攻,最后能将卡里亚的城市全都带进他的阵营,接着就对邻近的吕西亚区域如法炮制。他继续从盟邦得到增派的船只,使得舰队的规模更加庞大。

现在波斯人征召自己的人民组成地面部队,他们的水师所能集结的船只,都是来自腓尼基、塞浦路斯和西里西亚,整个波斯兵力的指挥官,是泽尔西斯的私生子泰什劳斯底(Tithraustes)。西蒙得知波斯舰队离开塞浦路斯,向着蛮族航行发起会战行动,要用两百五十艘战船对抗敌军的三百四十艘。两个舰队展开一场英勇而又激烈的战斗,最后还是雅典人获得胜利,摧毁很多敌方的船只,加上一百艘连带上面的水手全被他们掳获。剩余的船只逃向塞浦路斯,守军将水手带上陆地,失去作战能力的战船,全都落到敌人手中。

61 西蒙对于如此重大的胜利并不感到满足,要率领整个舰队前去攻击波斯的陆上部队,现在的营地位于优里米敦(Eurymedon)河②的河岸。他想用计谋来克敌制胜,就用手下最优秀的人员去操控捕获的波斯船只,让他们戴上头巾身穿波斯人的服装。等到舰队来到蛮族的眼前,他们为波斯的船只和人员的装束所骗,认为这些三层桨座战船为他们所有。因此他们将雅典人看成自己的朋友。西蒙趁着夜暗要士兵下船,波斯人误以为来人是友军。他们抓住机会攻击营地,波斯人

----

① 假定希腊话成为他们第二种语言,那么他们就不是希腊人或者是一个混杂的种族。
② 这条河在毕西狄亚(Pisidia),它的河口离开塞浦路斯至少有125英里。

陷入极大的混乱当中,西蒙的士兵一路上逢人就杀;菲伦达底(Pherendates)是蛮族两位将领之一,还是泽尔西斯的外甥,他的中军大帐为雅典人攻入,本人当场遇害。其余的波斯人有些被砍翻在地,有些身受重伤,由于受到不预期的攻击,被迫只有赶紧逃走。

总之,波斯人非但惊慌失措而且感到极其迷惑,因为他们根本不知道是谁向他们发起攻击。丝毫没有想到希腊人会对他们使用武力,特别是他们没有可用的地面部队;他们猜测这是毕西迪亚人(Pisidians)做的好事,这个部族居住在邻近地区,一直对他们怀有敌意,所以才会发起突击的行动。因此,认为敌人的攻击来自内陆,于是他们逃向海边的船只,相信还保留在友军的手中。这是一个没有月亮的黑夜,更增加惶恐和紧张的程度,可以说没有一个人弄清楚真实的情况。因此,趁着蛮族完全丧失秩序之际,展开一次血腥的大屠杀,西蒙事先就已下令给士兵,要是他们分散开来到处去掠夺,看到船边燃起火炬就是召唤的信号,要赶紧回来以免他的计划出现差错。等到所有的士兵集结在火炬之下,这时抢劫已经停止,全部撤回船上,次日他们建起一座战胜纪念碑,然后回航塞浦路斯,他在海上和陆地分别赢得两场大捷。出现这种情况也是历史上绝无仅有的事,能在一天之内发生两次这样重要而且极不寻常的行动。

62 西蒙身为将领凭着智勇双全的才华建立盖世的功勋,他的名气在同胞当中是如此的响亮,甚至对于所有希腊人来说已经变得众所周知。因为他获得的战利品是三百四十艘船只,两万名以上的俘虏和巨额的金钱。波斯人在遭到如此重大的打击以后,害怕雅典人的实力坐大,又开始建造大量三层桨座战船。雅典这个城邦从此时开始,可以明显看出它的权势日见增长,贡金源源不绝,建立英勇名声,举凡发生战争就居于领导地位。雅典的人民将战利品的十分之一,拿出来奉献神明,新建的神庙上面刻着下述的铭文①：

> 甚至从海洋将欧洲从亚洲分离的日子算起，
> 城市的人群同时要从陆地和海洋发起攻势，
> 即使战神对尘世的凡人也没有那样的行动，
> 这些人在塞浦路斯对米堤亚人就要大开杀戒，
> 捕获一百多艘战船上面满载腓尼基的战士，
> 他用双手②施加打击使得整个亚洲哀鸣遍野，
> 战争的巨大权力使得他能征服蛮族的领地。③

以上就是这一年发生的重大事件。

63 斐昂（Phaeon）成为雅典的执政官，罗马的卢契乌斯·弗流斯·米地奥拉努斯（Lucius Furius Mediolanus）和马可斯·马尼留斯·瓦索（Marcus Manilius Vaso）当选执政官（前469年）。当年④有一件巨大而不可思议的灾难，降落在拉斯地蒙人头上，斯巴达发生强烈的地震，结果是坚固地基上面的建筑物全都倒塌，竟然有两万以上拉斯地蒙人丧生。由于城市遭到余震的打击，加上在长时期内房屋还不断地陷落，

----

① 这首诗的作者应该是西摩尼德斯，参阅戴尔《希腊抒情诗残卷》No.103 以及埃德蒙《希腊抒情诗集》No.171。

② 这里的双手是指"陆地和海上的武力"。

③ 从前面三章的内容，看出狄奥多罗斯所持的观点犯下很大的错误。这首诗提到前449年一场发生在塞浦路斯外海的会战，至于有关在优里米敦发生的会战，可以说是置之不理；西蒙在塞浦路斯的作战不会是那个日期，也不可能让手下的人员利用夜暗及时在优里米敦登陆。再者，伟大的将领不可能用喜剧性质的谋略赢得会战的胜利。普鲁塔克《希腊罗马名人传》第13篇第1章"西蒙"第12—13节，对会战有非常逼真的描述。

④ 正确的年代应该是前464年，看来有5年的误差。

很多人被翻覆的城墙压死,只有很少的产业能在地震当中幸存。虽然有人认为他们遭到不幸的天谴,完全是神明将怒气发泄在他们身上,还有就是基于下面的理由,用人类的手让他们经历其他的危险。拉斯地蒙人的世仇大敌是希洛特人(Helots)①和麦西尼亚人(Messenians),这个时候仍旧保持平静无事的状态,他们忌惮斯巴达的卓越地位和强大权势,感到畏惧不敢轻举妄动,等到看见地震让他们死伤狼藉,特别是在人数大量减少的情况下,就对幸存者起了藐视之心。

他们取得协议要联合起来对拉斯地蒙人发起战争。拉斯地蒙的国王阿契达穆斯有先见之明,不仅在地震期间成为市民同胞的救主,发生战事以后还能够英勇击退侵略者。可以举例来说,就在恐怖的地震打击斯巴达的时候,他是第一位拿起武器和装备,尽快从城市赶往田野的斯巴达人,还在呼吁其他的市民要效法他的榜样。斯巴达人服从他的命令,特别是从灾难中得到拯救的人,阿契达穆斯王将他们编组成一支军队,准备与那些反叛分子交战。

64 麦西尼亚人和希洛特人联合起来,开始进军前去攻打斯巴达这座城市,认为可以很容易将它占领,因为没有人担负守备的工作;等到听说没有受伤的人员,在国王的指挥之下列出作战的队形,要为保卫自己的家园奋斗到底,他们只有放弃原来的计划,就在麦西尼亚占领坚固的据点,当成一个作战基地,从事继续入侵拉柯尼亚的行动。斯巴达人转过来向雅典人要求救援,接受派来的一支军队,与其他盟邦的兵力集结起来,就能与他们的敌人形成对等的局面。他们在开始较敌人占有优势,但是没过多久,等到雅典人产生猜忌之心,想要离开前往麦西尼亚,双

---

① 古代的作者经常提到斯巴达人对身为农奴的希洛特人极其残酷,所以希腊人认为拉斯地蒙为强烈的地震摧毁,在于上苍惩罚他们对希洛特人的不公和迫害。

方的联盟关系破裂。就对其他的盟邦说明理由,意思是拉斯地蒙人有足够的兵力,可以用来应付即将面临的会战。雅典人这时认为最好不过是撤退了事,当然这样做会给他们带来羞辱和难堪;不过,到后来双方的关系无法保持友善,雅典人的心中更容易煽起仇恨的火焰。

雅典人将这个意外事件,当成两个城邦所以会疏远的第一个成因,后来才有彼此的口角以及产生大规模的战争,给希腊世界带来巨大的祸害。我们叙述这些事项,必须与适当的时期发生关联。那时正是谈到拉斯地蒙人与盟邦联合起来,进军前去讨伐伊索姆,并且进行围攻作战。希洛特人团结起来反叛拉斯地蒙人,他们与梅西尼人结成联盟,有时能够获得胜利,有时遭到重大损失。十年的战争无法获得决定性的结果,这样长的时间之内,双方没有停止相互之间的伤害行为。

65 次一年雅典的执政官是瑟吉奈德(Theageneides),罗马的执政官是卢契乌斯·伊米留斯·玛默库斯(Lucius Aemilius Mamercus)和卢契乌斯·尤利乌斯·朱利叶斯(Lucius Julius Iulus),举行第七十八届奥林匹亚运动会,波赛多尼亚(Posidonia)的巴门尼德(Parmenides)赢得赛跑的优胜。这一年(前468年)亚哥斯人和迈森尼人(Mycenaeans)因为下述的原因爆发战争。迈森尼人的国度自古以来声望极高,不可能像亚哥利斯(Argolis)地区其他城市,屈服于亚哥斯人的权势,同时还能维持独立的地位,不会听从亚哥斯人的命令。还为赫拉(Hera)神庙①与对方一直发生争执,主张他们有权办理尼米亚运动会(Nemean Games)②有关事宜。

————————

① 名声响亮的赫里姆(Heraeum)与迈森尼和亚哥斯有概等的距离,位于前者南边的丘陵上面。在那里后来有一座华丽的赫拉雕像,波利克莱都斯(Polycleitus)用黄金和象牙制作而成。

② 提到的赛会开始是在克里奥尼这座城市的监督之下,问题是他们的监督在那个时代还未确定,因为转交到亚哥斯手中是在前460年。

再者,亚哥斯人经投票表决,除非他们能够分享最高指挥的权力,否则就不会参加拉斯地蒙人在色摩匹雷的作战行动;然而迈森尼人是亚哥利斯地区,唯一参加斯巴达阵营的城邦,愿意为争取自由奋战到底。总之,亚哥斯人对迈森尼人极其猜忌,因为害怕他们像在古代那样拥有特权,结果变得实力大增,如果他们一旦强盛起来,就会与亚哥斯人争夺指挥的权力,这是亚哥斯人一定要避免的事。原因出于两个城市之间充满愤怒的情绪,何况自古以来亚哥斯人自视其高,总是瞧不起对方,他们认为现在有一个很好的机会,看到拉斯地蒙人虚弱到自顾不暇,没有能力前来援救迈森尼人。

亚哥斯人与联盟的城市组成一支强大的军队,开拔前去攻打迈森尼人,在战场上面击败对手,等到退守城墙再将他们围得水泄不通。迈森尼人鼓起勇气抵抗围攻者一段时间,后来他们的战斗接连地挫败,加上拉斯地蒙人自己陷入战争,以及地震带来的灾害,根本无力对他们提出任何援助。由于他们没有其他的盟邦,在缺乏外来的支持之下,经过不断的猛攻还是被敌人占领。亚哥斯人将所有的居民发卖为奴,奉献他们当中十分之一给神明,然后将全城夷为平地。这个城市从古老的年代以来,总能保持繁荣富裕的情况,拥有众多的人口和值得纪念的建树,竟然会得到如此悲惨的下场,直到现在那里仍旧是一片荒芜没有半个居民。

那么,这就是那一年的重大事件。

66 雅典的执政官是黎昔斯特拉都斯(Lysistratus),罗马的卢契乌斯·派纳流斯·玛默蒂努斯(Lucius Pinarius Mamertinus)和巴布留斯·弗流斯·菲弗朗(Publius Furius Fifron)①当选执政官。这一年(前467年)叙拉古国王海罗,将占克利已故僭主纳克西拉斯的几位儿子召

①　菲弗朗应该是福苏斯(Fusus)之误。

到叙拉古,赐给他们贵重的礼物,让他们记得杰洛对他们的父亲给予的恩惠,提出劝告说他们已经成年,需要监护人密昔朱斯交出账册,接管占克利的政府机构。他们返回雷朱姆要求他们的监护人交出管理家产的账目,密昔朱斯是一位品格高尚的人士,须知这几位小孩出身古老的家族,就将他们的朋友全都请来,交出一份账目是如此的诚实无欺,能够充分显示出他的公正和善意。这几位小孩现在后悔他们采取的步骤,恳请密昔朱斯运用父亲的权力和地位,继续管理和执行城邦的事务。密昔朱斯不愿答应他们的要求,等到所有的产业和政务一一点交清楚,就将自己的财物装在一条船上,在民众表示善意的欢呼声中,扬帆离开雷朱姆,抵达希腊以后就在阿卡狄亚(Arcadia)的特基亚(Tegea)安度余生,接受大家给他的赞誉。

叙拉古国王海罗在卡塔纳亡故,由于他是这座城市的创建者①,享有身后的哀荣如同一位英雄人物。他的在位时间有七年,死后将王国留给他的兄弟色拉西布卢斯(Thrasybulus),统治叙拉古不过一年的时光而已。

67 赖萨尼阿斯(Lysanias)是雅典的执政官,罗马人选择阿庇斯·克劳狄斯(Appius Claudius)和提图斯·奎因克久斯·卡皮托利努斯(Titus Quinctius Capitolinus)出任执政官。这一年(前 466 年)叙拉古国王色拉西布卢斯被赶下宝座,由于我们要叙述这件事故的细节,必须追溯多年之前发生的情况,才能了解它的来龙去脉。

戴诺米尼斯(Deinomenes)之子杰洛不仅智勇双全,而且运用谋略制服迦太基人,如同前面所述②,他在一次重大的会战击败蛮族;他用公正无私的态度对待所有征服的民族,同时他以理性的行为与新近的邻居交往。他在希裔西西里人当中享有很高的声望和礼遇。因此杰洛以温和的统治赢

---

① 参阅本章第 49 节。
② 参阅本章第 21 节。

得民众的爱戴,他的生活获得长期的和平直到离开人世。兄弟里面年龄居次的海罗①继承王座,再也不能用类似方式统治所有的臣民,他既贪婪而又暴虐,一般而论,他对诚挚和高贵的性格,可以说完全是一位陌生人。因此,虽然有很多人存着反叛的念头,但由于杰洛的名声以及他对所有希裔西西里人的厚爱,使得大家只有尽力克制。不过,等到海罗亡故以后,由另外一位兄弟色拉西布卢斯接位,邪恶的行为更胜于前任国王。作为一个狂暴的人,谋杀成为他的天性,他用不讲正义的手段夺去很多市民的性命,出于莫须有的指控使得不少人士受到放逐的惩处,主要的目的是籍没他们的家产,把他们的钱财运进皇家的金库,从而据为己有。他仇视那些受他陷害和压迫的人士,当然这些人对他更为痛恨,只有花钱聘来大群佣兵,准备编组一个军团用来对付从市民征召的队伍。因为他用暴虐和处决的方式,激起市民更多的恨意,逼得无辜的牺牲者高举反叛的义帜。

叙拉古人要抉择能够领导他们的人物,像是一个人的作为就可以毁灭暴君,一旦大家被他们的领导者组织起来,为了拥有自由权利就会紧紧追随绝不放弃。色拉西布卢斯看到全城武装起来反抗他的统治,开始想用说服的方式中止叛乱,等到得知叙拉古人的行动没有暂停的迹象,他聚集海罗安置在卡塔纳和其他盟邦的移民,加上大群佣兵队伍,据说他的兵力到达一万五千人马。他夺取所谓的阿卡拉迪纳(Achradina)②和防卫森严的③"内岛",用来当成补给基地,开始对反叛的市民发起战争。

---

① 戴诺米尼斯有四个儿子,亦即杰洛、海罗、波利捷卢斯和色拉西布卢斯。

② 阿卡拉迪纳是一个高地,位于城市的北端;这个岛屿的名字叫作奥特吉亚,上面有皇宫和公共建筑物。

③ 事实上阿卡拉迪纳建有城防工事,守备非常严密。

68 叙拉古人在开始就占领城市被称为泰查(Tyche)①的一部分,从这里发起作战行动,派遣使者到杰拉、阿克拉加斯和塞利努斯,还有希米拉和西西里人在内陆建立的城市,请求他们尽速派来援军,共同解救叙拉古于水深火热之中。所有的城市都很热心承认提出的需要,非常匆忙地派出援军,有些是步兵和骑兵,还有满载装备适合各种行动的战船,在很短的时间之内,组成一支具有相当实力的队伍,用来帮助叙拉古人的作战。叙拉古人准备好船只,同时将军队展开排出阵式,证明他们要在陆地和海上,与敌方进行最后的决战。这时色拉西布卢斯只有放弃盟邦的支持,将所有的希望寄托在佣兵身上,他现在仅能控制阿卡拉迪纳和内岛,城市其余部分都落到叙拉古人手里。色拉西布卢斯下令水师出航迎击敌军,接战大败丧失很多三层桨战船,剩余的船只只有退回内岛。同时他从阿卡拉迪纳出兵在郊区排成会战队形,进击不利被迫后撤,伤亡惨重之余只能退守阿卡拉迪纳。

他想要保持僭主的地位已经毫无指望,公开呼吁要与叙拉古人进行蹉商,总算获得对方的谅解,签署协定指定洛克里(Locri)②是逊位后退休地方。叙拉古人让他们的城市获得自由,允许佣兵从叙拉古安全撤离,然后再去解救其他的城市,无论是在暴君还是在守备队的控制之下,都让他们重建民主政体。城市从这个时候开始,又能享受太平的岁月,变得更加的繁荣和富裕,保持民主体制几乎有六十年之久,直到狄奥尼修斯(Dionysius)建立僭主的统治③为止。色拉西布卢斯继承的权利有如此坚实的基础,由于个人的邪恶在羞辱的情况下丧失整个王国,最后逃到洛克里以平民身份终老一生。

发生这些事件的同时,罗马在这一年首次选出四位护民官,分别是盖尤

① 这个区域在西边与阿卡拉迪纳相邻。
② 伊庇捷菲里亚人(Epizephyrian)的洛克里位于意大利最南端的趾部。
③ 这是发生在前406年的事,参阅本书第十三章第95节。

斯·西昔纽斯（Gaius Sicinius）、卢契乌斯·努米托流斯（Lucius Numitorius）、马可斯·杜留斯（Marcus Duilius）和斯普流斯·阿西留斯（Spurius Acilius）。

69 过了这一年，黎西修斯（Lysitheus）成为雅典的执政官，卢契乌斯·华勒流斯·巴布利科拉和提图斯·伊米留斯·玛默库斯当选罗马的执政官。这一年（前 465 年）在亚细亚，出身是海卡尼亚人（Hyrcanian）的阿塔巴努斯（Artabanus），担任皇家卫队的队长，在泽尔西斯的宫廷拥有很大的影响力，决定除去国王使自己能够身登大宝。宦官米塞瑞达底（Mithridates）深获国王信任成为寝宫总管，阿塔巴努斯与他进行密谋，由于双方有亲戚关系而且是知心好友，所以获得他的鼎力相助。卫队队长在宦官引导之下夜间进入寝宫，杀害泽尔西斯接着要对付他的儿子。三位皇子当中居长的大流士和次子阿塔泽尔西兹，现在居住在皇宫，最小的海斯塔斯庇斯（Hystaspes）已经离开宫廷，正在巴克特里亚（Bactria）出任省长。

阿塔巴努斯就在当晚去见阿塔泽尔西兹，说是他的兄长大流士篡夺王座谋杀父皇。因此，对他提出规劝，必须在大流士之前夺取王位，要他认清当前的情况，如果他对此事漠不关心，虽然不会变成一个奴隶，却会留下千载的骂名，等到他在惩罚谋害父亲的凶手以后，就可名正言顺继承遗留的宝座。他给予承诺让国王的卫队支持报复的行动，阿塔泽尔西兹中了他的暗算，很快在卫队协助之下杀死大流士。现在阿塔巴努斯看到自己的密谋得逞，召来自己的儿子站在身边，接着大声呼叫这是赢得王座的时机，抽出佩剑去刺阿塔泽尔西兹。阿塔泽尔西兹仅受皮肉之伤并不严重，抵挡阿塔巴努斯的进攻，再施以致命一击将对方杀死。阿塔泽尔西兹用这种出人意料的方式获得拯救以后，就对杀害他父亲的阴谋分子进行报复，接位成为波斯的国王。所以泽尔西斯死于我们叙述的情况，这时距他登上宝座已有二十年,阿塔泽尔西兹继承王位,统治的时间长达四十年。

70 雅典的执政官是阿奇迪米德(Archedemides),罗马人选出的执政官是奥卢斯·维吉纽斯(Aulus Verginius)和提图斯·米努修斯(Titus Minucius)①,举行第七十九届奥林匹亚运动会,科林斯的色诺芬(Xenophon)赢得赛跑的优胜②。这一年(前464年)萨索斯人因为矿权的争执③愤而反叛雅典当局,对方出兵征讨只有投降,逼得再度接受雅典人的统治。出现同样的情况,等到伊吉纳人发生叛乱,雅典当局的打算是采用征服的手段,开始围攻伊吉纳;因为这个城邦经常在海战中获得胜利,加上它供应雅典所要的金钱和三层桨座战船,就会自命不凡表现傲慢的神色;总之,他们不断与雅典人发生争吵。因此,他们派遣军队前去镇压,使它的田野化为一片荒芜,然后将伊吉纳围得水泄不通,尽最大努力用强攻夺取该城。一般来说,雅典人拥有的权势已经获得很大的进展,虽然他们过去对盟邦都很公正,但现在无法保持原有的态度,只是用粗暴和傲慢的方式加以统治。因此,大多数的盟邦无法长期忍受严苛的待遇,彼此讨论要高举反叛的义帜,还有一些城邦藐视泛希腊会议④的权威,所有的作为如同独立的城邦。

就在这些事件发生的时候,雅典人现在是海洋的主人,派遣一万移民到安斐波里斯(Amphipolis),分别从自己的市民和盟邦当中招募。他们将那个地区按照指定的额度分配给大家,有段时间要较色雷斯人占更大的优势,再

---

① 按照利瓦伊《罗马史》第2卷第63节,这位执政官的名字是提图斯·努米修斯·普里斯库斯(Titus Numicius Priscus)。

② 品达《奥林匹亚运动会颂》(*Olympain Odes*)13行对这场胜利大事颂扬了一番。

③ 矿区位于大陆的潘吉乌斯(Pangaeus)山[现在被称为派纳里(Pirnari)山],生产金和银之类的贵金属。马其顿的菲利浦在前357年据有这些矿区,在那个时代每年的收益可达一千泰伦,雄厚的财务基础使得马其顿快速崛起,成为希腊最有权势的霸主。

④ 这是提洛联盟的会员大会,参阅本章第47节。

过一些时时更深入色雷斯带来的后果,就是任何人只要进到色雷斯人的区域,会遭到当地土著的杀害①,那个部族被称为伊多尼斯人(Edones)。

71 雅典的特利波勒穆斯(Tlepolemus)出任执政,罗马的提图斯·奎因克久斯(Titus Quinctius)和奎因都斯·塞维留斯·斯鲁克都斯(Quintus Servilius Structus)当选执政官。这一年(前463年)波斯国王阿塔泽尔西兹登上宝座②,首先是惩处那些谋杀他父亲的叛逆分子,接着规划和重组王国的事务,使得更能适合他个人的利益。有关省长之类重要职位,举凡对他产生敌意者予以解职,从友人当中拔擢有才干者充任。他亲自处理税收和武备诸般重大事项,整个王国的施政原则在于仁慈与和平,获得波斯人的爱戴到难以想象的程度。

埃及的居民得知泽尔西斯亡故以后,为了争夺宝座使得波斯王国陷入混乱之中,他们决心揭竿而起重获自由。他们为了反叛异族的统治,于是聚集一支军队,等到将前来负责收税的波斯人赶走,他们推举一位名叫爱纳罗斯(Inaros)的人担任国王。他首先从埃及人当中征召服役人员,接着从其他国家获得佣兵,用来组成一支实力强大的军队。他派遣使者去见雅典当局,要求建立盟邦关系,给予前来解救埃及的承诺,就是让他们在王国当中获得一份采邑,答应给予的好处较之他们提供的服务,要多很多倍都不止。雅典当局做出决定,认为尽可能压制波斯人的气焰对他们最为有利,要与埃及人保持密切的交往,用来对抗难以预测的命运女神带来的改变,因此他们在市民大会投票通过,派出三百艘三层桨座战船前去援助埃及人。雅典人抱着极大的热诚从事远征行动的准备工作。阿塔泽尔西兹

---

① 发生在德拉比斯库斯(Drabescus)会战的情况,参阅本书第十二章第68节,以及修昔底德《伯罗奔尼撒战争史》第1卷第100节。

② 参阅本书第69节。

获得埃及反叛和准备战争的信息，经过深思得到结论，就是运用庞大的武力对埃及人形成压倒性的优势；立即从各省征召兵员、建造船只以及加强准备。

这是本年度在亚细亚和埃及发生的重大事件。

72 叙拉古的暴政遭到推翻以及岛上所有的城市获得自由，整个西西里地区迈开大步走向繁荣和兴旺。因为希裔西西里人处于和平的环境，所以他们耕种的土地非常肥沃，使得收成极其丰富，能够立即增加财产，田园里面充满奴隶和家畜，以及其他相关的设施，大宗的税赋集中在一个人手中，已经成为理所当然之事。谁知他们后来又陷入对外的战争和对内的倾轧之中，完全出于下面的缘故。叙拉古人除去色拉西布卢斯的暴虐统治，他们设立市民大会，经过深思熟虑要为自己的利益建立民主政体，他们一致赞成要为解救者宙斯设置巨大的雕像，每年要庆祝自由的佳节提供丰富的祭品，为了推翻暴政和使土生土长的城市获得解救，还要举办各种不同类型的竞赛；他们还投票通过议案，要向神明奉献牺牲和举办运动会，仅仅市民的祭典就要宰杀四百五十头公牛。

对于所有负起行政责任的官员，他们提议这些人奉派为最早的市民，在杰洛的统治期间，外国的侨民可以获得市民权，但是并不适合让他们分享这种尊严，一方面是经过判断认为不值得这样做，另一方面是侨民让人感到疑虑，生怕他们将暴君的统治方式带了进来，或者是在专制政体之下遂行战争，从而让野心分子意图发动一场革命。后来的情况的确就是如此。因为杰洛把外国的佣兵像市民一样登记，得知他们的数量超过一万人，时至目前还留下七千。

73 这些外侨受到排挤不能出任官职享有显赫的地位,全体一致决定反叛叙拉古当局,占领城市的阿卡拉迪纳和内岛两个地区,特别是这里的建筑物都非常坚固。

叙拉古人虽然又陷入混乱的局势,但还能保有城市其他的部分;他们在面对伊庇波立(Epipolae)一边修筑木墙将它堵塞,使得自己的位置非常安全;立即可以切断叛逆分子到四乡的信道,很快引起物质的匮乏。虽然佣兵的数量与市民相比居于劣势,但是他们的作战经验稳占上风;因此,等到整座城市发生全面的接战和单独的遭遇,佣兵的战斗通常会无往不利,只是他们与乡间断绝联系,缺乏急需的装备和食物。

这是西西里在这一年发生的重大事件。

74 科农(Conon)成为雅典的执政官,奎因都斯·费比乌斯·维布拉努斯(Quintus Fabius Vibulnus)和提比流斯·伊米留斯·玛默库斯(Tiberius Aemilius Mamercus)当选罗马的执政官。这一年(前462年)波斯国王阿塔泽尔西兹,指派阿契米尼斯(Achaemenes)负责埃及的战事,这位将领是大流士之子也是他的叔父;阿契米尼斯统率的兵力包括骑兵和步卒超过三十万人,奉命前去镇压埃及的叛乱。阿契米尼斯率领大军进入埃及,靠近尼罗河设置营地,部队在长途行军稍事休息以后,开始着手会战的准备。但是埃及的军队征集来自本土和利比亚,还在等待雅典的辅助部队。雅典的两百艘船抵达以后,参加埃及人的会战序列,双方发起一场激烈的搏斗。有一段时间波斯人凭着兵力优势维持有利的局面,后来雅典人掌握机会发起攻击,迫使当面的敌军四散逃走,很多人放弃抵抗遭到杀害,剩余的蛮族集体向后奔窜。溃逃的过程当中更多人丢掉性命,最后波斯人在损失大部分军队以后,据说在白堡(White Fortress)①找到庇护,雅典人因为勇敢的行为赢得胜利,追逐敌人到上面所称的坚固的要塞,毫不迟疑就将它围困起来。

阿塔泽尔西兹得知他的军队已经战败,立即派遣他的友人带着巨额金钱赶赴斯巴达,要求拉斯地蒙人对雅典发起战争,认为他们会通知在埃及赢得胜利的部队,扬帆返回雅典防守饱受威胁的城市。拉斯地蒙人既不接受送来的金钱也不理会提出的需求,阿塔泽尔西兹从拉斯地蒙当局获得援助已告绝望,只有着手准备其他方面的军备。由于阿塔巴苏斯和米嘉柏苏斯(Megabyzus)是功勋彪炳的将领,所以要这两位负起指挥的责任,然后奉派率领军队前去与埃及人作战。

75 雅典的执政官是优昔帕斯(Euthippus),罗马的奎因都斯·塞维留斯(Quintus Servilius)和斯普流斯·波斯都缪斯·阿比努斯(Spurius Postumius Albinus)当选执政官。这一年(前461年)在亚细亚,阿塔巴苏斯和米嘉柏苏斯奉派负责埃及的战事,率领大军从波斯出发,总兵力包括骑兵和步卒有三十万人马;到达西里西亚和腓尼基以后,让部队在长途跋涉以后得而休息,下令塞浦路斯人、腓尼基人和西里西亚人供应所需船只。三百艘三层桨座战船完成备便,接着装载操控船只的水手、补给粮食以及各种用于海上战斗的武器装备和投射器具。因此身为领导者忙于各项准备工作,特别要加强士兵的训练,使得每个人都习惯于战阵之事,他们几乎全年的时间都用在这一方面。这时在埃及的雅典人所要围攻的波斯部队,在靠近孟菲斯(Memphis)的白堡找到给予庇获的基地,由于波斯人实施不屈不挠的抵抗,虽然他们花费整年的工夫,但还是无法夺取这个坚固的要塞。

---

① 按照修昔底德《伯罗奔尼撒战争史》第1卷第104节的记载,白堡是孟菲斯城区的一部分。

76 西西里的叙拉古人与反叛的佣兵爆发战事,前者不断实施攻击,主要的目标是阿卡拉迪纳和内岛,他们虽然在海战中击败叛军,但在陆地上面还是无法将对手驱离城市,因为这两个地区的防务有如金城汤池。不过,接着在陆地上发生一场会战,双方的士兵展开勇猛的搏斗,最后两军虽然遭到重大的伤亡,叙拉古人还是赢得大捷。等到战争结束以后,叙拉古人论功行赏,精锐的部队凭着骁勇善战打下胜利的基础,叙拉古人对六百位勇士论功行赏,每人发给一迈纳银币①的奖励。

就在这些事件发生的时候,西西里土著的田地受到卡塔纳居民的侵占,处于积怨很深的情况之下,他们的领导者杜西久斯(Decetius)带着一支军队,前来攻打卡塔纳这座城市。多年之前海罗是叙拉古的统治者②,他派遣移民到卡塔纳去定居,所以现在叙拉古人也派出军队去对付卡塔纳人,于是他们与西西里的土著取得协议,要对这些移民发起战争,最后按双方所定的配额瓜分到手的田地。卡塔纳人全副武装起来反抗,经过几次交战失利以后被逐出卡塔纳,胜利者占领的地方就是现在的伊特纳,更早被称为爱尼萨(Inessa);原来的卡塔纳居民,经过很长一段时间,又回到以前的城市。

等到这些事件处理完毕以后,正是海罗成为国王的时候,那些从自己的城市被赶走的民族,由于在国王的登基过程给予不少的协助,得到的报酬是能返回他们的祖国,那些非法拥有别人家园的人,反而从他们的城市遭到驱逐;这其中就有杰拉、阿克拉加斯和希米拉的居民。雷朱姆人和占克利人运用同样的方式,赶走安纳克西拉斯那几位统治他们的儿子,使得自己的祖国重获自由③。后来的杰拉人就是卡玛瑞纳(Camarina)最早的开拓者,他们

---

① 币值相当于四英镑(译按:这是 20 世纪初期的币值)。
② 参阅本章第 49 节。
③ 参阅本章第 48 节。

按照配额分得到手的土地。特别是所有的城市都热切盼望要结束战争,从而得到共同的决定,他们与佣兵约定可以被列入市民当中。他们接受返回的放逐者,同时将城市归还原来的居民①;但是就这些佣兵来说,他们在过去经由僭主建立的政府,拥有原来属于其他人士的城市,现在得到允许带着自己的财产,全部搬迁到麦西尼亚去定居。用这种方式来终结内战和混乱,已经遍及西西里所有的城市;至于这些城市在清除外侨介绍的政府形式以后,几乎毫无例外都将土地按照额度分配给他们的市民。

77 弗拉西克利德(Phrasicleides)成为雅典的执政官,举行第八十届奥林匹亚运动会,帖沙利的托里拉斯(Toryllas)获得赛跑的优胜;罗马人选出的执政官是奎因都斯·费比乌斯和提图斯·奎因克久斯·卡皮托利努斯(Titus Quinctius Capitolinus)。这一年(前460年)在亚细亚的波斯将领,率领三百艘船通过西里西亚,都已完成作战的配置和备便,同时他们的陆上部队经由叙利亚和腓尼基向前进军,全军沿着海岸在舰队的伴随之下抵达埃及的孟菲斯。他们开始解除白堡的围攻,让埃及人和雅典人饱受恐惧的打击;后来实行审慎的作为,避免第一线的接触,运用策略要尽一切手段结束战争。因为阿提卡的船只碇泊在一个被称为普罗索皮特斯(Prosopitis)的岛屿,他们挖掘一条运河使得河流转向,等到岛屿四周的水面排干以后,就与两岸连在一起变成陆地。突然之间所有的船只全部搁浅动弹不得,埃及人知道大难临头,留下雅典人置之不理,去与波斯人进行协商。雅典人现在没有盟邦的照应,看到他们的船只成为废物,为了免得落到敌人手中,纵火将其付之一炬。

然而他们对于陷入可怕的困境并不感到惊慌,相互劝规不要做任何对

---

① 这是就第一代移民的后裔而言。

战斗无益之事,所以在过去一直保持常胜的英名。因此为了展现骁勇的行为,要比保卫希腊在色摩匹雷力战以殉的将士,更能发挥英雄主义的气概,他们坚持战斗到底的精神,非将敌人全部击退不可。波斯将领阿塔巴苏斯和米嘉柏苏斯注意到敌人具备极不寻常的勇气,要想消灭这些对手不可能不牺牲属下数以万计的士兵,于是与雅典人签署停战协议,让他们安全离开埃及。因此雅典人凭着大无畏的精神拯救自己于危亡之际,经由利比亚和塞伦(Cyrene)从陆路撤离,他们能返回故乡完全是不可思议的奇迹①。

就在发生这些事件的时候,雅典有位民意领袖名叫伊斐阿底(Ephialtes),他是索福尼德(Sophonides)的儿子,激起大众的怒气反对阿里奥帕古斯(Areopagus)会议的成员,说服市民大会投票通过议案,减缩阿里奥帕古斯会议的权限,毁弃自古以来众所遵循的优良传统。虽然如此,他对企图违背法律的行为并不想逃避应有的惩处,就在夜暗当中自行了断,甚至没有人知道他是如何终结性命的。

78 该年的岁末,斐洛克利(Philocles)成为雅典的执政官,奥卢斯·波斯都缪斯·雷高拉斯(Aulus Postumius Regulus)和斯普流斯·弗流斯·米地奥拉努斯(Spurius Furius Mediolanus)当选罗马执政官。就在这一年(前459年)当中,伊庇道鲁斯人(Epidaurians)分别与科林斯人和雅典人在两面爆发战事,雅典人先从陆上来攻打对方,经过一次激烈的会战获得胜利。他们率领一支强大的舰队停泊在一个名叫哈利伊斯(Halieis)的地方,登陆伯罗奔尼撒半岛杀死不少敌人②。伯罗奔尼撒人经

---

① 修昔底德《伯罗奔尼撒战争史》第1卷第110节,说是"大部分都已葬身其间"。
② 哈利伊斯濒临亚哥斯湾,邻近赫迈欧尼(Hermione)。修昔底德《伯罗奔尼撒战争史》第1卷第105节,说是雅典人在此地吃了败仗。

过整顿再集结成为强大的队伍,就在一个被称为昔克里法利亚(Cecrypha-leia)①的地方与雅典人会战,结果还是雅典人再度报捷。他们在大获成功以后,看到伊吉纳人不仅吹嘘往昔的功勋,还对雅典表示敌意,决定用战争给予惩处和抑制。

雅典当局派出一支强大的舰队前去攻打对方。不过,伊吉纳的居民对于海上战斗已磨炼出丰富的经验,同时享有很高的名声,因此他们面临雅典人泰山压顶之势一点都不慌张,由于他们拥有相当数量的三层桨座战船,还有部分是新近制造的,在与雅典人的会战中吃了败仗,损失七十艘船只;如此巨大的灾难使得他们的士气完全崩溃,他们被迫加入联盟并且支付贡金给雅典当局。这是他们的将领李奥克拉底(Leocrates)为城邦建立的功勋,他与伊吉纳人的战争只用了九个月的时间。

这些事件发生的时候,西西里的土著国王杜西久斯,出身显赫家世,是深具影响力的人物,正在兴建一座名叫麦尼隆(Menaenum)的城市,将邻近地区分配给外来的移民,征讨拥有强大势力的摩根提纳(Morgantina),抑制这个城市不要向外扩张,从而在人民当中赢得很高的声望。

79 该年快要结束,拜昂(Bion)成为雅典的执政官,巴布留斯·塞维留斯·斯特鲁克都斯(Publius Servilius Structus)和卢契乌斯·伊布久斯·阿尔巴斯(Lucius Aebutius Albas)当选罗马的执政官。在这一年(前458年)当中,科林斯人和麦加拉人发生边界的土地纠纷,使得两座城市走向战争。首先是彼此不断袭扰对方的地区,以及引起小规模的械斗,等到冲突的层次升高,麦加拉人看到形势更加恶化,况且对于科林斯人极其畏惧,所以要与雅典人缔结联盟关系。结果是双方的军事实力达到

---

① 这个岛屿位于伊庇道鲁斯(Epidaurus)的外海。

旗鼓相当的地步,等到科林斯人与伯罗奔尼撒人同心协力,组成一支强大的军队已经抵达麦加瑞斯(Megaris),雅典当局派遣部队在以英勇知名的迈隆尼德(Myronides)指挥之下,前去救援麦加拉人。发生一场激战延续很长的时间,双方的英勇行为真是难分高下;雅典人杀死很多敌人赢得最后的胜利。过了几天在西摩利亚又发生一场激战,雅典人在歼敌其众之余还是大获全胜。

拉斯地蒙人的血统源自多里斯人;现在的多里斯人居住在巴纳苏斯山麓的三座城市,亦即赛蒂尼姆(Cytinium)、皮乌姆(Boeum)和伊瑞奈斯(Erineus)。福西斯人要对多里斯人发起战争,首先是用武力讨伐对方并且占领他们的城市;因为拉斯地蒙人与他们有亲戚关系,所以派遣克里奥米尼斯(Cleomenes)之子奈柯尼德(Nicomedes)前去帮助多里斯人。他的部队有一千五百名拉斯地蒙人以及一万名来自其他地区的伯罗奔尼撒人。斯巴达国王普莱斯托纳克斯(Pleistonax)是一个幼童,所以奈柯尼德还是监护人,现在率领大军进军救援多里斯人,他在击败福西斯人和恢复失去的城市以后,使得福西斯和多里斯人之间维持和平的局面。

80 雅典当局得知拉斯地蒙人结束对福西斯人的战争,即将回到自己的城邦,决定在拉斯地蒙人行军途中加以攻击,因此派出一支军队,歼灭的对象将亚哥斯人和帖沙利人包括在内;他们占领杰拉尼亚(Geraneia)山四周的隘道,就把注意力落在五十艘船只和一万四千人马上面。有人将雅典当局的计划通知拉斯地蒙人,他们在皮奥夏采用到坦纳格拉(Tanagra)的道路。雅典人进军皮奥夏排出会战队形,立即发生一场激烈的战斗,虽然帖沙利人在接敌以后背弃拉斯地蒙人的阵营,雅典人和亚哥斯人还是全程参与会战,两军在夜色来临鸣金收兵之前,已经有不少的士兵在沙场阵亡。

一个很长的补给队列离开阿提卡正在行进的路上,帖沙利人决定去打劫,很快用完晚餐,这时补给队列受到黑夜的阻挠,只有停止向前的行动。守卫的雅典人不知道帖沙利人改变立场,仍旧认为他们是盟友加以接待,于是很多不同类型的接战,围绕着护卫的队伍施展开来,起初因为没有拿帖沙利人当成敌军,就会欢迎他们的来到,使得遇到他们的人都被砍翻在地,变成一个有组织的队伍与陷入混乱当中的人员接战,很多守卫的士兵都被杀死。那些在营地的雅典得知帖沙利人的攻击,立即全速赶了过去,在第一轮的冲锋当中击溃他们的抵抗,接着毫不留情地进行屠杀。

这时拉斯地蒙人将他们的军队排出会战队形前来救援,于是两军展开决定性的战斗,双方坚持不下引起重大的伤亡,遭到杀戮的人员不计其数。最后的结局是不分高下打个平手,然而双方都宣称自己获得胜利。不过,夜晚使得两军退兵,谁胜谁负还是各说各话,双方派出使者签订四个月的休战协议①。

81 就在该年结束之际,尼西昔德(Mnesitheides)出任雅典的执政官,卢契乌斯·卢克里久斯(Lucius Lucretius)和提图斯·维图流斯·西库瑞努斯(Titus Veturius Cicurinus)当选罗马的执政官。在这一年(前457年)当中,底比斯人因为与泽尔西斯联盟②,一直受到羞辱和压制,亟须找到某种方法,能够恢复古老的权势和名誉。因此,所有的皮奥夏人都对底比斯人抱着藐视之心,不再将他们放在眼里;这时底比斯人要求拉斯地蒙人给予援手,帮助他们的城市在皮奥夏地区赢得霸权,为了回报厚爱他们承诺要对雅典人发起战争,从此斯巴达人无须率领军队越过伯罗

① 是指坦纳格拉会战之后的情况。修昔底德《伯罗奔尼撒战争史》第1卷第108节,说是拉斯地蒙人获得胜利,这与狄奥多罗斯的记载大相径庭;不管怎么说,拉斯地蒙人经由地峡返家的路上,没有遭到雅典人的拦截和抵抗。
② 发生在波斯入侵希腊这段时间。

奔尼撒半岛的边界。拉斯地蒙人对此深表同意，经过分析认为这个提议对他们非常有利，相信只要底比斯人的实力不断成长，对于雅典人正在增强的权势，可以产生制衡的作用；由于这时他们有一支大军驻扎在坦纳格拉，可以用他们的力量为底比斯修建一道环绕城市的城墙，不仅更加坚固而且包含的面积更为广大，同时迫使皮奥夏的城邦听命于底比斯当局。

雅典人抱着旺盛的企图要粉碎拉斯地蒙人的计谋，着手准备实力强大的军队，还选出凯利阿斯（Callias）之子迈隆尼德（Myronides）出任将领。他根据所需数目征召市民，向他们下达命令，宣布开拔的日期，计划要在那一天离开城市。指定的时间已到，还有一些士兵没有出现在集合场，他率领已经报到的人员向着皮奥夏进军。这时属下的官员和友人向他提出意见，说他应该等待这些迟到的市民；迈隆尼德不仅是一位精明能干的将领，而且积极进取充满活力，他的答复是不必迁就少数人的行为；同时他还公开声明，一个人要是在军队开拔的时候迟到，不仅展现无知和怯懦的一面，就是保卫自己的国家也难以克服战争的危险。有鉴于那些在指定的日期前来报到准备服役的人员，已经明确显示他们在作战的时候，不会放弃职责也不会擅离岗位。这就是实际发生的情况，他率领前去迎敌的士兵虽然人数较少，却都骁勇善战全力以赴，在皮奥夏列阵对抗优势兵力时，能够将对手完全击溃。

82 我认为这次的行动，要是与雅典人过去参加的会战相比，丝毫没有任何逊色之处；无论是在马拉松的胜利，还是在普拉提亚打败波斯人，或是雅典人其他著名的功勋，较之于迈隆尼德战胜皮奥夏人，怎么说也不见得更为高明。须知这些会战，有些是为了抗拒蛮族的入侵，还有就是得到盟邦的援助，只有这次得来不易，完全是雅典人独自赢得决定性会战的胜利。况且他们拼斗到底的对手是希腊人当中最顽强善战的勇士。通常大家承认无论是面对迫近的致命危险还是参加战争的激烈搏斗,都能保持坚毅不拔的精神,没有任何民族在这方面可以胜过皮奥夏人;不管怎么说,就这方面而言,底比斯人无论是在琉克特拉还是在曼蒂尼①,没有外援还能击败所有的拉斯地蒙人和他们的盟军,赢得骁勇善战的无上名声,出乎大家的意料,在希腊变成居于领导地位的国家。

迈隆尼德所打的会战变得非常有名,但还是没有一位史家,就战斗的方式和兵力的部署,撰写很详尽的章节②。迈隆尼德在一场引人注目的会战中击败皮奥夏人,就以在他之前的名将来说,也只有提米斯托克利、密提阿德和西蒙几位,够资格成为与他一较高下的敌手。这位将领在这次大捷以后用围攻作战夺取坦纳格拉,将它的城墙推倒夷为平地,然后通过整个皮奥夏地区,攻破拉斯地蒙人建立的堡垒,全部加以摧毁③;他将战利品分配给每个士兵,让大家都有极其丰硕的收获。

83 皮奥夏人因为疆域受到蹂躏感到气愤填膺,突然之间变得举国俱兵,编成一支大军进入战场。就在当地的厄诺菲塔(Oenophyta)发生一场会战,双方都以坚定的意志维持接战的压力,整个白昼从事激烈的近身搏斗,雅典人经历严苛和无情的考验,终于把皮奥夏人打得大败而逃,整个地区除了底比斯以外,所有城市都落到他的手里。随后他率领军队离开皮奥夏前去征讨洛克瑞斯人,也就是大家所知的欧庇斯人(Opuntians)④。他只用一次攻势行动就能制服对方,要求提供人质接着进入巴纳西亚(Parnasia)。他对付洛克瑞斯人采用相同的方式,等到福西斯投降以后,获得人质再向帖沙利进

① 分别在前 371 年和前 362 年。
② 修昔底德《伯罗奔尼撒战争史》第 1 卷第 108 节,提到坦纳格拉会战和厄诺菲塔(Oenophyta)会战,并没有叙述详细的战况,狄奥多罗斯的权威说法受到现代历史学家的质疑。狄奥多罗斯为何会犯这种错误,竟然将同一场会战叙述为两场不同的会战?
③ 这是指底比斯建立的霸权,造成皮奥夏联盟的解散,后来斯巴达人又将它恢复,参阅本章第 81 节。
④ 居住在优卑亚海峡的洛克瑞斯人,后来用他们的首都欧庇斯(Opus)作为部族的名字。

军,对于帖沙利人的叛逆行为多方谴责,命令他要接受放逐人员的归国;法尔沙利亚人(Pharsalians)不愿为他开城表示归顺,于是他就围攻这座城市。他无法用武力夺取加上法尔沙利亚人能支持很久的围困,最后只有放弃原来的企图班师返回雅典。迈隆尼德能在很短的时间之内完成伟大的建树,赢得市民同胞一致的赞誉,响亮的名声能够传遍世界。

以上是这一年发生的重大事件。

84 接着是凯利阿斯在雅典出任执政官,伊利斯举行第八十一届奥林匹亚运动会,塞伦的波利姆纳斯都斯(Polymnastus)赢得赛跑的优胜,塞维乌斯·苏尔庇修斯(Servius Sulpicius)和巴布留斯·浮隆纽斯·阿明蒂努斯(Publius Volumnius Amentinus)当选罗马的执政官。就在这一年(前456年),托尔迈德(Tolmides)成为雅典的水师提督,要与迈隆尼德在英勇和名声两方面争个高下,急着想有令人难忘的表现。因此,那个时代还没有一个人能纵兵横行拉柯尼亚地区,他向雅典人民力言要入侵斯巴达的领土,给予的承诺是只要一千重装步兵,乘着所需的三层桨座战船,就能蹂躏拉柯尼亚的乡野和城镇,让斯巴达人感到颜面无光。雅典当局答应他提出的要求,然而他希望获得那样多的重装步兵能保守秘密,于是想出下面一个很巧妙的说辞。市民认为他征召的兵力都是年轻力壮的役男;但是托尔迈德决定前往参加战役的人数不限于一千;于是亲自接见每一位外表看来很有进取心的年轻人,告诉对方要征召他入伍,还说志愿参加要比强制服役会有更好的表现。等到他按照计划说服三千人志愿加入军队,看到其余的年轻人表示没有兴趣,就在留下的人员当中答应再登记一千人。

托尔迈德在远征行动的准备工作全部完成以后,率领五十艘三层桨座战船发航出海,加上装载的五千名重装步兵,停泊在拉柯尼亚的梅松尼(Methone),随即夺取这个地方。等到拉斯地蒙人前来守备,他撤退沿着海岸巡航到达捷西乌姆(Gytheium)，攻占这个拉斯地蒙人的海港，将城市和造船厂付之一炬，纵兵蹂躏整个地区。他再从该地出航向着西法勒尼亚(Cephallenia)的札辛苏斯(Zacynthos)扬帆，占据整个岛屿使得所有的城市愿意归顺，然后渡海到对面的大陆停泊在瑙帕克都斯(Naupactus)。他在第一次突击后就攻下该城，将一些杰出的麦西尼亚人留下定居，这是签订休战协议以后，拉斯地蒙人让他们自由离开本土。这里需要解释一下，拉斯地蒙人经过很长时间的战争①，终于制服希洛特人和麦西尼亚人，当局与后者签署一纸和平协议，如同我们上面所说的那样，获得允许从伊索姆(Ithome)撤离，但是对于希洛特人就处决为首的作乱者，将其余人员全部出售为奴。

85 雅典的索西斯特拉都斯(Sosistratus)成为执政官，罗马的巴布留斯·华勒流斯·巴布利科拉和盖尤斯·克洛狄斯·雷吉拉斯(Gaius Clodius Regillus)当选罗马的执政官。在这一年(前455年)，托尔迈德据有皮奥夏，雅典人选出一位出身贵族阶层的人员担任将领，就是詹第帕斯之子伯里克利(Pericles)，派他率领五十艘三层桨座战船和一千重装步兵，发航前去征讨伯罗奔尼撒。他纵兵烧杀劫掠这个半岛的大部分地区，然后渡海向着阿卡纳尼亚(Acarnania)进军，使得岛上的城市除了厄尼阿迪(Oeniadae)，全部愿意成为雅典的属地。所以雅典人在这一年控领为数众多的城市，无论是士兵的英勇还是将领的才华都赢得很高的名声。

86 雅典的亚里斯顿(Ariston)成为执政官，罗马的奎因都斯·费比乌斯·维布拉努斯(Quintus Fabius Vibulanus)和卢契乌斯·高乃留斯·库瑞蒂努斯(Lucius Cornelius Curitinus)当选罗马的执政

---

① 本章第64节提到这场战争开始在前469年，比起正确的时间要早5年。

官。这一年(前 454 年)雅典和拉斯地蒙的当局同意签订为期五年的和平协议,雅典的西蒙负责双方的谈判事宜。

西西里的伊吉斯塔(Egesta)和利列宾姆(Lilybaeum)两座城市之间爆发战事,波及的地区已经越过马札鲁斯(Mazrus)河,一场激烈的会战使得双方损失惨重,还是无法降低相互的敌对意图。由于市民名册增加很多人员,对于土地的重新分配,不仅毫无计划而且完全是任意而为,这些城市处于一种不稳定和不健全的情况,很快再度陷入内讧和动乱之中①;特别是在叙拉古这种恶习已经流行。

有个人名叫坦达瑞德(Tyndarides),是一位性格冲动而又寡廉鲜耻的家伙,开始把很多穷人聚集在身边,编组一个武装团体担任自己的保镖,企图成为僭主遂行独裁专政。就在这些情况发生以后,得到他要掌握最高权力的证据,立即将他交付公审并且判处死刑。将他带回监狱的途中,那些受过他恩惠的人聚集起来,袭击押解他的执法者,全城陷入混乱之中,大部分有责任心的市民组织起来,抓住革命分子与坦达瑞德一并处决。诸如此类的事件一再发生,那是有些人的内心向往暴政,从而引导人民仿效雅典人制定一种法律,非常类似之处在于他们通过贝壳放逐制度②。

87 雅典每一位市民就个人的意见,认为某位人士拥有莫大的影响力,能够用暴政统治所有的市民同胞,可以将他的名字写在一块陶片(贝壳)上面;在叙拉古人当中,对于任何一位最有影响力的市民,要将他的姓名写在橄榄树的叶片上面,集中起来经过点算得到数目最多的人员,要处以为期五年的放逐。他们认为这两座城市最有权势的人士,运用这种方式可以抑制他们的傲慢和野心;一般而论,他们这样做不是

---

① 参阅本章第 76 节。
② 参阅本章第 55 节。

为了处罚违犯法律的罪犯，而是对上面提到的人士，用来贬低他的影响和剥夺他的权力。

两座城市的做法完全类似只是称呼稍有不同，叙拉古人将这种立法称为 petalism——"叶片放逐制度"。这种法律在雅典人当中维持很长一段时间，叙拉古人基于下面的理由很快予以废除。自从最有影响力的人士遭到放逐以后，最受尊敬的市民由于高尚的品德拥有权力，能够进行政府的改革，还是不愿参与公众的事务，由于对法律的畏惧只能洁身自爱，打算用个人的财产去过奢华的生活；仅仅生性卑劣和厚颜无耻的市民，才会为了私利投身公众事务，最后激起民众陷入混乱和引发革命。

因此，再度出现党派的倾轧，民众变得争吵不休，城市陷入长期的混乱，对立的局势将日趋恶化。很多煽动民意和阿谀吹捧的政客升到高位，年轻人受到熏陶以讲话的精明为能事，总而言之，很多人为了追求卑鄙下流的嗜好，改变古代的淳朴的生活方式。和平的时期使得财富增加，很少有人重视和谐与诚实的行为。结果使得叙拉古人改变心意，在运用很短的时间以后，他们废止与"叶片放逐制度"相关的法律。

以上是西西里各种事务的情况。

88 黎西克拉底（Lysicrates）成为雅典的执政官，盖尤斯·瑙久斯·鲁蒂拉斯（Gaius Nautius Rutilus）和卢契乌斯·米努修斯·卡鲁提阿努斯（Lucius Minucius Carutianus）当选罗马的执政官。这一年（前453年）当中，雅典将领伯里克利在伯罗奔尼撒半岛登陆，蹂躏西赛昂人（Sicyonians）的周边地区。西赛昂人派遣全部军队出来迎击，接着就发生一次会战，伯里克利赢得胜利，趁势追击大肆屠杀，败逃之敌紧闭城门，他进行围攻的行动。等到他们无法攻占城墙夺取城市，拉斯地蒙当局派出援军前来解围，他撤离西赛昂接着航向阿卡纳尼亚，抢夺厄尼阿迪全境以后,满载战利品从阿卡纳尼亚扬帆出海。等到抵达契罗尼苏斯(Cher-ronesus)①,就将占领的土地按照定额分配给一千名市民。就在这些事件发生的时候,另外一位将领②托尔迈德渡海进入优卑亚,占据纳克索斯人的土地,将它分给另外一千名市民。

西西里发生的重大事件,第勒尼安人成为海盗无恶不作,叙拉古人推选菲拉斯(Phayllus)出任水师提督,奉命前往第勒尼亚(Tyrrhenia)进行征讨。他发航以后首先驶往伊萨利亚(Aethaleia)岛③,开始着手大力扫荡的行动,后来暗中从第勒尼安人手中接受金钱的贿赂,没有完成值得一提的成效,率领舰队返航回到西西里。叙拉古当局发觉他犯下卖国的罪行,立即施以放逐的处分;选出另外一位将领阿皮勒斯(Apelles),派他统率六十艘三层桨座战船,前去清剿第勒尼安海盗。他纵兵抢劫第勒尼亚的海岸地区,然后越过大海抵达色努斯(Cyrnus)④,长久以来第勒尼安人据有此地,他在这个岛屿洗劫很多地方,接着完成伊萨利亚的征服。他完成任务回到叙拉古,除了带来大群俘虏,还有为数不少的战利品。

希裔西西里人的领导者杜西久斯,将所有同文同种的城市聚集起来,只有海布拉(Hybla)除外,组成一个泛西西里联盟;他这个人有充沛的精力,在进行政府的改革以后,能够紧紧掌握所有的权力。他从这个联盟聚结一支人数众多的军队,虽然米尼(Menae)这座城市是他的生长之地,但他还是将故乡迁移到平原上面。他们说是有个神圣的地方名叫帕利西(Palici),他在附近建立了一座重要的城市,因为神明曾经提过,就将它称为帕利斯(Palice)。

---

① 这个地方位于色雷斯,发生在前447年的事。
② 出于主动积极的指挥。
③ 就是现在的厄尔巴(Elba)岛,拿破仑退位后被囚禁在该地。
④ 就是现在的科西嘉(Corsica)岛。

89 我们曾经说起这些神明,对于神庙的古老和不可思议的性质就不能略而不提,总之,他们将它称为"火山口"①的奇特现象。神话叙述这个神圣的地区就它的古老而言,早就居于首屈一指的地位,所以大家才会对它极其尊敬,就是传说当中也曾经报道,说它出现很多的奇迹。首先要知道所有这一类的火山口,它的面积都不会太大;会从无法预料的深处喷出奔驰的激流,具备的性质很像许多大釜使用烈焰加热,就会有沸腾的水花向上翻滚。让人产生的印象是极其炽热,不知道是否的确如此,事实上没有人敢触及它;最令人感到惊奇之处在于涌流的水势是如此的强大,人们认为这种现象完全出自神明的力量。不仅喷出的水有强烈的硫黄臭味,还有张开的裂缝发出巨大而又可怕的轰隆声音;令人感到更为惊奇之处,在于这些水不会注满也不会消退,这道激流像是本身的运动或是受到外力,会上升到不可思议的高度。整个圣地弥漫着神明的大能而且无所不在,任何人在这里立下誓言必须遵守,只要反悔或虚假立即就会受到上苍的制裁和惩罚,像是某些人在离开之际就会丧失视力变成瞎子。

这个神庙的神明是如此让人感到极其敬畏,因此人们非常恳切地宣称,凡是用这些神明的名字立下誓言,只要获得见证者的支持,对于任何拥有高位的人士,都具备约束的力量不得逾越。这个圣地有些时候受到认可不容外力的侵犯,对于落到残酷主人手中的不幸奴隶而言,可以从此处获得最大的帮助,如果他们逃到这里寻求庇护,主人没有权利使用武力将他们抓走,仍然可以保护他们不受主人的伤害。主人只有立下誓言答应给予人道的待遇,同意履行他们的协议,才可以将人带走。根据历史的记载,所有人只要对奴隶

---

① 这个字的希腊语意为"混合色拉用的大碗"。维吉尔曾经提到靠近伊特纳(Aetna)山的间歇泉,参阅《埃涅伊德》(*Aeneid*)第 9 卷第 585 行。

立下这样的誓言,还没有发现任何一位违背者。他们对奴隶所以能够保持诚信,仍是基于畏惧神明的报复,所以他们要实践给予的承诺。圣地为适合神明的造访位于一个平原上面,为了美化修建柱廊和各式各样的雄伟建筑物。我们对这个主题已经说得太多,需要回到中断的历史接着叙述下去。

90 杜西久斯在建好帕利斯以后,就围绕着它筑起一道坚固的城墙,按照额度分配四周相邻的土地。这座城市没过多久,由于肥沃的农田和众多的移民,就能获得迅速发展的成果。不过,它并没有保持长久的兴旺和丰盛,等到被夷为平地以后,直到今日还是没有留下一个居民。我们会在历史上较为适当的时期,对这方面提供细部的数据①。

这些都是西西里的事务呈现出来的情况。意大利在克罗托尼阿底(Crotoniates)摧毁西巴瑞斯以后过了五十八年,有位帖沙利人②将幸存者的后人聚集起来,又重建一个新的西巴瑞斯,这座城市的位置在西巴瑞斯河与克拉昔斯(Crathis)河之间。这些移民拥有肥沃的土地,很快使家产变得富有。他们拥有这座城市不过数年的时间,接着再度被赶出西巴瑞斯,对于有关的事件,我们在下一章有更详尽的叙述③。

(前452年后的记载已经丧失)

91 安蒂多都斯(Antidotus)成为雅典的执政官,卢契乌斯·波斯都缪斯(Lucius Postumius)和马可斯·贺拉久斯(Marcus Horatius)当选罗马的执政官。在这一年(前451年)当中,杜西久斯拥有西西里人的领导权,夺取了伊特纳这座城市,运用奸诈的手段杀害它的首长,然后率领一支

---

① 狄奥多罗斯在本书的现存部分,没有再提到帕利斯。
② 或许在本书第十二章第10节,有一位帖沙利被提到。
③ 参阅本书第十二章第9节。

军队进入阿卡拉加斯人的区域,开始围攻摩提姆(Motyum),这座城市由阿卡拉加斯人守备队负起防卫的责任。等到阿卡拉加斯和叙拉古当局派兵前来援助,杜西久斯与他们接战大获全胜,将对手全部赶出营地。冬天来到两军离去分别返回各自的城邦;这时叙拉古当局发现他们的将领波尔康(Bolcon),私下与杜西久斯交往应负战败的责任,犯下叛逆的罪行遭到处决。

夏季开始他们重新指派一位将领,授予一支强大的军队,奉命前去制服杜西久斯。这位将领带着全军开拔,前去攻打安营在诺米(Nomae)附近的杜西久斯,经过一场激战,双方都有很多士兵被杀,叙拉古人克服困难终于击败西西里人,乘着对手溃逃之际斩获其多。会战的幸存人员,大部分逃进西西里人的堡垒寻求安全,只有少数人愿意与杜西久斯同生死共患难。就在发生这些事件的时候,摩提姆的堡垒还落在西西里人的手里,他们始终大力支持杜西久斯,所以阿卡拉加斯当局迫使他们无条件投降;这时阿卡拉加斯人和叙拉古人的部队已经联合起来,连营地都设在一处,看来可以赢得最后的胜利。现在杜西久斯完全被失败所击倒,有些士兵开始逃亡,还有人在暗中进行阴谋活动,使得他深陷绝望之中。

92 最后,他发现剩余的朋友还要对他落井下石,就在他们动手之前连夜溜走,骑马赶紧奔向叙拉古。他进入叙拉古市民大会的会场还未天亮,坐在祭坛下面成为城市的恳求施恩者,把他本人和控有的土地交给叙拉古当局任凭处置。群众拥入会场对于未曾意料的事件感到大为惊奇,官员立即召集市民大会,对于如何处理杜西久斯进行讨论。有些人习惯于逢迎民意,就说他们必须把杜西久斯当成敌人给予惩罚,特别是针对他的恶行判以适当的刑责。有些心地善良的年老市民来到前面,提出他们的意见是要赦免恳求施恩者,表示他们承认命运女神的大能,更不要激起神明的愤怒。民众经过考虑没有给杜西久斯该受的惩罚,叙拉古人继续运用仁至义尽的行为,因为再去屠杀命运女神的牺牲者已经不太适合,为了保持对神明的尊敬,对于心胸开阔的民族而言,宽恕败军之将是高贵的举动。他们从各方发出一致的喊声要求法外开恩,叙拉古当局立即释放杜西久斯,将他遣送到科林斯,让他在该地终老天年,并且支付非常宽裕的生活费用。

前一年雅典人在西蒙的领导之下,对塞浦路斯进行的战役,这部分的叙述完全按照本章开始①所拟订的写作规划,我们到此已经告一段落。

---

① 参阅本章第 1 节。

第十二章
希腊的内讧

1 人生当中经常出现相互矛盾的情况,如果不去深入考虑因果的关系,当然会感到极其困惑。有些我们认为美好的事物,后来发现并非全然如此,即使是邪恶的东西,也不能说它绝对不会表现善良的一面。我们只要想一想那些过去发生的事件,特别是它的重要性非常显著,就会获得这方面的真凭实据。例如,波斯国王泽尔西斯对希腊进行的战役,由于他们拥有强大的军备和众多的兵员,当然会使希腊人产生极其惊惧的感觉,战争带来的决定是他们要过奴役的生活,何况亚细亚的希腊城市早已陷身其中,看来他们必然遭受相同的命运。谁知战争会与预料的情况相反,竟然产生不可思议的结局,希腊的民众非但解除危险的威胁,还能赢得最大的荣耀,每一座城市全都享用丰硕的成果,所有人对于运道的否极泰来感到无比的惊奇。

从这个时候开始的随后五十年,希腊在各方面的成就都获得很大的发展,例如这期间的艺术都在突飞猛进,从我们的记载得知,伟大的艺术工作者包括雕塑家菲迪阿斯在内,都能享有极高的声誉,教育提升知识的水平,论及哲学和演讲都受到希腊人的厚爱和器重,特别是雅典人更为推崇。哲学家像是苏格拉底、柏拉图和亚里士多德,演说家诸如伯里克利①、伊索克拉底和他的门生,同样还有一些人因为他们的将道知名于天下,如密提阿德、提米斯托克利、亚里斯泰德、西蒙、迈隆尼德,以及其他人士,要是一一列举,那么书写起来实在太费工夫。

2　雅典居于领袖群伦的地位,无论是文治还是武功都有长足的进步,他们的名声在人类群居的世界,已经变得无人不知无人不晓。能够提升个人的为将之道到登峰造极的程度,完全靠着自身的本领,没有拉斯地蒙和伯罗奔尼撒各城邦的帮助,竟然能在陆地和海上制服波斯帝国庞大的武装力量,屈辱波斯将领善于用兵的美名,迫使他们签署协议让所有亚细亚的城市获得自由。

我们在本章和上一章,要对相关的事件提出更为详尽和正确的叙述,其次是在这部分特别要注重完成的时限。上一章我们的叙述从泽尔西斯的战役开始,最后到雅典的水师在西蒙指挥之下进行征讨塞浦路斯的战役为止②,能够表现一种全观历史的论点;本章的起点是雅典进犯塞浦路斯

---

① 伯里克利不仅是一个高明的政治家,更是伟大的军事家,靠着卓越的战略、无上的权威、彪炳的战功和辉煌的胜利,担任将领讨伐敌人,为雅典建立的凯旋纪念牌坊就有9座之多。

② 这段时间是从前480年到前451年。

的战役,继续下去直到雅典当局经过表决的程序,要对叙拉古发动入侵的战争①。

3 优特迪穆斯(Euthydemus)②出任雅典的执政,卢契乌斯·奎因克久斯·辛辛纳都斯(Lucius Quinctius Cincinnatus)和马可斯·费比乌斯·维布拉努斯(Marcus Fabius Vibulanus)当选罗马的执政官。在这一年(前450年)当中,雅典要为埃及的利益与波斯的军队开战,竟然在一个名叫普罗索皮特斯(Prosopitis)的岛屿,损失所有的船只③。过了很短一段时间,坚持希腊城邦在小亚细亚的权利,再度与波斯爆发战争。装备一支有两百艘三层桨座战船的舰队,选出密提阿德之子西蒙担任将领,派他前往塞浦路斯与波斯的水师交锋。西蒙让他的舰队补充优秀的水手和装载大量的粮食,出海向塞浦路斯发航。这时波斯大军的将领是阿塔巴苏斯和米嘉柏苏斯。阿塔巴苏斯拥有最高的统制权④,率领三百艘三层桨座战船滞留在塞浦路斯,米嘉柏苏斯指挥陆上部队扎营在西里西亚,兵力是三十万人马。

西蒙到达塞浦路斯就能控制海洋,运用围攻作战使得西蒂姆(Citium)和玛里姆(Marium)开城投降,他以人道的方式对待受到征服的人民。这件事情过后,来自西里西亚和腓尼基的三层桨座战船,同时向着岛屿进击,他立即出海迎敌,迫使对方接受会战,击沉敌人很多船只,捕获一百余艘连带上面的作战人员,追赶剩余的残部直到腓尼基。现在波斯人和余下的船只要在岸上寻找庇护,就是米嘉柏苏斯和陆上部队驻扎的地区。雅典人出

---

① 这段时间是从前450年到前419年。
② 《阿提卡名人录》(I.A)第4卷第1节22a,认为这一年的执政官应该是优特努斯(Ethynus)。
③ 参阅本书第十一章第77节。
④ 很可能他的指挥权只限于舰队。

海扬帆北上,从船上卸下士兵参加会战,另外一位将领安纳克西克拉底(Anaxicrates)作战英勇,就像英雄人物在沙场阵亡,最后还是赢得胜利,杀死很多敌人回到船上。雅典的舰队重返塞浦路斯。

这些都是战争第一年发生的事件。

4 佩迪乌斯(Pedieus)出任雅典的执政官,以及马可斯·华勒流斯·拉克图卡(Marcus Valerius Lactuca)和斯普流斯·维吉纽斯·垂柯斯都斯(Spurius Verginius Tricostus)当选罗马的执政官,在这一年(前449年)当中,雅典的将领西蒙纵横海上所向无敌,塞浦路斯的城市次第降服。萨拉密斯有一支实力强大的波斯守备队,城市拥有很多投射器具和防御装置,粮食和各种补给品都很充足,然而他还是决定运用围攻作战夺取比较有利。西蒙所持的理由是他成为整个塞浦路斯的主人,波斯人感到惊慌不已,采用这种方式最为容易;特别是雅典人已经控制海洋,对方无法对萨拉密斯人给予任何援助,只能留下盟友自生自灭陷入绝望之中;总之,只要运用武力征服整个塞浦路斯,对外的战争就能获得决定性的成果。这些都是实际发生的情况。雅典的部队开始将萨拉密斯围困得水泄不通,接着发起每日的突击,城内的守军靠着充分供应投射武器和防御物质,利用高耸的城墙很轻松地击退围攻的部队。

波斯国王阿塔泽尔西兹得知他的军队面临外援断绝的处境,召集大臣听取他们对战争的意见,结论是与希腊的城邦讲和为上策。他派人将书面的条件送给在塞浦路斯的将领和在小亚细亚的省长,让他们允许希腊人建立殖民区。阿塔巴苏斯和米嘉柏苏斯派遣使者前往雅典讨论有关的问题。雅典当局感到机不可失,派出以希波尼库斯(Hipponicus)之子凯利阿斯(Callias)为首的全权使节团,雅典与盟邦同意与波斯人签订和平协议,主要的条款有如下述:所有亚细亚的希腊城市可以在他们制定的法律之下生活;波斯派出的省长不得接近海洋在三日行程之内,他们的战船不得越过法西利斯(Phaselis)①或赛阿尼亚(Cyanea)悬崖②;只要国王和他的将领遵守这些条款,雅典当局不得派遣部队进入国王统治的地区③。双方举行庄严的仪式签署协议,雅典在赢得光荣的胜利和获取有利的和平后,就从塞浦路斯撤离进驻的兵员和装备。这时发生不幸的事件,西蒙在停留塞浦路斯期间,染上重病亡故于异域。④

5 菲利斯库斯(Philiscus)成为雅典的执政官,提图斯·罗米留斯·瓦蒂卡努斯(Titus Romilius Vaticanus)和盖尤斯·维图流斯·西考流斯(Gaius Veturius Cichorius)当选罗马的执政官;以及在伊利斯举行第八十三届奥林匹亚运动会,希米拉的克瑞逊(Crison)获得赛跑的优胜。在这一年(前448年)当中,麦加拉人背叛雅典,派遣使者前往拉斯地蒙使得双方建立联盟关系。雅典当局受到激怒命令士兵侵入麦加拉的领地,抢劫财物带回很多战利品。等到麦加拉人发兵前去防守他们的国土,引起一场会战。雅典人获得胜利,就将对手赶回他们的城墙之内。

6 雅典的泰玛契德(Timarchides)成为执政官,罗马的斯普流斯·塔皮乌斯(Spurius Tarpeius)和奥卢斯·阿斯提流斯·方蒂纽斯(Aulus Asterius Fontinius)⑤当选执政官。就在这一年(前447年),拉斯地

---

① 法西利斯是吕西亚的一座城市,濒临庞菲利亚湾(Pamphylian Gulf)。
② 这个地方在拜占庭,是进入黑海的门户。
③ 这是为了中止雅典和波斯的敌意;只是这个特别的条款,虽然公元前4世纪的演说家一直言之凿凿,但完全出于虚构和捏造;参阅华克尔(Walker)在《剑桥古代史》第5卷第87—88页的说明。
④ 普鲁塔克说他是在塞浦路斯围攻西蒂姆的时候患病亡故,要是依据其他人的意见,他是与蛮族发生一次小规模的战斗,受到致命的重伤而死。
⑤ 方蒂纽斯可能是方蒂纳利斯(Fontinalis)之误。

蒙斯的军队入侵阿提卡,袭扰大部分乡间地区,有几个雅典的堡垒受到围攻,无法得手只有撤回伯罗奔尼撒半岛。雅典的将领托尔迈德出兵占领奇罗尼亚(Chaeroneia)①;皮奥夏人集结兵力,伏击托尔迈德的部队获得成功,就在科罗尼亚(Coroneia)发起一场激烈的会战,托尔迈德在沙场上阵亡,其余的雅典人有些惨遭屠杀,有些活着成为俘虏。这场灾难涉及的程度是如此重大,雅典人为了能够赎回被俘的市民,就让皮奥夏所有城市的居民生活在各自制定的法律之下,不再受外人的管辖②。

7 凯利玛克斯(Callimachus)成为雅典的执政官,以及罗马人选出色克都斯·奎因克久斯(Sextus Quinctius)和某位名叫垂吉米努斯(Trigeminus)的人物担任执政官。就在这一年(前446年),雅典的军队在皮奥夏的科罗尼亚吃了败仗,拥有的实力在希腊人当中逐渐变得衰弱,很多城市开始背叛。皮奥夏的居民参与这次变革居于领导的地位,当选为将领的伯里克利,统率强大的军队对皮奥夏发起一场战役,运用突击夺取赫斯提亚(Hestiaea)③,将城里的居民全部迁移一空,用来恐吓和威胁其他的城市,再度归顺在雅典的统治之下。

经由凯利阿斯和查里斯主导的谈判,双方签订三十年的和平协议④。

8 西西里发生新的情况,叙拉古和阿克拉加斯因为下述缘故爆发战争。叙拉古制服西西里土著的统治者杜西久斯,走投无路之下只

---

① 奇罗尼亚是皮奥夏境内的城市,正好夹在阿提卡和福西斯之间,位于雅典正北约100千米,普鲁塔克出生于该地。

② 雅典人在皮奥夏大部分的城市已经建立民主制度,那些坚持寡头政体的人士只有撤到底比斯集中力量才能击败托尔迈德。

③ 赫斯提亚又称希斯提亚(Histiaea),是优卑亚岛北部希斯提伊奥蒂斯(Histiaeotis)地区的一座城市,后来的名字是奥留斯(Oreus)。

④ 这是雅典和斯巴达。

有恳求战胜者施恩,宽恕他所犯的罪行,让他迁往科林斯能够终老天年①。等到他在那里住了很短一段时间,开始食言废弃原先答应的承诺,向天神请求指点迷津,从神谶获得明确的答复,可以在西西里的卡拉·阿克塔(Cala Acta)即"美好海岸"②建立一座城市,又带着一群移民航向岛屿,其中包括西西里土著在内,甚至还有赫毕塔(Herbita)的统治者阿考尼德(Archonides)。然后他为城市的建立显得非常忙碌。

阿克拉加斯一方面是对叙拉古产生嫉妒之心,另一方面杜西久斯是他们的死仇大敌,叙拉古当局没有与他们商量,就让他获得自由,受到私纵人犯的指控,于是用这个借口向叙拉古宣战。西西里的城市分别投向不同的阵营,有的加入阿克拉加斯的队伍,有的支持叙拉古的行动,于是双方都聚集强大的兵力。势均力敌的城市表现出雄伟的军容,在希米拉河两岸设立位置相对的营地,经过一番鏖战叙拉古的军队获得胜利,杀死一千名阿克拉加斯人。会战以后阿克拉加斯当局派出使者前去讨论休兵的条件,叙拉古同意双方签订和平协议。

9 以上是西西里发生的重要事件。要是谈到意大利,休里埃(Thurii)的建立③基于下述的原因。希腊人很早以前就在意大利兴建西巴瑞斯,拥有肥沃的土地,能够享受快速发展的成果。城市的得名由于处在克拉昔斯(Crathis)河与西巴瑞斯河之间,当地的居民耕种宽广而又多产的田园,全都变得非常富裕。他们将市民权给予很多外来的侨民,人口增加很快,仅仅市民就有三十万,在意大利的城市当中擢居首位。

---

① 参阅本书第十一章第92节。
② 这是西西里的北海岸。
③ 是在前444年,比起狄奥多罗斯的《编年史》要晚两年。

西巴瑞斯崛起一位名叫特勒斯（Telys）的民意领袖，控诉最有影响力的人士，说服西巴瑞斯的民众放逐五百名最富有的市民，籍没他们的财产让大家分享①。等到这些放逐者来到克罗顿（Croton），就在市民大会的祭坛前面诉请给予庇护，特勒斯派出使者去见克罗顿当局，要求将放逐者引渡回国，不然双方就会爆发战争。当政者立即召开市民大会，要对问题经过讨论做出决定，是否他们应该将恳求庇护者交付西巴瑞斯的流亡人员，或者在战场上面对优势的敌军，参与会议的人员对于如何处置，全都感到茫然不知所措。

开始的时候大家全都感到畏惧，宁可将恳求者交出了事，后来接受哲学家毕达哥拉斯（Pythagoras）②的劝告，他们改变观念为了恳求者的安全愿意面对战争。西巴瑞斯起兵三十万人马进犯，克罗顿迎战的兵力只有十万，交给一位运动家米洛（Milo）负责指挥，他的身材魁梧力大无穷，首先将敌手打得大败而逃。据说这位好汉在奥林匹亚运动会赢得六次优胜，同时他的勇气与他的体能配合无间，进入战场戴上奥林匹克的花冠和穿起赫拉克勒斯的披挂——著名的狮皮上衣和狼牙棒；他的市民同胞异口同声地赞誉，是他率领大家赢得胜利。

10 克罗顿的市民在愤怒之余不愿留下俘虏，杀死所有在逃走当中落到他们手里的人员，大量西巴瑞斯人遭到歼灭，接着洗劫这座繁荣的城市，最后完全变成废墟。过了五十八年③，帖沙利的移民参与这座城市的设立，不旋踵间全被克罗顿人逐离，我们正要讨论发生在这

① 这件事发生在前 511 年。
② 毕达哥拉斯是公元前 6 世纪末叶的哲学家和数学家，萨摩斯人尼萨克斯（Mnesarchus）之子，前 531 年反对波利克拉底（Polycrates）的暴政逃到克罗顿，从事写作和教学，参与宗教活动，生平的著述都已失传。
③ 是在前 453 年。

段时间的事件。不久以后城市迁移到另外一个位置,连名字都加以更换,创立者是朗潘(Lampon)和色诺克瑞都斯(Xenocritus),整个重建的情况有如下述。

西巴瑞斯人第二次被逐出家园,派出使者前往希腊,请求拉斯地蒙和雅典给予帮助,让他们归返故国,并且一起参与拓垦开发的工作。拉斯地蒙当局根本不予理会,雅典政府承诺给予援手参与其事,当局装备十艘船在朗潘和色诺克瑞都斯的指挥之下,前去会合西巴瑞斯人,接着他们在伯罗奔尼撒几座城市放出风声,任何人只要加入他们的阵营,就可以在殖民区获得一份土地。很多人同意的做法是向神明提供奉献,接受阿波罗的神谶来指点迷津,他们发现城市正是处在这种情况,就是

> 清水应该适量地喝,
>
> 面包可以尽兴地吃。

他们航向意大利来到西巴瑞斯以后,开始寻找神明指示他们建立殖民区的地方,发现在离西巴瑞斯不远处有一道名叫休里亚(Thuria)的流泉,因为安装铜管的关系,当地土著将这个地区称为 medimnos 即"量斗"①,他们认为这就是神明的应许之地,筑好一道城墙将土地围绕起来,建立的城市因为泉源取名为休里姆(Thurium),纵向用四条街加以区分,第一条街取名为赫拉克利(Heracleia),其他依次为阿芙罗黛西亚(Aphrodisia)、奥琳庇阿斯(Olympias)和戴奥尼西阿斯(Dionysias);横向的三条街分别是赫罗亚(Heroa)、休里亚(Thuria)和休里纳(Thurina)。这些街道形成的区域充满住家,城市的结构呈现美好的景象。

---

① medimnos,即"斗",是希腊的容量体积单位,雅典的 1 斗相当于 51.84 升,斯巴达的 1 斗则是 71.16 升。

11 休里埃的市民短期之内生活在和平的氛围当中,然后就陷入极其严重的倾轧和内讧,出现这种情况也不是没有理由。可以明显看出,来得较早的西巴瑞斯人将最重要的职位指派给自己,后来登记的市民只能担任位阶较低的官吏;在向神明奉献牺牲的时候,早年来到者的妻子可以据有前排的位置,时期较晚的市民只能让他们的妻子坐在后面。再者,靠近城市的土地按照额度分配给自己,离城很远的地方由新来者承受。等到分歧的情况由于提到的原因变得更为严重,名册上面的市民人数逐渐增加,一旦人多势众拥有更大的权力,就将原来的西巴瑞斯人全部处死,然后在这座城市推行重新殖民的工作。由于乡村地区变得广大而富有,他们从希腊各地召来大量移民,指定新来者在城市居住的位置,分配面积相等的土地。

继续生活在城市当中的居民,很快变得非常富有,他们与管理城邦知名于世的克罗顿人,双方产生极其深厚的友谊。他们为了建立一个民主体制的政府,就将市民分为十个部族,每个部族的名字根据构成它的原始国籍;三个部族的民众来自伯罗奔尼撒半岛,所以被称为阿卡狄亚、亚该亚和伊利亚;另外三个部族的民众来自伯罗奔尼撒半岛周边的地区,所以被称为皮奥夏、安斐克提昂和多里斯;剩下四个部族来自其他民族,所以被称为爱奥尼亚、雅典、优卑亚和岛民。他们从优秀的市民当中选择学识丰富的人员担任立法者,其中之一是查朗达斯(Charondas)①;他曾经研究所有民族的立法程序,挑选最好的原则运用在他的法律体系之中,为了解决问题有很多原则出于他的创见,提到这点在于教育我们的读者,不要把固有的

---

① 查朗达斯应该是公元前 7 世纪晚期或前 6 世纪初期的人物。亚里士多德在《政治学》第 2 卷第 12 节,提到他为自己的故乡卡塔纳制定法律,或者在其他西西里和意大利的卡尔西斯殖民城市从事立法的工作,赞誉他的法律条文立论极其精辟。这些遗留的法律残卷来自新毕达哥拉斯学派的观点,狄奥多罗斯将这些归功于他的成果。

传统看成是外国传入的东西。

12 首先,要是有人为自己的子女娶回一个后母,他规定给予这些人的惩处是不得参与国家的事务,因为他认为身为父亲要是对子女不好,同样他对于国家的利益也不会尽心尽力地打算。他说任何人第一次的婚姻非常幸福,就应该对天赐的运道感到满足;要是没有享受美好的夫妻生活,接着又重蹈覆辙,那么他认为这种人毫无见识可言。任何人犯下用伪证指控他人的罪行,他的判决是这些人无论到何处,都要戴上柽柳编成的花冠,用来向所有的市民同胞表示,邪恶的行为所能获得的最高奖赏。有时要是某些人经过审判宣布有罪,而又不能忍受极大的羞辱,可以自我了断终结生命。一旦严格的规定开始执行,任何人要是犯下伪证罪就会受到放逐的处分,城邦要是免予损人利己的恶行带来的骚扰,人民都能享受安宁幸福的生活。

查朗达斯还为邪恶的交往制定特别法,这方面通常为其他立法者所忽略。他把这种情形视为当然之理,就是善良之士由于与小人建立友谊①,在某些情况下受到误导做出坏事,所以恶行如同一种可怕的瘟疫,人类的生活感受不良的影响,正直而纯洁的灵魂都会遭到污染;为了避免失足带来的遗恨,要为大家开辟平坦的大道;这也是何以很多正人君子,受到欺骗落入纸醉金迷的陷阱,步入歧途养成邪恶的习气。因此,想要灭绝引起堕落的根源,立法者禁止友谊的放纵行为和结识邪恶之徒,对于不良分子的组帮结社要采取法律行动,拿出严惩不贷的手段使得他们痛改前非。

查朗达斯还制定另外的成文法,远较刚才提到者更为优异,同样为他那个时代以前的立法者所忽略;他所拟定的法律要让所有市民的儿子都要

---

① 参阅伊斯启卢斯的悲剧《七士对抗底比斯》(*Seven Against Thebes*)第599—600行:"损友为害之烈甚于洪水猛兽,连带身家性命全部毁于旦夕。"

学会读和写,城市要为教师提供束脩;他认为一个人不能因为没有能力缴纳学费,就应该断绝高贵的求知。

13 事实上立法者有非常正确的理由,认为所有的知识当中以读和写居于首位;生活当中大部分事务和最重要的项目,都要用读和写当成工具,像是誓词、信函、契约、法条以及其他所有使得人类能过规律的生活贡献最大的东西。实在说有什么人能对文字的知识写出更适合的颂词?因为只有这种知识能让死者常存于世人的记忆之中,人们为宽阔的空间所隔离只能通过书写的沟通保持联系,即使遥远的距离如同就在他们的身边;战时城邦或国君之间的盟约,有些彼此同意的保证事项,必须有书面的文件才不会产生误解和差错。一般而论,确实只有书写这种工具,能够保存哲者口吐睿智的格言以及上苍指点迷津的神谶,为了即将来临的时代不断将哲学和所有的学问交付给继承的后裔子孙;因此,如同我们的处世为人要符合自然之道,只有教育才能获得美好的生活,它的基础就是阅读和书写。

查朗达斯相信不识字的为害甚大,使得人民最大的优势和长处全被剥夺无遗,所以他的立法在于矫正无知带来的错误,要让大家对于城邦有关教育的工作,值得加强关切和花费更大的财力谋求改善。以前的立法者会让普通市民在生病的时候,享受医生治疗由城邦付费的福利,他的作为远较前人更为优异,因为那些制定法律的人着重身体的治疗,不像他通过训导和启发解除灵魂方面的痛苦①,我们祈祷永远不仅仅只需要前面这类医生,须知心灵的欲望就是能让所有的时间,都花在陪伴导师用在研究学问上面。

---

① 有人奇怪狄奥多罗斯怎么会有这种说法,可以回想本书第一章第49节,提到埃及法老奥斯曼达斯,在他的图书馆的墙面上有这样的铭文:"灵魂的疗伤所。"

14　　我们在上面提到的两种情况，很多诗人的作品就是明显的证据，对于法律禁止与邪恶交往，就有这样的诗句①：

那些喜欢与邪恶小人交往的家伙，

不用打听也知道他们是一丘之貉。

至于他主张对后母制定的法律，有如下述②：

立法者查朗达斯做出很大的贡献，

其中一条影响深远与大家有关联：

父亲不能让后母强加在子女头上，

原来和睦的家庭就会失去了安全；

非但无法得到社会的谅解和尊敬，

还要给整个家族带来祸害的根源。

须知人生只能勉为其难结婚一次，

再次娶妻不仅疯狂而且霉运绵延。

一个人要是同一件事情犯下两次错误，说他是傻子那可真是丝毫不差。

喜剧家斐勒蒙（Philemon）③，提到一个人赞扬法律的规定自己却再三

---

① 来自欧里庇德斯的悲剧《腓尼基人》，参阅瑙克《希腊悲剧残本：欧里庇德斯篇》No.812。整段的诗文被伊司契尼斯拿来放在《泰玛克斯》一剧中。柯克认为这两句诗的原作者是米南德，可以参阅柯克《阿提卡喜剧残本：米南德篇》No.414，只是为欧里庇德斯引用。

② 来自一位不知名的喜剧家，参阅柯克《阿提卡喜剧残本：Adesp.篇》No.110。

③ 斐勒蒙（前368—前267年）是来自叙拉古的新喜剧戏剧家，平生创作97出喜剧，有60出留下剧名，以及多达200个残卷留存于世，曾经赢得3次勒尼亚祭典的戏剧比赛优胜。

扬帆远走异国,就说①:

做人不应重蹈覆辙非要出海不可,

固执己见总会让旁观者感到错愕;

有人同样如此表示,结婚不会让人感到惊讶,第二次娶妻就会大不相同;所以才说不断出海冒险总比再找一个女人要好得多。其实家庭里面父亲和子女之间,最激烈和最悲痛的争执都是后母引起的;事实上这是很多违法行为产生的原因,很像舞台上面演出悲剧的场面。

15 查朗达斯制定另一种法律可以获得很高的评价,就是有关孤儿的保护②;表面上看来没有特别之处,并不值得大力赞誉,要是用心仔细地审查,主要的着眼不仅在于热烈的学习还要有高度的关切。法律规定孤儿的财产应由父系方面的近亲照料和管理,母系方面的亲戚负责孤儿的抚养和教育。任何人开始在一瞥之下,并不觉得这条法律有什么睿智或杰出,等到深入探讨才知道极其公正确实值得钦佩。所以会将孤儿的财产托付一些人保管,却将抚养的责任交给另一批人,这是立法者有独到的见解和高明的看法,母系方面的亲戚没有继承的权利,就不会图谋孤儿的性命,父系方面的近亲因为没有受托照顾他的生活,就没有机会下得了毒手;再者,如果孤儿因病或其他原因亡故,他们就能继承财产,所以他们对家业的管理一定会非常用心,虽然怀抱希望一切还得看命运女神的安

① 参阅柯克《阿提卡喜剧残本:斐勒蒙篇》No.183。

② 笛摩昔尼斯 7 岁丧父成为孤儿,落在监护人手里有 10 年之久,等他长到 18 岁开始打侵占产业的官司;修昔底德说他经历恶的过程,凭着锲而不舍的努力终于胜诉,被侵占的遗产仅能收回小部分,最大的收获在于演讲方面赢得自信和经验。

排，自己无法做主。

16 查朗达斯为战时擅离岗位或是拒绝执干戈以卫社稷的市民拟定法律，其他立法者对这一类的犯人，通常是处以极刑，查朗达斯明定的罚则，命令他们穿上妇女的衣服，坐在市场里面示众三天。这种法律不仅使他们较之其他民族更为人道，同时让受到侮辱深感痛苦的人，逐渐改变怯懦的习性，与其在自己的乡土受到蔑视还不如命丧黄泉。再者他不会杀死这些犯罪的人，要为城邦保留他们的性命满足战时的需求，相信他们在受到带来羞辱的惩罚以后，一旦悔改就会用大无畏的英勇洗刷生命当中最大的污点。

立法者借着法律的严苛用来保持他所制定的法条，他的指示是在任何情况之下，即使他和法律都会犯下错误，要求对法律的服从仍旧一如往昔；如果他认为法律需要修正，就会同意朝令夕改的做法。然而他所坚持的观点是立法者有足够的理由，可以驳斥那些站在私人立场，提出不合理要求的人，即使他们为了维护公众的利益也不例外。特别是运用这种手段阻止有一种人出现在法庭，他们对于违犯法律的人，用各种借口和巧妙的言辞，使得具有至高无上权力的书面条文，为杜撰的诡辩言论所摧毁。造成的结果陪审团要为违犯法律的人开脱，不愿对他们处以应得的惩罚，我们听说他在陪审团前面，对着某些人提出这样的论点，他说："你们必须拯救的对象，不是法律就是人，只能两者择其一而行之。"

17 我们认为查朗达斯立法作为最令人感到惊讶之处，在于有关法条的修正。他提到大多数城邦有很多人，对于法律的修正抱着锲而不舍的态度，从而持续冒犯现存的法律实体，引起大规模的争执和内战，从而制定的条文不仅特别而且独一无二。他只是做出这样的规定,一个人提出议案要修正任何法律,这时就用绳索的活结套住颈脖,然后再看这个议案的表决,如果市民大会同意修正法律,提案人就可以解开绳结获得自由,如果他的提案遭到否定,大家就把他当场吊死在公众的面前①。这样一来使得法律的修正没有人再敢表示意见,从历史的记载得知,休里埃人当中只有三个人提出修正案,完全是基于当时情势的需要。

法律的要点在于以眼还眼,如果一个人只有一只眼睛,丧失这只眼睛等于失去全部的视力,要是犯罪者的报复只会丧失一只眼睛,等于接受较少的惩罚。查朗达斯维持原议,认为即使一个人让他的市民同胞成为瞎子,也只能按照法律的规定给予原定的惩罚,他不必遭到同样的损失。照理来说这条法规定得不够周延,如果某人只有一只眼睛,这只眼睛受到毁坏等于丧失全部视力,要是有人毁坏他的一只眼睛,为了公平起见,那么加害人的两只眼睛都要剜去,这样才算是得到相等的惩罚。因此,有一个人是独眼龙,对此事一直耿耿在心,非常勇敢地在市民大会上提案,就他个人的不幸情况,免得遭到更大的损失,建议大家修正这条法律;于是他的头套在吊索中进行表决,结果获得通过可以修正这条法律,使得他不至于当场遭到绞毙。

18

第二种获得修正的法律,是给予妻子与丈夫离婚的权利,可以嫁给她所选择的男子。某人已经老迈还娶了一位年轻的妻子②,现在这位妻子要与他离异;就向休里埃人提出建议用增加条款的方

---

① 有的学者认为这是洛克瑞斯的市民大会制定的法律;参阅邦尼-史密斯《从荷马到亚里士多德的司法行政和管理》(*Administration of Justice from Homer to Aristotle*)第 1 卷第 75 页。

② 梭伦提到任何一位明智的政府首长和制定法律的人士,只要谈起老翁娶幼妻,就像斐洛克特底(Philoctetes)在他的悲剧中所说的那样:"叹汝结缡何忧伤,一树梨花压海棠。"

式修正法律,妻子可以离开丈夫嫁给任何她所选择的人,条件是这个人的年龄不得小于原来的丈夫;同样,如果一个人休掉自己的发妻,就不能娶一个较原来妻子更年轻的妇女。这位老人能让提案通过,使得原来的法律无效,逃过绳索带来死亡的威胁,他的妻子不能与年轻的丈夫一起生活,再度嫁给与她已经离婚的男子[1]。

第三种要修改的法律是继承,这在梭伦的立法当中可以见到。查朗达斯下达命令,可以指定近亲娶一位女性继承人为妻,或是指定一位女性继承人嫁与她的近亲为妻,这位近亲必须娶她不得有违,除非是她落于贫穷的处境,否则要对这位身无分文的女性继承人,支助五百德拉克马的嫁妆,始可免予娶她为妻的责任。某位孤儿成为女性继承人,虽然有良好的出身却没有人可以支撑门户,完全是出于贫穷使她找不到愿意娶她的良人,只有低声下气去向民众求助,流着眼泪说她得不到援手还为人蔑视,于是她用概述的方式修正法律,目的在于让她得到五百德拉克马,用来付给与她关系密切的近亲,愿意娶这位女继承人;人民同情她的困境,投票同意修改法律,这位孤儿逃过被绞死的危险,同时一位有钱的近亲,被迫要娶这位贫穷的女性继承人为妻,还不得到一分一毫的嫁妆。

19 我们还要提到查朗达斯的死亡,不仅情节非常的特殊,而且对他来说完全是出乎意料之事。他启程前往乡间,为了防备篡径的贼人,身上佩带一把短剑。等到他回到市民大会参加议事,他在快接近的时候听到里面发出喧嚣的声音,使他感到好奇以为出现争执的情况,就急急忙忙进入会场。过去他曾经制定一条法律,任何人进入市民大会禁止携带武器,因为他忘记自己的身边有一把短剑,等于提供政敌一个控诉

---

① 查朗达斯要保障老年人的权利,梭伦却不让老妇嫁给少男,看来还是有点差别,参阅普鲁塔克《希腊罗马名人传》第3篇第1章"梭伦"第20节。

他的机会,其中一位说道:"你违背自己制定的法律。"他回答道:"宙斯可以做证,不管怎么说,我总要维护法律的效能。"于是拔出短剑自刎。不过,有些史家认为采取以身殉法的人,应该是叙拉古的立法者戴奥克利(Diocles)①。

我们用很长的篇幅讨论查朗达斯的事迹,希望能对另一位立法者札琉库斯(Zaleucus)做简短的介绍,他们不仅遵循同样的人生观,还是相邻两座城市的当地人士。

20 札琉库斯是出生在意大利的洛克瑞斯人②,拥有高贵的家世,接受良好的教育,身为哲学家毕达哥拉斯的门生弟子。他在自己的家乡受到众人的礼遇,立下志愿要成为一位立法者,投身于法律体系的撰写,所有一切渊源于天国的神明。他的立法程序就整体而言已经开宗明义指出,城市所有的居民必须认同的原则和教条就是神的存在,要用自己的心灵衡量天国,以及它那合乎规范的架构和安排,他们应该判定世间的创造物并非机遇的成果或者出自人类之手。他们必须尊敬神明当成人生当中一切高贵和善意的成因;他们必须从所有的罪恶当中保持灵魂的纯洁;相信神明对于邪恶之徒奉献的牺牲和昂贵的祭品不会感到喜悦,唯有仁德之士的正义和诚信会给他带来衷心的满足。他用虔诚和公正教导市民引领他们走上正道以后,更进一步地指出,所有的市民同胞没有任何人是他的政敌,彼此之间无须任何的调停与和解,对于不同意见和想法带来的争执,最后会获得一致的协议和相互的友谊;一个人的行动就他的市

---

① 戴奥克利是叙拉古的政治家、立法者、演说家和将领,自杀的事件发生在前413年:参阅本书第十三章第33节。

② 希腊有两个地区被称为洛克瑞斯,一是洛克瑞斯·欧佐利斯(Locris Ozalis),位于皮奥夏的西边,一是欧庇斯人的洛克瑞斯(Opuntian Locris),位于皮奥夏的北边;这里是指伊庇捷菲利亚人的洛克瑞斯(Locri Epizephyrii),位于意大利南部。

民同胞而言,主要的考虑在于不得有未受教化和野性难驯的心灵。他对行政官员的勉励和催促,不会带着倔强和傲慢的心态,绝不让敌意或友情干涉公正的审判。在他所制定的法条当中,有相当数量增多的项目出自他的创意,可以得知他有超越众人的睿智。

21 可以举例说明,刚愎任性的妻子无论何处都会受到罚锾的处分,札琉库斯想出一种极其巧妙的惩治手段,用来制止这种过度放纵的行为。因此,他制定下述的法条:一个具有自由人身份的妇女,除非已经喝醉,否则身边陪伴的女奴不得多于一位;她不能在夜间离开城市,除非她企图犯下通奸的罪行;她不能佩戴黄金的饰物或穿上有紫色滚边的长袍,除非她是一位人尽可夫的妓女;一个丈夫不能戴上镶金的戒指或是穿着米勒都斯式样①的斗篷,除非他要不顾身份从事奸淫的行为。带来羞辱的牵连②即使免予刑责,很容易让男士避开有害的奢侈和堕落的生活,没有人愿意自己种种不体面的举动泄露出来让市民同胞知晓因而受到大家的嘲笑。

他撰写其他很多极其卓越的法律,诸如会引起争执的契约和人际关系。对于那些与我们写作历史无关的事项,还要一一记载下来将是冗长而无用的工作,现在已经偏离叙述的过程,所以我们要回到原来的主题。

22 黎西玛契德(Lysimachides)成为雅典的执政官,提图斯·麦内纽斯(Titus Menenius)和巴布留斯·塞斯久斯·卡皮托利努斯

---

① 米勒都斯的居民以生活的奢华著称于世。
② 札琉库斯的立法程序会带来"不完美"的法律,因为其中出现很多无法避免的缺失,给他带来很大的打击和羞辱。参阅普芬多夫(S.Pufendorf)《论自然法和万国法》(*De jure naturae et gentium*)第 1 卷第 6 章第 14 节。

（Publius sestius Capitolinus）当选罗马的执政官。在这一年（前445年）当中，西巴瑞斯人逃避内战带来的威胁和危险，就在特拉伊斯（Trais）河畔重建他们的家园。他们在那里居住一段时间，后来被布里夏人（Brettii）驱离，落到种族绝灭的下场。雅典在希腊重新控制优卑亚岛，将赫斯提亚的市民从定居的城市赶走，伯里克利出任指挥官，在那里建立一个殖民区，派遣一千个移民前往开拓，将城区和四周的田野，按照额度给大家分配土地。

23 普拉克色特勒斯（Praxiteles）成为雅典的执政官，举行第八十四届奥林匹亚运动会，希米拉的克瑞逊赢得赛跑的优胜，罗马选出十人①制定法律：成员是巴布留斯·克洛狄斯·雷吉拉努斯（Publius Clodius Regillanus）、提图斯·米努修斯（Titus Minucius）、斯普流斯·维图流斯（Spurius Veturius）、盖尤斯·尤利乌斯（Gaius Julius）、盖尤斯·苏尔庇修斯（Gaius Sulpicius）、巴布留斯·塞斯久斯（Publius Sestius）、罗慕拉斯（Romulus）、罗米留斯（Romilius）、斯普流斯·波斯都缪斯·卡尔维纽斯（Spurius Postumius Calvinius）②。他们的努力带来丰硕的成果。③ 这一年（前444年）休里埃人和塔伦屯人继续保持战争的状态，彼此从陆上或海面入侵对方的疆域，双方发生很多局部战斗和冲突，从成效来看根本不值

---

① 这是著名的十人委员会（Decemvirate）。

② 很多学者并不同意这份名单。巴布留斯·克洛狄斯·雷吉拉努斯应该是阿庇斯·克劳狄斯·雷吉拉努斯（Appius Claudius Regillanus）才对；而且狄奥多罗斯还未提曼留斯·乌尔索（Manlius Vulso）和巴布留斯·库瑞阿乌斯（Publius Curiatius）的名字。

③ 丰硕的成果是指罗马的十二铜表法，也是这个城邦的第一部成文法。罗马的传说提到其中两种法律是在第二任十人委员会的手里完成的；狄奥多罗斯在本章第26节中，提到他们在贺拉久斯和华勒流斯两位执政官的努力之下，能让未完的立法工作获得重大的成果，贝洛克（Beloch）的《罗马史》（Romische Geschichte）第245页，对这件事持同样的看法。日期上发生错误，提到的两个十人委员组成的年代分别是前451年和前450年，然而贺拉久斯和华勒留斯当选执政官是在前449年。

一提。

24 赖萨尼阿斯(Lysanias)成为雅典的执政官(前 443 年),罗马选出十位立法者:成员有阿庇斯·克洛狄斯(Appius Clodius)、马可斯·高乃留斯(Marcus Cornelius)、卢契乌斯·米努修斯(Lucius Minucius)、盖尤斯·塞吉乌斯(Gaius Sergius)、奎因都斯·巴布留斯(Quintus Publius)、马纽斯·拉布列乌斯(Manius Rabuleius)和斯普流斯·维图流斯(Spurius Veturius)。① 这些人没有能力完成编纂法典的工作。他们其中之一②对于某位少女③怀有深厚的爱意,对方虽然身无分文却有良好的家世,他在开始用金钱加以诱惑,等到发现她对他没有一点好处,便派出一位代理人到她的家中,奉到的命令是要她去服行奴役。来者宣布这位少女已经成为奴隶,强行将她带到官员的面前,阿庇斯在法庭将她当成自己的女奴加以指控;等到行政官员听取这件讼案,就把这位女郎交付给他,代理人却将她视为自己的奴隶带走。

少女的父亲当时在场,力言受到不公正的判决感到极其悲痛,根本没有人理会他的抱怨;就在他经过一个肉铺的时候,抢走一把屠刀在街区埋伏起来,攻击他的女儿将她杀死。这样做是为了阻止她不要经历正在等待她的羞辱和侵犯;然后他匆忙离开城市,赶路要去投奔军队,据说这时正在阿吉杜斯(Algidus)山扎营。他在士兵的前面哭诉这个案子所受的委屈以及降临到头上的不幸,能够赢得大家的怜悯和同情。整个队伍开拔出去帮助这位不幸的父亲,冲进罗马使得一夜之间满街都是武装人员,他们占领

---

① 只有七个人的名字,最后这位斯普流斯·维图流斯没有在其他的名单中出现;第一位阿庇斯·克洛狄斯应该是阿庇斯·克劳狄斯(Appius Claudius)。

② 这一位是指阿庇斯·克劳狄斯,参阅利瓦伊《罗马史》第 3 卷第 44 节。

③ 这位少女是维吉妮娅(Verginia)。下面的故事在罗马的传统中当是最重要的事件之一,利瓦伊《罗马史》用古典的笔调详述了所有的情节。

的小丘现在的名字是阿温廷(Aventine)山①。

25 等到天亮以后,士兵对于秕政的痛恨和他们的举动,已经变得众所周知。十人委员会的成员全部出面支持行政官员的审判,聚集一批年轻人,打算用武力的手段来解决问题;情绪激烈的斗争威胁着城邦的安全,举凡行事正派的市民,都能预料面临巨大的危险,愿意充当和事佬在两个党派之间进行磋商,抱着很大的热忱请求他们停止内部的争执,不要让自己的家园陷入重大的灾害之中。最后总算双方认同相互的协议有如下述:选出十员护民官②在城邦的官员当中拥有最高的权力,有如监护人一样用来保障市民的自由③;每年选出的两名执政官④,其中只能有一名是贵族,不得有任何例外,另一位必然是平民,人民有权选出两名执政官都是后者的出身。他们所以如此是为了削弱贵族的权势;因为贵族拥有崇高的家世和来自祖先的名望,有人就说他们是城邦的领主;还进一步规定护民官拥有同意权,所有在该年当选这个职位的人,无论数量多少都被视为一体行使权力,要是做不到这一点,给予的惩处是全部护民官都要活

---

① 罗马历史上发生 3 次平民脱离事件:第一次在罗马建城 260 年即前 494 年,结果是设置平民护民官以保护平民;第二次是前 449 年;第三次是前 287 年,确立市民大会的权力。本章所指的脱离运动,在时间上接近第二次,就协议的内容而言像是第一次。

② 护民官的人数最早是 5 位,过了一段时间变成 10 位。人民在离开阿温廷山之前,通过一项法律,任何人当选护民官具备神圣不可侵犯的身份,他们唯一的职责是保护平民,不受上官或阶层较高人士的欺凌。他们用干预的方式反对法律的制定和官员的行为,只用简单一句话 Veto,即"我禁止"。

③ 狄奥多罗斯明明知道护民官从前 466 年开始已经设立,参阅本书第十一章第 68 节。不过,就在这一年,贵族阶层首次在法律上承认护民官的地位和所拥有的权力。

④ 执政官是罗马官吏序列的最高职位,有军事指挥权,"百人团"大会每年选出两位执政官,任期一年,其中一位为资深执政官,从 1 月开始每月轮流负责政事,每位执政官有 12 员扈从校尉,携带权标和斧头,显示执政权威,共和国末期规定两位执政官的出身都可为平民,不可都为贵族。

活烧死①;再者,万一护民官本身不能获得一致的意见,对于抱着妥协心理的护民官必须加以阻止;我们发现这样做可以终结罗马的内讧。

26 迪菲卢斯(Diphilus)成为雅典的执政官,马可斯·贺拉久斯(Marcus Horatius)和卢契乌斯·华勒流斯·特皮努斯(Lucius Valerius Turpinus)当选罗马的执政官。这一年(前442年)当中的罗马,由于党派的倾轧使得立法的工作未能完成,在执政官的努力之下总算告一段落。那就是大家经常提到的十二铜表法②,全部由十人委员会草拟,执政官仍旧是两位已经列入条款之中。等到他们的立法获得结论以后,执政官将法条镌刻在十二块铜板上面,元老院大厅的前方有一座被称为罗斯特拉(Rostra)的建筑物,就将这些铜板钉在它的墙上。所有制定的法条,表达时使用简洁扼要的语文,直到今日还是受到大家的赞誉。

就在我们提到的事件正在发生的时候,人类居住的世界绝大部分国家保持宁静无事的状态,特别是大家都能和平相处。波斯与希腊的城邦签订两个条约,一个是与雅典及其盟邦,要让亚细亚的希腊城市生活在他们制定的法律之下③,后来又与拉斯地蒙当局订约,提出内容完全背道而驰的条款,亦即亚洲的城市全部隶属波斯王国。希腊的城邦彼此之间相安无

---

① 看来狄奥多罗斯对这条法律是唯一的权威之士,可能是从流传的故事当中,知道有九位护民官曾经遭到活活烧死的惩处,可以参阅华勒流斯·麦克西穆斯(Valerius Maximus)《言行录》(*Memorable Doings and Sayings*)第6卷第3节,以及笛欧·卡休斯(Dio Cassius)《古代哲学残卷》No.22。

② 十二铜表法根据现有的资料,知道主要法条共有94款,成为罗马公法和民法的源头活水,成为后来庞大复杂法律体系的基础。古代和中世纪的历史学家当中,海尼修斯(Heineccius)主张十二表应该是刻在"铜板"(aereas)上面;庞坡纽斯(Pomponius)的原文可以看到"象牙"(eboreas)这个字,后来斯卡里杰(scaliger)用"橡木"(roboreas)来取代。可能陆续使用铜板、象牙和木板这些材料。

③ 这是波斯和雅典签订的和平条约当中主要的条款,参阅本章第4节。

争,雅典与拉斯地蒙缔结三十年的和平协议。西西里的事务同样不起风波,迦太基与杰洛达成谈和的协议,西西里的希腊城市自愿将最高权力交给叙拉古当局,阿克拉加斯在希米拉河战败以后,已经与叙拉古商议有关的条件。意大利和塞尔特的民族之间没有争执,伊比利亚全境和世界其他地区亦复如此。这段时间运用武力进行征讨的行为不值一提,唯有和平的气氛大可称道,到处充满饮宴欢聚、节庆赛会和向神明奉献牺牲的祭典,全人类都能享受幸福的生活。

27 泰摩克利(Timocles)成为雅典的执政官,拉尔·赫米纽斯(Lar Herminius)和提图斯·斯特蒂纽斯·斯特鲁克托(Titus Stertinius Structor)当选罗马的执政官(前 441 年)。萨摩斯人和米勒都斯人因为普里恩(Priene)的主权纠纷发生战争,他们看到雅典当局偏袒米勒都斯人,当然会出现反叛的行动。雅典的市民大会选择伯里克利出任将领,奉命率领四十艘船只前去征讨萨摩斯,等到舰队抵达立即进入城市掌控一切,接着建立民主政体。他向萨摩斯当局征收八十泰伦的经费,以及交付八十名①青年作为人质,他后来将他们安置在林诺斯岛;不过几天工夫他就能完成所有事项,然后返回雅典。

萨摩斯的内部产生倾轧,一部分人士主张民主政体,还有一部分拥护贵族统治,城市陷入难以平息的动乱之中。民主政体的敌对者渡海到达亚细亚,接着前往萨迪斯,请求波斯省长毕苏什尼斯(Pissuthnes)给予援助。毕苏什尼斯交付他们七百名士兵,希望运用这种方式使自己成为这个岛屿的主人。他们带着士兵趁着夜暗航向萨摩斯,得到市民的内应不受注意地溜进城市,不费多大工夫就能占领整个岛屿,将所有反对派从城市当中放

---

① 修昔底德《伯罗奔尼撒战争史》第 1 卷第 115 节,提到的人质是成人和儿童各50 人。

逐。后来他们偷偷将人质从林诺斯岛接走,等到萨摩斯的安全可以确保无虞,他们才公开宣布与雅典为敌。雅典再度选出伯里克利担任将领,指派他率领六十艘船前去讨伐萨摩斯人。伯里克利打了一场海上会战,对抗萨摩斯的七十艘三层桨座战船获得胜利,再从开俄斯和迈蒂勒尼召来二十五艘船,共同围攻萨摩斯的城市。过了几天以后,他留下部分兵力继续围城,发航前去迎击腓尼基人的船只,这是波斯用来援助萨摩斯的舰队。

28 萨摩斯人认为只要伯里克利离开,就会获得良好的机会攻击留在后面的船只;他们出海前去搜寻,赢得会战以后感到骄傲难免要目空一切。伯里克利接获他的部队遭到击败的信息,立即回航编成一支实力强大的舰队,终于使得敌人难逃全军覆灭的后果。雅典当局很快派来六十艘三层桨座战船,加上开俄斯和迈蒂勒尼原来的三十艘,伯里克利运用庞大的武力,再度从陆上和海面行围攻作战。他建造的攻城机具是人类第一次运用①,像是所谓的"攻城撞车"或"龟甲阵式",全都出自克拉卓美尼(Clazomenae)的阿特蒙(Artemon)之手。伯里克利增加进攻的威力,运用攻城机具摧毁敌方的城墙,使得他再度成为萨摩斯的主宰。反叛的领导人物受到惩治以后,仅就围攻城市所需的费用,对于萨摩斯处以两百泰伦的罚锾。他将对方的船只当成战利品,同时推倒所有的城墙;最后恢复民主政体再班师回国。

提到雅典和拉斯地蒙之间三十年的和平协议,这段时期未见丝毫的动摇。

29 迈瑞契德(Myrichides)成为雅典的执政官,卢契乌斯·尤利乌斯(Lucius Julius)和马可斯·吉盖纽斯(Marcus Geganius)当选

---

① 亚述人运用攻城机具比这一次还要早几个世纪。

罗马的执政官,伊利斯举行第八十五届奥林匹亚运动会,希米拉的克瑞逊第二次赢得赛跑的优胜①。西西里在这一年(前440年)当中,曾在希裔西西里人的城市当中担任首长的杜西久斯,来到卡拉克夏(Calactia)②建立土著的城市用来安置很多移民,再度主张只有他们才能拥有领导的权力,旺盛的企图因为患病而中断,很快他就逝世。叙拉古将所有西西里的城市全都置于统治之下,其中只有垂纳西(Trinacie)没有降服,非常担心西西里土著会将垂纳西人当成反叛的领导者,特别是他们之间有亲戚关系,因此决定派出一支军队前去镇压。这座城市有很多重要的人物,他们在西西里内陆的土著城市当中,通常占有酋长的地位,具备军事首长的能力和男子汉的作风,使得自己感到万分的骄傲。

叙拉古就在本身和盟邦的部队集结完毕后,开始进军前去加以征讨。垂纳西人没有盟友,特别是其他城市全都隶属叙拉古,即使有强烈的抵抗也不会带来更大的影响。他们面对危险仍旧不愿屈服,遭遇困境还能杀死很多敌人,最后都在战斗当中如同英雄人物终结自己的生命。就是大多数老人都用同样方式自寻了断,他们在丧失城市以后不愿忍受随之而来的绝望。叙拉古的军队击败这群负隅顽抗的勇士以后,就将所有的居民出售为奴,整个城市夷为平地,选出最有价值的战利品,送到德尔斐奉献神明表示感激给予的保佑。

30 格劳赛德(Glaucides)成为雅典的执政官,提图斯·奎因克久斯(Titus Quinctius)和阿格里帕·弗流斯(Agrippa Furius)当选罗马的执政官。叙拉古人由于上面我们提到的成就,在这一年(前430年)当中建造一百艘三层桨座战船,骑兵的数量增加一倍;为了发展步兵部队

---

① 这是他第三次获得优胜,参阅本章第5节和第23节。
② 这些卡拉克夏人就是卡拉·阿克塔的居民,参阅本章第8节。

和提供财务支持,对于新近降服的西西里土著,要他们负担很重的贡金。他们这样做是为了逐步并吞整个西西里岛。

就在这些事件发生的同时,希腊的城邦基于下述的缘故爆发科林斯战争①。伊庇达努斯人(Epidamnians)居住在亚得里亚海(Adriatic Sea),是来自科孚和科林斯的移民②,他们之间爆发内战。得胜的一方将数量庞大的对手施以放逐的处分,众多的流亡人士组成一个团体,再与伊利里亚人(Illyrians)联合起来,发航前去攻打伊庇达努斯人。蛮族③的大军进入战场,已经据有周座的乡间,将要入侵城市,伊庇达努斯人无法力敌,派出使者前往科孚,请求看在亲戚的分上给予援助。等到科孚表示毫无意愿,他们就想与科林斯结盟,公开宣称只有科林斯是唯一的祖国,同时还要求对方提供移民。科林斯当局一方面是同情伊庇达努斯人,另一方面是痛恨科孚的市民,虽然后者也是科林斯的移民,却没有按照习俗将奉献神明的牺牲,当成礼物送给自己的故乡,所以他们决定派出援军。因此他们将移民和士兵送到伊庇达努斯,数量足够用来防守城市。

科孚当局在恼怒之余,派出一支有五十艘三层桨座战船的分遣舰队,由一位将领负责指挥。他在抵达这座城市以后,发布命令要接回受到放逐流亡在外的人士,同时派遣使者去见来自科林斯的驻防军,说是对于殖民地的源起觉得可疑,认为要解决问题得靠仲裁者的法庭而不是战争。科林斯对于提议不予答复,双方决定用战争的胜负做一了断,他们经过衡量认为这种方式更为有利,可以依靠强大的海上武力和众多的盟邦支持。以上所述就是引起科林斯战争的原因。

---

① 正确的时间应该是前435年。
② 事实上科孚是科林斯的殖民地,伊庇达努斯人却是科孚的移民。
③ 是指当地的土著伊利里亚人。

罗马人与弗尔西人的战事①,开始限于局部的冲突和无足轻重的袭扰,后来罗马人在一场决定性的会战中击溃对方,大量敌人遭到屠杀。

31

狄奥多鲁斯(Theodorus)成为雅典的执政官,马可斯·吉努修斯(Marcus Genucius)和阿格里帕·克尔久斯·契洛(Agrippa Curtius Chilo)当选罗马的执政官。这一年(前438年)当中,意大利的康帕尼亚人构成自己的国家,得名来自四周是土地肥沃的平原②。

亚细亚的辛米里亚·博斯波鲁斯(Cimmerian Bosporus)③王朝,在位的国王是阿奇纳克蒂迪(Archaeanactidae),统治时间长达四十二年,继承者斯巴达库斯(Spartacus)在位只有七年。

希腊的科林斯要对科孚发起攻势,完成准备工作就要进行海上的会战。科林斯的水师有七十艘情况良好的船只,起航前去攻打敌人。科孚派八十艘三层桨座战船出来迎击,结果赢得会战的胜利;然后他们迫使伊庇达努斯人投降,被俘的科林斯士兵用铁链锁住关进监狱,其余的俘虏全部处死。胆战心惊的科林斯水师在会战之后撤往伯罗奔尼撒半岛,科孚的舰队现在主宰西部的海洋,经常袭击科林斯的盟邦,蹂躏他们的疆域。

32

这年岁末优特米尼斯(Euthymenes)成为雅典的执政官,罗马选出三名军事护民官奥卢斯·森普罗纽斯(Aulus Sempronius)、卢契乌斯·阿蒂留斯(Lucius Atilius)和提图斯·奎因克久斯(Titus Quinctius)取代执政官的职位。这一年(前437年)当中,科林斯在

---

① 参阅利瓦伊《罗马史》第3卷第66节。

② 康帕尼亚的得名来自拉丁文的 compus,即"平原"之意。

③ 这个王国的首都名叫潘蒂卡皮姆(Panticapaeum),位于现在的刻赤海峡(Straits of Kertch)。

一场海战中吃了败仗,决定重建一支更加强大的舰队。向外购买大批木材还从其他城市雇用造船师傅;他们拿出最大的热忱建造三层桨座战船和制作各种武器和弓箭,总而言之,他们尽全力准备战争所需要的装备,特别是作战用的船只,有的是从龙骨开始起建,有的是修理损坏的部位,有的要求盟邦供应。科孚当局采取同样的步骤,高昂的情绪丝毫不逊于对手,可以明显看出战争的规模会变得更加庞大。

就在这些事件发生的时候,雅典在安斐波里斯(Amphipolis)建立殖民区,选派的移民部分是本城的市民,还有部分来自邻近地区的驻防军。

33 黎西玛克斯(Lysimachus)成为雅典的执政官,提图斯·奎因克久斯(Titus Quinctius)和马可斯·吉盖纽斯·马西瑞努斯(Marcus Geganius Macerinus)当选罗马的执政官,伊利斯举行第八十六届奥林匹亚运动会,帖沙利的狄奥庞帕斯(Theopompus)赢得赛跑的优胜。就在这一年(前436年),科孚当局得知敌方用泰山压顶之势进行侵犯,派出使者前往雅典请求给大力鼎助。科林斯当局知道以后如法炮制,也派人向盟邦请求给予支持。雅典召开市民大会听取使者的报告,经过投票要与科孚人缔结同盟关系;因此,他们立即派出十艘完成备便的三层桨座战船,给予承诺如有需要而后可以提供更多兵力。

科林斯虽然与雅典结盟一事受到挫折,但除了本身备妥九十艘三层桨座战船,还能从盟邦获得额外六十艘的增援;总兵力是一百五十艘完成备便的战船,经过选出能力最强的将领以后,他们出海向着科孚扬帆,决定立即发起会战行动。科孚人得知敌军舰队相距不远的信息,立即下令一百二十艘战船迎击,其中包括雅典的水师,发生一场激烈的会战,开始科林斯人占了上风,随后从雅典获得第二次增援的二十艘船只①,转变态势让科孚赢取胜利。次日科孚的水师排开阵式前往挑战,科林斯人不敢出海。

34 安蒂阿契德(Antiochides)成为雅典的执政官,马可斯·费比乌斯(Marcus Fabius)和波斯都缪斯·伊布久斯·乌勒斯(Postumius Aebutius Ulecus)②当选罗马的执政官。在这一年(前435年)当中,雅典加入科孚的阵营,使得后者能够赢得海战的胜利,所以受到科林斯人的诅咒。同时引起科林斯当局极其强烈的报复心理,虽然波蒂迪亚(Potidaea)是雅典人建立的殖民地,但受到科林斯的引诱对雅典高举起义的旗帜。马其顿国王伯瑞迪卡斯(Peridiccas)与雅典当局发生争执,说服卡夕得西人(Chalcidians)反叛雅典,要他们放弃位于半岛的若干市镇,联合起来成为单一的城邦取名为奥林苏斯(Olynthus)。等到雅典当局听到波蒂迪亚人叛乱的信息,他们派出三十艘船前去袭扰叛贼的领地,洗劫他们的城市;同时发起远征行动在马其顿登陆,大肆蹂躏以后,再对波蒂迪亚进行围攻作战。

科林斯派出两千士兵前去帮助被围的城市,雅典同样也增加两千援军。双方在靠近帕勒尼(Pallene)的地峡进行一场会战,雅典获胜杀死对手三百人,使得波蒂迪亚被围得水泄不通。就在这些事件发生的时候,雅典在普罗潘提斯(Propontis)海③建立了一座名叫阿斯塔库斯(Astacus)的城市。

意大利这方面,罗马要向阿迪亚(Ardea)派出移民,将定额的土地分配给大家。

---

① 雅典的市民大会已经通过提案,给予承诺"要派遣更多的兵力"。

② 这里的乌勒斯是阿尔巴(Alba)或艾尔瓦(Elva)之误。

③ 普罗潘提斯海是小亚细亚和巴尔干半岛之间一个内海,面积约11000平方千米,北边有博斯普鲁斯海峡通往黑海,南边有达达尼尔与地中海相连,现在的名字是马尔马拉(Marmara)海。

35 克拉底(Crates)成为雅典的执政官,奎因都斯·弗流斯·福苏斯(Quintus Furius Fusus)和马纽斯·帕皮流斯·克拉苏(Manius Papirius Crassus)当选罗马的执政官。这一年(前434年)当中意大利发生了一些情况。休里埃的居民来自许多不同的城市①,经常产生不同的党派和彼此的内讧,问题在于休里埃人认为所有的居民,都是以外来移民的身份来到此地,要是有人自称为城市的兴建者,当然会引起不满。所以产生这种局面,即雅典人认为他们对这个殖民地抱持的主张很有道理,特别是大多数的移民来自雅典;除此以外,伯罗奔尼撒半岛的城市提供他们的居民,用来兴建休里埃也不在少数,城市能够维持殖民的行动,应该归功于他们的贡献。同样还有很多能力高强的人士,出钱出力来兴建殖民地,提供各方面的服务,只要进行深入的讨论,其中每一位都能分享应得的荣誉。

最后休里埃当局派出一个代表团,前往德尔斐请求神明指点迷津,究竟是哪一位可以被称为城市的创始者,得到的答复是这个问题只有当事人心知肚明。等到争论用明智的方式获得解决,大家声称阿波罗是休里埃的创始者,民众不再受到内讧的困扰,回复到过去和谐宁静的状态。

提到希腊的事务,拉斯地蒙国王阿契达穆斯在位四十二年以后崩殂,埃杰斯(Agis)继位,统治的时间有二十五年②。

36 阿普修德(Apseudes)成为雅典的执政官,提图斯·麦内纽斯(Titus Menenius)和普罗库卢斯·吉盖纽斯·马西瑞努斯(Proc-

---

① 参阅本章第11节。

② 阿契达穆斯亡故于前426年。让人感到更奇怪的地方是,狄奥多罗斯虽然说他死在前434年,却又提到他在前429年领军进入皮奥夏(本章第47节),以及他在前426年入侵阿提卡(本章第52节),难道他从死中复活不成?

ulus Geganius Macerinus)当选罗马的执政官。就在这一年(前 433 年),博斯普鲁斯国王斯巴达库斯①统治七年以后逝世,塞琉卡斯(Seleucus)继承,在位时间长达四十年。

雅典的鲍萨尼阿斯之子米顿(Meton)②,因为研究星辰享有很大的名声,据说他公开表示,十九年一度的循环,起点固定在雅典 Skirophorion 月第十三天(6 月 13 日)。星辰在上天完成回归到原来位置,结束一个循环的年数被称为"大年"(Great Year),因此有人将它叫作米顿年(Year of Meton)。我们得知这个人对他发表的预言,竟然这样灵验真是令人感到不可思议;星辰完成的运动和周期与他的计算全都吻合,甚至时到今天,大部分的希腊人还是运用十九年的循环,丝毫不会怀疑理论的真实可靠③。

意大利的塔伦屯人将希里斯(Siris)④的居民从原来居住的城市赶走,再将自己的市民当成移民搬迁到该地,兴建了一座名叫赫拉克利(Heracleia)的城市。

37 皮索多鲁斯(Pythodorus)成为雅典的执政官,提图斯·奎因克久斯(Titus Quinctius)和奈都斯·麦内纽斯(Nittus Menenius)当选罗马的执政官,伊利斯举行第八十七届奥林匹亚运动会,安布拉西亚

---

① 博斯普鲁斯就是现在克里米亚的刻赤半岛,这个王国将亚速海的周边区域全部包括在内。

② 斐洛考鲁斯(Philochorus)曾经提到,米顿在普尼克斯(Pnyx)的城墙上面设置了一座日晷。

③ 19 年一轮的米顿循环用来调整希腊人的太阴年能与太阳年吻合,使用的办法是在 19 个太阳年当中插入 7 个太阴月的闰月。现在的计算得知 235 个太阴月($19 \times 12 + 7 = 235$)有 6939 天 16.5 小时,而 19 个太阳年有 6939 天 14.5 小时,两者之间的差数是 2 小时;参阅美里特(B.D.Meritt)《公元 5 世纪的雅典历法》(*The Athenian Calendar in the Fifth Century*)第 88 页。

④ 这座城市位于塔伦屯湾。

的索弗朗(Sophron)赢得赛跑的桂冠。就在这一年(前432年),罗马的斯普流斯·密留斯(Spurius Maelius)僭用专制的权力遭到处决。雅典在波蒂迪亚的周边地区赢得惊人的胜利,领军的主将凯利阿斯在战场阵亡,派出第二位将领福米昂(Phormion)前来接替遗留的职位。等到指挥权完成转移,福米昂全力围攻波蒂迪亚,发起持续不断的突击行动,防守部队不屈不挠地抗拒,只能旷日持久地屯兵城下。

雅典学者修昔底德撰写的历史巨著,叙述的史实是从这一年开始的,记载雅典和拉斯地蒙之间的战事,并且称之为伯罗奔尼撒战争。这场冲突费时二十七年,修昔底德用八卷的篇幅描述其中二十二年的事迹,还有人将这本书分为九卷①。

38 优特迪穆斯成为雅典的执政官,罗马人选出三位军事护民官马纽斯·伊米利阿努斯·玛默库斯(Manius Aemilianus Mamrcus)、盖尤斯·尤利乌斯和卢契乌斯·奎因克久斯,取代执政官的职位。

据说是在这一年(前431年)开始伯罗奔尼撒战争,雅典人和伯罗奔尼撒人之间的战事,从过去的历史记载来看,延续的时间最为长久。提到战争发生的成因②,非常适合我对这部历史的写作计划,而且也确有这方面的需要。

就在雅典为拥有海上霸权努力奋斗的时候,聚集的费用经过大家的同意存放在提洛岛,总数达到八千泰伦③的巨额款项,后来全部转移到雅

---

① 修昔底德的《伯罗奔尼撒战争史》写到前411年为止,是一部未完的作品;后来有三个作家继续他的原作,所以才出现13卷的版本,只是这些续作都没有留存下来。

② 从后面提到的成因,可以明显看出源于一种强迫的力量和反伯里克利的倾向,虽然狄奥多罗斯加以否认,当他提到这件事的时候,就说这一切全来自埃弗鲁斯的记载。

③ 本章第40节和54节以及本书第13章第21节,都说是10000泰伦。

典①，交由伯里克利保管，这个人作为一个演说家，无论是家世、名声还是能力，都远较他的市民同胞更为优越。经过相当一段时间，为了达成自己的企图，这笔巨款其中很大部分被他花用殆尽，等到市民大会要求他交出账册，他才感到大事不好，因为他对于托付的金钱，无法提供运用的情况，就在他为这件事担心不已的时候，他的外甥亚西比德——是一个孤儿，从小在伯里克利家中接受抚养，虽然他还是一个小孩，却有很高的智慧能够想出办法为他解决问题——看到舅父是如此的苦恼，就问他原因何在。

伯里克利说道："我会被大家提出质问，要我解释大批款项用在何处，所以我在设法如何能向市民呈交一本没有问题的账册。"亚西比德回答道："你现在的作为不是将账目准备妥当，而是在于如何免予这方面的手续。"伯里克利接受外甥的意见，经过一番考虑，决定采取必要的步骤和程序，让雅典人卷入一场大规模的战争。他认为只要城市陷入动乱、喧嚣和惊惧之中，没有人会问他如何用钱这种小事。权宜之计对他而言就像是发生一桩意外事件，使得后续的情况全部随着改变。

39 阿西娜的雕像②是菲迪阿斯的杰作，詹第帕斯之子伯里克利奉派成为工程的监督。伯里克利的政敌对于菲迪阿斯的助手施以诱劝，就像恳求者在神明的祭坛前面，找到一个座位希望上苍不要降罪到他们的身上。等到大家要他们对于这种令人感到惊奇的行为做出解释，助手指控菲迪阿斯曾经表示他拥有大量神圣的基金，这是得自监督伯里克利的纵容和协助。只有召开市民大会处理违法的事项，伯里克利的政敌说

---

① 是在前454年。
② 这是在帕台农用黄金和象牙制作的雕像。

服当局逮捕菲迪阿斯,对于伯里克利偷窃神圣的财物提出控诉。诡辩家①安纳克萨哥拉斯(Anaxagoras)是伯里克利的老师,同时受到亵渎神明的诬告②;他们将伯里克利牵连到指控和恶意的审判之中,嫉妒之心使他们热衷于破坏他的声誉,以及离间人民对他的信任③。

伯里克利非常清楚一件事,民众在战争发生以后,面临紧急的局势产生的需要,迫使他们尊敬位高权重的人士;到了承平的时代,即使才华在亦无用武之地,何况还受到大众的嫉妒,经常会遭到不实的指控。从而得到的结论,就是将城邦陷入重大的动乱,为他带来最为有利的态势,需要伯里克利的才华和能力,负起身为将领的重责大任,不仅将指控他的讼案置之不理,就连他提出盟邦贡金的账簿也没有时间仔细地核算。

雅典的市民大会通过提案,不让麦加拉有通商贸易的自由,将他们排斥于市场和港口之外,后者转向斯巴达当局要求援助。拉斯地蒙的市民大会接纳麦加拉的游说,同意遵守同盟④会议的决定,用公开的方式派出使者,命令雅典当局撤销抵制麦加拉的行动和威胁,如果还是坚持成见不愿通融,他们和盟邦的军队联合起来用战争对付雅典。雅典当局召开大会讨论最后通牒,伯里克利的演说技巧远胜于他的同侪,说服大家不能废止制裁的行动,对于拉斯地蒙的要求不能有任何退让,哪怕牺牲自己的利益,这是迈向奴役生活的第一步。他提出劝告要大家带着财物从乡村搬回城市,运用他们对海洋的控制,对斯巴达人展开作战的行动。

---

① 公元前5世纪的时候,对于深造教育的老师使用诡辩家这个称呼。

② 克拉卓美尼的安纳克萨哥拉斯(前500—前428年)是希腊最著名的自然主义哲学家,也是最早在雅典定居的外来学者,他是伯里克利的老师和朋友,对于后者的施政治国产生很大的影响。

③ 等到伯里克利过世多年以后,他的两位朋友受到指控,说是他们应该负起战争爆发的责任。无论如何,在修昔底德的著作中提到战争的成因,都从未涉及菲迪阿斯或安纳克萨哥拉斯。

④ 是指伯罗奔尼撒同盟。

40 伯里克利谈到战争,运用深思熟虑的词句加以答辩,接着列举他们具备的优点,首先是雅典拥有众多的盟邦,以及他们的水师在实力方面占上风,然后才是大量的金钱从提洛岛被运到雅典,事实上从友邦得到的贡金,聚集起来成为城市作为一般用途的经费。虽然总额有一万泰伦的巨款,但大约有四千泰伦花在卫城山门(Propylaea)①的兴建,以及对波蒂迪亚的围攻。每年从盟邦所能得到的贡金有四百六十泰伦,除此以外,船只用于出巡的行列和来自米地亚人的战利品,获得的收入达到五百泰伦,特别指出用于圣地的还愿祭品,加上五十泰伦用来装点阿西娜雕像的黄金,须知这些可以取下的贵金属,特别注明在灾祸降临的时候,可以向神明借用等到和平来到再归还;还有一个充分的理由,长期的和平使得市民的生活形态,向着富裕奢华方面的发展已经获得重大的进步。

伯里克利特别指出,财务方面的开源节流,要是不计盟邦的兵力和守备部队,仅仅雅典就可以维持一万二千重装步兵,以及一万七千名派往国外的驻防军,加上有三百艘三层桨座战船的水师。他还提醒大家,拉斯地蒙在财力方面的欠缺和海上军备远不如雅典。等到他一再阐明事实,激起市民投身战争的雄心壮志,还说服大家对于拉斯地蒙的使者不加理会。他拥有演说家无与伦比的能力,完成不可能的任务,使他赢得"奥林匹亚天神"的称号。亚里斯托法尼斯(Aristophanes)②是伯里克利时代的知名老式

---

① 雅典卫城的山门兴建于前437—前432年,建筑师是尼西克利,位于西端的斜坡上面,整体建筑分为东西两半开5个门洞,中央大门洞铺坡道,其余4个门洞设3步高的台阶,加上踏步;山门的建筑是多立克式,东西两侧都是6根石柱的柱廊,高度为8.81尺,东面略低;作为卫城的大门,整个建筑没有雕饰,显得更为庄严朴实。

② 亚里斯托法尼斯(前457—前385年)是希腊最伟大的喜剧作家,古老阿提卡喜剧的领导人物,虽然是雅典市民却长年居住在伊吉纳岛。他的作品有40多部剧本,尚有11部存世,诸如《阿查尼人》(Acharnians)、《武士》(Knights)、《云层》(Clouds)、《和平》(Peace)、《鸟群》(Birds)等。

喜剧作家,写出下面的四音步诗句①:

啊,你这不幸的农夫,

现在只要倾听和了解,

如果你欣然得知理由,

何以将和平留在陆地。

菲迪阿斯惹出的麻烦,

给他带来忧伤和羞辱;

接着伯里克利会倒霉,

害怕分担咒骂和指责。

他为了制裁麦加拉人,

开始只是轻微的冲突,

等到惊怖的狼烟升起,

他要蔓延燎原的战火,

看在每位希腊人眼里,

悲痛的泪水到处滴落。

还在另一个地方有这样的说法②:

身为奥林匹斯天神的伯里克利,

会给希腊带来闪电雷鸣和混乱。

---

① 亚里斯托法尼斯的喜剧《和平》第 603—606 行和第 609—611 行。
② 另一出喜剧《阿查尼人》第 531—532 行。

以及优波里斯(Eupolis)①写出的诗句②：

> 人们以为他乐于用说服的伎俩，
> 再无政客像他使听者头昏脑胀。

41 提及伯罗奔尼撒战争(前431年)的成因，我叙述的情况如同埃弗鲁斯的记载。拥有领导地位的城邦用欺骗的手法掀起动乱，拉斯地蒙与伯罗奔尼撒的城邦举行会议，投票决定对雅典发起战争，派遣使者去见波斯国王，催促双方建立联盟关系，同时要求在意大利和西西里的盟邦，助战的兵力是两百艘三层桨座战船；他们的责任是要与伯罗奔尼撒人提供陆上部队，完成所有的战争准备工作，开始进行首次的接战行动。皮奥夏地区的普拉提亚是一个独立的城邦，早已与雅典当局建立联盟关系。③ 只是有部分市民想要破坏独立的状态，就与皮奥夏人进行磋商，如果能够派遣士兵帮助他们采取行动，答应事成以后将普拉提亚纳入底比斯组成的联邦④。

因此，等到皮奥夏人乘着夜暗派出三百名精选的士兵，在叛徒的引导之下进入城墙，使得他们成为控制城市的主人。普拉提亚还是想与雅典维持联盟，开始的时候他们认为底比斯的部队已经全员到齐，所以要与城市的占领者进行谈判，催促他们接受休战协议；天色微露曙光使他们觉察底

---

① 优波里斯是公元前5世纪最著名的"老式喜剧"剧作家，奥林匹亚87会期第4年(前429年)第一次赢得优胜，他的作品现在仅有19出留下剧名，还有大量警语残句存世。

② 柯克《阿提卡喜剧残本：优波里斯篇》No.94。优波里斯与亚里斯托法尼斯是同时代的人物。

③ 整个事件的来龙去脉在修昔底德《伯罗奔尼撒战争史》第2卷第2节有详尽的记载。

④ 前447年雅典在科罗尼亚会战失败以后，丧失在希腊中部的统治地位，附近的城邦开始接受皮奥夏同盟，参阅本章第6节。

比斯的士兵数量不多,这时全体列阵要为争取自由发起果敢的拼斗。城市的街道上面展开巷战,开始底比斯的士兵靠着骁勇善战占了上风,杀死很多敌对的人员,等到奴隶和儿童登上屋顶,用砖瓦向底比斯人投掷,带来的伤害迫使他们转身逃走。有些人为了安全只有离开城市,有些人发现在一所房屋找到庇护,也就停留在里面不再逃走;底比斯人从幸存者那里得知谋图的结局,立即以全部兵力火速进军;居住在乡间的普拉提亚人毫无防备,因为他们未预料到会有敌人的入侵,很多人惨遭屠杀,只有少数被俘留得性命,整个地区充满骚乱和抢劫的声音。

42 普拉提亚当局派出使者去见底比斯的将领,要求他们离开普拉提亚的领土,可以接回在战斗中被俘的士兵[①];等到给予同意,底比斯得到遣返的俘虏,就将抢来的战利品归还对方,接着整队回到底比斯。普拉提亚的使者向雅典当局要求援助,同时他们自己将大部分资产聚集起来,然后运到城内保管。雅典当局得知普拉提亚发生的情况,立即派出拥有相当实力的士兵队伍,虽然加快脚步迅速抵达,但那已经是底比斯人撤离以后的事,他们就搜寻乡间剩余的财物,全部带进城市,接着将儿童、妇女和游手好闲的人员[②],送到雅典给予妥善的安置。

拉斯地蒙当局经过讨论认为雅典违反停战条约的规定[③],就从斯巴达和伯罗奔尼撒其他的城邦,征召兵员集结一支实力强大的军队。这时拉斯地蒙的盟邦,在伯罗奔尼撒地区是除了亚哥斯以外,其他所有城市的居民;至于伯罗奔尼撒半岛以外的民族,就有麦加拉人、安布拉西亚人、琉卡迪亚

---

① 修昔底德《伯罗奔尼撒战争史》第 2 卷第 5 节,提到普拉提亚人说服底比斯的士兵撤离他们的国土,后来却将被俘的底比斯人全部杀掉。

② 修昔底德《伯罗奔尼撒战争史》第 2 卷第 6 节,将这些人称之为"不适合战斗的人员"。

③ 就是在前 446 年签署的"三十年和平协议",参阅本章第 7 节。

人、福西斯人、皮奥夏人，面对优卑亚岛的洛克瑞斯人①，以及其余的安斐沙人。

雅典则与亚细亚海岸地区的民族结盟，诸如卡里亚人、多里斯人、爱奥尼亚人和海伦斯坡人，还有除了米洛斯（Melos）和瑟拉（Thera）这两个岛之外所有岛屿的居民，加上定居在色雷斯的民族，其中只有卡尔西斯人和波蒂迪亚人不算在内，再有就是迁移到瑙帕克都斯的麦西尼亚人以及善于航海的科孚人。在这些结盟的友邦当中，开俄斯人、列士波斯人和科孚人派出船只前来助战，其他所有的城市供应步兵。我们开列的名单就是参加两方阵营的盟邦②。

拉斯地蒙完成一支强大军队的整备，就将指挥权授予他们的国王阿契达穆斯。他率领联军入侵阿提卡，一再攻打守备严密的要塞，纵兵蹂躏大部分农村地区。雅典当局因为国土受到劫掠感到无比的愤怒，想要与敌军发起会战，伯里克利身为将领③，手里掌握城邦的领导大权，他规劝年轻人不要轻举妄动，提出保证说他不必冒着会战的危险，就能将拉斯地蒙人逐出阿提卡。

因此，他装备一百艘三层桨座战船，上面配置强大的兵力，指派卡辛努斯（Carcinus）担任水师提督负责指挥，奉令前去袭击伯罗奔尼撒半岛。这支部队沿着海岸骚扰伯罗奔尼撒大部分区域，攻占一些重要的堡垒，拉斯地蒙当局感到极其恐惧和惊怖，因此他们赶紧从阿提卡召回军队，这样伯罗奔尼撒人才能获得安全的保障。运用海上出击的方式使得雅典面临敌

① 面对优卑亚的洛克瑞斯人住在欧庇斯地区，还有一些洛克瑞斯人住在科林斯湾的欧佐利亚地区。

② 要是与修昔底德《伯罗奔尼撒战争史》第2卷第9节的文字对照一下，就会发现双方都漏列很多希腊的城邦。

③ 雅典选出的十位将领都是那个时期最重要的官员，伯里克利每年都会当选，拥有的地位和权力如同是他们的首领或主席。

军的胁迫危机得以化解,伯里克利在他的市民同胞当中,还是获得大家的认同,将他视为一位恪尽职守的将领,必要时就会不惜一切牺牲,率领部队列阵与拉斯地蒙人接战。

43 阿波罗多鲁斯(Apollodorus)成为雅典的执政官,马可斯·吉盖纽斯(Marcus Geganius)和卢契乌斯·塞吉乌斯(Lucius Sergius)当选罗马的执政官。在这一年(前 430 年)当中,雅典的水师提督对于伯罗奔尼撒地区,没有停止入侵和劫掠的行动,同时还对一些要塞进行围攻作战。等到他们从科孚人那里获得五十艘三层桨座战船的增援,伯罗奔尼撒半岛受到蹂躏的范围更加扩大,特别是被称为阿克塔(Acta)的海岸地区①,全部变得残破不堪,农庄房舍被付之一炬。接着他们航向拉柯尼亚的梅松尼(Methone)仅破坏四周的乡村,还要一再对城市发起突击。

斯巴达的布拉西达斯(Brasidas)②还是一位年轻人,凭着体力和勇气就能出人头地,看到梅松尼遭到攻击面临陷落的险境,他率领一些斯巴达人,冲破已经分散开来的敌军部队,杀死很多对手进入防卫森严的城市。在随后的围攻作战当中,布拉西达斯的出击是如此果敢,雅典人知道自己没有能力夺取这个坚固的据点,就将部队撤退回到船上。布拉西达斯运用个人的胆识和骁勇的行动,拯救梅松尼免得落于敌人手中,斯巴达人对他的赞扬不绝于口。大无畏的精神养成他极其自负的个性,在而后很多次的战斗当中,身先士卒的鲁莽行为,使他赢得所向无敌的盖世英名。

雅典水师扬帆转向伊利斯,纵兵在四乡劫掠,围攻坚固的城堡菲亚

---

① 阿克塔是位于亚哥利斯和拉柯尼亚之间的东海岸地区。
② 布拉西达斯是十年战争当中伯罗奔尼撒地区能力最强的将领,他的事迹可以参阅后面第 62、67—68 和 74 诸节。

(Pheia)，伊利斯人在城外进行防御作战，雅典人将他们击败，杀死很多敌人，然后在一阵猛攻之下夺取菲亚。接着是伊利斯人全部列阵出来搦战，雅典人被赶回船上，逼得他们只有发航驶往西法勒尼亚（Cephallenia），花钱买通居民让这个岛屿与他们建立联盟，然后启程返回雅典。

44 这些事件发生以后，雅典选出克里奥庞帕斯（Cleopompus）担任水师提督，派他率领三十艘船只出海，奉令要小心防卫优卑亚，并且对洛克瑞斯人发起战争。他扬帆向着目标前进，蹂躏洛克瑞斯的海岸地区，围攻特罗尼姆（Thronium）使得这座城市降服，洛克瑞斯人的抵抗使双方发起一场会战，他在阿洛比（Alope）①附近击败对手。阿塔兰提（Atalante）岛位于洛克瑞斯的外海，他使得这个岛屿成为坚固的要塞，靠近边界可以用来压制当地的居民。

雅典当局指控伊吉纳与拉斯地蒙有通敌的行为，迫使他们离开自己的城邦，派出市民充当前往开垦的移民，处理伊吉纳人的城市和拥有的区域，按照定额将土地分配给他们。据说拉斯地蒙提供昔里伊（Thyreae）②，让伊吉纳的流亡人员获得栖身之地，如同那些被迫离开梅松尼的人民③，雅典让他们在瑙帕克都斯重建家园。雅典当局同时派伯里克利率领一支军队，要让麦加拉饱尝战火的痛苦。他在对方的领地大肆掠夺，让所有的产业受到破坏，带着大批战利品返回雅典。

45 拉斯地蒙联合伯罗奔尼撒的城市以及其他的盟邦，从事第二次入侵阿提卡的行动。在进军通过对方国土的时候，将果园

---

① 特罗尼姆和阿洛比这两座城市都在欧庇斯·洛克瑞斯地区，正对着优卑亚岛的北端。
② 昔里伊位于拉柯尼亚北部靠近亚哥利斯的边界。
③ 参阅本书第十一章第 84 节。

的树木砍伐一空,所有的农庄全部付之一炬,除了被称为提特拉波里斯(Tetrapolis)①的行政区,整个疆域的原野和田地变得一片荒芜。这个行政区所以会受到赦免,是因为拉斯地蒙人的祖先曾在此地居住,就是用这里当作基地,出兵击败压迫他们的暴君优里斯修斯(Eurystheus);他们认为祖先得到的恩惠,后代子孙有回报的责任②。

雅典当局就当前的情况,他们不敢与对方进行一场决定性的会战,逼得将自己限制在城墙之内;发现引起一场瘟疫使他们陷入紧急的情势;大量民众如潮水一样涌入城市,狭窄的住处变得拥挤不堪,呼吸的空气受到污染极其浑浊,当然就会成为传染病的受害者③。

他们无法将敌军逐出自己的领土,只有再度派遣很多船只前去进犯伯罗奔尼撒地区,伯里克利奉命担任水师提督。他袭扰濒临海岸的大部分地区,洗劫一些城市,造成的后果是迫使拉斯地蒙的部队从阿提卡撤军。虽然整个事件完满落幕,但雅典人发现乡间和原野的树木都被砍伐一空,黑死病夺走很多人的性命,全都陷入意气消沉的处境,恼怒之余只有怪罪伯里克利,说他应负挑起战争的责任。因此他们免除他的将领职位,把一些莫须有的罪名强加在他身上,甚至施以八十泰伦的罚锾④。经过这番处置

---

① Tetrapolis 意为"四个市镇",位于阿提卡的北部,包括马拉松、厄尼、普罗巴林苏斯和垂科里朱斯四个"德谟",组成一个行政区。

② 整个希腊只有雅典人给赫拉克勒斯家族提供一个安身立命的地方,就是提特拉波里斯的垂科里朱斯,参阅本书第四章第 57 节。

③ 修昔底德《伯罗奔尼撒战争史》第 2 卷第 5 章第 47—58 节,对于疫情的严重和产生的影响有详尽的记载,从症状来看这种传染病应该是斑疹伤寒。

④ 修昔底德《伯罗奔尼撒战争史》第 2 卷第 65 节只提到给予"罚锾"的处分;普鲁塔克《希腊罗马名人传》第 5 篇第 1 章"伯里克利"第 35 节,提到金额不会少于 15 泰伦,有人说是高达 50 泰伦;按照柏拉图在《高吉阿斯篇》516A 的说法,伯里克利受到侵占公款的指控。亚里斯托法尼斯的喜剧《云层》第 859 行有一个注释,说是伯里克利的账簿上面记载了这一笔的支出,用途是"确有需要",拉斯地蒙人的解释是这些钱用于贿赂,所以他们的领导人物因而受到惩处。

以后，当局派遣使者前往拉斯地蒙，要求结束双方的战争；对方没有人理会此事，迫得他们只有再选择伯里克利出任将领。

上述是这一年发生的重大事件。

46 伊巴明侬（Epameinon）成为雅典的执政官，卢契乌斯·帕皮流斯（Lucius Papirius）和奥卢斯·高乃留斯·马西瑞努斯（Aulus Cornelius Macerinus）当选罗马的执政官。这一年（前429年）在雅典，担任将领的伯里克利逝世，这个人不仅有显赫的家世和惊人的财富，还是战功彪炳的名将，无论是出众的口才还是治国的能力，都远远超过他的市民同胞。

雅典的人民衷心期待的光荣，是用一场出其不意的突击夺取波蒂迪亚①，他们指派黑格侬（Hagnon）担任将领，统率以前由伯里克利指挥的军队。他将整个远征行动带到波蒂迪亚，对于围攻完成所有的准备，特别是制造各种用于攻城的机具、大量武器和投射装备、足够全军食用的谷物。黑格侬每天花很多时间进行不断的攻击，还是缺乏夺取城市的实力。从受到围攻者这方面来说，他们害怕被俘成为奴隶，只有提振士气进行顽强的抵抗，还能仗着高耸的城墙，对于雅典人从海港发起的仰攻，能够占有居高临下的优势。

鉴于围攻者因为瘟疫大量死亡，使得全军弥漫着怀忧丧志的气氛。黑格侬知道当局为了这次围攻，已经花去一千泰伦的费用，他们所以痛恨波蒂迪亚的市民，在于这个城邦最早投靠拉斯地蒙，更害怕会有援军前来解围。因此他觉得这是被迫要继续下去，同时还要逼使士兵超过他们的体能，不顾一切要去占领这座城市。很多雅典市民在攻击当中被杀，或者染

---

① 雅典当局在4年以前已经派出一支军队前去攻打波蒂迪亚，参阅本章第34节。

上瘟疫丧失性命,他留下部分兵力继续围攻,然后率领舰队回航雅典,这时他的损失是一千士兵。

就在黑格依撤离以后,波蒂迪亚人的粮食全部耗用一空,城内的人民已经全无斗志,派出传令官与围攻者商议投降的条件。他很诚挚地接受一份协议,只要达成下述条件,就可中止敌对的行为:所有的波蒂迪亚人必须离开城市,他们仅能携带的东西是男子一件长袍和妇女两件。等到休战获得双方的批准,全体波蒂迪亚人按照协议的条件,要与他们的妻子和儿女一起告别故土,前往色雷斯在卡尔西斯重建家园。雅典当局派遣数以千计的市民,前往波蒂迪亚定居,将城市和整个区域的土地,按照额度分配给大家。

47 雅典选出福米奥(Phormio)①担任水师提督,派他率领二十艘三桨座战船出海。他环绕伯罗奔尼撒半岛行驶,停泊在瑙帕克都斯,获得克瑞塞湾(Crisaean Gulf)②的控制,阻止拉斯地蒙的船只③在这个地区的进出。拉斯地蒙当局派出一支实力强大的军队,在他们的国王阿契达穆斯的指挥之下,进军皮奥夏在普拉提亚的前面占领阵地。他们威胁要蹂躏整个地区,来迫使普拉提亚背叛雅典,但是前者不为所动。阿契达穆斯纵兵劫掠,就连田地的作物都受到损毁。接着他们绕着整座城市建起一道木墙或防栏,希望迫使普拉提亚人在缺乏生活必需品的情况下投降,同时拉斯地蒙继续制造器械,用来冲撞城墙带来破坏,让攻城的行动不致中断。等到他们发觉无法用攻击的方式夺取城市,就留下足够的警戒兵

---

① 福米奥是公元前5世纪雅典知名的水师提督,前430年率领舰队进驻瑙帕克都斯,阻绝科林斯湾的航运,次年夏天对抗伯罗奔尼撒联军,赢得两次海上会战的胜利,返回雅典后被控侵占公款,不久以后逝世。

② 这个海湾在科林斯湾的北岸靠近中央的位置。

③ 特别是指科林斯人,他们在拉斯地蒙的盟邦当中拥有实力强大的水师。

力,全军撤回伯罗奔尼撒地区。

雅典当局指派色诺芬(Xenophon)和费诺玛克斯(Phanomachus)出任将领,率领一千士兵前往色雷斯。这支部队抵达波提斯(Bottice)地区的斯巴托拉斯(Spartolus)①,他们损毁田地和房舍,就是刚成长的作物都被割下,奥林苏斯当局派军前来援救波提亚人(Bottiaeans),在会战当中击败对方,雅典的将领和大部分士兵被杀。就在这件事发生的时候,拉斯地蒙接受安布拉西亚人的请求,要对阿卡纳尼亚采取作战行动,他们的首领是纳谟斯(Cnemus),统率一千名士兵和几艘船只,盟邦加派相当数量的部队,接着进入阿卡纳尼亚地区,在靠近一座名叫斯特拉都斯(Stratus)的城市开设营地。阿卡纳尼亚人集结兵力,运用埋伏杀死很多敌军,迫得纳谟斯率领军队向厄尼阿迪(Oeniadae)②撤退。

48 就在这个时候,雅典水师提督福米奥率领二十艘三层桨座战船,正巧与四十七艘拉斯地蒙战船遭遇;他在接战行动中击沉敌军的旗舰,迫使其余的船只退出战场,掳获十二艘敌船连同上面的人员,发起追击直到对手弃船登岸③。拉斯地蒙出乎意料地吃了一场败仗,船只为了获得安全,离开他们逃往亚该亚地区的佩特里(Patrae)。据说这场海战发生的位置离莱姆(Rhium)④不远,雅典在该地建起一座战胜纪念牌坊,用一艘掳获的船只向海峡的波塞冬献祭⑤,然后扬帆驶往瑙帕克都斯,这个城市是他们的盟邦。

---

① 这座城市位于色雷斯的卡夕得西(Chalcidice)半岛上面,靠近奥林苏斯。
② 位于阿卡纳尼亚的北部。
③ 修昔底德《伯罗奔尼撒战争史》第2卷第83—84节,对于福米奥在这次会战当中采取机动作战的过程和战术运用的方式都有详尽的叙述。
④ 莱姆是科林斯湾进口处一个海岬的名字。
⑤ 这里所说的海峡应该是"地峡"才对,事实上修昔底德《伯罗奔尼撒战争史》第2卷第84节,提到雅典获胜以后就在战场上将一艘船奉献给海神。

拉斯地蒙当局派出其他的船只赶赴佩特里，加入在会战中幸存的三层桨座战船，一起驶往莱姆集结。伯罗奔尼撒的陆上部队也在该地会合，靠近舰队扎下营寨。福米奥赢得新近的胜利变得极其自负，他的舰队在数量上远居劣势①，但还是敢于攻击敌军的水师。虽然他击沉对方一些船只，但自己免不了会有损失，他声称的大捷让人感到可疑。这场海战结束以后，雅典又派来二十艘三层桨座战船②，拉斯地蒙的水师不敢迎战，畏敌之余只有航向科林斯。

这些就是当年发生的重大事件。

49 戴奥蒂穆斯（Diotimus）成为雅典的执政官，盖尤斯·尤利乌斯和普罗库卢斯·维吉纽斯·垂柯斯都斯（Proculus Verginius Tricostus）当选罗马的执政官。伊利斯举行第八十八届奥林匹亚运动会，森玛克斯（Symmachus）赢得赛跑的优胜，他来自西西里的美西纳（Messena）。就在这一年（前 428 年），拉斯地蒙的水师提督纳谟斯在科林斯没有任何作为，现在决定夺取派里犹斯。他得到的情报是港内没有船只负责例行的巡视，也没有派遣士兵从事警备的任务。他知道雅典当局忽略有关防卫的工作，因为他们从未料想到任何人会如此大胆，竟敢前来占领这个地方。因此，原来有四十艘三层桨座战船拖到麦加拉的海滩上面，纳谟斯在全部下水以后，趁着夜暗航向萨拉密斯岛，在出其不意的情况下占领萨拉密斯岛上被称为波多瑞姆（Boudorium）的堡垒，他洗劫整个岛屿并且拖走三艘船只。

萨拉密斯人向阿提卡的居民发出烽火信号，雅典当局认为派里犹斯已

---

① 修昔底德《伯罗奔尼撒战争史》第 2 卷第 86 节，提到福米奥只有 20 艘战船，当面敌军的战船多达 77 艘。

② 这是派来增援的生力军。

被敌人夺取,处于混乱之中赶紧发兵援救,等到得知当前的局势,他们很快配备相当数量的战船驶向萨拉密斯。伯罗奔尼撒的军队对于主要企图未能达成感到失望,离开萨拉密斯向着家园回航。雅典当局经过这番教训,就在萨拉密斯留下一支颇具实力的驻防军,提高各方面的戒备,同时加强派里犹斯的防务,港口装置铁链①和派出适当的守卫。

50 就在同一时期,色雷斯的国王昔塔西斯(Sitalces),虽然继承的王国面积狭小,但靠着个人的勇气和智慧,能够向外扩张疆域,用公平的作为统治属下的臣民,他本人是勇敢过人的士兵和才华出众的将领,对于税收的情况更是格外地留心,到最后比起所有过去在色雷斯登基的君王,他拥有更大的权势和更广的疆域。他的王国拥有的海岸线从阿布德拉人(Abderites)居住的区域,一直到达伊斯特(Ister)河②。如果要从海边用步行走到内陆,这段距离的行程就是轻装也要十三天。统治的区域扩大使他享用的岁入超过一千泰伦,当他在我们上面提到的期间从事战争,能从色雷斯征召十二万步卒和五万骑兵。提及这一次的战争,我们必须叙述引发的成因,有关的讨论可以使读者获得更为清晰的认识。

昔塔西斯与雅典缔结友善的条约③,获得同意支持他在色雷斯进行的战争,因此他希望在雅典的帮助以下征服卡尔西斯,着手准备一支实力强大的军队。同时他在当前与马其顿国王帕迪卡斯的关系极其恶劣,决定将菲利浦(Philip)的儿子阿明塔斯(Amyntas)带在身边,乘机拉拔他登上马其顿王国的宝座④。如同我们所述,倒是有两个理由促使他要召集一支声

---

① 用来阻塞海港的进口,参阅本书第十八章第 64 节。

② 阿布德拉位于尼斯都斯(Nestus)河口,正对着爱琴海,伊斯特河就是现在的多瑙河。

③ 是在前 431 年。下面叙述这场战争的爆发是两年以后的事。

④ 帕迪卡斯将他的兄弟菲利浦赶出王国,菲利浦在昔塔西斯的宫廷获得庇护,参阅修昔底德《伯罗奔尼撒战争史》第 2 卷第 95 节。

势惊人的大军。等到进行战役所有的准备工作已经完成,他率领全军从色雷斯出发入侵马其顿。面对如此庞大的兵力,马其顿当局感到心胆俱寒,不敢列队出战,只有将谷物和钱财运往最坚固的堡垒,除此以外没有采取任何行动。

　　色雷斯人扶植阿明塔斯成为国王以后,开始想用聚会商议和派出使者的方式,赢得这些城市的归顺,等到发现没有人理睬,只有率领军队展开攻势,用突击攻下第一座坚固的据点。等到一些城市和要塞基于畏惧,只有拱手降服。接着色雷斯的部队骚扰马其顿全境,抢走大量战利品,接着要攻打卡夕得西半岛上面的希腊城市。

51 　　昔塔西斯发起作战行动,帖沙利人、亚该亚人、马格尼西亚人和居住在马其顿和色摩匹雷之间的希腊人,派遣代表聚集起来开会商议,决定联合组成一支拥有相当战力的军队,因为担心色雷斯人有众多的士兵,就会侵略他们的领土,让他们面临国亡家破有危险。由于卡夕得西半岛的城市有了准备,昔塔西斯得到信息知道希腊的城邦已经集结一支大军,这时冬天即将来到,考虑到士兵要遭遇困苦的处境,就与帕迪卡斯谈好条件,双方用结亲的方式解除敌意①,然后率领部队返回色雷斯。

52 　　就在这些事件发生的时候,拉斯地蒙和伯罗奔尼撒的盟邦在国王阿契达穆斯的指挥之下,三度入侵阿提卡,毁损农田的作物,蹂躏四周的乡野,然后撤军回国。雅典不敢与入侵者进行会战,瘟疫给他们带来灾难和悲痛,加上粮食的极度匮乏,对于未来的希望感到黯淡

----

　　① 修则斯(Seuthes)是昔塔西斯的外甥也是王位的继承人,让他娶帕迪卡斯的姐妹斯特拉托妮丝(Stratonice)为妻,参阅修昔底斯《伯罗奔尼撒战争史》第2卷第101节。

无光。

53 优克莱德（Eucleides）成为雅典的执政官，罗马人选出三位军事护民官马可斯·马纽斯（Marcus Manius）、奎因都斯·苏尔庇修斯·普里特克塔都斯（Quintus Sulpicius Praetextatus）和塞维乌斯·高乃留斯·科苏斯（Servius Cornelius Cossus），取代执政官的职位。西西里的李昂蒂尼是来自卡尔西斯的移民所建立的，他们与雅典有亲戚关系，在这一年（前427年）却受到叙拉古的攻击。战争给他们带来很大的压力，因为叙拉古在各方面具有绝对的优势，面临的险境会是在一击之下被敌人占领。他们派出使者到雅典要求给予立即的帮助，拯救城市于生死危亡之际。

几位使者以修辞家高吉阿斯（Gorgias）居首，他在当代人士当中以卓越的口才知名于世。他是第一位对修辞的规范有所创见的学者，能够像诡辩家一样诲人不倦，他在教导方面较之任何人都更为优越，他接受门生的束脩是一百迈纳①。高吉阿斯抵达雅典，参加市民大会介绍与群众见面，他与大家谈起结盟这个题目，由于雅典的民众天性精明而且喜爱辩论，所以对他讲话的新奇感到非常惊讶。他以与众不同和小心翼翼的态度，第一个运用演讲术的创新架构，如同修辞的对比法，字数相同的文辞或保持平衡的子句或完全类似的结语，由于是外来的奇特模式，在那个时代同样为大家所乐于接受。如果使用得过分频繁和冗长，会被认为矫揉造作受到大家的嘲笑。最后李昂蒂尼的使者赢得雅典市民的好感，对他们的帮助甚至超越一个盟邦应尽的义务，他的修辞学在雅典广受赞誉，但他还是返回故乡，

---

① 相当于1800美元或360英镑（这是"二战"前的币值，现在增加十倍都不止）。须知100迈纳等于10000德拉克马或60000奥波，当时一个水手的日薪约为4奥波，所以100迈纳相当于15000名水手的日薪或40名水手的年薪。

没有留在学术的殿堂。

54 过了一段时间,雅典对于西西里拥有肥沃的土地,产生垂涎染指的心理①;就在这时他们很高兴接受高吉阿斯的建议,经过表决派遣一支联盟的军队前往李昂蒂尼;表面上看是出于亲戚提出的需要和请求,其实他们对这个岛屿抱着据为己有的图谋。即使在没有多少年以前,科林斯和迦太基发生战事,两者都想与雅典结成联盟②,市民大会的抉择是科孚人,原因在于科孚在前往西西里的航程上面,据有极其优越的地理位置。

一般而论,雅典赢得海上的霸权,完成伟大的建树,不仅获得众多盟邦的协助和拥有强大的武力,还在于能接收大量已经筹措到手的金钱,他们将希腊联邦③的经费从提洛运到雅典,总额超过一万泰伦;他们还获得一些伟大的指挥官提供的服务,他们从实际的领导统御当中,经得起战争的检验可以巍然屹立。凭借这些技能他们不仅抱着打败拉斯地蒙人的希望,还能在所有希腊人当中赢得霸权以后,再将双手伸向西西里。

这也是他们经过全民投票,获得同意要去帮助李昂蒂尼的理由,当局指派拉奇斯(Laches)和查里阿德(Charoeades)出任将领,率领二十艘船前往西西里。舰队航向朱雷姆,获得朱雷姆人和卡夕得西半岛其他城市,增援的兵力计有二十艘船只。他们运用朱雷姆作为基地,首先要攻占黎帕拉

---

① 古代的三大谷仓是埃及、北非和西西里,其中西西里不仅在于土地肥沃和气候温和,更重要的是位置适中和交通便利。当时的雅典年轻人都跃跃欲试,很多人在角力场地和公开场所,划出岛屿的形状以及利比亚和迦太基的位置。所以他们不认为占领西西里会结束战争,而是将这个地区变成他们的前进基地,接着要与迦太基人对阵,直到据有阿非利加和赫拉克勒斯之柱以内的全部海域。
② 参阅本章第 33 节。
③ 是指提洛联盟。

人（Liparaeans）的岛屿①，因为对手是叙拉古的盟友；然后驶向洛克瑞斯（Locris）②，掳获洛克瑞斯人五艘船只，开始围攻坚固的据点迈立（Mylae）③。等到邻近的希裔西西里人前来救援，发展成一场会战，最后雅典赢得胜利，杀死敌军超过一千，俘虏的数量不少于六百人，接着立即占领这个要塞。

就在发生这件事情的时候，雅典当局又派来四十艘船，决定推动战争更为积极有力；前来的指挥官是优里米敦（Eurymedon）和索福克勒斯（Sophocles）。等到所有的三层桨座战船全部集中在一个位置，这个已经整备完成的舰队，包括八十艘战船拥有强大的实力。现在战争开始拖延下去，李昂蒂尼要与叙拉古议和，彼此正在讨论条件。因此雅典的众多三层桨座战船只有发航返国。叙拉古当局同意李昂蒂尼人获得市民权，他们开始动工要把叙拉占这座城市，兴建成为最坚固的堡垒。

以上是西西里这时出现的情况。

55 希腊的城邦出现列士波斯反叛雅典的事件，因为当地人士希望列士波斯所有的城市，要与迈蒂勒尼人的城市合并在一起④，这件事受到雅典当局的阻止，当然会使市民不满怀着怨恨之心。因此，他们派出使者前往拉斯地蒙，建议双方建立联盟关系，甚至规劝斯巴达要有旺盛的企图心夺取海上霸权，为了达成目标他们愿意提供三层桨座战

---

① 这是一群面积很小的火山岛，位于意大利足趾部的西边海域。
② 这是伊庇捷菲里亚人的洛克瑞斯，位于意大利足趾部的东海岸。
③ 这个据点位于西西里的北海岸，接近东边的美西纳，形势非常险要。
④ 是指列士波斯岛的统一，个别城市的政府全部解散，都与首府和统治所在地迈蒂勒尼结合起来，所有的民众成为迈蒂勒尼的市民；如同在帖修斯（Theseus）的努力之下，阿提卡所有的城市合并以后使用雅典的名字，整个地区成为一个强大的城邦国家。

船,足够的数量可以应付战争的需要。拉斯地蒙当局极其高兴地接受慷慨的豪语,就在他们忙着建造三层桨座战船的时候,雅典预先算好完成的期限,配备四十艘船只,选出克莱尼庇德(Cleinippides)担任指挥官。他集结盟邦的增援部队,接着航向迈蒂勒尼。随之发生一场海战,迈蒂勒尼人吃了败仗被围困城中。

这时拉斯地蒙通过议案,整备一支强大的舰队前去援救迈蒂勒尼,雅典当局预料到会有这样的情况,派遣更多的船只加上一千重装步兵赶赴列士波斯。他们的指挥官是伊庇克勒鲁斯(Epiclerus)之子佩奇斯(Paches),到达迈蒂勒尼以后接管所有的部队,将整座城市围得水泄不通,从海上和陆地不断发起攻城的行动。

拉斯地蒙当局派出四十五艘三层桨座战船,在亚西达斯(Alcidas)的指挥之下驶往迈蒂勒尼,造成的结果是联合盟军一同入侵阿提卡,他们还是像从前那样扫荡阿提卡整个区域,四乡大掠一阵以后返回各自的城邦。迈蒂勒尼的市民因粮食的匮乏感到痛苦不堪,为了战争的遂行内部产生争执,只有正式开城向围攻者投降。雅典的人民大会审慎考虑要采取什么行动对付迈蒂勒尼人,克里昂(Cleon)是操控民意的领导人物,个性残酷而又粗暴,危言耸听刺激大家的情绪,公开宣称要杀光迈蒂勒尼的成年男子,儿童和妇女全部发售为奴。

最后雅典的民众受到说服,投票通过克里昂的议案,派遣信差前往迈蒂勒尼,要让将领知道市民大会核定的敕令。就在佩奇斯刚刚读完这份文件,第二份敕令接踵而至,用来否定前面这份的内容。佩奇斯很高兴雅典当局改变心意,召开市民大会将迈蒂勒尼人聚集起来,向大家宣称已经获得赦免,让他们不要再感到畏惧。于是雅典的部队摧毁迈蒂勒尼的城墙,列士波斯全岛的土地,除了梅提姆纳人(Methymnaeans)居住的区域,按照额度分配给外来的移民①。

这是列士波斯反叛雅典所得的结局。

56 大约在同一时候,拉斯地蒙要夺取普拉提亚,将城市围得水泄不通,运用大量士兵保持严密的警戒,等到围攻作战旷日持久,雅典当局仍旧无法提供任何帮助,受困的市民不仅遭受粮食缺乏的痛苦,还有很多人在不断的攻击当中丧失性命。这时他们感到茫然不知所措,开会一起商议看看如何可以自救,大多数人的意见还是不要轻举妄动,其余还有两百多人,决定在夜间通过防守的警卫,打开一条前往雅典的通路。他们等到一个没有月光的黑夜,安排其余的普拉提亚人,在被围城市的一面发起突击。这些人已经准备好云梯,就在敌人蜂拥前去防守时,他们用云梯爬下城墙,杀死警卫很快逃向雅典。

翌日拉斯地蒙的将领为了这些人放弃自己的城市,竟然逃亡雅典感到极其愤怒,就对普拉提亚人的城市发起突击,用强攻猛打的方式不惜任何牺牲,也要让被围者降服。普拉提亚人处于惊慌失措的情况之下,派出使者前往敌营,表示愿意开城投降。拉斯地蒙的指挥官将普拉提亚人一个接着一个,召唤到他们的面前,询问他对拉斯地蒙人做了哪些好事,这时每个人都承认从未如此,他们再问他是否做出伤害斯巴达人的行为,这时没有一个人加以否认,于是就将所有普拉提亚的市民判处死刑。因此,他们屠杀仍旧留得性命的人,将全城夷为平地,所有的农田用租佃的方式处理。普拉提亚人坚持忠贞不移的信念与雅典结盟,悲惨的命运使他们成为盟邦不守正义的牺牲品。

----

① 这些移民都是雅典人。修昔底德《伯罗奔尼撒战争史》第 3 卷第 50 节,提到雅典当局将所有土地分为三千个配额,奉献三百个配额成为神明的圣地,其余用抽签的方式分配给雅典派去的移民,当地土著可以耕种这些土地,每一个配额要支付 2 迈纳的租金。

57 就在这些事件发生的时候,科孚的人民基于下述缘故,引起苦涩的内部倾轧和争执。他们与伊庇达努斯人的战事①,很多科孚的士兵成为俘虏,被关在城邦的监狱里面。这些人对科林斯人提出保证,如果让他们得到自由,会将科孚交到科林斯人的手中。科林斯当局很高兴接受他们的提议,借口要为他们付出一笔赎金,释放的保证金需要缴纳大笔泰伦,巨额的款项由领事②负责筹措。

大批科孚的俘虏很快返回故乡,为了信守诺言,逮捕和处死一些民意领袖,平素都以人民的斗士自居,不仅如此还要终结民主政体。没过多久雅典派出军队前来帮助民党,恢复科孚市民的自由权利,对于反叛现有政府应该负起责任的人士,必须施加应得的惩罚。这些人对于死亡感到畏惧,就逃到神坛的前面寻找庇护,恳求人民和神明对他们大发慈悲。科孚的市民基于对神明的尊敬,赦免他们的刑责,只是将他们从城市放逐。这群亡命之徒着手进行第二次的起事,在岛屿上面建立一个坚固的要塞,不断对科孚带来骚扰和烦恼。

以上是这一年发生的重大事件。

58 优特尼斯(Euthynes)成为雅典的执政官,罗马人选出三位军事护民官马可斯·费比乌斯、马可斯·法利纽斯(Marcus Falinius)和卢契乌斯·塞维留斯,取代执政官的职位。这一年(前426年)的雅典,虽然有段时间可以免予黑死病的威胁③,但还是受到一些不幸事故的牵累。须知瘟疫在猖獗肆虐的情况之下,仅就士兵而言就丧失四千名

---

① 参阅本章第31节。
② 一座城市可以指派另一座城市的市民担任 proxeni 即"领事"的职位,用来维护它的市民在另一个城市居住、停留、经商、贸易、民法等相关的利益。
③ 参阅本章第45节。

步卒和四百名骑兵,至于一般民众包括自由人和奴隶则超过一万人。历史要对这种恶性疾病找出它非常确切的成因,解释这一类重大事件也是我们的责任。

这年的冬季过多的降雨使得地面潮湿不堪,低凹的地方因为积水成为很浅的池塘,停滞不动的水体如同沼泽呈现的情况。温暖的夏季会使水质败坏,形成腐烂不洁的蒸汽,带有恶臭的味道,使得四周的空气都受到污染,沼泽区域的地面经常可以看到这种情况,形成的过程就是自然的败坏作用。还有就是可用粮食的质地非常恶劣,与疾病的蔓延有很大的关系,特别是这一年收获的谷物含有过多的水分容易变质。这种疾病的第三种成因,经过证实是刮起伊特西安(Etesian)风①带来的灾难,使得正常的夏季在开始的时候因为冷却不再感到很热;等到后来的温度增加,空气变得炎热难耐,气候的条件无法改善当时的情况,居民的体质变得非常虚弱。因此这个时候流行的时疫,可以得知都会并发热病,主要的成因就是过度的酷热,所以才会有很多病人都要浸泡在水池和流泉之中,他们渴望能让身体的温度冷却下来。

雅典感染的疫情非常严重,就将不幸的灾祸归咎神明。因此,他们遵从某份神谶的指示,要在提洛岛举行禳祓的仪式,由于阿波罗的圣地已经受到污染,大家认为是埋葬死者的关系。他们将提洛岛上所有的坟墓挖开,骸骨迁移到邻近的雷尼亚(Rheneia)岛安置。他们还通过一条法律,在提洛岛上无论是分娩还是安葬都受到禁止。居民在早先的日子举行被称为迪利亚(Delia)的庆典式集会②,已经有很长的时间消失不见。

---

① 这是一年一度在夏天的西北季风。

② 这是爱奥尼亚人古老的安斐克提昂尼(Amphictyony)祭典,用来膜拜和祭祀阿波罗和阿特米斯。参阅修昔底德《伯罗奔尼撒战争史》第3卷第104节。

59 雅典当局正在忙于这些事务,拉斯地蒙联合伯罗奔尼撒的军队在地峡①设置营地,意图再度入侵阿提卡;等到发生一次强烈的地震,他们因为迷信感到极其畏惧,全都返回各自的城邦。希腊各地传出严重的灾情,海啸引起巨浪摧毁若干沿海的城市,洛克瑞斯的陆地遭到侵蚀形成一个半岛,同时海中冒出新生的岛屿,被取名为阿塔兰提(Atalante)②。

发生这些事故的时候,拉斯地蒙建立了一座名叫特拉契斯(Trachis)的殖民城市,后来因为下述理由改名为赫拉克利(Heracleia)③。特拉契斯与邻近的厄塔(Oeta)连年发生战事,它们的市民有很多丧失性命。这座城市虽然遭到废弃,大家的想法倒是非常正确,就是拉斯地蒙应该关心此事,因为他们在很久以前是来自特拉契斯的移民。拉斯地蒙人一方面认为双方有亲戚关系,另一方面是他们的祖先赫拉克勒斯,很早的时候曾经在特拉契斯定居,所以决定让这个地方成为一座大城市。因此,拉斯地蒙和伯罗奔尼撒的城邦派出四千移民,其他希腊人只要有意愿成为殖民地的一分子,都会受到欢迎,至于后者的数目不会少于六千人。结果他们使得特拉契斯有一万居民,等到按照额度分配土地,再将这座城市称为赫拉克利。

60 斯特拉托克利(Stratocles)成为雅典的执政官,罗马选出三位军事护民官卢契乌斯·弗流斯(Lucius Furius)、斯普流斯·派纳流斯(Spurius Pinarius)和盖犹斯·梅提拉斯(Gaius Metellus)④取代执政

---

① 科林斯的地峡。

② 这个岛屿面对洛克瑞斯地区的奥庇斯城。

③ 位于马利斯湾(Malian Gulf)的顶端。

④ 这三个人的名字变得混乱不堪,他们应该是卢契乌斯·派纳流斯·玛默西努斯·鲁弗斯(L.Pinarius Mamercinus Rufus)、卢契乌斯·弗流斯·梅度利努斯·福苏斯(L.Furius Medullinus Fusus)和斯普流斯·波斯都缪斯·阿尔布斯·雷吉林西斯(Sp.Postumius Albus Regillensis)。

官的职位。这一年(前 425 年)雅典选出笛摩昔尼斯(Demosthenes)担任将领,奉命率领三十艘船和相当人数的士兵出海,他从科孚人那里获得十三艘船只的增援,加上来自西法勒尼亚人、阿卡纳尼亚人和在琉帕克都斯的梅西尼人派来的士兵,然后航向琉卡斯(Leucas)。蹂躏整个区域以后,向着艾托利亚(Aetolia)扬帆前进,接着洗劫当地许多村庄。艾托利亚的军队列阵与他对抗,在一次会战当中雅典吃了败仗,他们被逼得退往琉帕克都斯。艾托利亚人为获得胜利感到得意扬扬,他们的军队增加三千名拉斯地蒙派来的士兵,向着琉帕克都斯进军,这时城中的居民都是梅西尼人,所以来犯的敌人会被他们击退。发生这件事情以后,他们向一座名叫摩利克里亚(Molycria)①的城市进军,并且加以占领。

雅典将领笛摩昔尼斯非常担心琉帕克都斯的安危,很怕受到围攻以后被艾托利亚人夺取,就从阿卡纳尼亚召集一千名重装步兵,将他们派到琉帕克都斯。笛摩昔尼斯逗留在阿卡纳尼亚的时候,遭遇扎营在该地的一千安布拉西亚人,双方交战的结果是对手将近全军覆灭。等到安布拉西亚人倾城而出列阵对抗,笛摩昔尼斯再度斩获甚多,几乎使得整个地区的居民为之一空。笛摩昔尼斯认为该用奇袭方式攻取安布拉西亚,因为现在城市无人防守,希望能够不费吹灰之力加以占领。

阿卡纳尼亚人对未来的发展抱着畏惧的心理,一旦雅典控制安布拉西亚,他们就有一个很难相处的邻居,要比安布拉西亚人更不容易打交道,于是他们拒绝追随雅典将领的攻击行动。由于他们不愿从命,阿卡纳尼亚人开始与安布拉西亚人协商,签订条约获得一百年的和平。这时笛摩昔尼斯看到阿卡纳尼亚人对他们的安危置之不理,只好率领二十艘船回航雅典。安布拉西亚人经历了一场重大的灾难,虽然拉斯地蒙派来一支驻防军,但

———————

① 大约在琉帕克都斯的西南 5 英里。

他们对于雅典还是感到心有余悸。

61 笛摩昔尼斯现在率领一支远征部队,想在攻取皮洛斯(Pylos)以后加强防务,成为一个坚固的据点来威胁伯罗奔尼撒地区①。这个地方的形势非常险要,位于梅西尼地区,到斯巴达的距离是四百斯塔德。他有很多船只和人数够用的士兵,二十天内绕着皮洛斯筑起一道木墙;拉斯地蒙人得知皮洛斯的守备强而有力,开始集结一支实力强大的部队,配备众多的步兵和船只。他们启碇航向皮洛斯,不仅是一支拥有四十五艘三层桨座战船的舰队,上面装载的兵员有一万二千人。其实这是一件让人感到羞辱的事,他们防守阿提卡的时候谈不上英勇,国土受到蹂躏还要加强工事的力量,现以竟然要在伯罗奔尼撒地区保有一座堡垒。整个兵力是在色拉西米德(Thrasymedes)的指挥之下,就在皮洛斯的邻近地区设置营地。部队满怀热情和欲望,冒着来自各方的危险,要用突击的方式夺取皮洛斯;拉斯地蒙的部队全副武装配置在船上,船头全部面对海港的进口,用来阻止敌军妄想突入的意图,能让步兵像浪涛一样攻打城墙,或是实施任何可能的敌对行动,他们用不可思议的英勇展现出奋战到底的精神。

史法克特里亚(Sphacteria)岛②横亘在港口的前面,可以用来阻挡风浪,就将拉斯地蒙和盟邦训练最精良的部队运送上去。他们为了控制重要的岛屿,较之雅典的将领更有先见之明,只要据有这个位置特别有利于而后围攻作战。虽然他们每天在敌军工事的前方接战,由于城墙具有高度的

---

① 修昔底德《伯罗奔尼撒战争史》第 4 卷第 3—23 和 26—40 节,对这一次的作战行动有极其详尽的叙述。皮洛斯所在地的纳瓦里诺湾(Bay of Navarino,),1826 年 10 月 20 日发生著名的纳瓦里诺海战,英、法、俄的联合舰队击败土耳其的水师,带来的结果是希腊的独立。

② 史法克特里亚是一座面对皮洛斯湾的岛屿,位于伯罗奔尼撒西南方海岸,雅典的克里昂在此地击败斯巴达的布拉西达斯。

优势,使得他们遭受惨重的伤亡,但还是不会松弛战斗的意志。结果是为了强行攻击一个守备森严的阵地,很多人当场死于非命,倒是受伤的幸存者为数甚少。雅典人预先已经确保一处阵地,这个要点就是所谓的天险,可以供应大量的投射武器,各种急需的物品都有丰富的储备,部队用高昂的士气守备该地,他们始终怀抱一种希望,只要当前的企图得逞,就会将战争带到伯罗奔尼撒地区,逐渐让敌人的领域饱受刀兵的摧残。

62 双方在这次围攻作战中都能展现无与伦比的精力和本领,就在斯巴达人进攻城墙的时候,很多人因为作战英勇成为赞誉的对象,其中以布拉西达斯赢得异口同声的喝彩。有位三层桨座战船的船长看到岸边参差不齐的岩石,没有办法让船靠近陆地,他自己高声呼唤舵手,根本不必顾虑船体的安危,要让这艘三层桨座战船全速冲上海岸。他大声喊道,斯巴达为了赢得胜利连性命都视若敝屣,难道还会珍惜他们的船只?没有人能够忍受雅典的入侵,即使让对方的眼光投射在拉柯尼亚的土地,对他们而言都是一种羞辱。

最后他开始逼使舵手驾驶船只向前航行,等到三层桨座战船在岸边搁浅,布拉西达斯站在舷侧的进出口,要与无数聚集在他四周的雅典士兵接战,他在开始杀死很多与他肉搏的对手,过了一会儿,无数投射武器向他猛掷,身体的正面受到很多创伤,最后他因失血过多丧失意识,使得手臂伸到船舷外侧,盾牌[1]松脱掉进大海,结果落到敌人手中。敌人的尸体在布拉西达斯的身边堆积起来,他自己濒临垂死的状态,被他的手下从船上抬走,骁勇善战的行为真是无人可以匹敌。须知作战当中任何人只要失去盾牌,就会遭到死刑的处分,然而他出现这种情况,却可以为自己赢得

---

[1] 阿果拉(Agora)的考古挖掘发现这面盾牌,上面的铭文叙述这是雅典的士兵,在皮洛斯的战斗中从拉斯地蒙人手里获得的战利品。

莫大的荣誉。

纵使拉斯地蒙的部队对于皮洛斯保持继续不断的攻击,很多士兵丧失性命,激烈的搏斗仍旧处于势均力敌的局面。每个人都会对命运女神极其奇特的刚愎固执感到惊讶,由于她拥有这种难以忖度的性格,所以才会在皮洛斯发生无法预测的后果。雅典人拿拉柯尼亚的土地当作基地加以防护,竟然打败斯巴达的土著使自己成为主人,然而拉斯地蒙人的土地为敌人拥有以后,要将大海当成基地去攻击敌人。如同凑巧发生的情况,那些掌握陆地的人竟然能够控制海洋,至于首先拥有海洋的人竟然在他获得的陆地上面,打败对手来自海上的攻击。

63 围攻作战变得旷日持久地延续下去,雅典的水师获得胜利①以后,阻止粮食运上陆地,占领岛屿②的士兵面临饿死的险境。拉斯地蒙当局对于留在岛上的人感到忧心忡忡,派出使者前往雅典讨论如何终结战争。提出的事项没有达成协议,他们要求交换被俘的人员③,这样一来会让对方得到同样数量已成战俘的士兵,雅典就连这点都没有同意。使者在市民大会上很坦诚地表示,雅典当局知道拉斯地蒙的士兵远较他们为优,所以没有交换俘虏的意愿。这时史法克特里亚岛上的斯巴达人由于缺乏粮食,他们的体能已经损耗殆尽,雅典人接受他们正式的投降。俘虏当中有一百二十位斯巴达人,还有一百八十人是盟邦的士兵。身为群众领袖的克里昂在出任将领以后,就参加远征的行动,用铁链将这些俘虏锁上带回雅典。

市民大会通过议案,就是先将这些人监禁起来,由于拉斯地蒙有结束

---

① 击败斯巴达的舰队,参阅修昔底德《伯罗奔尼撒战争史》第 4 卷第 14 节。
② 这个岛屿就是史法克特里亚。
③ 拉斯地蒙当局会将遣返的斯巴达人送回史法克特里亚岛。

战争的意愿,如果他们决定还要继续下去,可以将这些俘虏全部处死。等到这件事处理完毕以后,他们从居住在瑙帕克都斯的麦西尼亚人①当中,选出一批经过严格训练的兵员,加入盟邦组成一支具有相当实力的部队,奉派到皮洛斯担任地区守备的任务。他们认为麦西尼亚人始终愤恨斯巴达人,一旦他们能运用坚固的据点当作基地展开作战行动,对于拿出劫掠的手段摧残拉柯尼亚,必然表现出最大的兴趣和满足。

以上是这一年发生在皮洛斯的重大事件。

64

波斯国王阿塔泽尔西兹逝世②,他在位已有四十年之久,泽尔西斯接位以后统治不过一年而已。

意大利的伊奎人(Aequi)叛离罗马,爆发的战争使得奥卢斯·波斯都缪斯(Aulus Postumius)成为狄克推多③,卢契乌斯·尤利乌斯(Lucius Julius)拥有骑士团团长④的称号。罗马当局派遣一支强大的军队,开拔前去镇压叛变的地区,先是掠夺对方所有的财物,伊奎人后来只有列阵对抗,罗马人赢得会战的胜利,杀死很多敌人,捕获不少俘虏,搜刮大量战利品。起义者遭到击败已意志消沉,只有全心归顺罗马,波斯都缪斯指挥作战建立耀目的功勋,依据传统举行盛大的凯旋式。他们提到波斯都缪斯做了一件很特殊的事情,让人感到永难忘怀。他的儿子在会战当中,由于急功心切和过于鲁莽,不听劝告从他父亲指定的岗位贸然出击,以违背古老的纪律和放弃应有的责任,遭到判决死刑的惩处。

---

① 参阅本书第十一章第 84 节。
② 时间是前 424 年的春季。
③ 罗马共和政体的狄克推多制度,是一个负责处理危机的职位,基于紧急情况或特定需要,由元老院推派,有权召开"百人团"大会,选举下任执政官,即使平民护民官也不能对狄克推多行使否决权,任期通常为 6 个月。
④ 骑士团团长由狄克推多指派,担任他的副手,通常在狄克推多出征的时候,坐镇罗马负责政务的推行,支持前方的军事行动,任期与狄克推多同进退,亦可另行派人接替。

65 就在这一年的岁末,埃萨克斯(Isarchus)成为雅典的执政官,提图斯·奎因克久斯(Titus Quinctius)和盖尤斯·理朱乌斯当选罗马的执政官。伊利斯举行第八十九届奥林匹亚运动会,森玛克斯①第二次赢得赛跑的桂冠。雅典在这一年(前424年)选出尼西拉都斯(Nicera-tus)之子尼西阿斯(Nicias)担任将领,统率六十艘三层桨座战船和三千重装步兵,奉命前去惩罚拉斯地蒙人的盟邦。他首先航向米洛斯岛,掠夺整个地区,对城市进行很多天的围攻,这是赛克拉德(Cyclades)群岛当中,唯一与拉斯地蒙结盟的岛屿。早年斯巴达在这里建立殖民地,所以米洛的岛民抵抗极其英勇,尼西阿斯没有办法占领城市,接着他驶往皮奥夏的奥罗帕斯(Oropus)②。离开船只他率领重装步兵向着坦纳格拉人的地区进军,在那里他遇到另外一支雅典军队,后者是在凯利阿斯之子希波尼库斯(Hipponicus)的指挥之下。等到两个部队会师以后,还是排除困难大力扫荡,整个陆地区域都受到摧残。等到底比斯的军队前来救援,雅典与对手发生会战,付出惨重的牺牲始能赢得最后的胜利。

会战结束以后,希波尼库斯率领士兵从陆路回到雅典,尼西阿斯的部队重返船上,沿着海岸向洛克瑞斯航行,这时他从盟邦获得四十艘三层桨座战船的增援,使得整个舰队拥有一百艘战船的实力。他还征召为数不少的士兵,聚集起来组成一支浩浩荡荡的大军,接着扬帆前去攻打科林斯。他要士兵下船备战,等到科林斯人列队排出阵式与他对抗,雅典赢得两场会战的胜利,杀死很多敌人,建立了一座战胜纪念牌坊。这次激战分别有八名雅典人和三百名科林斯人阵亡。③ 尼西阿斯然后航向克罗美昂

---

① 森玛克斯是美西纳人,参阅本章第49节。

② 奥罗帕斯处于阿提卡和皮奥夏之间,成为一个有争论的区域。

③ 修昔底德《伯罗奔尼撒战争史》第4卷第44节,提到科林斯阵亡212人,雅典方面"少于50人"。

（Crommyon）①，蹂躏所到的区域，占领当地的要塞。然后他立即离开该处，就在梅松尼②附近建立一个坚固的据点，留下一支驻防军，负有双重任务是保卫要点和掠劫四周的乡野，尼西阿斯纵兵搜刮海岸地区，接着率军返回雅典。

　　等到完成这次出征，雅典当局再度派遣六十艘船和两千重装步兵前往赛舍拉（Cythera）③，整个远征行动是在尼西阿斯和其余将领的指挥之下。尼西阿斯登陆当面的岛屿，很快向城市发起攻击，接受正式的开城投降。他在岛上留下一支驻防军，航向伯罗奔尼撒半岛沿着海岸所到之处大肆掠夺，运用围攻占领位于拉柯尼亚和亚哥利斯边界的昔里伊（Thyreae），将居民发售为奴，整座城市夷为平地。他将居住在城市中的伊吉纳人，连同当地驻防军的指挥官斯巴达人坦塔卢斯（Tantalus），全部当成俘虏押解到雅典，就是坦塔卢斯与伊吉纳人一样，戴着脚镣手铐被当成罪犯看待。

66 　　就在发生这些事件的同时，麦加拉深感目前已经陷入悲惨的处境，一方面是他们与雅典的战争，一方面是流亡人士带来的压力。等到参加会议的代表④改变意见，表示要让流亡人士返国，某些市民⑤对这些放逐者一直深恶痛绝，他们宁愿暗中与雅典的将领磋商，要将整座城市交到敌方的手里。身为将领的希波克拉底和笛摩昔尼斯接受他们的投诚，利用黑夜派遣六百士兵来到城边，阴谋分子接应他们进入城墙之内。等到出卖的行为变得众所周知，群众分为两个党派，有些人在打斗

---

　　① 克罗美昂位于麦加瑞斯地区。
　　② 斯特拉波提到这座城市应该是位于亚哥利斯的梅桑纳（Methana），参阅修昔底德《伯罗奔尼撒战争史》第4卷第45节。
　　③ 这是拉柯尼亚东南尖端的外海一个面积很大的岛屿。
　　④ 他们来自城市里面与当局意见不合的党派。
　　⑤ 他们代表人数居多的民主党派，参阅修昔底德《伯罗奔尼撒战争史》第4卷第66节。

中加入雅典的阵营,还有人要为拉斯地蒙出力,某位知名之士①主动对外宣称,大家都愿意全副武装加入雅典和麦加拉的队伍。

所以拉斯地蒙当局会在紧要关头,丢下麦加拉不管他们的死活,那是因为拉斯地蒙配置在长墙②的驻防军,放弃在奈西亚(Nisaea)获得安全的庇护,这个地方是麦加拉对外的海港。雅典的部队挖了一条长壕将奈西亚围困在内,然后从雅典派来熟练的工匠,又在城市的后面筑起一道木墙。伯罗奔尼撒的士兵害怕对方攻破城池以后,有足够的借口实施大屠杀,于是打开城门向雅典人投降。

以上是这个时候在麦加拉发生的事故。

67 布拉西达斯从拉斯地蒙和其他的伯罗奔尼撒盟邦,征集一支拥有相当战力的部队,然后向麦加拉进军。他对雅典人施以可怕的打击,并且将他们逐出奈西亚,接着光复麦加拉这座城市,让他们重新成为拉斯地蒙盟邦的一分子。这件事处理完毕,他率领部队经过帖沙利抵达马其顿的迪姆(Dium),继续进军前去占领阿康苏斯,为了这个要与卡尔西斯建立密切的关系。阿康苏斯人的城市是他第一个施加影响力的对象,部分来自他们对战争的畏惧,部分来自仁慈的态度和说服的言辞,使得他们愿意反叛雅典当局。后来他规劝很多色雷斯的民族,参加拉斯地蒙主导的联盟。布拉西达斯在完成这些任务以后,对于发动战争的意愿更加强烈,接着从拉斯地蒙征召士兵,抱着旺盛的企图心要组成一支阵容浩大的军队。

斯巴达当局想要除去城邦里面最有影响力的希洛特人(Helots),就以英勇做标准从其中挑出一千人,将他们派到布拉西达斯的手下,认为其中大部

---

① 修昔底德《伯罗奔尼撒战争史》第4卷第68节,提到这个人是雅典派来的传令官。
② 构筑的长墙将麦加拉和港口围起来连成一体。

分会在战斗当中丧失性命。他们不断施展暴力和冷酷的行为,压制身为农奴的希洛特人不让他们有出头的机会。后来他们当众宣布,任何一位希洛特人只要对斯巴达有卓越的贡献,答应只要符合他们的要求,就会同意让他拥有名声和获得自由。两千名希洛特人应征出来登记,然后他们指使最有势力的市民前去杀害这群农奴,要让每一位都死在自己的家中。他们经过深思熟虑才会谋定而动,绝不让希洛特人有任何机会与敌人联合起来,如果出现这种情况就会让斯巴达人死无葬身之地。布拉西达斯会合一千名希洛特人以及从盟邦征召的部队,强盛的军威和壮观的阵容使他感到满意。

68 布拉西达斯拥有众多的士兵使他充满自信,率领军队前去攻打名叫安斐波里斯的城市。更早的时期米勒都斯的亚里斯塔哥拉斯(Aristagoras),从波斯国王大流士的手中逃脱,就在此处建立一个殖民地①;等到他过世以后,外来的移民被色雷斯的伊多尼斯人(Edones)赶走,过了三十二年,雅典当局派遣一万移民来此拓垦,又遭遇到同样的情况,这些移民在德拉比斯库斯(Drabescus)被色雷斯人消灭殆尽②,再过两年③在黑格侬领导之下,雅典再度收复失去的城市。鉴于这座城市成为很多次会战的目标,布拉西达斯很想据为己有,所以他率领一支强大的军队前去夺取,将营地设在靠近桥梁④的位置,开始先占领四周的郊区,翌日摆出大规模攻城序列,安斐波里斯的居民感到战栗不已,他接受正式的投降,条件是任何人都可以携带财产安全离开。

他立即采取积极的作为,将邻近的城市纳入他们的阵营,其中最重要

---

① 这是前 497 年的事,参阅希罗多德《历史》第 5 卷第 126 节。
② 参阅本书第十一章第 70 节。
③ 根据修昔底德《伯罗奔尼撒战争史》第 4 卷第 102 节的说法,这是 29 年以后的事。
④ 这是一座架在斯特里蒙(Strymon)河的桥梁,离开城市没有多远。

是萨索斯人建立的两个殖民地厄西密(Oesyme)和伽勒普苏斯(Galepsus)，还有一个较小的伊多尼斯人城市墨西努斯(Myrcinus)。他开始在斯特里蒙(Strymon)河建造一些三层桨座战船，从拉斯地蒙和其他盟邦征召士兵，这时他也能制造很多成套的铠甲，分配给那些没有全副武装的年轻人，囤积投射武器、食粮和其他必需的补给品。准备工作全部完成，他率领军队从安斐波里斯开拔，向着阿克卡(Acta)①前进在该处设置营地。这个地区有五座城市，有些是来自安德罗斯(Andros)岛的希腊人建立的殖民地，其他是一群属于贝萨夏(Bisaltic)部落的蛮族②，他们能说两种语言。布拉西达斯在控制这些城市以后，率领军队去攻打托罗尼(Torone)，这座城市是卡尔西斯人建立的殖民地，现在为雅典人拥有。当地有人密谋背叛，夜间引导布拉西达斯的部队进城，使他能够血不沾刃地据有托罗尼。

布拉西达斯在这一年真是无往不利，建立的功勋到达巅峰。

69 就在发生这些事件的时候，雅典和皮奥夏因为下面所提的缘故，就在皮奥夏的迪利姆(Delium)爆发一场决定性的会战。有一些皮奥夏人为了维持到那个时代的政府体制，已经变得很不安分，非常热心地要在地区的城市建立民主政体，暗中与雅典的将领希波克拉底和笛摩昔尼斯讨论有关问题，答应要将皮奥夏的城市交到对方手里。雅典当局极其高兴地接受他们的投诚，着手安排攻击的行动，两位将领分配的任务如下：笛摩昔尼斯率领一支较大的兵力入侵皮奥夏，等到得知背叛的行为遭到告发和处置，没有进一步采取任何措施只有无功而返。希波克拉底领导从民众当中征召的雅典人，前去攻占迪利姆，要在皮奥夏的援军到达之前，围绕全城建好一道木墙；须知市镇靠近奥罗帕斯地区位于皮奥夏的

---

① 这是阿索斯(Athos)山周边的地区。
② 这个部族居住在色雷斯地区。

边界上面。

佩冈达斯(Pagondas)从皮奥夏所有的城市召集兵员,指挥一支大军前往迪利姆,人数不少于二万名步卒和一千名骑兵。雅典的部队在兵力方面较对手占有优势,只是在装备方面不如敌军,他们急着进军没有多加注意,所以显得准备工作不够充分。

70 两军士气高昂开始接战,兵力部署有如下述:皮奥夏这边底比斯的部队展开在右翼,奥考麦努斯的士兵在左翼,其他皮奥夏人配置在中央部位,全军的第一线是三百个精选的战斗编组,得到的称呼是"乘车步兵"①。雅典的将领仍在整理队伍列成阵线的时候,被迫迎战进击的敌军。激烈的战斗首先由雅典的骑兵部队发起,他们的攻击极其英勇,打得对方的骑兵大败而逃;随后就是步兵的接触,雅典与底比斯的部队双方对阵,前者制服对方逼得其向后逃走,其余的雅典军队打败皮奥夏人,杀死对方很多士兵,再往后追赶一段距离。底比斯人在体能方面占了上风,从受到追击的情况之下,经过整顿开始反扑,猛烈的逆袭使紧跟在后的雅典士兵转身逃走。皮奥夏人赢得光辉耀目的胜利②,英勇的名声传遍整个希腊世界。

雅典的部队有些人逃到奥罗帕斯寻找庇护,还有人固守迪利姆等待救援,或是登上雅典的船只从海上撤离,仍然有很多人散布在原野之中,

---

① 这种称呼的起源可能是富有的阶级,能够提供战车参加作战行动,如同罗马的"骑士"都是从自己家中带来马匹。这个300人的单位如同后来底比斯的"神机营",不是分布在整个战线,而是集中在一翼,参阅普鲁塔克《希腊罗马名人传》第8篇第1章"佩洛披达斯"第18节。修昔底德《伯罗奔尼撒战争史》第4卷第93节,提到底比斯人在会战的时候,排出纵深为25面盾牌的队形,但是就整个底比斯的参战部队而言,这种说法并不完全正确。

② 阿契达穆斯战争的迪利姆会战,以规模最为庞大和参战人数最多著称于世。苏格拉底曾经参加此一会战,亚西比德救过他的性命,参阅柏拉图《会饮篇》221A—C;早在前432年苏格拉底在波蒂迪亚救过亚西比德。

这些都要靠着机缘和命运的安排。等到夜幕低垂,阵亡的皮奥夏士兵没有超过五百人,至于雅典方面则数倍都不止①。要不是黑夜的来临,大部分的雅典人都会丧失性命,一方面是皮奥夏人的追击不易实施,另一方面是败逃者得到安全的掩护。甚至从战利品的收获是如此庞大,可以推断敌军被杀的人数多到难以计算,底比斯当局不仅在召开市民大会的市场,构建了一座外观宏伟的柱廊,铸造青铜雕像加以装饰,还在庙宇和柱廊的墙面,挂上掳获的青铜武器;再者,他们用得来的金钱举办被称为迪利亚的祭典和节庆②。

皮奥夏的军队在会战以后,就对迪利姆发起攻击一举夺取该城③;迪利姆的驻防军大部分英勇战死,有两百人成为俘虏,其余人员安全逃上船只,被运到阿提卡可以提供庇护的地方。这就是雅典当局想要阴谋对付皮奥夏人,结果遭到巨大灾难打击的来龙去脉。

71 根据某些记录显示,亚细亚国王泽尔西斯统治一年两个月以后逝世,他的兄弟粟格狄阿努斯(Sogdianus)登上宝座只有七个月而已。后者为大流士杀害,篡夺者的在位时间长达十九年。

叙拉古史家安蒂阿克斯(Antiochus)④的著作《西西里史》共有九卷,开始于西堪尼亚(Sicania)国王科卡卢斯(Cocalus)⑤的登基,叙述到这一年

---

① 修昔底德《伯罗奔尼撒战争史》第4卷第100节,提到雅典方面的损失将近1000人,还有许多轻装部队以及他们的行李和辎重。

② 举行的地方是在迪利姆。

③ 修昔底德《伯罗奔尼撒战争史》第4卷第100节,提到他们在攻击城墙的时候使用"纵火"的机具。

④ 安蒂阿克斯活跃的时期是在前420年前后,修昔底德《伯罗奔尼撒战争史》引用他的文字,他的著作《意大利的殖民行动和过程》(Colonizing of Italy),为斯特拉波《地理学》提供了很多数据。

⑤ 参阅本书第四章第78节。

结束。

72

阿密尼阿斯(Ameinias)成为雅典的执政官,盖尤斯·帕皮流斯(Gaius Papirius)和卢契乌斯·朱纽斯(Lucius Junius)当选罗马的执政官。这一年(前 423 年)当中,雅典在迪利姆会战的溃败,使得赛翁尼(Scione)的人民对他们起了藐视之心,发生叛离倒向拉斯地蒙的阵营,并且将城市交到布拉西达斯的手中,这时他负责指挥所有进入色雷斯的斯巴达部队。

当前就列士波斯的局势而论,雅典人掌控迈蒂勒尼以后,很多反对分子逃脱追捕,流亡在外的人员经常想要返回列士波斯,他们聚集起来拥有相当实力,成功夺取了安坦德鲁斯(Antandrus)①,可以作为一个前进基地,来对迈蒂勒尼的雅典人发起攻势行动。雅典当局对于这件事感到相当恼怒,他们派遣出任将领的亚里斯泰德(Aristeides)和森玛克斯,率领一支军队前去镇压。他们的船只航向列士波斯,发起一次攻击收复安坦德鲁斯,有些流亡人员遭到处决,其余都被逐出城市。他们留下一支驻防军,负责维护当地的安宁,然后班师返回雅典。这件事处理完毕后,出任将领的拉玛克斯(Lamachus),率领十艘三层桨座战船航向潘达斯,就在卡勒斯(Cales)河畔的赫拉克利锚泊②。据说损失了所有的船只,因为天降大雨致使河水暴涨,船只冲到满布礁岩的地区,全都在海岸线撞得粉碎。

雅典与拉斯地蒙制定为期一年的休战协议,规定双方保有在签约时所占领的土地。他们进行很多次的讨论,认为彼此要停止战争,终结相互之

---

① 位于特罗德的南海岸,距离列士波斯岛大约 15 英里。

② 修昔底德《伯罗奔尼撒战争史》第 4 卷第 75 节,提到这座城市位于赫拉克利地区,这种说法更为精确,因为城市靠近黎库斯(Lycus)河而不是卡勒斯(Cales)河。

间的敌对行为。拉斯地蒙人盼望对方能够遣返他们的市民，这些人是在史法克特里亚被捉去的俘虏。等到休战协议就提到的条件完成签署，他们对所有其他的事项全部同意，只是双方都公开宣称拥有赛翁尼①，产生的争论是如此令人苦恼，对于赛翁尼衍生的问题，随之则是否定协议的约束和继续战争的作为。

就在这个时候，门德人（Mende）的城市②叛离雅典投向拉斯地蒙，产生的对立较之赛翁尼的争端，更为严重而且难以处理。布拉西达斯鉴于情势的紧张，因为雅典当局谴责反叛的行为，投票通过要在夺回城市以后，处死赛翁尼所有成年男子，派遣一支拥有五十艘三层将座战船的水师，尼西阿斯和奈柯斯特拉都斯（Nicostratus）负起讨伐叛军的责任，所以布拉西达斯将妇女儿童和重要财物，全部从门德和赛翁尼搬走，派遣强大的驻防军来保障城市的安全。他们首先向着门德扬帆进发，就在某些叛徒的内应之下征服这个城市，然后他们环绕赛翁尼构建一道木墙，接着发起围攻作战，进行没完没了的拼死搏斗。赛翁尼的驻防军人数众多而且供应丰盛，投射武器和粮食储备都不愁匮乏，击退雅典人的进攻毫无困难之感，何况他们居高临下，使得仰攻者遭受很大的伤亡。

这些就是当年发生的重大事件。

73 到了下个年度，阿尔西乌斯（Alcaeus）成为雅典的执政官，欧匹特·卢克里久斯（Opiter Lucretius）和卢契乌斯·塞吉乌斯·菲迪尼阿底（Lucius Sergius Fideniates）当选罗马的执政官。就在这一年

---

① 布拉西达斯认为帕勒尼半岛上面的赛翁尼，叛变是在签订休战和约之前，所以没有违背和约的规定，事实上经过计算日期，发现赛翁尼的反叛雅典发生在签约之后两天，参阅修昔底德《伯罗奔尼撒战争史》第4卷第120节及后续各节。

② 这座城市位于瑟米湾（Thermaic Gulf），就在赛翁尼的西边。

（前 422 年），雅典当局指控提洛人暗中与拉斯地蒙缔结同盟，将他们逐出居住的岛屿，原来的城市被雅典人据为己有。波斯省长法纳西斯（Pharnaces）对于无家可归的提洛人，提供埃德拉米屯（Adramytium）①这座城市给他们定居。

雅典选出民党的领导人物克里昂担任将领，让他拥有强大的步兵部队，奉命前往的地区要与色雷斯保持相当的距离。于是他航行前往赛翁尼，从围攻城市的部队里面，撤下一些士兵来增加自己的实力，然后船只启碇发航，抵达托罗尼停泊在港外，他知道布拉西达斯已经离开，留下的部队没有足够的兵力进行一场会战。他在靠近托罗尼的港口设置营地，同时从陆地和海上围攻城市，运用强袭一举夺取。儿童和妇女全部被发售为奴，负起守备任务的男子被当成俘虏，系上铁链押解到雅典。他在城市中留下一支兵力适当的驻防军，率领军队上船向色雷斯发航，抵达斯特里蒙河下锚停泊。开设营地的位置靠近一座名叫爱昂（Eion）的城市，此地到安斐波里斯的距离大约是三十斯塔德，他接着对爱昂发起持续不断的攻击。

74 克里昂探知布拉西达斯及麾下官兵停留在安斐波里斯，拔营进军前去一决胜负。布拉西达斯听到敌军趋近的消息，下达会战命令将全军完成部署，前去迎击来犯的雅典人。一场惨烈的会战随之发生，两军的交锋极其骁勇，开始的战斗呈现势均力敌的态势，后来双方的领导者要竭尽一切努力，俾能获得决定性的战果，使得很大一部分重要人物被杀，将领都能身先士卒，引起同仇敌忾的士气，为了战胜都有最好的表现。布拉西达斯奋不顾身地战斗，无数敌人在他的剑下丧生，他自己也如

---

① 这座城市位于小亚细亚的海岸，正在列士波斯岛的东北方。

英雄人物般壮烈牺牲。克里昂展现同样的英勇,能够马革裹尸在沙场阵
亡,两军在缺少主将的情况下陷入混乱之中,最后还是拉斯地蒙赢得大捷,
设立了一座战胜纪念牌坊。

　　雅典的将领与对手安排停战事宜,搬运死者的尸体给予埋葬,然后登
船向着雅典回航。有些人离开会战的现场抵达拉斯地蒙,带来布拉西达斯
赢得胜利和力战阵亡的信息,布拉西达斯的母亲得知会战的经过,询问其
子在战斗当中的表现,等到大家异口同声赞誉他的儿子,说是战场上面所
有的斯巴达人,没有哪位比他更能发挥大无畏的精神时,他的母亲说道:
"我的儿子布拉西达斯作战固然英勇,但要是与很多人相比还是有所不
如。"振奋人心的答复传遍整座城市,民选五长官公开表扬这位伟大的妇
女,因为她把国家的荣誉置于其子的名声之上。

　　这次会战打完以后,雅典当局决定与拉斯地蒙签订五十年的和平条
约,以下是主要的条款:双方释放战俘,战争当中获得对方的土地都要归还
原主。伯罗奔尼撒战争已经延续十年,现在总算告一段落。

75 亚里逊(Aristion)成为雅典的执政官,提图斯·奎因克久斯
(Titus Quinctius)和奥卢斯·高乃留斯·科苏斯(Aulus
Cornelius Cossus)当选罗马的执政官。这一年(前421年)当中,即使伯罗
奔尼撒战争刚刚结束,因为下面的缘故,希腊全境再度情势不稳产生军事
行动。虽然雅典和拉斯地蒙签订了停战协议,连同双方的盟邦都消除敌对
行为,但是他们之间建立同盟关系,却没有先与各自的盟邦进行磋商,听取
大家的意见。这种行为让大家感到怀疑,认为他们的联盟出于自私自利的
要求,目的是奴役其余的希腊城邦。结果是几座最重要的城市,对于政策
的统一以及成立联盟应付雅典和拉斯地蒙,维持当前的做法是相互派遣使
者,以及用对话的方式交换意见。有关这个重大的事件,领导者是四个最

有实力的城邦，即亚哥斯、底比斯、科林斯和伊利斯。

有很充分的理由让人相信雅典和拉斯地蒙别有用心，图谋对付其他的希腊城邦，所以在同盟条约当中有这样的文字，雅典和拉斯地蒙有权就各自城邦视为最佳的方式，对于条文加以补充和删除①；再者雅典颁布敕令，有关城市重大利益的诸般举措，授予十人以参赞议事的大权，拉斯地蒙也有类似的方式，可见这两个城邦的野心勃勃已经是昭然若揭。很多城市响应争取自由权利的呼吁，他们对于雅典在迪利姆的失败抱着藐视的心理，就是拉斯地蒙的市民在史法克特里亚岛被俘②，也使得声望一落千丈，他们不仅参加还选出亚哥斯拥有领导的地位。

亚哥斯所以获得很高的荣誉在于过去的贡献，自从赫拉克勒斯家族回归故土③，实际上所有最重要的国王都来自亚哥利斯，再者，亚哥斯已经享有很长时期的和平，每年获得巨额款项的税收，无论是金钱还是人员都有庞大的储备。亚哥斯当局认为整个希腊世界的领导权力必然授予他们的城邦，这时挑选一千位年轻的市民，个个身强体壮而且家庭富有，不许他们担任其他的工作，用公费供应生计的需要，让他们从事不断的训练和实兵的操演。因此，这些年轻人由于被投下很大的本钱，以及接受不断的训练，很快形成一个运动员的团体，严格的标准就是适合战争的要求。

76 拉斯地蒙当局见到伯罗奔尼撒的城邦联合起来要与他们作对，可以预料到迫近的战争带来严重的危险，开始要尽其所能来确保领导的地位。首先是所有派往色雷斯在布拉西达斯麾下服务的希

---

① 原文为"雅典和拉斯地蒙本条约的条款，要加以补充和删除，应由双方在不违背誓言的限度之内，共同办理"。看来与这段文字有很大的差异。

② 参阅本章第 63 节。

③ 参阅本书第四章第 57 节及后续各节。

洛特人,总数有一千人之多,要让他们拥有自由的权利;其次是那些在史法克特里亚岛成为俘虏的斯巴达人,由于他们玷污斯巴达的荣誉,受到大家的唾弃和排斥,现在要让他们免予羞辱的待遇。依据战争的过程他们用赞誉和尊荣作为执行原有政策的手段,更能激起奋斗的精神和英勇的行为;他们要求自己的言行对待盟邦更为公正,表现仁慈的态度来抚慰过去极其敌意的处置。

至于雅典的作为则反其道而行,那些受到他们怀疑图谋脱离结盟的城邦,就用威胁和恐惧当成打击的手段;像是他们对赛翁尼的居民施以严苛的惩处,就是将杀一儆百的案例展示在众人的眼前;因为在他们用围攻方式夺取该城以后,所有成年男子遭到屠杀,儿童和妇女发售为奴,整个岛屿①被送给普拉提亚人居住,他们是为了雅典才被迫离开自己的故土②。

在这一年当中,意大利的康帕尼亚人组成一支强大的军队,开拔前去攻打赛麦(Cyme),在一次会战当中击败敌手,大部分对阵的兵力遭到歼灭。接着开始围攻作战,发起无数次的袭击直到夺取为止。他们纵兵洗劫全城,捕获的俘虏发售为奴,从自己的市民当中选派相当数量前来定居。

77 阿斯提斐拉斯(Astyphilus)成为雅典的执政官,卢契乌斯·奎因克久斯和奥卢斯·森普罗纽斯(Aulus Sempronius)当选罗马的执政官,伊利斯举行第九十届奥林匹亚运动会,叙拉古的海帕拜阿斯(Hyperbius)赢得赛跑的优胜。雅典当局在这一年(前420年)听从神谶的

---

① 赛翁尼是 cherso-nesos,意为"靠近岛屿"。
② 参阅本章第56节。

指示,让居住在埃德拉米屯①的提洛人返回故土,把被夺走的岛屿还给他们。自从雅典没有将皮洛斯物归原主,使得他们与拉斯地蒙再度引起争执和敌意。这种情况为亚哥斯的市民大会所知晓,他们认为雅典要与亚哥斯断绝同盟关系。等到两大强权的争执急剧升高,拉斯地蒙的主政者规劝科林斯当局放弃城邦同盟②,然后与拉斯地蒙联合起来。由于缺乏强有力的领导,使得混乱的局势更加严重,有关伯罗奔尼撒地区的整个情况有如上述。

希腊的边陲地区③同样发生一些众所周知的情况,伊尼斯人、多洛庇亚人和梅利亚人,聚集一支强大的兵力,进军前去攻打特拉契斯的赫拉克利。赫拉克利的士兵列队出城迎击,接着引起一场大规模的会战,赫拉克利的人民吃了败仗,损失很多士兵只有退守城内,派出传令官去向皮奥夏人求救。底比斯的增援部队是一千名精选的重装步兵,得到帮助可以抵挡敌军的攻城。

就在发生这些事件的时候,虽然麦西伯那(Mecyberna)④城内进扎一支雅典的驻防军,奥林苏斯派出部队前去攻打该城,赶走驻防军以后加以占领。

78 阿基亚斯(Archias)成为雅典的执政官,卢契乌斯·帕皮流斯·穆吉拉努斯(Lucius Papirius Mugilanus)和盖尤斯·塞维留斯·斯特鲁克都斯(Gaius Servilius Structus)当选罗马的执政官。这一年

---

① 参阅本章第73节。
② 参阅本章第75节后段。
③ 下面提到三个部族都居住在帖沙利的南部,看来狄奥多罗斯并不认为这个地区是希腊的一部分。
④ 位于奥林苏斯东边,只有很短一段距离。

（前419年），亚哥斯指控拉斯地蒙①没有向皮昔乌斯（Pythaeus）的阿波罗神庙②奉献牺牲，公开对他们宣战。就在这个关键时刻，雅典将领亚西比德率领一支军队进入亚哥利斯。为了增加他们的声势，亚哥斯进军前去攻打特里真，因为这座城市是拉斯地蒙的盟邦，所以他们劫掠整个地区，农庄都被付之一炬，然后返回自己的领地。

拉斯地蒙谴责他们用无法无天的行为伤害特里真人，决定对亚哥斯发动战争。埃杰斯率领军队前去制裁亚哥斯，沿途蹂躏他们的田园，直抵城市的郊区，准备与敌军进行一次会战。亚哥斯分别从伊利斯和曼蒂尼各获得三千士兵的增援，下令部队出城排列战线。就在决定性会战一触即发之际，两军的将领进行协商，双方同意四个月的休战。

等到军队没有任何作为就返回本国，两个城邦对于将领私自签订和约极其愤怒，亚哥斯的市民出言威胁负责的指挥官，要将他们用掷出石块的方式击毙，经过恳求勉强同意饶恕性命，结果是家产全部充公，居住的房舍夷为平地。拉斯地蒙当局同样要惩处埃杰斯，他承诺要用令人满意的行动来为犯下的错误赎罪，总算得到大家的谅解，市民从城邦当中选出十名睿智之士担任顾问，同时给埃杰斯下达命令，着手任何事情必须得到他们的同意。

79 这件事处理完毕以后，雅典当局派出一千精选的重装步兵和两百骑兵，在拉奇斯和奈柯斯特拉都斯的指挥之下，经由海

---

① 参阅修昔底德《伯罗奔尼撒战争史》第5卷第53节，就知道指的不是拉斯地蒙人而是伊庇道鲁斯人；狄奥多罗斯经常将斯巴达的盟邦，使用"拉斯地蒙人"这个大而化之的称呼。

② 这里所说皮昔乌斯的阿波罗神庙，可能是亚哥斯人将阿西尼（Asine）夷为平地的时候，唯一受到赦免的建筑物；参阅鲍萨尼阿斯《希腊风土志》第2卷第36节，以及修昔底德《伯罗奔尼撒战争史》第5卷第53节。

上的运输来到亚哥斯。亚西拜阿斯随军行动,因为他与伊利斯和曼蒂尼两座城市建立了深厚的友谊,可以私下发挥很大的影响力。他们聚集起来会商,决定不理休战协议发起战争。每位将领都强调自己的部队有高昂的斗志,士兵的反应是如此激烈,大家为了显示求战心切,就在城外开设营地。他们同意要向阿卡狄亚进军,先行攻打奥考麦努斯。大军进入阿卡狄亚,开始进行围攻作战,每日不断对城墙发起突击。等到夺取奥考麦努斯,雅典的大军靠近特基亚(Tegea)扎下营塞,将整座城市围得水泄不通。

特基亚的市民请求拉斯地蒙立即给予援救,斯巴达的将领集结所有的士兵,要与他们的盟邦对曼蒂尼采取行动,认为曼蒂尼一旦遭到攻击,敌军就会离开特基亚解围而去①。曼蒂尼的军队和盟友联合起来,组成方阵前去迎击进攻的敌军,接着发生一场惨烈的会战。亚哥斯的选锋有一千名训练精良的士兵,开始就将对手打得大败而逃,追击之中杀死很多敌人;拉斯地蒙的士兵在战线的另外部分,迫使对抗之敌溃逃而且斩获甚多;突然转向前去攻打亚哥斯的选锋,运用优势兵力将对方围得水泄不通,要将他们杀得片甲不留。亚哥斯的选锋虽然人数居于劣势,但凭着过人的英勇较对方占了上风;拉斯地蒙的国王亲自领导作战,面对遭遇的危险还是坚持到底,他要杀光所有的亚哥斯人——因为他决定忠实履行对市民同胞的承诺,要用高贵的行动洗刷受到玷污的名声——事实上他无法达到这个目标。

他的顾问当中有一位是斯巴达人法拉克斯(Pharax),身为名望很高的市民劝他要给对方的选锋留下一条逃命的生路,须知一个人丧失活下去的希望会成为最危险的敌人,只有被命运女神抛弃以后才知道什么算

---

① 当然是为了去援救曼蒂尼。

是勇敢。国王要服从对他设立的限制①,只有听从法拉克斯的建议,不要赶尽杀绝以免对方负隅顽抗②。千人队的选锋如同上述让他们安全通过,拉斯地蒙赢得这一次大捷,建立了一座战胜纪念牌坊,然后返回国门。

80 就在这一年的岁末,雅典的执政官换成安蒂奉(Antiphon),罗马选出四位军事护民官盖尤斯·弗流斯(Gaius Furius)、提图斯·奎因克久斯(Titus Quinctius)、马可斯·波斯都缪斯(Marcus Postumius)和奥卢斯·高乃留斯(Aulus Cornelius),取代执政官的职位。接着这一年(前418年),亚哥斯和拉斯地蒙经过磋商,签订和平条约缔结同盟关系。曼蒂尼失去亚哥斯给予的帮助,被逼得只有归顺拉斯地蒙。就在同一时期,亚哥斯人的城市从聚集起来的市民当中,选出千人队并且彼此之间产生协议,决定废除民主制度,要以掌权的团体建立贵族政体。他们靠着财富获得崇高的地位,拥有出众的功勋,在各方面都得到很多的帮助。他们首先逮捕惯常成为民意领袖的人物加以处决,以此用来恐吓其余的市民,接着废止法律要将城邦的行政大权掌握在手里。他们维持这个政府仅八个月就被推翻,人民联合起来反对,处死政变分子恢复民主政体。

希腊发生另外一种行动,福西斯与洛克瑞斯发生争执,靠着英勇的武德从事一场决定性的会战,福西斯赢得胜利,有一千多名洛克瑞斯人被杀。

---

① 参阅本章第78节。
② 这就是我国所说的"围城必阙",总要让敌人抱着希望有条活路,才不致造成"玉石俱焚"的后果。

雅典的军队在尼西阿斯的指挥之下,夺取赛舍拉和奈西亚两座城市①。他们用围困的方式使米洛斯开城降服,结果成年男子遭到屠杀,儿童和妇女当成奴隶出售②。

以上是希腊在这一年发生的事件。罗马的使者来到菲迪尼人(Fidenates)的城市,为了细故竟然遭到杀害。罗马当局谴责无礼的冒犯行动,投票通过宣战的议案,动员一支强大的军队,指派阿纽斯·伊米留斯(Anius Aemilius)出任狄克推多,依照传统的习惯,奥卢斯·高乃留斯成为骑士团团长。伊米留斯完成战争的各项准备工作,率领部队进军前去攻打菲迪尼。菲迪尼的市民列阵要与罗马的士兵对抗,一场激烈的会战延续很长的时间,双方的损失惨重仍旧不能产生决定性的结果。

81 优斐穆斯(Euphemus)成为雅典的执政官,罗马选出三位军事护民官卢契乌斯·弗流斯(Lucius Furius)、卢契乌斯·奎因克久斯(Lucius Quinctius)和奥卢斯·森普罗纽斯(Aulus Sempronius),取代执政官的职位。这一年(前417年)当中,拉斯地蒙和盟邦出兵攻打亚哥斯,占领一个名叫海西伊(Hysiae)③的重要据点,杀死居民将堡垒化为一片焦土;等到他们得知亚哥斯面对大海在构建一道长墙④,立即进军前去将完工的部分夷为平地,然后平安返回家园。

雅典选出亚西比德担任将领,命他率领二十艘船只,前去帮助亚哥斯当局处理政府的事务,当前的情势还不够稳固,仍旧有很多人向往贵族政体。亚西比德到达亚哥斯,就与民主制度的支持者举行会议,他认为当务

---

① 丧失赛舍拉和奈西亚,给斯巴达人和麦加拉人分别带来重大的打击。
② 米洛斯的摧毁发生在前416年。
③ 这个地方位于亚哥利斯,接近拉柯尼亚边界。
④ 这道长墙将亚哥斯与海边的港口连接起来,工程非常巨大,始终没有完成,参阅下文以及修昔底德《伯罗奔尼撒战争史》第5卷第82节。

之急，必须将追随拉斯地蒙坚持不变的亚哥斯人挑选出来，再将他们从城市里面放逐出去①，接着在他的协助之下让民主政体建立坚实的基础，方始扬帆返回雅典。

拉斯地蒙在这一年快要结束的时候，派遣一支强大的军队入侵亚哥利斯，大部分的国土都受到劫掠，举凡从亚哥斯遭到放逐的人士，全部安置在欧尼伊（Orneae）②。这个地方加强防务成为一个用来控制亚哥利斯的要塞，留下一支拥有很大实力的驻防军，奉到的命令是要骚扰亚哥斯的地境。就在拉斯地蒙人撤离亚哥利斯以后，雅典当局为了支持起见，派遣强大的部队前往亚哥斯，包括四十艘三层桨座战船和一千两百名重装步兵。亚哥斯联合雅典一起前去收复欧尼伊，在一次攻击之下占领城市，驻防军和放逐人士有些遭到处决，其他都被驱离。

这些都是伯罗奔尼撒战争第十五个年头发生的事件。

82 战争进行第十六年，亚里姆尼斯都斯（Arimnestus）成为雅典的执政官，罗马人选出四名军事护民官提图斯·克劳狄斯（Titus Claudius）、斯普流斯·瑙久斯（Spurius Nautius）、卢契乌斯·森久斯（Lucius Sentius）和色克都斯·尤利乌斯（Sextus Julius），取代执政官的职位。伊利斯举行第九十一届奥林匹亚运动会，阿克拉加斯的埃克西尼都斯（Exaenetus）赢得赛跑的桂冠（前416年）。拜占庭和卡尔西顿在色雷斯人伴同之下，组成一支强大的军队，要用战争去对付俾西尼亚，整个地区受到蹂躏，很多较小的村落在围攻之下降服，施加更为残酷的恶行，他们抓到很多俘虏，不论是男子、妇女还是儿童，全部遭到屠杀。

大约在同一时候，西西里的伊吉斯塔人（Egestaeans）和塞利努斯人

---

① 他将这些人安置在雅典所属的岛屿上面。
② 欧尼伊位于亚哥利斯的西北部，靠近弗留斯（Phlius）的边界。

(Selinuntians)之间爆发战争,起因是两座城市当中有一条河流过,区分的土地出现差异产生口角。塞利努斯人渡过河川,起初是用部队占领沿河的土地,后来他们割据很大一块相邻的区域,对于受到伤害的对手而言,根本不理会他们原有的权利。伊吉斯塔的人民非常恼怒,开始还是尽量用讲理的言辞想要说服塞利努斯人,不要侵占另外一个城市的领土。不过,对方根本不加理睬,他们派出一支军队前往发生事故的区域,将对方全部赶走,收回失去的土地。两座城市发生的争执变得更加严重,双方征集士兵,完全依靠武力解决问题。等到会战命令下达排列阵线,发生一场凶狠的搏斗,结果塞利努斯人赢得胜利,被杀的伊吉斯塔人不在少数。由于伊吉斯塔处于劣势,没有足够实力能与对方决一雌雄,打开始就想说服阿卡拉加斯人和叙拉古人与他们联盟,费了很大力气还是毫无效果,他们派遣使者恳求迦太基给予援手。谁知迦太基人一样充耳不闻,他们只有从海外去寻找盟友,这时竟然机会来临,让他们得到救星。

83 自从李昂蒂尼的市民被叙拉古的部队赶离城市前往其他的地方,他们丧失城邦和所有的领地①,接受放逐的下场继续生活在一起,决定只要可能就与原本是亲戚的雅典人,相互建立更为亲密的联盟关系。他们与伊吉斯塔谈论这件事情并且获得协议,两座城市联合起来派遣使者前往雅典,请求当局援救他们于水深火热之中,就会尽力给予回报,协助来人为西西里的事务建立新的秩序。使者到达雅典以后,李昂蒂尼人运用亲属和盟友的关系施加压力,伊吉斯塔承诺为战争提供大笔金钱,还要像盟友一样拼命与叙拉古的部队战斗。雅典经过投票选出最优秀的人员,前去调查这个岛屿的情况,并且从伊吉斯塔人那

---

① 参阅本章第 53 节及后续各节。

里明了当前的局势。这些人抵达伊吉斯塔,当政者为了让来人有更好的印象,将大量财富摆在大家面前,展示的现金分别借自市民同胞和邻近的民族①。

特使回国向当局报告说是伊吉斯塔人非常富有,召集市民大会讨论相关的问题。等到提出议案要派遣一支远征部队到西西里。尼西拉都斯之子尼西阿斯,凭着诚信正直受到市民同胞的尊敬,接受咨询的时候反对远征西西里的行动。他宣称城邦没有能力同时对拉斯地蒙发动战争,又能派遣大批部队前往海外,须知雅典人无法确保长时期在希腊的优势地位,竟然异想天开要征服人类世界最大的岛屿,请问又能有什么希望?他还加以补充,即使迦太基人拥有面积广阔的帝国,为了获得西西里曾经先后发动多次战争,至今还是没有能够征服这个岛屿,雅典人的军事实力较之迦太基人大为逊色,不可能仅靠长矛就能赢得胜利,将物产最为丰硕的岛屿掌握在手中。

84 尼西阿斯在民众前面,讲完上面这些资料以及讨论与提案有关的事项。亚西比德是积极行动的拥护者,也是风头最健的雅典市民,说服人民走向战争的道路。这个人是口若悬河的演说家,素以高贵的家世、傲人的财富和将领的才华广为人知。当局很快集结一支强大的舰队,城市整备一百艘三层桨座战船,其余三十艘由盟邦提供。等到他们将这些船只完成配置,上面装载各种用于战争的武器装备,接着征召五千名重装步兵,选出亚西比德、尼西阿斯和拉玛克斯担任将领,由这三位负责这一次的战役。

---

① 用来引诱雅典的欺骗行为,可以参阅修昔底德《伯罗奔尼撒战争史》第6卷第46节。

这些都是雅典人忙着完成的工作。我们现在要开始叙述雅典和叙拉古之间的战争,依据计划在本章的开头①曾经简略告知,接着要把后续的事件在下一章当中详加说明。

① 参阅本章第 2 节。